Pygmalions Werkstatt

Barbara Eschenburg

PYGMALIONS WERKSTATT

Die Erschaffung
des Menschen im Atelier
von der Renaissance
bis zum Surrealismus

Herausgegeben
von Helmut Friedel

mit Beiträgen
von Mechthild Fend
und Andreas Tacke

Lenbachhaus München
Wienand Verlag Köln

Ausstellung

Kunstbau
Städtische Galerie
im Lenbachhaus
8. September bis
25. November 2001

Konzeption
Barbara Eschenburg

Organisation
Karin Dotzer

Konservatorische Betreuung
Kristina Mösl
Daniel Oggenfuss
Judith Ortner

Ausstellungsaufbau
Andreas Hofstett
Erhard Tscherwinka
Jörg Spies
Rainer Ketterl
Victoria Kerszt

Technische Leitung
Andreas Hofstett

Umschlag: René Magritte,
Versuch des Unmöglichen, 1928

Katalog

Konzeption
Barbara Eschenburg

Redaktion
Karin Dotzer

Koordination und Gestaltung
Ingeborg Geith
Satz
Max Vornehm GmbH, München

Gesamtherstellung
Druck- und Verlagshaus Wienand,
Köln
Verlagskoordination
Petra Böttcher
Lektorat
ed_it! Tekampe & Donga, Köln
Lithographie
scan-text, Köln

ISBN 3-87909-758-5

Die Deutsche Bibliothek – CIP
Einheitsaufnahme

Pygmalions Werkstatt : die Erschaffung des Menschen im Atelier von der Renaissance bis zum Surrealismus ; [Kunstbau, Städtische Galerie im Lenbachhaus, 8. September bis 25. November 2001] / Barbara Eschenburg. Hrsg. von Helmut Friedel. Mit Beitr. von Mechthild Fend und Andreas Tacke. – Köln : Wienand, 2001

ISBN 3-87909-758-5

Inhalt

Leihgeber

Amsterdam, Rijksmuseum
Amsterdam, Van Gogh Museum (Vincent van Gogh Foundation)
Augsburg, Städtische Kunstsammlungen
Bamberg, Staatsbibliothek
Bamberg, Museen der Stadt Bamberg, Historisches Museum
Basel, Öffentliche Kunstsammlung, Kunstmuseum
Berlin, Ralph R. Haugwitz Kunsthandel
Braunschweig, Herzog Anton Ulrich-Museum
Brügge, Stedelijke Musea, Groeningemuseum
Brüssel, Musée d'Ixelles
Dijon, Musée des Beaux Arts
Dresden, Staatliche Kunstsammlungen
Florenz, Galleria degli Uffizi
Frankfurt am Main, Städelsches Kunstinstitut und Städtische Galerie
Freising, Diözesanmuseum
Göteborg, Göteborgs Konstmuseum
Graz, Alte Galerie des Steiermärkischen Landesmuseums Joanneum
Hamburg, Hamburger Kunsthalle
Hamburg, Herbert List Nachlaß – Max Scheler
Hannover, Niedersächsisches Landesmuseum
Innsbruck, Tiroler Landesmuseum Ferdinandeum
Karlsruhe, Staatliche Kunsthalle
Kassel, Staatliche Museen
Koblenz, Mittelrhein-Museum
Köln, Buchhandlung Walther König
Köln, Museum für Angewandte Kunst
Köln, LETTER Stiftung
Kopenhagen, Hirschsprung Sammlung
Kopenhagen, Statens Museum for Kunst
Kopenhagen, Thorvaldsens Museum
Leipzig, Museum der bildenden Künste
London, Royal Academy of Arts
London, Royal College of Physicians
London, Victoria & Albert Museum
Mannheim, Reiss-Museum, Kunst- und Stadtgeschichtliche Sammlungen
Maribo, Storstrøms Kunstmuseum
München, Abgußsammlung klassischer Bildwerke
München, Akademie der bildenden Künste
München, Bayerische Landesbank
München, Bayerisches Nationalmuseum
München, Bayerische Staatsbibliothek
München, Bayerische Staatsgemäldesammlungen, Alte Pinakothek
München, Bayerische Verwaltung der staatlichen Schlösser, Gärten und Seen, Residenz München
München, Dr. Rolf Schenk, Kunstsalon Franke
München, Staatliche Graphische Sammlung
München, Fotomuseum im Münchner Stadtmuseum
München, Münchner Stadtmuseum
Münster, Westfälisches Landesmuseum für Kunst und Kulturgeschichte
New York, The Metropolitan Museum of Art
New York, National Academy of Design
Nürnberg, Germanisches Nationalmuseum
Nürnberg, Museen der Stadt Nürnberg, Stadtmuseum Fembohaus
Paris, Musée Carnavalet
Paris, Musée d'art moderne, Centre Georges Pompidou
Paris, Musée des arts décoratifs
Paris, Musée du Louvre, Département des Arts Graphiques
Rom, Accademia Nazionale di San Luca
Rotterdam, Museum Boijmans Van Beuningen
Saint Louis, The Saint Louis Art Museum
Schwerin, Staatliches Museum, Kunstsammlungen
Stockholm, Königliche Akademie der bildenden Künste
Stuttgart, Galerie der Stadt Stuttgart
Stuttgart, Staatsgalerie Stuttgart
Toulouse, Musée des Augustins
Toyota, Municipal Museum of Art
Vaduz, Sammlungen des Fürsten von Liechtenstein, Schloß Vaduz
Verona, Museo di Castelvecchio, Gabinetto Disegni e Stampe
Weimar, Kunstsammlungen zu Weimar
Wien, Albertina
Wien, Gemäldegalerie der Akademie der bildenden Künste
Wien, Historisches Museum der Stadt Wien
Wien, Österreichische Galerie Belvedere
Wrocław, Nationalmuseum

Unser Dank schließt zahlreiche private Leihgeber ein, die nicht genannt werden möchten.

Dank

Eine Ausstellung dieser Größenordnung benötigt die Hilfe und Unterstützung von den verschiedensten Seiten. Zunächst sei allen Institutionen – Museen, Akademien, Bibliotheken, Universitätsinstituten – sowie allen privaten Sammlern gedankt, die die Ausstellung großzügig durch Leihgaben unterstützt haben. Viele Personen inner- und außerhalb dieser Institute haben uns persönlich durch Rat und Hinweise geholfen, so vor allem Andreas Blühm (Amsterdam, Van Gogh Museum), Gode Krämer (Augsburg, Städtische Kunstsammlungen), Bernhard Schemmel (Bamberg, Staatsbibliothek), Georg-W. Költzsch (Essen, Museum Folkwang), Catarina Caneva (Florenz, Uffizien), Ingmari Desaix (Göteborg, Konstmuseum), Bettina Hagen (Wien, Gemäldegalerie der Akademie der bildenden Künste). In München haben uns unterstützt: Tilman Falk (Staatliche Graphische Sammlung), Sabine Heym und Klaus Oelke (Bayerische Verwaltung der staatlichen Schlösser, Gärten und Seen), Peter Volk (Bayerisches Nationalmuseum), Margot Attenkofer (Bayerische Staatsbibliothek), Norbert Götz, Johanna Müller-Meiningen und Ulrich Pohlmann (Münchner Stadtmuseum), Sibylle Appuhn-Radtke (Reallexikon der Deutschen Kunstgeschichte), Professor Dr. Putz und Dr. Kaiser (Anatomie der Ludwig-Maximilians-Universität) sowie Dietmar Siegert.

Besonderer Dank gebührt den beiden Autoren, Mechthild Fend und Andreas Tacke, die durch ihre Aufsätze das Thema wesentlich vertiefen konnten. Andreas Tacke hat uns, wie auch Susanne Böller, auf wichtige Werke hingewiesen, die nun die Ausstellung bereichern.

Bei der Erarbeitung des Katalogs waren wir auf weitere Hilfe angewiesen. Besonders möchten wir Dorothea Stichel (Münster) für ihre vielen Hinweise danken. Bei allen Fragen zu den Antiken konnten wir uns an Ingeborg Kader (München, Museum für Abgüsse klassischer Bildwerke) wenden. Annegret Hoberg danken wir für ihre konstruktive Kritik. Vor allem aber sei Karin Dotzer gedankt, die das Projekt mit großer Sachkenntnis und unermüdlichem Einsatz begleitet hat. Unterstützt wurde sie durch das Lektorat des Wienand-Verlags, durch Petra Böttcher und Heike Tekampe. Zeitweise hat uns Christiane Rütz bei den Vorbereitungen zum Katalog geholfen.

Die wesentliche Arbeit am Katalog lag in den Händen von Ingeborg Geith. Sie ist nicht nur für die schöne Gestaltung des Buches verantwortlich, sondern hat auch die gesamte Koordination zwischen Autoren, Verlag und Druckerei übernommen. Wir danken ihr für ihr großes Engagement.

Zuletzt sei Tina Weidner herzlich gedankt, die unter der Leitung von Kristina Mösl den historischen Gipsabguß der Kapitolinischen Venus aus der Akademie in Wien in einen ausstellfähigen Zustand gebracht hat.

Helmut Friedel — Barbara Eschenburg

Vorwort

Der kämpferische Impuls, der zu Beginn des 20. Jahrhunderts von allen künstlerischen Erneuerungsbewegungen ausging, richtete sich mit besonderer Vehemenz gegen jede akademische Tradition. In diese Phalanx der Kämpfer gegen die Akademie reihen sich auch die Künstler des »Blauen Reiter« ein. Wie die progressiven Kräfte in Frankreich, Rußland, Italien und in anderen europäischen Ländern orientierten sie sich an einer künstlerischen Vision, die sich kaum auf einen gemeinsamen Nenner bringen läßt, die aber einheitlich in einer antiakademischen Einstellung übereinstimmt. Die Tradition der akademischen Ausdrucksmöglichkeiten, die im Verlauf der zweiten Hälfte des 19. Jahrhunderts an ein Ende ihrer künstlerischen Potenz gekommen war, erfuhr im 20. Jahrhundert zwar noch den einen oder anderen Wiederbelebungsversuch – einmal in einer Gegenbewegung zum Expressionismus, in deren Folge sich die Kunst der »Neuen Sachlichkeit« formierte, im wesentlichen aber im Dienste reaktionärer politischer Systeme –, konnte dabei aber nicht mehr die vormalige Glaubwürdigkeit und allgemeine Verbindlichkeit ihrer Ausdrucksmittel erreichen.

Die akademische Form und damit eine Tradition, die über Jahrhunderte die europäische Kunst geprägt hat, war obsolet geworden und hatte ihre ästhetische Rolle verwirkt. Noch während der Studentenproteste nach 1968 wurden die Akademien von den alten Gipsen »gereinigt«, man konnte gelegentlich diese Figuren beschmiert und mißhandelt als letzten Auswurf des Akademischen verspottet sehen. Daß just in diesem Augenblick eine Reihe italienischer Künstler die als wertlos betrachteten akademischen Gipse zum Anlaß einer neuen Beschäftigung mit der Antike gesucht hat, konnte das Lenbachhaus in der Ausstellung *Der Traum des Orpheus* 1984 eindrucksvoll belegen. Damals wurden Werke von Michelangelo Pistoletto, Vettor Pisani, Claudio Parmiggiani, Giulio Paolini, Jannis Kounellis, Luigi Ontani, Luciano Bartolini, Giuseppe Spagnulo und Enzo Cucchi gezeigt, die sich einerseits mit den verloren gegangenen Formen durch Verwendung von Gipsfragmenten befaßten, die andererseits aber auch die mythologischen Themen der Antike nochmals zitierten und ihnen ein postmodernes Leben gaben.

Die Kunstgeschichte des 20. Jahrhunderts zeigt, daß die akademische Lehre, die immer von einem starken Hang zur Konvention behaftet ist, auf der ganzen Linie von Erneuerungsströmungen besiegt wurde. Die jahrhundertelange Auseinandersetzung und Bemühung um bestimmte Ausdrucksmöglichkeiten für die Darstellung des menschlichen Körpers wurde aufgegeben zugunsten einer freien, intuitiven Form der Auseinandersetzung mit der sichtbaren, fühlbaren, denkbaren Welt. An Stelle des »Gekonnten« tritt die individuell vertretene und nach eigenen Vorstellungen entwickelte Botschaft. Letztlich war die akademische Tradition wesentlich mit einer dominanten gesellschaftlichen Konvention gleichzusetzen. Nach der Zerschlagung der alten Gesellschaft in den Protestbewegungen der Vorkriegsjahre, in der kommunistischen Revolution in Rußland und durch die Katastrophe des Ersten Weltkrieges mit den anschließenden Revolten wurde die homogene Tradition der hierarchischen Gesellschaft abgelöst von fortschreitender Demokratisierung. In deren Folge konnten sich aus einer zunehmenden Individualisierung auch die künstlerischen Positionen entwickeln, die unter Verzicht auf eine akademische Lehre nach äußerst persönlicher Ausdrucksmöglichkeit des Künstlers suchten.

Heute wird wohl an keiner Akademie in Europa, vielleicht mit Ausnahme einiger russischer Kunstschulen, noch die akademische Tradition gepflegt. Ganz im Gegenteil, dieses enorme Wissen und die hochentwickelten Möglichkeiten des Ausdrucks sind weitgehend vergessen, um so spannender erscheint es deshalb, sich in einer Ausstellung diesem großen Thema zu nähern und sich nochmals auf die besonderen Qualitäten zu besinnen, die bei der Formulierung einer europaweiten Konvention der bildlichen Darstellung entfaltet worden sind. Denn es handelte sich dabei keinesfalls um von Anfang an feststehende Formeln, sondern um ein gemeinsames Ringen um die Steigerung der Darstellung, und damit um einen intellektuellen Prozeß.

»Welch eine Zucht, welche Präzision des Gedankens war ausgedrückt in diesem gestreckten und jugendlich vollkommenen Leibe! Der strenge und reine Wille jedoch, der, dunkel tätig, dies göttliche Bildwerk ans Licht zu treiben vermocht hatte, – war er nicht ihm, dem Künstler, bekannt und vertraut? Wirkte er nicht auch in ihm, wenn er, nüchterner Leidenschaft voll, aus der Marmormasse der Sprache die schlanke Form befreite, die er im Geiste geschaut und die er als Standbild und Spiegel geistiger Schönheit den Menschen darstellte?«

Thomas Mann verwendet in seiner Erzählung *Der Tod in Venedig* noch metaphorisch das Bild eines akademisch geschaffenen jugendlichen Körpers als Ausdruck von Geistigkeit und Klarheit. Mit welcher Differenziertheit die Darstellung des menschlichen Körpers in seiner Anatomie vom Muskelaufbau bis zur Haut entwickelt worden war, verdeutlicht die Intention europäischer Bildnerei seit der Renaissance bis ins 19. Jahrhundert, bei der es um eine zunehmende Verdinglichung der Realität ging. Dem Einfangen der Realität im Bild, dem Auftritt des Dargestellten im Gemälde wie in der Skulptur als gleichsam Wirkliches, das eine neue Ebene des Daseins erfahren hat, galt die künstlerische Intention, und diese Erfahrungen wurden in den Akademien weitergegeben und gelehrt. In seinem Roman *Der Improvisator*, der 1835 erschien, schreibt Hans Christian Andersen: »›In Gips kenne ich die herrliche Statue‹, antwortete ich, ›in Pasten habe ich schöne Abdrücke gesehen.‹ – ›Aber nichts ist doch unvollkommener; die tote Gipsmasse macht den Ausdruck tot; der Marmor gibt Leben und Seele, darin wird der Stein zu Fleisch, es ist, als rollte das Blut unter der feinen Haut.‹«

Während des 19. Jahrhunderts schien der Traum Pygmalions zunehmend Wirklichkeit geworden zu sein. Die Darstellung des menschlichen Körpers in Skulptur und Malerei hat einen Grad an Wirklichkeit erreicht, der das Lebendige, Natürliche in einem solchen Maße vortäuscht, daß paradoxerweise im gleichen Atemzug alles Lebendige aus der Darstellung verschwunden zu sein scheint. So gleitet die Darstellung des äußerlich Wirklichen zu Beginn des 20. Jahrhunderts in die Traumwelt des Imaginierten, in die Welt der Abstraktion, in den unmittelbaren Ausdruck und in die Fragmentierung der Welt, in ein Bruchstückhaftes, das sich auch aus gefundenen Gegenständen zusammensetzen läßt.

Die umfassende Ausstellung, die von Barbara Eschenburg konzipiert und realisiert wurde, beginnt mit dem Moment der künstlerischen Auseinandersetzung mit der Antike in der Renaissance und endet in der surrealen Welt eines René Magritte und Max Ernst.

Damit setzt die Städtische Galerie im Lenbachhaus die Reihe thematischer Ausstellungen fort. Bei diesen galt unsere Aufmerksamkeit nicht in erster Linie historischen Phänomenen, sondern der Visualisierung spezifisch bildnerischer Fragestellungen. So befaßte sich etwa die Ausstellung *Süddeutsche Freiheit – Kunst der Revolution in München 1919* mit den Möglichkeiten der Kunst, auf die Situation der Revolution zu reagieren, die nach dem Ersten Weltkrieg in München zahlreiche Künstler in ihren Bann gezogen hatte. Diese Ausstellung wurde 1993 gezeigt.

Im Jahre 1995 hat Barbara Eschenburg sich in einem groß angelegten Versuch mit der Frage der Darstellung der geschlechtsspezifischen Rolle von Mann und Frau in der bildenden Kunst im 19. und beginnenden 20. Jahrhundert befaßt. Ihre Analyse geht über eine vordergründige Betrachtungsweise weit hinaus und stellt sich der Frage, über welche Umformungen dieses gesellschaftlich virulente Problem zum zentralen Thema der Kunst der Jahrhundertwende werden konnte.

Im selben Jahr konnten wir mit der Ausstellung *Mit dem Auge des Kindes – Kinderzeichnung und moderne Kunst*, ausgehend von wesentlichen Beständen der Sammlung des Lenbachhauses und der Gabriele Münter- und Johannes Eichner-Stiftung, eine Kunstschau realisieren, in der mit dem beliebten Vorurteil der Kindlichkeit der Moderne deutlich aufgeräumt wurde. Die Ausstellung war, ausgehend von der umfangreichen Sammlung der Kinderzeichnungen von Kandinsky und Gabriele Münter, eine Gegenüberstellung dieser mit Werken der großen Künstler, von Wassily Kandinsky, Paul Klee, Alexej Jawlensky, Pablo Picasso, Juan Miró, Jean Dubuffet sowie der Künstler der Cobra bis zur Gegenwart mit Jasper Johns, Terry Winters, Julian Schnabel, A. R. Penck und Donald Baechler. So entstand ein Panorama von Bildern, in dem die Sprengkraft der kindlichen Zeichnung für die Moderne anschaulich wurde. Daß dabei die Künstler immer wieder mit den Kindern, oft ihren eigenen, dialogfähig waren, Vorbilder in den Äußerungen der Kleinen sehen konnten, demonstriert ihre besondere bildnerische Kraft.

1999 haben wir die Ausstellung *Der Blaue Reiter und das neue Bild* gezeigt, bei der das Ringen um einen neuen Weg in der Kunst, die Suche nach echter Empfindung im Akstrakten wie im Realistischen, in den unterschiedlichen Schritten nachvollzogen werden konnte. Dabei wurden nicht allein die Ausstellungen der Neuen Künstlervereinigung München bis zu der des Blauen Reiters, sondern auch die Gegenposition im »Neuen Bild« gezeigt. In dieser Präsentation konnten die neuen künstlerischen Ideen bis zur Formulierung im Almanach »Der Blaue Reiter« nachvollzogen werden.

Im gleichen Jahr wurde die Ausstellung *Geschichten des Augenblicks – Über Narration und Langsamkeit* realisiert, ein in der Gegenwartskunst zu beobachtendes Phänomen der Verlangsamung von Realität, das insbesondere mit den Mitteln Film, Video und Diaprojektion veranschaulicht wurde. Diese Ausstellung umfaßte Werke von James Coleman, Tacita Dean, Stan Douglas, Douglas Gordon, Steve McQueen, Bruce Nauman, Rosemarie Trockel und Bill Viola.

In diesem Jahr schließlich wurde mit der Ausstellung *SchattenRisse – Silhouetten und Cutouts*, wiederum ausgehend von der Beobachtung, daß sich eine Vielzahl jüngerer Künstler mit dem Phänomen des Schattenbildes und des Scherenschnitts befaßt, ein Blick auf eine bildnerische Gestaltungsmöglichkeit geworfen. Ein künstlerisches Verfahren, das bis dahin bestenfalls als handwerkliche Bastelei angesehen wurde, konnte so in seiner vielfältigen historischen Bedeutung und in den unterschiedlichen Graden des Ausdrucks ins Bewußtsein gerückt werden.

Alle diese Projekte wurden vom Lenbachhaus selbst initiiert und realisiert. Nur durch den Wechsel des Standorts bei der Betrachtung der Phänomene können neue Einsichten über Bilder gewonnen werden. Da alle Projekte von großzügig ausgestatteten Publikationen begleitet wurden, lassen sich auch heute noch die hier gewonnenen, vielschichtigen Einsichten nachvollziehen.

Helmut Friedel

Essays

Barbara Eschenburg

Pygmalions Werkstatt

Die Erschaffung des Menschen im Atelier

*»Schneeiges Elfenbein mit seltnem Geschick und Gelingen
Schnitzt er indes und verleiht ihm Gestalt, wie auf Erden geboren
Lebt kein Weib, und es weckte sein Werk ihm verlangende Sehnsucht.
[...] In Entzücken verloren,
Faßt zu dem scheinbaren Leib Pygmalion glühende Liebe.
Oft legt prüfend die Hand er daran, ob Leib das Gebilde
Oder ob Elfenbein, und für Bein nicht kann er es halten.
Küsse auch gibt er und glaubt sie erwidert und spricht und umarmt sie
Wähnt gar, daß sich die Haut den berührenden Fingern bequeme,
Und ist besorgt, daß Bläue vom Druck anhafte den Gliedern.«*

Nachdem Pygmalion Venus um die Verlebendigung der Statue gebeten hat, heißt es:

*»Wie er daheim, ging jener sogleich zum Bilde des Mädchens,
Neigte sich über das Bette und küßte sie. Wärme verspürt er.
Wiederum naht sich sein Mund; mit der Hand auch prüft er den Busen,
Siehe, das Elfenbein wird weich, und befreit von der Starrheit
Sinkt an den Fingern es ein, fügsam wie Wachs vom Hymettus,
[...].
Ja, es ist Leib. Aufbeben, geprüft mit dem Daumen, die Adern.«*

Ovid, Metamorphosen.[1]

Die Geschichte des von den Frauen enttäuschten Bildhauers Pygmalion, der sich in sein eigenes Kunstwerk verliebte, das mit Venus' Hilfe lebendig wurde, ist sicher die bekannteste antike Erzählung, in der die Vergleichbarkeit, ja Identität von Leben und Kunst thematisiert wurde, doch ist sie nicht die einzige.

In der Renaissance wird diese Vorstellung zuerst in Italien wiederaufgenommen. In seinen *Lebensbeschreibungen der berühmtesten Maler, Bildhauer und Architekten* von 1555/1568 erwähnt Giorgio Vasari immer wieder Kunstwerke, die aufgrund ihrer Vollkommenheit wie lebendig erschienen. So schreibt er bewundernd über Donatellos Bronze-*David*, der zu Beginn des 15. Jahrhunderts entstanden war: »Diese Figur ist so naturwahr in ihrer Lebendigkeit und Weichheit des Fleisches, daß es den Künstlern nicht anders denkbar erscheint, als daß sie nach dem Leben abgeformt sei.«[2] Und zwei Zeilen des von Vasari zitierten Grabspruchs für Donatello lauten in deutscher Übersetzung: »Bewegung, Leben, Fühlen, haucht er dem Marmor ein: / Natur kann Sprache noch, nichts mehr spenden.«[3]

Noch deutlicher wird Vasari bei Michelangelo. Am Ende der Beschreibung von dessen *Pietà* in St. Peter in Rom heißt es: »Denn wie ein Wunder erscheint es doch, daß der formlose Marmorblock zu jener Vollendung umgestaltet wurde, die die Natur nur langsam und in stetem Bemühen dem menschlichen Leibe verleiht.«[4] Beide Zitate beinhalten, daß der Künstler sich als gottähnlicher Schöpfer versteht, ja daß er den Schöpfer noch übertreffen kann, da er dessen Werk, die Natur, übertrifft wie Michelangelo.

Auch im 20. Jahrhundert wurde diese Metaphorik nicht aufgegeben. Als Beispiel sei ein Passus aus Paul Klees *Schöpferischer Konfession* von 1920 zitiert, in der es heißt: »Kunst verhält sich zur Schöpfung gleichnisartig. Sie ist jeweils ein Beispiel, ähnlich wie das Irdische ein kosmisches Beispiel ist.« In seiner »6. Übung vom 3. Juli 1922« am Bauhaus schreibt Klee: »Die Schöpfung lebt als Genesis unter der sichtbaren Oberfläche des Werkes.«[5]

Klees Äußerungen stellen im Verhältnis zu den vorher zitierten insofern eine Neuerung dar, als sie auf den vor allem durch die Forschungen Charles Darwins veränderten Begriff von Schöpfung reagieren. Diese wird nicht mehr als einmal abgeschlossene Handlung gesehen, sondern als fortlaufender, unabgeschlossener Prozeß. Deshalb spricht Klee auch nicht in Analogie zur biblischen Schöpfungsgeschichte von der Schaffung menschlicher Figuren durch den Künstler, denen, wenn sie äußerlich fertig sind, nur noch das Leben fehlt, sondern seine Werke sollen den in die Zukunft verlängerten Schöpfungsprozeß als solchen versinnbildlichen.

Doch mit all diesen Vorstellungen, und beruhten sie auch auf noch so unterschiedlichen Prämissen, steht die abendländische Kunst in grundsätzlichem Gegensatz zu anderen Kulturkreisen, so vor allem zum jüdischen und zum islamischen. Den Muslimen ist gerade das verboten, was die abendländische Kunst auszeichnet, nämlich durch Abbildung lebender Wesen sich mit Gott zu vergleichen. Einer der überlieferten Aussprüche Mohammeds, mit denen dieses Bilderverbot begründet wurde, lautet: »Wenn einer ein Bild verfertigt, wird ihn Gott [dereinst] so lange [in der Hölle] Qualen leiden lassen, bis er ihm [dem Bild] Lebensgeist einbläst – und das wird er nie können.«[6]

Der abendländische Künstler dagegen kam mit Werken, die von der Kritik Prädikate wie »lebendig«, »lebensecht« oder »wie lebend« erhielten, nicht in die Hölle, sondern erntete höchsten Ruhm. Und die Künstler arbeiteten tatsächlich an der Verwirklichung dieses Zieles.

Akademien

Bei der folgenden Betrachtung der Ausstattung von Künstlerateliers seit der Renaissance wird dieser merkwürdige Anspruch näher ins Blickfeld rücken. Maßstab für einen in Konkurrenz zum Leben schaffenden Künstler ist der aus der *Poetik* des griechischen Philosophen Aristoteles stammende Begriff der »mimesis«, lateinisch »imitatio«, deutsch »Nachahmung«. Da es im folgenden ausschließlich um die Figurenbildung gehen soll, werden die optischen Grundlagen einer solchen nachahmenden Kunst, zu denen vor allem die Perspektive gehört, nur am Rande erwähnt. Auch die weitere Spezifizierung der Figurenbildung etwa durch die Affektenlehre bleibt ausgeklammert. Vielmehr geht es hier um das Verständnis der menschlichen Figur im Gemälde oder in der Plastik als einer von innen nach außen wirkenden lebendigen Gestaltung.

Deshalb werden ausschließlich die seit dem Beginn des 16. über vier Jahrhunderte eingesetzten Instrumente der akademischen Lehre und des Atelierbetriebs zur Erfassung des menschlichen Körpers betrachtet, als da sind: Antikenabguß, Muskelmann, Aktmodell und Gliederpuppe.

Die Geschichte der ersten drei Figuren beginnt im 15., die ersten erhaltenen Zeugnisse stammen aus dem frühen 16. Jahrhundert. Sie wurden zunächst in einzelnen Künstlerateliers gefertigt und benutzt, gehörten aber schließlich zum festen Instrumentarium der seit der zweiten Hälfte des 16. Jahrhunderts entstehenden Kunstakademien. In ihnen werden die von einzelnen Künstlern wie Leon Battista Alberti oder Leonardo da Vinci entwickelten Lehrinhalte und die dazugehörigen Instrumente zum Standard der Ausbildung des bildenden Künstlers erhoben, der bis ins 20. Jahrhundert wirksam blieb. Die Objekte selbst sind mit wenigen Ausnahmen zwar verloren, doch leben sie weiter in den Atelierbildern, die in der ersten Hälfte des 16. Jahrhunderts zunehmend von ihrem theologischen Ursprung, der Darstellung der Werkstatt des Evangelisten Lukas, der die Madonna malt, gelöst wurden. 1531 entstand mit dem Stich der Privatakademie des Florentiner Bildhauers Baccio Bandinelli, die sich im Bereich des Belvedere in Rom befand, das erste Akademiebild, ein Thema, das über die Jahrhunderte hinweg bis in unsere Zeit aktuell blieb. Diesen Bildern vor allem verdanken wir die Kenntnis über die Ausstattung der Ateliers und Akademien seit der Renaissance.

Da die Entwicklung seit der Frührenaissance auf eine akademische Verwissenschaftlichung der bildenden Kunst hin angelegt war, sind Atelier- und Akademiebilder oft kaum voneinander zu unterscheiden, zumal viele Künstler in Italien im 16. Jahrhundert, im Norden erst im 17. Jahrhundert, Privatakademien gründeten, die in ihren Ateliers abgehalten wurden. Jedoch soll hier nicht die Geschichte der Akademien oder des Akademie- bzw. Atelierbildes im Detail aufgerollt werden. Zu beiden Themen gibt es eingehende Literatur.[7] Zur Einführung in das Thema sei jedoch kurz auf die wichtigsten Schritte in der Geschichte der Akademien hingewiesen. Die ersten dieser Institutionen entstanden auf Initiative einzelner Künstler. So soll Leonardo in Mailand eine Akademie gegründet haben, was aber nicht belegt ist. Mehr als ein Vierteljahrhundert später entstanden zunächst in Rom, dann in Florenz die oben erwähnten Privatakademien des Florentiner Bildhauers Baccio Bandinelli. Dabei handelte es sich, wie Pevsner nachwies, jedoch nur um private Werkstattakademien. Die erste offizielle, von Giorgio Vasari 1563 in Florenz gegründete »Accademia del Disegno« stand unter der Schirmherrschaft von Cosimo de' Medici und Michelangelo. Nach Vasaris Meinung war die Antike dem lebenden Modell vorzuziehen, weshalb hier, anders als in allen späteren Akademien, das Modellzeichnen noch nicht obligatorisch war.[8] Der Florentiner Akademie folgte 1577 durch Erlaß von Papst Gregor XIII. die »Accademia di San Luca« in Rom, benannt nach dem Schutzpatron der Malergilden. Die feierliche Eröffnung erfolgte erst 1593, Federico Zuccari war ihr erster Präsident und Organisator. In dieser Akademie spielte erstmals das Zeichnen nach dem lebenden Modell eine entscheidende Rolle. Schon 1590 entstand in Bologna die »Accademia degli Incamminati«, deren Initiatoren die beiden Carracci-Brüder Annibale und Agostino, sowie ihr Vetter Ludovico waren. Diese Akademie, die von Pevsner noch als Werkstattakademie eingestuft wurde, wird heute vor allem durch die Forschungen von Charles Dempsey als eine der bedeutendsten Akademien des 16. Jahrhunderts gesehen. Hier wurden die Grundlagen für die Barockkunst des 17. Jahrhunderts geschaffen.

Entscheidend für die Entwicklung der Akademien im 17. und 18. Jahrhundert war die Gründung der »Académie Royale de Peinture et de Sculpture« in Paris im Jahr 1648, schon fünf Jahre nach Regierungsantritt Ludwigs XIV. Sein Finanz-, Wirtschafts- und Flottenminister Jean Baptiste Colbert, dessen Name mit der Entstehung des Merkantilismus verbunden ist, wurde 1661 ihr Vice-Protecteur und 1672 Protecteur, was die Funktion dieser Akademie als kulturpolitisches Instrument des absolutistischen Staates verdeutlicht. Ab 1683 war der »premier peintre du Roy«, Charles Le Brun, ihr Direktor. Er sorgte für die Systematisierung der Lehre. Auf der praktischen Seite gehörte die Abfolge von Zeichnen nach Zeichnungen, Zeichnen nach Abgüssen und Zeichnen nach Modellen zum sogenannten Curriculum, das durch theoretische Diskurse ergänzt wurde, in denen es darum ging, Regeln für die Kunst festzulegen. Eine der wichtigsten Neuerungen war die Monopolisierung des Aktzeichnens durch die Akademie, was den Künstlerwerkstätten, in denen dieses vorher geübt werden konnte, viel von ihrer Bedeutung nahm.[9] Nach der Auflösung der französischen Akademie durch Jacques-Louis David 1793 wurde das Aktzeichnen wieder in den Ateliers praktiziert, was auch nach der Wiedereröffnung der Akademie 1795 so blieb (Kat. Nr. 16).[10] Die unzähligen Akademiegründungen des 18. Jahrhunderts beriefen sich auf die Vorgaben der Pariser Akademie und übernahmen meistens deren Statuten. Einige, wie die 1705 gegründete Wiener Akademie, versuchten auch, die Monopolisierung des Aktstudiums durchzusetzen.[11]

Die ersten Akademien in Deutschland waren die Akademie in Nürnberg, die 1662 gegründet wurde, und diejenige in Augsburg, die aus einem privaten Zeichenzirkel hervorging, der schon 1684 eine Eingabe an den Rat der Stadt richtete. Als offizielles Gründungsdatum gilt aber erst das Jahr 1710. Der in Frankfurt aufgewachsene, in Prag und Utrecht ausgebildete, durch Reisen nach England und Italien mit den internationalen Strömungen vertraute Maler Joachim von Sandrart hat sich in seiner in Nürnberg 1675/79 erschienenen *Teutsche[n] Academie der edlen Bau- Bild- und Malerey Künste* (Kat. Nr. 22) als deren Gründer dargestellt.[12] Der Gründer der aus einer Sprachgesellschaft hervorgegangenen Nürnberger Akademie stand ebenfalls mit Sandrart über dessen Bruder Jakob in enger Verbindung[13], so daß die *Teutsche Academie* durchaus Aufschluß über beider Philosophie und Lehrbetrieb geben kann. Das Spezifische dieser beiden ersten Akademien war der Umstand, daß sie ihre Entstehung nicht der Verbindung mit einem Hof verdankten, wie die späteren Akademien des 18. Jahrhunderts in Deutschland, sondern der Initiative von Bürgern freier Reichsstädte.

Im 16. Jahrhundert war die Ausgangslage für die Gründung der Akademien die Zugehörigkeit der bildenden Künste zum Handwerk, und damit zu den mechanischen Künsten. Diese genossen weder die Freiheit noch das Ansehen der privilegierten freien Künste (Grammatik, Rhetorik, Dialektik, denen die Poesie anzuschließen ist, sowie Arithmetik, Geometrie, Musik und Astronomie), die unter der Leitung von Philosophie und Theologie standen, welche selbst nicht eigentlich zu den sieben freien Künsten gehörten. Da das Prestige der Artes liberales im Gegensatz zu den Artes mechanicae in ihrer ausschließlich geistigen Beschäftigung wurzelte, führte der Kampf um den Aufstieg der bildenden Künste dazu, daß auch diese nun den geistigen im Gegensatz zum handwerklichen Anteil in ihrer Tätigkeit hervorhoben. Hier hatten es die Maler aus verständlichen Gründen leichter als die Bildhauer. Das Zauberwort für den Eintritt in das Reich geistiger Freiheit hieß »disegno«, Zeichnung. Sie galt als alleiniger Ausdruck der »invenzione«, der Erfindung, was ihr das Prädikat der denkbar geringsten körperlichen Anstrengung verlieh. Einer der wichtigsten Schlachtrufe bei der Eroberung des Reiches geistiger Freiheit für die noch weitgehend zünftisch gebundenen Maler und Bildhauer war der auf Horaz zurückgehende Ausspruch »ut pictura poesis«, der die prinzipielle Gleichheit von Malerei und Poesie beinhaltete. Nicht nur im Verhältnis zu den freien Künsten Musik und Poesie brach ein Wettstreit aus, sondern auch unter den bildenden Künsten selbst, die im »paragone« (Vergleich) ihre Vorzüge miteinander verglichen. Bei diesem Vergleich war der jeweilige Grad an Lebensechtheit, die Frage nach dem Gelingen der von Aristoteles in der *Poetik* geforderten »imitatio« oder Naturnachahmung das Kriterium, das nach allen Seiten gedreht und gewendet wurde.

Anhand der Modellfiguren, die das Atelier seit dem Beginn der neueren Kunst bevölkerten – antiker Marmor oder Gipsabguß, Muskelmann und Skelett, Aktmodell und Gliederpuppe –, sollen im folgenden einige Momente dieser Kunst betrachtet werden, zu der die akademische Ausbildung entweder als Ideal oder in späterer Zeit als Realität untrennbar gehörte. Unterbrochen werden diese Kapitel durch Überlegungen zur Nachahmung des Lebens in Skulptur und Malerei. Als letztes wird unter dem Titel »Die Magie der akademischen Mittel« auf die moderne Kunst zwischen den beiden Weltkriegen eingegangen.

Die Antiken

Der italienische Maler, Bildhauer, Architekt und Schriftsteller Leon Battista Alberti beklagt in der an den Bildhauer und Architekten Filippo Brunelleschi gerichteten Widmung seiner Schrift *Della pittura* von 1436, daß so viele Kunstwerke der Antike verloren seien. Er gründet seine Hoffnung auf Wiedererreichen der verlorenen Höhe der Kunst jedoch auf zeitgenössische Künstler wie Brunelleschi, Donatello oder Massaccio, die die antike Kunst in ihren eigenen Werken wiederaufleben ließen.

Am Ende des 15. Jahrhunderts hatte man begonnen, die verstreuten antiken Skulpturen zu sammeln und neu aufzustellen. Auch diejenigen, die immer sichtbar gewesen waren, wurden jetzt auf neue Weise wahrgenommen. So kam die Bronzefigur des vermutlich aus dem ersten vorchristlichen Jahrhundert stammenden *Dornausziehers* 1471 als Geschenk Papst Sixtus' IV. in den römischen Konservatorenpalast.[14] Sie wurde zum Vorbild für die Darstellung von Jünglingsfiguren der Frührenaissance. Neben der so begründeten Sammlung der Stadt Rom auf dem Kapitol und den römischen Sammlungen in den Gärten der Kardinäle Cesi, von Ferrara oder von Capri[15] sind im frühen 16. Jahrhundert an erster Stelle die Vatikanischen Sammlungen in Rom zu nennen. Papst Julius II. hatte nach seiner Inthronisation 1503 die bis dahin verstreuten Antiken aus dem Besitz seiner Familie, der della Rovere, im seitdem als

Cortile delle Statue bezeichneten Hof des Belvedere zusammengebracht. So kam 1508 der *Apoll* in den Belvedere.[16] Im Jahr 1506 wurde mit der hellenistischen *Laokoon*-Gruppe eine der bedeutendsten antiken Skulpturen ausgegraben, die sofort begeisterte Aufnahme bei allen Gebildeten und Künstlern fand.[17] Auch diese Skulptur wurde im Statuenhof des Belvedere aufgestellt. Die berühmte Skulptur des als Herkules gedeuteten *Torsos vom Belvedere* befand sich zu Beginn des 15. Jahrhunderts im Palast der Colonna auf dem Monte Cavallo (Quirinal). Wann er genau in den Statuenhof gelangte, ist nicht bekannt. In den dreißiger Jahren des 16. Jahrhunderts befand er sich schon dort, lag aber zunächst noch am Boden. Marten van Heemskerck, der von 1532 bis 1536 in Italien war, zeichnet ihn in dem Berliner Skizzenbuch sowohl liegend als auch aufgerichtet.[18] Anscheinend schon vor der Überführung in den Vatikan wurde er von den großen Künstlern der Renaissance, vor allem von Michelangelo, als Vorbild für ihre Kunst entdeckt. Denn neben den gemalten nackten männlichen Figuren an der Decke der Sixtinischen Kapelle (1508–1512) lassen auch die Skulpturen der *Flußgötter* und des *Tages* in der Neuen Sakristei von S. Lorenzo in Florenz, der sogenannten Medicikapelle (1519–1534), das Studium des *Torsos* erkennen.[19]

Weitere Antiken befanden sich im Palazzo Farnese in Rom, so ab 1556 der *Herkules Farnese*, der wie der 1545/46 gefundene und ebenfalls im Palazzo Farnese aufgestellte *Farnesische Stier* mit der gesamten Sammlung 1787 nach Neapel kam.[20] In der Sammlung der Medici in Rom befanden sich unter anderem die marmornen *Ringer*, die 1583 in der Nähe der Porta S. Giovanni in Rom gefunden worden waren. Das erste gesicherte Datum für die vielleicht berühmteste antike Figur, die *Venus Medici*, ist 1638, das Erscheinungsjahr von François Perriers Stichwerk *Segmenta nobiliium signorum*... (Kat. Nr. 21), worin diese römische Marmorkopie nach einem hellenistischen Original in drei Ansichten mit dem Hinweis abgebildet wird, sie sei im Garten der Medici aufgestellt. 1677 wurde sie von den Medici nach Florenz gebracht und dort ebenso wie die *Ringer* ab 1688 in der Tribuna der Uffizien aufgestellt.[21] Eine der meistkopierten Figuren befand sich in der Sammlung der Borghese: der sogenannte *Borghesische Fechter*. Die Marmorstatue wurde 1611 bei Anzio gefunden und gelangte 1613 in den Besitz dieser römischen Familie. Sie blieb dort bis 1807, als sie von Napoleon für das Musée Napoléon gekauft wurde (heute im Louvre in Paris).[22] Damit sind nur einige der bekanntesten antiken Skulpturen benannt, doch sind es diejenigen, die in der Folge immer wieder in fürstlichen Sammlungen sowie in Ateliers und Akademien als Abgüsse im Originalformat oder als Verkleinerungen auftauchen. An ihnen schulten sich die angehenden Künstler bis ins 20. Jahrhundert.

Die antiken Kunstwerke wurden gewöhnlich nicht vollständig gefunden, wobei es verschiedene Grade der Fragmentierung gab. Bei Figuren, deren wesentliche Teile erhalten waren, bot sich eine Ergänzung eher an als bei sehr stark zerstörten. So wurden zu Beginn der dreißiger Jahre des 16. Jahrhunderts in den Vatikanischen Sammlungen unter anderem der *Laokoon* und der *Apoll* ergänzt, nicht aber der *Torso*, obgleich man schon im 15. Jahrhundert davon ausging, daß es sich um einen Herkules handelte.[23] In den Abgußsammlungen sind die Antiken gewöhnlich ergänzt, und so erscheinen sie auch auf den Bildern. Schon auf Vasaris *Schmiede des Vulkan* aus den sechziger Jahren des

16. Jahrhunderts tauchen die *Drei Grazien* als intakte Gruppe auf (Kat. Nr. 4).[24] Auch auf dem Stich nach Maratta (Kat. Nr. 10) erscheinen die *Venus Medici* und der *Herkules Farnese* vollständig. Der Herkules besaß zu dieser Zeit aber die ergänzten Beine von Guglielmo della Porta, während die etwas später gefundenen echten erst kurz vor der Überführung nach Neapel 1787 mit der Figur wieder zusammengefügt wurden.[25] Die Ergänzungen der *Laokoon*-Gruppe sind ein weiteres Beispiel. Es fehlten jeweils der rechte Arm des *Laokoon* und der des Sohnes auf dieser Seite. Ein Ergänzungsversuch des Baccio Bandinelli kann in den Uffizien in Florenz an einer Marmorkopie dieses Künstlers bewundert werden. Sie unterscheidet sich wesentlich von der durch Montorsoli zehn Jahre später an dem Original durchgeführten Ergänzung. Auf das Problem der Ergänzungen reagiert noch die Bronzeverkleinerung in den Dresdner Kunstsammlungen aus der ersten Hälfte des 17. Jahrhunderts (Kat. Nr. 42), in der eine eigene Lösung für die beiden fehlenden Arme gefunden wurde. Heute wird das Original ohne diese Ergänzungen gezeigt, und man geht davon aus, daß die Armhaltungen ursprünglich sehr von den Rekonstruktionen abwichen. Andererseits wird manchmal auch nur die Mittelfigur gezeigt, so auf dem Breslauer Bild von Johann Georg Platzer aus der Mitte des 18. Jahrhunderts (Kat. Nr. 50). Doch wird dies nicht als Fragmentierung gekennzeichnet, obgleich die Besonderheit der antiken Figurengruppe auch darin bestand, daß sie aus einem Block gehauen war.

Besonders in der Frühzeit, zu Beginn des 16. Jahrhunderts, werden Torsen häufig auf Bildern dargestellt. Es handelt sich dabei weniger um Gemälde von Ateliers oder Sammlungen als vielmehr um Künstlerporträts oder Darstellungen von Bildwerken in antikisierenden Historien. Ein Torso, später *der Torso*, wurde geradezu zum Symbol der Bildhauerkunst (Kat. Nr. 61).[26] Demgegenüber zeigt der Akademiestich des Baccio Bandinelli von 1531 nur vollständige Verkleinerungen, die sich an antike Figuren anlehnen, und in denen sich möglicherweise die von Vasari beschriebenen Bronzefigürchen darstellen, die Bandinelli selbst formte und in Bronze goß. Auf dem späteren Stich aus den vierziger Jahren überwiegen dagegen die Fragmente (Kat. Nr. 2 und 3). Während Marten van Heemskerck in dem in Berlin aufbewahrten Skizzenbuch von seinem Romaufenthalt (1532–1536) die Antiken an ihrem damaligen Standort häufig in fragmentierter Form zeigte, stach sein Landsmann Hendrik Goltzius, der 1590/91 in Rom war, die berühmtesten Antiken als vollständige Kunstwerke mit ihren Ergänzungen (Kat. Nr. 25 und 26). Darin folgten ihm im 17. Jahrhundert François Perrier und Joachim von Sandrart (Kat. Nr. 21 und 22).

Die erste Sammlung mit maßstabgleichen Abgüssen in Bronze nach den bekanntesten Antiken besaß Franz I. von Frankreich. Sie wurden durch Vermittlung des Bologneser Künstlers Francesco Primaticcio in Rom erworben und 1543 in der Galerie in Fontainebleau, 1550 im Jardin de la Reine aufgestellt.[27] Im 18. Jahrhundert gab es an fast allen deutschen Höfen solche Abgußsammlungen aus Bronze oder Gips, von denen einige auch in den jeweiligen Akademien zu finden waren. In Rom und Florenz waren einige Werkstätten auf das Abgießen von Originalen zeitgenössischer oder antiker Künstler spezialisiert, so im späten 17. Jahrhundert in Florenz die Werkstatt der Susini, die den Formenschatz Giambolognas geerbt hatten, oder im frühen 18. Jahrhundert diejenige von Massimiliano Soldani, eigentlich Goldschmied und

Münzgießer, der ebenfalls Antikenabgüsse und solche nach neueren Kunstwerken in Bronze herstellte. Solche Bronzeabgüsse konnten originalgroß oder als Verkleinerungen erworben werden. Beide Größen finden sich bei den Antikenreproduktionen in den Sammlungen des Fürsten von Liechtenstein, die im Laufe des 17. und frühen 18. Jahrhunderts erworben wurden (Kat. Nr. 40 und 41).[28] Zu den frühesten Gipsabgußsammlungen des 18. Jahrhunderts gehörte in Deutschland die Mannheimer Sammlung, die schon 1709 von Johann Wilhelm von der Pfalz in Rom erworben worden war und 1731 von Düsseldorf nach Mannheim überführt wurde, wo sie vor allem der Ausbildung der Studenten in der 1756 gegründeten Zeichnungsakademie diente.[29]

Im 17. Jahrhundert gibt es in Atelier- oder Akademiegemälden beide Formen der Antikendarstellung: Michael Sweerts (1624–1664) zeigt in seinen Bildern um die Mitte des Jahrhunderts vor allem antike Fragmente, am Ende des Jahrhunderts bevorzugt Johann Heiß dagegen die Darstellung der berühmten vervollständigten Figuren wie die des *Herkules Farnese*. Auf vielen Atelier- und Akademiebildern des 18. Jahrhunderts gibt es zwar vereinzelte Bruchstücke, aber die inzwischen als kanonisch geltenden Antiken wie der *Herkules Farnese*, die *Ringer*, der *Borghesische Fechter* oder die *Venus Medici* erscheinen immer in vollständiger Gestalt innerhalb von Abgußsammlungen, die häufig in repräsentativer Umgebung aufgestellt sind. Im 18. Jahrhundert wurde die 1584 von Bernardo Buontalenti gebaute Tribuna in den Uffizien für die fürstlichen Sammlungen vorbildlich, wo die Medici 1688 die Hauptwerke ihres römischen Antikenbesitzes aufstellten: Die *Venus Medici*, die *Ringer*, den *Tanzenden Faun*, den *Arrotino* und den *Apollino*. Die *Venus* stand und steht in der Mitte des achteckigen, überkuppelten Raums, die anderen antiken Werke sind am Rand verteilt.

Was brachte nun das Studium nach den antiken Figuren für die Kunst seit der Renaissance? Man muß sich in diesem Zusammenhang in Erinnerung rufen, was Leonardo in seinem Malereitraktat als Hauptzweck der Kunst benannte: die Darstellung des Runden und die Lösung der Figur vom Grund, beides Ziele, die in dieser Form erst seit der Renaissance existierten.[30] Für die Lösung der Figur vom Grund waren die Perspektive in Gestalt der Linear- und der Luftperspektive sowie die richtige Anwendung von Licht und Schatten die Mittel. Für die Darstellung des Runden in der an die Fläche gebundenen Malerei war es das Malen und Zeichnen nach dem runden Modell, also entweder nach dem lebenden Menschen oder nach Skulpturen. Schon Alberti, der in diesem Zusammenhang als Ziel der Malerei die optische Erzeugung von Relief (relievo) sah, hatte aus diesem Grunde das Abmalen von runden Skulpturen dem Kopieren von Gemälden vorgezogen, da an ersteren das Relief und die Verhältnisse von Licht und Schatten besser studiert werden könnten.[31] Infolgedessen sieht man schon auf den frühesten Akademiedarstellungen kleine Figürchen aus Bronze oder Gips nach antiken oder neueren bekannten Skulpturen, mit deren Hilfe man sich die nicht erreichbaren Originale vor Augen führte.[32] Zum Beispiel berichtet Vasari von dem Bildhauer Bandinelli, daß dieser in Rom solche 2/3 Ellen großen Figuren eines Herkules, einer Venus oder eines Apoll in Bronze herstellte, die vermutlich an antiken Figuren orientiert waren (siehe auch Kat. Nr. 3). Nordische Künstler, die zu ihrer Ausbildung eine Zeitlang in Rom lebten, etwa Marten van Heemskerck oder Joachim von Sandrart, waren bemüht, Zeichnungen nach den wichtigsten Antiken anzufertigen und sie durch Stiche im Norden zu verbreiten, damit auch hier der zündende Funke für die Erneuerung der Kunst überspringen konnte. Marten van Heemskerck wurde nach seinem Romaufenthalt im Jahr 1540 Dekan der Lukasgilde in Haarlem. Joachim von Sandrart verarbeitete die Erfahrungen seines Romaufenthalts (1629–1635) in seinem oben erwähnten, 1675/79 in Nürnberg erschienenen lehrhaften Hauptwerk *Teutsche Academie der edlen Bau- Bild- und Malerey-Künste* (Kat. Nr. 22) und wurde Gründer der Augsburger Akademie.

Die antiken Figuren, die nicht nur Bildhauer, sondern auch Maler zum Vorbild nahmen, unterschieden sich von den überall zu findenden mittelalterlichen Skulpturen in mehrfacher Hinsicht. Es waren meist Freifiguren ohne Verbindung zur Wand. Soweit es sich um Götter- oder Heroengestalten handelte, waren sie gewöhnlich nackt, so daß der Körper als ein organisches Ganzes vor Augen stand und studiert werden konnte. Und darauf kam es in der neueren Kunst an: auf den Zusammenhang aller Teile eines Körpers und auf die Verbindung von Bewegung und seelischem Ausdruck. So gibt Leonardo im § 88 des *Buchs von der Malerei* zum Beispiel den Rat: »Zeichne nach dem Nackten immer den ganzen Körper, um dir den Zusammenhang einzuprägen.« Die am meisten geschätzten Antiken wie der *Laokoon* oder der *Torso vom Belvedere* waren späthellenistische Werke unter Verarbeitung älterer Formulierungen. Sie offenbarten eingehende anatomische Kenntnisse in dem die Oberfläche der Körper charakterisierenden Muskelspiel. Demgegenüber kannte die mittelalterliche Kunst das Nackte nur bei wenigen Gestalten: beim toten Christus, bei Adam und Eva oder bei den Auferstehungsszenen, doch ging es bei diesen Figuren gewöhnlich nicht um den nackten Körper als organisches Ganzes, er war mehr ein Attribut bestimmter Situationen. Adam und Eva gehörten im 15. Jahrhundert zu den ersten Figuren, an denen sich das neue Verhältnis zum nackten Körper ausdrücken konnte, so bei Massaccio oder Jan van Eyck, bei Andrea Riccio oder Bernd Notke. Auch die Skulpturen des toten Christus von Donatello oder Ghiberti zeigten das neue Körperverständnis. Luca Signorelli oder Antonio Pollaiuolo konnten ihre Kenntnisse vom nackten Körper in Darstellungen des Jüngsten Gerichts oder der Marter des heiligen Sebastian mit aller Virtuosität vor Augen stellen.

Der Muskelmann

Dieses Interesse am Körper als organischem Ganzen begründet auch die Existenz der wohl erstaunlichsten Figur in Atelier und Akademie von der Renaissance bis ins 20. Jahrhundert: des Muskelmannes, auch Écorché genannt, was nichts anderes heißt als »der Gehäutete« oder »der Geschundene«. Die anatomische Figur eines Mannes, dem die Haut abgezogen ist, so daß man darunter die einzelnen Muskelstränge erkennt, bleibt das Symbol für die anatomischen Kenntnisse des Künstlers und war zugleich Anschauungsmaterial in Fragen der Anatomie. Zumeist zeigte sich diese Figur mit einem erhobenen Arm und wirkte sowohl in ihrem Standmotiv wie durch diese Gestik trotz ihres prekären Leibeszustands durchaus lebendig.

Im 15. Jahrhundert hatten schon Lorenzo Ghiberti in seinen *Commentarii* von etwa 1430 (erschienen 1447), Leon Battista Alberti in seinem Traktat *Della Pittura* von 1436 und Leonardo da Vinci in seinem Malereitraktat (erstmals gedruckt 1651 in Paris) gefordert, daß der Maler Anatomie studieren solle. Ghiberti hielt für den bildenden Künstler eine Ausbildung in Grammatik, Geometrie, Philosophie, Medizin, Astrologie, Perspektive, Geschichte, Anatomie, Theorie des »disegno« und Arithmetik für notwendig.[33] Mit dieser Liste schließt er sich dem antiken Architekten und Theoretiker Vitruv an, der eine ähnliche Aufstellung am Anfang seiner *Zehn Bücher von der Architektur* gibt – hier allerdings, dem Gegenstand entsprechend, ohne Anatomie. Alle Theoretiker des 15. Jahrhunderts vereinen sich in der Absicht, die Malerei sowie die bildende Kunst überhaupt in den Rang einer Wissenschaft zu erheben, die sich aus diesem Grund nicht mehr allein auf Werkstattrezepte beschränken, sondern sich auf ein umfassendes theoretisches Studium stützen sollte. Besonders das erste Buch von Leonardos Traktat ist dem Beweis gewidmet, daß die Malerei eine Wissenschaft sei. Innerhalb der für die Perfektion des Malers als notwendig erachteten Hilfswissenschaften stehen Perspektive und Anatomie auf der einen Seite, Grammatik, Geschichte, Astrologie und Philosophie auf der anderen. Während erstere die Konstruktion eines Bildes betreffen, beschäftigen sich letztere mit dem Inhalt und dessen Aufbau. Entsprechend gab es für die Perspektive und die Anatomie auch praktische Hilfsmittel: Schon Alberti, aber nach ihm auch Dürer, nennen Abbildungshilfen, die das perspektivische Zeichnen eines Gegenstandes auch ohne genaue theoretisch-geometrische Kenntnisse ermöglichen. Für den Bereich der Anatomie mußte als Ersatz für die Durchführung anatomischer Sektionen neben medizinischen Büchern – seit 1543 vor allem *De humani corporis fabrica* von Andreas Vesalius (Kat. Nr. 85) – der Muskelmann oder Écorché herhalten.

Figuren von Muskelmännern mit kahlem Schädel, die jedoch nur bedingt als Écorché zu bezeichnen sind, gab es schon im 15. Jahrhundert. Durch mehrfach kopierte Zeichnungen ist eine solche Figur von Antonio Pollaiuolo überliefert, die nach heutigem Kenntnisstand als die erste zu gelten hat.[34] Im 16. Jahrhundert sind mehrere Wachsmodelle von einzelnen Gliedmaßen und auch von ganzen Figuren bekannt. Sowohl Michelangelo wie Leonardo haben sich, beide in Zusammenarbeit mit Anatomen, mit anatomischen Sektionen beschäftigt. Deshalb wurden Michelangelo einige Wachsmodelle von Gliedmaßen und ganzen Figuren zugeschrieben, die sich heute im Victoria & Albert Museum in London befinden.[35] Laurie S. Fusco konnte 1975 nachweisen[36], daß vor diesen beiden Pionieren kaum ein Künstler die Möglichkeit hatte, an anatomischen Sektionen teilzunehmen, wofür schon ihre äußerste Seltenheit sprach. Zwar wurden Sektionen schon seit dem späten 13. Jahrhundert gelegentlich in Bologna durchgeführt und waren ab 1429 in Padua zugelassen[37], jedoch gab erst ein päpstliches Breve von 1482 die generelle Erlaubnis dazu – natürlich mit jeweiliger kirchlicher Genehmigung. In den siebziger Jahren des 15. Jahrhunderts waren die wichtigsten medizinischen Bücher, die das bis dahin verlorene antike Erbe tradierten, im Druck erschienen: Avicennas *Canon*, 1472 in Padua, Mandinos *Anathomia*, 1476 in Venedig, und *De medicina* von Celsus, 1478 in Florenz.[38] Und sogar noch bei den frühen anatomischen Studien Leonardos aus den achtziger und neunziger Jahren konnte nachgewiesen werden, daß es sich eher um Verbildlichungen literarischer Traditionen als um direkte Anschauung aufgrund von Sektionen handelt. Erst im 16. Jahrhundert ist bei Leonardo und Michelangelo die Erfahrung von Sektionen unumstritten.[39]

Was sind nun neben der Verwissenschaftlichung der bildenen Kunst die Gründe, die zu der erstaunlichen Aufnahme der Anatomie unter die Hilfswissenschaften der Malerei und Plastik geführt haben? Auszugehen ist hier wieder vom Begriff der »imitatio«, der Naturnachahmung, der über die *Poetik* des Aristoteles Eingang in die neuzeitliche Kunsttheorie fand. Aus dieser Voraussetzung ergeben sich verschiedene Argumente, deren erstes »Lebendigkeit« heißt. Schon für Alberti ist Lebendigkeit in der Malerei und Plastik ein entscheidendes Darstellungsziel: »So beachte man also in jeder malerischen Darstellung, daß jedes Glied seiner Bestimmung nachkomme und auch noch im kleinsten Partikelchen seiner Schuldigkeit entspreche. Bei den Todten sei jedes Glied todt bis zu den Fingerspitzen hin, an den Lebenden zeige auch noch das kleinste Partikelchen Leben. Lebend nennt man einen Körper, wenn er aus eigener Kraft heraus eine gewisse Bewegung besitzt; todt, wenn die Glieder die Lebensfunctionen, d. i. Empfindung und Bewegung nicht mehr zu versehen vermögen. Will also der Maler in den Dingen Leben ausdrücken, so wird er jeden Theil derselben in Bewegung bilden...«.[40]

Ganz entsprechend lobte Vasari an Michelangelos *Pietà* die Veranschaulichung des Todes an der Figur Christi. Er schreibt zu diesem Frühwerk des Künstlers: »Es wird wohl nie ein anderer Bildhauer, noch irgend ein anderer auserlesener Künstler den Entwurf dieses Werkes an Anmut und Schönheit übertreffen, noch den Marmor kunstvoller und mit größerer Feinheit und Weichheit herausmeißeln können. [...] Neben anderen Dingen, wie es die göttlich schönen Gewänder sind, sieht man den Leichnam Christi. Kein Toter kann totenähnlicher sein, als diese Gestalt es ist; und doch sind alle Glieder von seltener Schönheit; und Muskeln, Adern und Nerven heben sich in vollendeter Durchbildung von dem Knochenbau dieses Körpers ab.«[41] Demgegenüber ist, wie der Beginn des Zitats zeigt, für die Darstellung des Lebens von Vasari bis hin zu Bernini Weichheit das entscheidende Kriterium, d.h. die Veranschaulichung des weichen lebendigen Fleisches durch den Stein, dessen kristalline Existenz durch die Umformung des Künstlers aufgehoben erscheint.

In diesen Zusammenhang gehört auch die Forderung nach »Vielfalt«, »varietà«, die nach Alberti an figürlichen Darstellungen nur durch die Kenntnis der Anatomie zu erreichen sei. Denn das Wissen um die verschiedenen Muskeln und ihre Funktionen verhindere, daß immer nur dieselben Formen wiederholt würden, wo doch jede Bewegung durch spezifische Muskelanspannungen auszudrücken sei. Leonardo weist darauf hin, daß es jedoch ganz falsch sei, immer alle Muskeln in Anspannung vorzuführen, vielmehr sollten nur jeweils die für die bestimmte Bewegung notwendigen hervortreten (§ 125).

Der Körper wird von den Theoretikern der Renaissance, die zugleich bildende Künstler waren, als ein Organismus beschrieben, der sich als lebend durch zentral geleitete, selbsttätige Bewegung und Empfindung erweist. Diese Beschreibung hat ihre Grundlage in der Schrift *Über die Seele* von Aristoteles, die die medizinische und anatomische Diskussion seit dem 13. Jahrhundert entscheidend beeinflußte und die vorausgehende platonische Richtung ablöste. Grund dafür war die religiöse Diskussion um die persönliche Seele, die eher mit der aristotelischen Vorstellung als mit der platonischen von der Weltseele harmonierte.[42] Für die Kunst der Renaissance bleibt die aristotelische Definition, nach der Körper und Seele engstens verbunden sind, Ausgangsbasis für das neue Verständnis vom Körper, der nach der platonischen Vorstellung nur als Gefängnis der Seele galt. Aristoteles, der in der Überlieferung durch Averroës und mit dessen Kommentar rezipiert wurde, reflektiert im Gegensatz zu Platon vor allem das Verhältnis der Seele zum Körper. Für ihn ist die Seele die erste Entelechie oder Wirklichkeit des lebenden Körpers. Das heißt, daß die Seele das Lebensprinzip des Körpers ist. Sie erscheine in der Stufenfolge der Sinnesorgane – im untersten, aber für alles Leben unabdingbaren Tast- und Geschmackssinn, dessen Organ das Fleisch sei, ebenso wie in den höheren Sinnen des Geruchs, Gehörs und Gesichts bis hin zur Vernunft, dem einzigen Teil der Seele, der unsterblich sei. Alle lebenden Körper hätten eine Seele, auch die einfachsten. Diese drücke sich in Wachstum und Verfall eines Körpers, in den Sinnesempfindungen und durch Bewegung aus, während der unsterbliche Teil der Vernunft oder des Geistes [je nach Übersetzung] nur dem Menschen zukomme.[43]

Damit erhält die Kunst ein neues Ziel: Der Körper soll nun Ausdruck der Seele sein. Nur die Körpersprache, die diesen Anspruch erfüllt, ist im höheren Sinne kunstwürdig. Dementsprechend schreibt Leonardo: »Wenn die Figuren nicht lebendige und derartige Geberden machen, daß sie damit in ihren Gliedern die Absicht ihrer Seele ausdrücken, so sind sie doppelt todt. Erstens sind sie dies, weil die Malerei ja an sich nicht wirklich lebendig ist, sondern selbst leblos, lebendige Dinge nur ausdrückt, und verbindet sich also nicht die Lebhaftigkeit der Geberden mit ihr, so ist sie zweimal todt.«[44] Weiterhin führt Leonardo in § 409 aus, wie man gute Malerei erkennt, und nennt als erstes Zeichen die Entsprechung von äußerer Bewegung und innerem Sinn bei bewegten Figuren. Das heißt, in der neueren Malerei verweist jeder Teil des Körpers auf sein Inneres, auf die Seele des dargestellten Individuums. Da Bewegung Ausdrucksmittel der Seele ist, wird der Bewegungsapparat – Skelett und Muskeln – zum bevorzugten Studienobjekt der bildenden Künstler, wobei das Skelett als das Feste gegenüber dem Variablen der Muskeln, Sehnen usw. zudem Maßstab für die Proportion ist.[45] So wird es auch verständlich, daß die Darstellungen des Muskelmannes zumindest seit dem Erscheinen des für Jahrhunderte maßgeblichen Buches des an verschiedenen Universitäten in Italien und den Niederlanden tätigen Anatomen Andreas Vesalius *De humani corporis fabrica* (Basel 1543, Kat. Nr. 85) mit seinen Illustrationen, die der Tizianschule zugeschrieben werden,[46] in Bewegung und damit lebendig erscheinen. Man will ja mit Hilfe des Toten, der Leichensektion, das Lebendige, das unmittelbarer Ausdruck der Seele ist, ergründen. Deshalb bleibt der Typus des wie lebend wirkenden Muskelmannes sowohl in den medizinischen Büchern und Wachspräparatenkabinetten wie in den Künstlerbüchern bis zum Ende des 18. Jahrhunderts erhalten. Die bedeutendste Buchveröffentlichung des 18. Jahrhunderts in diesem Zusammenhang ist das Werk des Leidener Anatomen Bernhard Siegfried Albinus *Tabulae sceleti et musculorum corporis humani* von 1747, wo noch einmal in den Illustrationen von Jan Wandelaar die Skelette und Muskelmänner in den verschiedensten Stadien in ihnen angepaßten Landschaften agieren (Kat. Nr. 89).

Ein weiteres Argument für die Anatomie kommt aus der Künstlermythologie, wonach der Künstler mit Gott, dem Schöpfer, gleichgesetzt wird. Schon Alberti hatte die Tätigkeit des Künstlers in Analogie zur Ezechiel/Hesekiel-Vision von der Auferstehung des Fleisches beschrieben[47]: »So ist es also nothwendig, ein bestimmtes Maßverhältnis bei den Gliedern festzuhalten; dies einzuhalten wird es von großem Vortheile sein, zuerst das Knochengerüst des Lebewesens zu zeichnen, jedem Knochen hernach die Muskeln zuzufügen und dann das Ganze mit Fleisch zu umkleiden. Hier aber könnte mir Jemand entgegenhalten, was ich oben sagte, daß für den Maler nur das Sichtbare der Dinge von Belang sei. Richtig erinnern Jene an dies; doch so wie man den Menschen erstlich nackt zeichnet und ihn erst dann mit der Gewandung umgibt, so mögen wir, wenn wir den nackten Körper malen, mit der Lagerung der Knochen und Muskeln beginnen und diese dann mit Fleisch bedecken, damit es nicht schwierig sei, die Lage jedes Muskels darunter zu erkennen.«[48]

In diesem Text sind zwei Vorstellungen miteinander vereint. Zunächst erscheint, wie auch bei Leonardo, die Anatomie im Zusammenhang mit der Erörterung der richtigen Maßverhältnisse, wobei man sich auf Vitruv berufen konnte.[49] Zum andern aber geht es um das gottgleiche Schöpfertum des Künstlers, der wie Gott bei der Auferstehung im Kunstwerk dafür sorgt, daß die menschlichen Knochen mit Fleisch und Muskeln umkleidet werden, bis das Individuum einen vollständigen Leib hat. Alberti spricht am Anfang des *Zweiten Buches über die Malerei* davon, daß der Maler fast wie ein Gott geschätzt würde. Und Leonardo schreibt im § 68 des Malereitraktats: »Die Göttlichkeit, die der Wissenschaft der Malerei innewohnt, bewirkt, daß sich der Geist des Malers zur Aehnlichkeit mit dem göttlichen Geist emporschwingt, denn er ergeht sich mit freier Macht in der Hervorbringung verschiedenartiger Wesenschaft mannigfaltiger Thiere, Pflanzen, Früchte, Landschaften, Gefilde, Bergstürze, angstvoller und schauriger Orte usw.« Wenn der Künstler nun Schöpfer ist wie Gott, dann arbeitet er auch wie Gott und baut seine Geschöpfe ganz wie dieser vom Skelett bis zu der Haut auf.

Ein ganz praktisches Beispiel zu diesem Thema ist durch die Anweisungen überliefert, die Rubens für die Herstellung einer Modellfigur gab. Er schreibt: »Der wahre Weg der Anatomie: Nimm die Knochen eines Mannes und füge sie mit einem eisernen Stift gut zusammen, damit sie halten [...]. Verkleide sie dann Stück für Stück, um mit falschen Muskeln eine wahre Anatomie nachzuahmen.«[50]

Zur Praxis der Akademien und Ateliers

Darstellungen von anatomischen Sektionen und Präparaten im Atelier gibt es nur in Zeichnungen und Stichen des 16. und frühen 17. Jahrhunderts. Das erste Beispiel ist das Blatt von Bandinellis Akademie in Florenz aus den vierziger Jahren des 16. Jahrhunderts (Kat. Nr. 3). Es folgt der Stich von Cornelis Cort nach Stradanus von 1573 (Kat. Nr. 5) und schließlich das Blatt von Alberti vom Anfang des 17. Jahrhunderts (Kat. Nr. 7). Nach heutigem Wissensstand ist es sehr unwahrscheinlich, daß solche Sektionen je in einem Atelier stattfanden. Fusco[51] weist auf eine Stelle bei Vasari im Leben von Salviati hin, wo ersterer berichtet, daß er, um sich in der Anatomie fortzubilden, zusammen mit Salviati ein öffentliches Bad besuchte. Man muß deshalb wohl davon ausgehen, daß in dem Stich von Alberti ebenso wie bei Stradanus eher der Anspruch der Kunst auf das Studium der Anatomie ausgesprochen ist, als daß hier eine Atelierwirklichkeit dargestellt wäre. Zudem war für das Studium der Künstler die bei Alberti gezeigte Öffnung des Leibes ohne praktische Bedeutung, da für sie vor allem der Bewegungsapparat von Interesse war. Die Öffnung des Leibes ist aber eine der feststehenden Phasen bei den medizinischen Sektionen und damit Thema der diese betreffenden Anatomiedarstellungen. Fusco geht davon aus, daß die auffälligen Darstellungen der Anatomie in Ateliers in der zweiten Hälfte des 16. und im beginnenden 17. Jahrhundert als Reaktion auf das Erscheinen von Andreas Vesalius' Buch *De humani corporis fabrica* von 1543 zu sehen sind.

In den offiziellen italienischen Akademien des 16. Jahrhunderts, in Florenz, Bologna und Rom, war die Anatomie schon unter die Lehrfächer aufgenommen.[52] Sowohl nach den 1655 erweiterten Statuten der Pariser Akademie wie in der erst 1768 gegründeten Royal Academy in London war die Anatomie ebenso wie das Aktstudium Unterrichtsfach.[53] Seziert wurde gewöhnlich in Spitälern, so in Florenz im Winter im Hospital von S. Maria Nuova. Daß es nicht so einfach für Künstler war, an Sektionen teilzunehmen, zeigt noch Joachim von Sandrarts Vorschlag in seiner *Teutschen Academie* von 1675, daß man auch einen Marsyas als Anatomieersatz nehmen könne, wenn für das Studium der Anatomie die Mittel fehlten. Allerdings hatte die von Sandrart gegründete Augsburger Akademie auf diesem Gebiet keine Schwierigkeiten, da sie im Gebäude der »Metzg«, dem Haus der Metzgerzunft, untergebracht war, wo sich auch das Collegium medicum mit der Anatomie befand. Die späteren fürstlichen Akademien, die nach dem Vorbild der Pariser Akademie eingerichtet wurden, hatten selbstverständlich auch das Studium der Anatomie im Unterrichtsplan, so zum Beispiel die am Ende des 17. Jahrhunderts entstandenen Akademien in Wien und Berlin.

Seit der Gründung des Leidener *Anatomischen Theaters* durch Dr. Pieter Paauw um 1593 fanden anatomische Vorlesungen und Sektionen in der feierlichen Inszenierung solch amphitheatralisch angelegter Gebäude statt, die überall nach dem Vorbild in Leiden gebaut wurden, und deren Sektionen nicht nur der Wissenschaft, sondern auch der allgemeinen Volksunterhaltung dienten. Anatomische Theater existierten in Bologna, Padua, Paris, Marburg, Amsterdam, Upsala und London. Im 17. Jahrhundert war in Holland der Typus des Anatomiebildes als Zunftbild etabliert worden, in dem die Anatomie ein vom Kunstbetrieb ganz getrenntes Dasein führte, auch wenn Künstler wie Rembrandt bei den dargestellten Sektionen natürlich ihre anatomischen Kenntnisse vervollständigten und darstellten.[54]

In den Akademie- und Atelierbildern setzt sich vom 17. bis ins 19. Jahrhundert hinein die Darstellung nicht der Anatomie, sondern des Muskelmannes oder Écorchés als Atelierrequisit durch. Zu den frühesten erhaltenen Beispielen gehören die drei von Ameisenowa dem Giambologna-Schüler Pietro Francavilla (1548–1615) zugeschriebenen Kleinbronzen vom Ende des 16. Jahrhunderts, die sich in der Jagiellonen-Universität in Krakau befinden.[55] Anatomische Modelle für den Ateliergebrauch wurden im 16. Jahrhundert gewöhnlich aus Wachs hergestellt. Von diesen haben sich einige Körperteile im Victoria & Albert Museum in London erhalten und als einzige ganze Figur der

Écorché von Ludovico Cigoli (1559–1613) im Bargello in Florenz. Um der größeren Haltbarkeit willen hat man sie in Bronze gegossen, so auch Cigolis *Écorché*, von dem im Bargello beide Versionen nebeneinander stehen (vgl. auch Kat. Nr. 91). Ważbiński bringt diesen Écorché in unmittelbaren Zusammenhang mit dem Anatomieunterricht der Florentiner Akademie.[56] Zudem sieht er in ihm Reflexe von Leonardos anatomischen Zeichnungen (heute in Windsor Castle) und verweist auf einen Bericht von 1540, nach dem sich um die fragliche Zeit eine große Anzahl dieser Zeichnungen in S. Maria Nuova befand, wo Leonardo seziert hatte und wo in der zweiten Hälfte des Jahrhunderts die anatomischen Lektionen der Florentiner Akademie stattfanden. Außerdem besaß Benvenuto Cellini anatomische Manuskripte Leonardos, die er aus Frankreich nach Florenz mitgebracht hatte. Ein Einfluß von Leonardos Zeichnungen auf die anatomische Figur Cigolis ist demnach durchaus denkbar.

Im späten 18. Jahrhundert war der *Écorché* von Jean-Antoine Houdon (1741–1828) von 1767 weit verbreitet (Abb. 1). Es gibt zwei Exemplare in der Pariser École des Beaux-Arts, das eine mit erhobenem, das andere mit nach vorn ausgestrecktem Arm. Von dem Exemplar mit nach vorn ausgestrecktem Arm gelangte ein Gipsabguß der Zeit in die Kunstsammlungen in Gotha. Noch im späten 19. Jahrhundert besaßen Künstler wie Paul Cézanne und James Ensor Abgüsse. Ensor stellt sein Exemplar mit erhobenem Arm auf dem *Stilleben im Atelier* von 1889 (Neue Pinakothek, München) dar (Abb. 2).[57] Eine ähnlich gelöste kontrapostische Haltung, wie sie die Figuren Houdons auszeichnet, findet man auch bei dem 1772 von Andreas Weidenhaupt angefertigten Écorché der Kopenhagener Akademie (Kat. Nr. 93) sowie demjenigen der Wiener Akademie von Johann Martin Fischer (1740–1820), der eine erste kleine Fassung schon 1785 geschaffen hatte. 1804 wiederholte er sie nach erneuten Studien in Überlebensgröße. Letztere ist in der Akademie noch zu sehen (Kat. Nr. 164).[58]

1 Jean-Antoine Houdon
Écorché, Bronzeguß von 1776
Paris, École des Beaux-Arts

2 James Ensor
Stilleben im Atelier, 1889
München, Bayerische Staatsgemäldesammlungen, Neue Pinakothek

3 Michael Sweerts
Das Atelier, 1656
Amsterdam, Rijksmuseum

Für verschiedene Écorchés in England war der an der Royal Academy seit 1768 für den Anatomieunterricht zuständige Dr. William Hunter verantwortlich, der mit dem noch heute in der Royal Academy befindlichen sogenannten *Smugglerius* von 1775 wohl den seltsamsten aller Künstler-Muskelmänner schuf: ein in der Stellung des antiken *Sterbenden Galliers* in Gips gegossener, hingerichteter und gehäuteter Schmuggler (Kat. Nr. 94).[59]

Eines der bedeutendsten Atelierbilder des 17. Jahrhunderts mit einem Écorché ist dasjenige von Michael Sweerts (Brüssel 1618–1664 Goa) aus dem Rijksmuseum in Amsterdam (Abb. 3). Es gehört zu einer Reihe von Akademiebildern, die Sweerts nach seiner Rückkehr aus Rom nach Brüssel im Jahr 1656 malte, und in denen Reflexe seiner römischen Erfahrungen in der Accademia di San Luca und den Virtuosi al Pantheon zu sehen sind.[60] Mit diesen Akademiebildern verfolgte er vermutlich eine ähnliche Absicht wie Sandrart mit seiner *Teutschen Academie*, nämlich den Fortschritt der Kunst in Italien auch im Norden bekannt zu machen, um den Standard der heimischen Produktion zu heben, wofür beide, Sweerts und Sandrart, im akademischen Lehrbetrieb das adäquate Mittel sahen. Ob Sweerts nach seiner Rückkehr in die Niederlande selbst eine Art Privatakademie eröffnete, konnte bisher nicht abschließend geklärt werden, doch existiert ein derartiges Privileg des Brüsseler Rats vom 3. April 1656.

Mit den frühen Akademie-Stichen nach Bandinelli und Alberti (Kat. Nr. 2 und 7) verbindet dieses fast ein Jahrhundert später entstandene Bild aus dem Rijksmuseum die Darstellung verschiedener Aspekte eines akademischen Betriebs, und zwar in einer Vollständigkeit, die die genannten graphischen

Blätter des 16. Jahrhunderts nicht aufweisen. Das Amsterdamer Atelier zeigt in einem bildparallelen Kastenraum mit natürlicher Lichtquelle von links folgende Schritte des akademischen Studiums: Zeichnen nach antiken Bruchstücken und Reliefs, Malen nach dem Aktmodell, Studium des Écorchés aus Wachs oder Terrakotta. In der Gruppe der antiken Bruchstücke[61], die, dreiecksförmig aufgebaut, in dem über einem antiken Sarkophag stehenden Écorché gipfelt, ist eine Reihe ausdrucksstarker Vanitas-Motive von Tod und Zerstörung zusammengedrängt. Diese Figuration erscheint im Bild als eine Art Triumph des Todes und der Zeit. Der Écorché selbst hat nicht die lebensvoll bewegte Haltung der Muskelmänner des 16. Jahrhunderts von Vesalius oder Francavilla und auch nicht den gelösten Kontrapost, den ihm im 18. Jahrhundert Houdon gibt. Vielmehr erkennt man in seinen abgeknickten Beinen und der zusammengesunkenen Haltung mit dem erhobenen linken Arm noch das abgegossene Modell einer aufgehängten Leiche, wie sie auf dem Stich von Cornelis Cort nach Stradanus (Kat. Nr. 5) deutlich zu identifizieren ist.

Auf der linken Seite dagegen gipfelt die Komposition in dem an der rückwärtigen Wand hängenden Gemälde der *Ringer* von Sweerts (Staatliche Kunsthalle Karlsruhe), das nach Kultzen als akademisches Paradestück zu bezeichnen ist. Man sieht von dieser Komposition nur die linke Seite mit der sich ausziehenden und den beiden nackten Figuren, während die bekleideten Figuren rechts verdeckt sind. Damit paßt die Darstellung zum Thema der linken Seite, dem Aktstudium, das allerdings gegenüber dem anatomischen und dem Antikenstudium in den dämmrigen Hintergrund gedrängt ist. Die lebenden Figuren sind, bis auf den Zeichner vorn links, flächig ins Halbdunkel des Raumes zurückversetzt, während die Vanitas-Gruppe plastisch aus dem Mittelgrund bis in die vorderste, beleuchtete Ebene ragt. Die Kunst mit ihrem Anspruch auf Überzeitlichkeit erscheint in diesem Bild von den Symbolen der Vergänglichkeit bedrängt, haben doch ihre eigenen Zeugnisse der Zeit nicht standhalten können. Sweerts hat in seinem Bild *Mars zerstört die Kunst* diese Seite zum alleinigen Thema gemacht, wenn er den Kriegsgott Mars zeigt, wie er mit gezücktem Schwert über eine antike Figur (einen Zeus?) hinwegschreitet.[62]

Im 18. Jahrhundert nimmt Johann Zoffany in seinem *Selbstbildnis* die Deutung des Écorchés als Vanitassymbol auf (Kat. Nr. 108). Bei dem Wiener Johann Georg Platzer dagegen wird der Abguß eines Écorchés unter die in einem repräsentativen Raum aufgestellten Antikenabgüsse aufgenommen. Er ist eine von vielen Skulpturen, die den Künstlern als Studienmaterial dienen, so in dem Gemälde des ehemaligen Schlesischen Museums in Wrocław (Breslau) (Kat. Nr. 50). Vom Werkstattcharakter ist in diesem Bild keine Spur mehr geblieben, die Künstler sind ganz in das höfische Ambiente integriert.

Dieses Kapitel soll mit einem Ausspruch Goethes aus seiner Kritik zu Diderots *Versuch über die Malerei* schließen. Goethe entgegnet Diderot, der den Nutzen des Muskelmannes in Frage stellte, indem er den schon von Leon Battista Alberti angesprochenen Widerspruch, daß der Künstler, der doch das Äußere darstellen solle, dazu das Innere braucht, seinerseits so kommentiert: »Ja, das Äußere soll der Künstler darstellen! Aber was ist das Äußere einer organischen Natur anders als die ewig veränderte Erscheinung des Innern? Dieses Äußere, diese Oberfläche ist einem mannigfaltigen, verwickelten, zarten, innern Bau so genau angepaßt, daß sie dadurch selbst ein Inneres wird, indem beide Bestimmungen, die äußere und die innere, im ruhigsten Dasein, sowie in der stärksten Bewegung stets im unmittelbarsten Verhältnisse stehen.«[63]

Modellzeichnen

Das Zeichnen nach dem lebenden, nackten Modell war in den Akademien die letzte Stufe des Elementarunterrichts, dem dann die Unterweisung im Komponieren folgte. Der Aufbau, der schon auf Leonardos Vorschläge zurückging, begann mit dem Zeichnen nach Kunstwerken – zunächst Zeichnungen, dann Gemälde –, ging dann über zum Zeichnen nach Gipsen und endete beim Aktzeichnen. Schon im 15. Jahrhundert gab es in den Künstlerateliers männliche Aktmodelle, wozu die Lehrburschen benutzt wurden (siehe Kat. Nr. 81), und dort lassen sich um 1500 auch weibliche Modelle nachweisen. Während an der Akademie in Florenz von 1563 das Aktstudium noch keine Rolle spielte, wurde es von Federico Zuccari an der römischen Akademie und von den Carracci an ihrer Akademie in Bologna eingeführt. Hier weiß man, daß es weibliche und männliche Modelle gab. Zwar war der weibliche Akt eines der Hauptthemen der Malerei, doch war es überall schwierig, weibliche Modelle zu finden. An der 1648 gegründeten Pariser Akademie, die das Aktstudium monopolisiert hatte, waren sie ganz verboten, wurden 1759 aber als Kopfmodelle zugelassen.[64] Im 18. Jahrhundert gab es weibliche Modelle nur an der 1768 gegründeten Royal Academy in London.[65] Als Eckersberg 1833 an der Kopenhagener Akademie weibliche Modelle einführte, war dies noch eine Besonderheit (siehe Kat. Nr. 136).

Das Zeichnen diente dem Training des Erinnerungsvermögens und der möglichst unmittelbaren Umsetzung des Gesehenen durch die Hand. Sowohl Alberti wie Leonardo, Dürer oder Sandrart haben sich in ähnlicher Weise geäußert. Bei Leonardo im Malereitraktat heißt es in § 56: »Der Geist des Malers hat dem Spiegel zu gleichen, der sich stets in die Farbe des Gegenstandes wandelt, den er zum Gegenüber hat, und sich mit so vielen Abbildern erfüllt, als der ihm entgegenstehenden Dinge sind.« Leonardo geht hier noch ganz von der Praxis der Entwicklung eines Repertoires von inneren Bildern durch das Zeichentraining aus. Scheinbar ähnlich notiert Dürer in seiner geplanten Zeichenschule: »Dan ein guter maler ist jnwendig voller vigur«, doch fährt er dann so fort: «Vnd obs müglich wer, daz er ewiglich lebte, so het er aws den jnnern ideen, do van Plato schreibt, albeg etwas news durch die werck aws tzwgissen.«[66] Damit vollzieht er den Übergang zu einer Ideenlehre, die zur Lehre vom Disegno (Zeichnung) gehört. In ihr dreht sich das vorher Gesagte, nämlich das Entstehen der inneren Bilder durch die Praxis, in ihr Gegenteil um: Die inneren Bilder haben eine unabhängige Existenz und werden dem Künstler von Gott eingegebenen, erst durch die Zeichnung werden sie äußerlich sichtbar. Hier wird greifbar, wie das Ideal durch Umkehrung der Kausalität entsteht und sich so im Begriff des Disegno seit der Renaissance die gottgleiche Schöpferkraft des Künstlers verkörpern kann.

Die Aktzeichnungen selbst finden sich in allen Graphischen Sammlungen. Sie umfassen Werke der größten wie der unbedeutendsten Künstler. Sowohl was die Größe des Papiers wie die Stellungen der Modelle anbetrifft, gibt es vom 16. bis zum 19. Jahrhundert eine überraschende Konstanz. Unter den

Stellungen der Modelle sind folgende herauszuheben: zunächst Stellungen nach der Antike, nach Michelangelo und anderen vorbildlichen Künstlern. Letzteres wurde schon von den Carracci in Bologna eingeführt.[67] Noch im 18. Jahrhundert geben die hier gezeigten Akte von Peter Anton Verschaffelt und Januarius Zick (Kat. Nr. 148 und 149) Posen wieder, die auf Annibale Carracci zurückgehen und in denen ihrerseits Vorbilder Michelangelos verarbeitet sind. Dann gibt es Aktzeichnungen, bei denen das Modell mit Hilfe der Aktschlinge in extremer Position oder Streckung verharren konnte. Solche Stellungen konnten denjenigen eines aufgehängten Leichnams ähneln und sollten demselben pädagogischen Zweck dienen, nämlich die Muskeln besonders deutlich zu zeigen. Das Beispiel einer solchen Stellung sieht man in Johann Heinrich Schönfelds *Akademieklasse* von 1669 (Kat. Nr. 129). Ein weiterer wichtiger Bereich ist der Akt in Verkürzung, liegend, oder vornüber gebeugt. Für solche Darstellungen gab es in den Zeichenschulen von Jean Cousin (Kat. Nr. 139), von De Passe (Kat. Nr. 140) oder von Johann Daniel Preißler (Kat. Nr. 141) Vorbilder, die von den Schülern wiederum kopiert werden konnten. Der Rückenakt (Kat. Nr. 150–152) ist ebenfalls eine durch drei Jahrhunderte fortgeführte Übung. Selbstverständlich gibt es daneben auch freiere Stellungen, die zum Ende des 19. Jahrhunderts hin an Bedeutung gewannen, wie Wilhelm Leibls *Männlicher Akt* (Kat. Nr. 154) zeigt. Die Praxis des Aktzeichnens nach festgelegten Regeln war die Voraussetzung für die Einheitlichkeit der Kunst in der genannten Epoche.

Diese Regeln, die zum Teil schon von Leonardo in seinem Malereitraktat entwickelt wurden, hatten dennoch am Anfang und am Ende der akademischen Epoche einen unterschiedlichen Sinn. Wenn Leonardo in § 88 davon spricht, daß bei einem Modell nie Kopf und Brust in dieselbe Richtung weisen sollten, ebensowenig wie Arm und Bein auf einer Seite, so hat er den antiken Kontrapost im Sinn, der es ermöglicht, daß ein Mensch oder eine Figur in harmonisch gelöster Stellung steht. Es geht ihm also um ein neues Körperideal, für das die Antike das Vorbild bot. Nach drei Jahrhunderten können diese und andere Stellungen jedoch nicht mehr dieselbe Frische haben wie am Anfang. Und erstmals in der Mitte des 18. Jahrhunderts gibt es Kritik an der Erstarrung und Leblosigkeit der akademischen Posen, in denen sich ja eigentlich die wahre Natur darstellen sollte.

Damals geriet der Konsens, daß die Natur durch die antike und vorbildliche neuere Kunst geläutert werden müsse, in Verruf. Zum akademischen Zeichenunterricht schreibt der französische Philosoph Denis Diderot in seinem *Versuch über die Malerei*: »Die sieben Jahre, die man bei der Akademie zubringt, um nach dem Modell zu zeichnen, glaubt ihr die gut angewendet? und wollt ihr wissen, was ich davon denke? Eben während diesen sieben mühsamen und grausamen Jahren nimmt man in der Zeichnung eine Manier an; alle diese akademischen Stellungen, gezwungen, zugerichtet, zurechtgerückt wie sie sind, alle die Handlungen, die kalt und schief durch einen armen Teufel ausgedrückt werden, und immer durch denselben armen Teufel, der gedungen ist, dreimal die Woche zu kommen, sich auszukleiden, und sich durch den Professor wie eine Gliederpuppe behandeln zu lassen, was haben sie mit den Stellungen und Bewegungen der Natur gemein? Der Mann, der in eurem Hof Wasser aus dem Brunnen zieht, wird er durch jenen richtig vorgestellt, der nicht dieselbe Last zu bewegen hat und, mit zwei Armen in der Höhe, auf dem Schulgerüst diese Handlung ungeschickt simuliert? Wie verhält sich der Mensch, der vor der Schule zu sterben scheint, zu dem, der in seinem Bette stirbt, oder den man auf der Straße totschlägt? Was für ein Verhältnis hat der Ringer in der Akademie zu dem auf meiner Kreuzstraße? welches der Mann, der auf Erfordern bittet, bettelt, schläft, nachdenkt und in Ohnmacht fällt, zu dem Bauer, der für Müdigkeit sich auf die Erde streckt, zu dem Philosophen, der neben seinem Feuer nachdenkt, zu dem gedrängten erstickten Mann, der unter der Menge in Ohnmacht fällt? Gar keins, mein Freund, gar keins!«[68]

Diderot ging es um die unverstellte Wiedergabe der Wirklichkeit. Aus seinem Text ist aber auch ablesbar, daß mit der von ihm kritisierten Art des künstlerischen Trainings ein an der gesellschaftlichen Hierarchie orientierter Maßstab anerzogen wurde. Denn der akademische Schönheitsbegriff sollte ja Ausdruck des Innern der dargestellten Personen sein, so daß ein edel aussehender Mensch auch ein edel denkender und handelnder sein mußte. Die Gleichung gut gleich schön beinhaltet auch die Gleichung häßlich gleich böse oder unwert.[69] Die Proportionsideale sowie die rhetorischen Gesten haben eine Hierarchisierung der menschlichen Gestalten tradiert, die absteigend von den Göttern über die herrschenden Schichten der Gesellschaft bis zum Volk führte. Während die höheren Stände idealistisch verschönt wurden, war der Naturalismus bis zur Groteske für das Volk reserviert. Für Diderot dagegen gehört auch das Häßliche zu einem organischen Ganzen. In der Kunsttheorie seit der Renaissance dagegen wurde der organische Zusammenhang immer unter das Primat der Schönheit gestellt. Im späten 18. und frühen 19. Jahrhundert konnten sich die Zuordnungen von gut und schön insofern in ihr Gegenteil verkehren, als man sich nun mit Vorliebe für schöne, aber böse Figuren wie Satan interessierte. Das heroische, an Michelangelo orientierte Ideal diente bei William Blake oder Johann Heinrich Füssli auch zur Darstellung des Negativen, denn Satan war kein Tugendheld wie Herkules in der älteren Kunst, sondern ein individualistischer Rebell, der gegen die von der Moral getragene Ordnung aufbegehrt.

Die mühsam an den Akademien erarbeitete Menschenvorstellung wird seit der Mitte des 18. Jahrhunderts als unlebendig und lebensfern und deshalb als unwahr bezeichnet. Was zunächst dazu diente, das gültige Ideal erst zu finden – das Studium nach einzelnen Körperteilen, bevor das Ganze gezeichnet wird, die Auswahl der schönsten Gesichter und die Kombination von deren schönsten Teilen[70] sowie die Kenntnis der Anatomie – wurde allmählich zur Fessel. Um ein Beispiel zu nennen, wie Diderots Argumente in der Mitte des 19. Jahrhunderts praktisch umgesetzt wurden, sei an Manet erinnert, der sich im Atelier von Thomas Couture gegen die gestellten Akademieposen wandte und damit den Zorn seines Lehrers erregte.[71] Wie Diderot ging es ihm darum, das »wirkliche« Leben einzufangen, das die durch jahrelange Übung festgelegten Modelle nicht mehr darzustellen im Stande waren. Manets Interesse an der Wirklichkeit war nicht mehr durch die hierarchische Struktur der Gesellschaft bestimmt, die zu seiner Zeit ja schon mehrere Umwälzungen hinter sich hatte, sondern gleichmäßig auf alle Erscheinungen des modernen Lebens gerichtet. Dennoch hielt sich der akademische Zeichenunterricht bis ins 20. Jahrhundert, und man findet Modellzeichnungen der alten Art noch bei den Künstlern der klassischen Moderne wie Kandinsky, Klee oder Picasso.

Pygmalion oder die Skulptur

In Joseph Wright of Derbys *Akademiebild* (der danach angefertigte Stich siehe Kat. Nr. 67)[72] sieht man unter einem Gewölbe auf einem Tisch eine vom Lampenlicht angestrahlte sitzende weibliche Figur mit einer Muschel in der Hand. Es handelt sich um einen Gipsabguß der *Nymphe mit der Muschel*, einer antiken Statue, die sich bis 1808 in der Villa Borghese in Rom befand (heute Louvre, Paris).[73] Um den Tisch stehen und sitzen vier junge Männer und zwei Kinder, die die Figur zeichnen oder – wie der junge Mann links auf dem hier ausgestellten Stich, rechts in dem Gemälde – in ihren Anblick versunken sind. Im Hintergrund erkennt man die Skulptur des *Borghesischen Fechters* – ein unverzichtbarer Bestandteil aller Gipssammlungen dieser Zeit (heute ebenfalls Louvre, Paris). Das Licht aus unsichtbarer Quelle wirft einen flackernden gelblichen Schein über die Menschen und die Skulptur in ihrer Mitte, so daß diese in ihrem Realitätsgrad kaum von den sie umgebenden lebendigen Wesen zu unterscheiden ist. Man hat sogar den Eindruck, daß der Blick der Nymphe auf den des Jünglings links antwortet. Diese Haltung entspricht der neuen Emphase, die durch Johann Joachim Winckelmann oder Denis Diderot in die Kunstdiskussion in der zweiten Hälfte des 18. Jahrhunderts gekommen war. Der subjektive, ganz persönliche Zugang wurde nun geschätzt, der akademische Sachverstand, der sich auf gültige Regeln zu stützen bemüht war, dagegen galt als trocken, kalt und der Kunst, die nun fast als etwas Heiliges verehrt wurde, nicht angemessen.

Doch indem das antike Bildwerk wie lebendig erscheint – man könnte auch sagen, es verharre in einem Zwischenstadium zwischen Leben und Erstarrung im Stein – wird gleichzeitig ein aus der Antike stammender, die Bildhauerkunst betreffender Topos verbildlicht, der sich in den verschiedensten Überlieferungen manifestiert. In den antiken wie den sich ihnen anschließenden neueren Erzählungen steht häufig ein Venusbild oder das Bild eines reizvollen Mädchens im Mittelpunkt. Gleichermaßen geht es in diesen Geschichten um die Liebe zu einer weiblichen Statue. Dabei haben sich zwei Typen von Erzählungen herausgebildet. Zum einen wurden, wie Berthold Hinz zusammenstellte, schon in der Antike Geschichten über die Liebe zu bestimmten Venusbildern kolportiert. Hier spielte besonders die Aphrodite von Knidos, die erste nackte weibliche Götterfigur, eine Rolle. Ein Reisender soll sich so in sie verliebt haben, daß er sich abends mit ihr einschließen ließ, um die Nacht mit ihr zu verbringen.[74]

An solche Erzählungen schließt noch Joseph von Eichendorffs Novelle *Das Marmorbild* von 1819 an, die Geschichte eines Mannes, der bis zum Wahnsinn einer Venusfigur verfällt, oder Günter Grass mit einem Kapitel der *Blechtrommel* von 1959, das die tödlich endende Liebe zu einer weiblichen Galeonsfigur schildert.

Auf der anderen Seite steht die mythologische, in Ovids *Metamorphosen* (X, 244–298) wiedergegebene Erzählung von dem Bildhauer Pygmalion, der sich in die von ihm geschaffene Skulptur – häufig Galatea genannt – verliebte und mit Hilfe von Venus erreichte, daß sie lebendig und seine Geliebte wurde. Die beiden Erzählungen verbindet zunächst der Glaube an die erotische Ausstrahlung von nackten weiblichen Statuen, womit der Übergang vom Kunstwerk zum lebenden Körper vollzogen wurde.[75]

Deshalb eignen sich solche Erzählungen für eine Kunstdiskussion, in der Naturnachahmung an oberster Stelle steht. Dies war in der Antike ebenso der Fall wie in der Renaissance, in der die von Plinius d. Ä. in der *Naturgeschichte* tradierten Künstlerlegenden wieder aufgenommen werden: Dabei stehen einige schon in der Einleitung angesprochene Argumente im Mittelpunkt: 1. Die Natur muß angesichts des Kunstwerks, dem sie kaum noch etwas hinzufügen kann, neidisch werden, 2. die Nachahmung der Natur geht so weit, daß die Weichheit des Fleisches im harten Material des Steins sichtbar wird, 3. der Betrachter vermag zwischen Natur und Kunstwerk nicht mehr zu unterscheiden, was dazu führen kann, daß er sich in ein Kunstwerk verliebt.

Zum ersten Punkt wurde in der Einleitung schon der Grabspruch auf Donatello angeführt. In ganz verwandter, wenn auch ironischer Weise wird dieselbe Vorstellung in Shakespeares *Wintermärchen* behandelt (Kat. Nr. 68). Hier geht es wie bei Pygmalion um das »Lebendigwerden« einer Statue, allerdings in vertrackter Verdopplung, wenn nach Jahren des Verschwindens die totgeglaubte Ehefrau als Statue auftaucht, die wie lebend erscheint und sich schließlich auch als lebendig entpuppt. In diesem Text werden alle Topoi der Bildhauerkunst vorgeführt, die sich bis zum Ende des 18. Jahrhunderts halten. In der Übersetzung von Schlegel / Tieck sagt ein Edelmann in der zweiten Szene des fünften Aktes: Die Statue sei »ein Werk, woran schon seit vielen Jahren gearbeitet ward und das jetzt kürzlich erst vollendet ist, durch Julio Romano, den großen italienischen Meister, der, wenn er selbst Ewigkeit hätte und seinen Werken Odem einhauchen könnte, die Natur um ihre Kunden brächte, so vollkommen ist ihr Nachäffer: er hat die Hermione so der Hermione gleichgemacht, daß, wie man sagt, man mit ihr sprechen und Antwort erwarten möchte [...].« Etwas später gehen die Wortspiele um die Qualität des Steins, die der schuldige Ehemann und Betrachter mit seiner eigenen seelischen Versteinerung vergleicht: »Ich bin beschämt: wirft nicht der Stein mir vor, ich sei mehr Stein als er?«

Das zweite Argument betrifft die Weichheit des Fleisches bei Skulpturen aus Stein oder Bronze. So lobt im 17. Jahrhundert Filippo Baldinucci an Lorenzo Berninis Skulpturen die »tenerezza meravigliosa« (die wunderbare Zartheit) und zitiert den Künstler, der als Charakteristikum seiner Skulpturen den »marmo pieghevole« (den biegsamen / nachgiebigen Marmor) benennt und seine Fähigkeit hervorhebt, »di rendere i sassi cosi ubbidienti alla mano, quanto si fussero stati di pasta, o cera« (die Steine der Hand so gefügig zu bilden, als wären sie aus Teig oder Wachs).[76]

Entsprechende Kriterien hatte auch Karl Eusebius von Liechtenstein (1611–1684) beim Kauf der Antikenkopien für das Gartenpalais Liechtenstein in der Rossau bei Wien, die er bei den darauf spezialisierten Florentiner Hofkünstlern der Medici bestellte (Kat. Nr. 40 und 41). Der Fürst zog die Bronze dem Marmor vor, da das Weiß des Marmors »einen Bleichdodten representieret«. Dagegen sei die Bronze geeignet, naturgetreue Darstellung des Fleisches zu verbildlichen, damit die Statuen lebendig wirkten.[77] Durch die Glättung und Bearbeitung der Oberfläche und eine abschließende Lackpatina, die gold- oder rotgetönt sein konnte, sollte diese »delicata, e morbida come se fusse carne« (zart und weich, als wäre es Fleisch) erscheinen.[78]

Das dritte Argument schließlich betrifft die Austauschbarkeit von Kunst und Leben, was dazu führt, daß sich ein Betrachter in ein Kunstwerk verlieben kann, wie dies in der *Akademie bei Lampenlicht* von Wright of Derby anklingt. Jedoch gilt dieser Topos, der im Pygmalion-Mythos für die Bildhauerkunst vorgeprägt wurde, keineswegs nur für diese, sondern betrifft in gleicher Weise die Malerei. Schon Leonardo erzählt am Anfang seines Malereitraktats eine vergleichbare Geschichte. Danach hatte sich der Käufer eines von Leonardo geschaffenen Heiligenbildes so in dieses verliebt, daß er, um der Blasphemie durch seine Leidenschaft zu entgehen, den Künstler bat, den religiösen Inhalt des Bildes zu tilgen.[79]

4 Pieter van Lint, *Venus Medici*, 1640
New York, The Metropolitan Museum of Art, Rogers Fund

Zu dieser Vorstellung gab es auch die Umkehrung, nämlich die Warnung vor der erotischen Wirkung vor allem von plastischen Werken, die auf das Mittelalter zurückgeht. Damals wurden die zerstörten antiken Denkmäler als Symbole des Sieges über das Heidentum gesehen. Waren sie aber unversehrt und zudem noch nackt, so fürchtete man ihre magische Kraft. Bätschmann erwähnt mehrere antike Venusstatuen, die damals wegen dieser unterstellten Wirkung zerstört wurden. Ein literarisches Beispiel dieser Haltung stellt der *Roman de la Rose* dar, wo in einigen Fassungen zwischen 1481 und 1538 die Anbetung einer Statue als Aberratio (Verfehlung) auftaucht.[80] Noch in den 1640 entstandenen Zeichnungen von drei Ansichten der *Venus Medici*, die der flämische Maler Pieter van Lint (1609–1690) schuf, wird dieser Figur ein Totenkopf und die warnende Zeile beigefügt: »Die hier te veele van mij hiel, verlor gesonthyet goedt en ziel« (Wer zu viel von mir hielt, verlor Gesundheit, Gut und Seele) (Abb. 4).[81] In den Niederlanden unterlag im 17. und frühen 18. Jahrhundert die Pygmalion-Geschichte, obgleich sie ein beliebtes Bildthema war, denselben moralischen Vorbehalten (siehe Kat. Nr. 73).

Noch Kant reagiert am Ende des 18. Jahrhunderts auf diese Diskussion, wenn er sich in der *Kritik der Urteilskraft* entschieden gegen die Verbindung von ästhetischem Urteil und sinnlichem Begehren wendet. Das ästhetische Wohlgefallen an einem Gegenstand der Kunst sollte nach Kant »interesselos« sein: »Geschmack ist das Beurteilungsvermögen eines Gegenstandes oder einer Vorstellungsart durch ein Wohlgefallen, oder Missfallen, *ohne alles Interesse*. Der Gegenstand eines solchen Wohlgefallens heißt *schön*.«[82]

Die vorausgehenden Zitate stehen dagegen für eine Auffassung, wonach es Aufgabe einer Skulptur ist, das Leben bis zur Verwechslung nachzuahmen und dadurch die gottähnliche Schöpferkraft des Bildhauers zu erweisen. Doch, wie schon angedeutet, gab es gegenüber dem Argument der Nachahmung der Natur durch die Kunst immer auch Einwände, so zum Beispiel moralische Bedenken. Auch die Kunstdiskussion enthielt ein Gegenargument, nämlich die Forderung, die Kunst solle die Natur übertreffen. Denn die natürlichen Gestalten galten wegen ihrer Vergänglichkeit als ihrem wahren Wesen entfremdet, das allein in den unvergänglichen Ideen zum Ausdruck käme. Das Können des Künstlers bestand nun darin, aus der Natur diese Ideen durch Auswahl wieder herauszufiltern (siehe auch Kat. Nr. 130).[83]

Panofsky wies darauf hin, daß im 15. Jahrhundert, bei Alberti, aber auch bei Leonardo, beide Vorstellungen, von denen jede auf die Antike zurückgeht, in gleicher Weise anzutreffen sind, obgleich sie eigentlich Gegensätze darstellen: die Vorstellung von der möglichst genauen Nachahmung der Natur und diejenige von der Überwindung der Natur durch Auswahl um des Schönen willen, das in der Natur nie ganz verwirklicht sei.[84] Der Neuplatonismus der Platonischen Akademie in Florenz, verkörpert in der Philosophie des Marsilio Ficino, dem es um die Erkenntnis des Schönen als einer unserem Geist eingeprägten Form des Göttlichen ging, hatte zunächst kaum Einfluß auf die Theorie der Kunst.[85] Er wurde allerdings zum tragenden Element der Kunsttheorie des späten 16. Jahrhunderts, vor allem bei Giovanni Paolo Lomazzo, der mit seiner *Idea del Tempio della Pittura* von 1590 Wortführer der neuplatonischen Richtung war.[86] Von Lomazzo wird jedoch immer noch Gewicht auf Naturnachahmung gelegt, während ein Jahrhundert später Giovanni Pietro Bellori (*Le vite de' Pittori, Scultori et Architetti moderni.* Rom 1672) auf der Überlegenheit der Kunst gegenüber der Natur besteht, da die göttliche Idee der Schönheit, die für alle Platoniker mit dem Guten identisch ist, nur im Geist des Künstlers lebe und nicht unmittelbar in der Natur vorgefunden werde.[87] Panofsky erwähnt die Stelle, in der Bellori bestreitet, daß eine lebende Helena so vollkommen gewesen sein könne, daß ihretwegen der Trojanische Krieg ausgebrochen sei. Bellori nimmt vielmehr an, daß es sich um eine Statue gehandelt haben müsse, da nur hier die vollkommene Schönheit möglich wäre, die die Menschen derart bewegen könne.[88]

Wenn Lebensechtheit in der barocken Skulptur weiterhin ein Hauptargument blieb, so ging es nicht, wie die rhetorischen Formeln zunächst glauben machen, um die reale Identität von Kunst und Leben, sondern um ein Spiel mit der Illusion. Dafür spricht die vor allem in Italien und Frankreich durchgehaltene Unfarbigkeit der Skulptur. Sie ist auf das Vorbild der Antike zurückzuführen, deren ursprüngliche Farbigkeit noch nicht bekannt war. Das Erzeugen von Lebensillusion unterlag damit einer besonderen Schwierigkeit, doch Schwierigkeit (difficoltà) war gerade ein Argument der Skulptur im Vergleich mit der Malerei, das die Überlegenheit der Skulptur deutlich machen sollte.[89]

Wenn im süddeutschen Raum im 18. Jahrhundert die schon im 15. Jahrhundert zu großer illusionistischer Perfektion gebrachte farbige Fassung von Holzskulpturen weitergeführt wurde, so ebenfalls mit der Absicht, das Lebendigwerden des Materials als artistisches Spiel vorzuführen, eine Methode, die einerseits den Scheincharakter der Welt aufzeigte, andererseits die künstlerischen Fähigkeiten in ein besonderes Licht rückte. Ein charakteristisches Beispiel ist die Methode des »Illuminierens« der Gesichter von einfarbig gefaßten Holzfiguren. Die Skulpturen wirken dann wie aus Stein, Metall oder Porzellan, ihre Gesichter aber scheinen lebendig zu werden. Beispiele gibt es von Ignaz Günther oder Egid Quirin Asam. Die Gesichter von Asams Hochaltarfiguren in Rohr sind, wie Ulrich Schiessl zitiert, »weder das ›Fleisch‹ der Fassung ›nach der Natur‹ noch in der ›Marmor-Arth‹ […] gefaßt«.[90] Das Spiel mit der Verlebendigung des toten Materials wird hier zum vexierbildhaften Inhalt der Skulptur. Der perfekte Schein führt durch die immanente Auflösung der Illusion in der barocken Skulptur wie in der Malerei – im Trompe-l'œil wie im Deckenbild – zu der Erkenntnis, daß diese Welt nur Schein und Illusion ist.

Eine Parallelerscheinung zu diesem Spiel mit dem Materialcharakter ist die besondere Aktualität des Pygmalion-Mythos im 18. Jahrhundert in Frankreich, und zwar nicht nur in der bildenden Kunst, sondern auch in der Literatur. J. L. Carr konnte nachweisen, daß dabei das philosophische Problem der

Verwandlung der Materie eine Rolle spielte.[91] Das berühmteste und von Diderot ausführlich besprochene und gelobte Werk in diesem Zusammenhang ist Etienne-Maurice Falconets marmorne *Pygmalion*-Gruppe, ausgestellt im Salon von 1763 (Kat. Nr. 77), bei der die besondere Schwierigkeit darin lag, in einer Marmorfigur das Lebendigwerden des Marmors ohne den Einsatz von Farbe zu veranschaulichen. Carr zitiert in diesem Zusammenhang aus Diderots *Entretien entre d'Alembert et Diderot* (1769), worin d'Alembert mit Bezug auf eine nicht näher bezeichnete Statue Falconets (vermutlich seinen *Pygmalion*) fragt: »Je voudrais bien que vous me dissiez quelle différence vous mettez entre l'homme et la statue, entre le marbre et la chair« (Ich würde gern von Ihnen erfahren, welchen Unterschied Sie zwischen dem Menschen und der Statue, zwischen Marmor und Fleisch machen), worauf Diderot antwortet: »Assez peu. On fait du marbre avec la chair, et de la chair avec du marbre« (Sehr wenig. Man macht Marmor mit Fleisch und Fleisch mit Marmor), worauf er beschreibt, wie Marmor pulverisiert zu Erde und dann über die Pflanzen wieder zu Leben und schließlich über die Nahrung des Menschen auch zu dessen Fleisch werden kann.[92] Auch im gleichzeitigen *Rêve de d'Alembert* spricht Diderot von dem ständigen Wandel der an sich als Einheit zu denkenden Materie.[93]

Aus all dem geht hervor, daß für die Kunst die Forderung nach Naturnachahmung theoretisch und praktisch sowohl ein Problem wie ein Stimulans war. In allen Phasen hat man sich gegen die »bloße« Nachahmung verwehrt, sobald es um Kunst ging. Denn es gab ja diese perfekte Nachahmung schon seit der Antike im Abguß von toten oder lebendigen Wesen oder Teilen von ihnen (siehe auch Kat. Nr. 132).[94] Diese Praktik konnte jedoch auch in der neueren Kunst eingesetzt werden, um Naturähnlichkeit zu erreichen. Vasari berichtet in der Vita des Verrocchio noch voll Bewunderung von der Anwendung des Naturabgusses, dessen Erfindung er jenem zuschreibt: »Zu jener Zeit begann man auch mit wenigen Kosten die Köpfe der Toten abzuformen; daher sieht man in jedem Haus in Florenz über den Kaminen, Türen, Fenstern und Nischen zahllose solcher Porträts, die so gut gemacht und natürlich sind, daß sie zu leben scheinen.« Hier erhält der Naturabguß von Vasari dasselbe Prädikat wie die Skulpturen des Donatello. Je idealistischer die Kunst seit dem späten 16. Jahrhundert wurde, desto weniger galt der einfache Naturabguß in der »hohen«, zunehmend akademischen Kunst.

Am Ende des 18. Jahrhunderts faßt der Bildhauer Etienne-Maurice Falconet in seinen *Réflexions sur la sculpture* beide Seiten so zusammen: »Wenn die Skulptur Nachahmung der Erscheinung des menschlichen Körpers beabsichtigt, so sollte sie sich nicht darauf beschränken, eine kalte Ähnlichkeit wiederzugeben oder den Menschen so zu zeigen, wie er ausgesehen hätte, bevor der belebende Atem ihm Leben einhauchte. Diese Art von Wahrheit würde, selbst wenn sie gut gemacht wäre, aufgrund ihrer Genauigkeit nur ein Lob so kalt wie ihre Ähnlichkeit hervorrufen, und die Seele des Betrachters würde nicht bewegt. Der Bildhauer muß in Marmor, Bronze und Stein jedoch gerade die lebende, belebte, leidenschaftliche Natur ausdrücken.«[95] Hier ist das Argument wiederum die Seele, die gerade nicht im Naturabguß erscheint, deren Darstellung im zunächst toten Stoff dagegen die besondere und entscheidende Leistung des Bildhauers ist. Im Naturabguß erscheint paradoxerweise gewöhnlich nur der Tod.

Das Inkarnat oder die Malerei

In den Maler- und Bildhauerakademien wurde trotz dieser Bezeichnung wie in der vorbildlichen französischen Académie Royale de Peinture et de Sculpture die Malerei selbst nicht gelehrt, sondern nur deren Voraussetzung, das Zeichnen, neben theoretischen Fächern wie Perspektive, Geschichte oder Anatomie. Bis ins 18. Jahrhundert hinein wurde die Ölmalerei in den Künstlerwerkstätten studiert, in Frankreich blieb dies so bis 1863.[96] Die »Querelle des Anciens et des Modernes«, in der ab 1671 in Frankreich das Primat von Zeichnung oder Malerei diskutiert wurde, führte schließlich dazu, daß in Paris, allerdings erst 1748, ein eigenes Institut für Ölmalerei gegründet wurde, die École des Élèves Protégés.[97] Der Ausgangspunkt des Kampfes waren die Erfolge der weniger akademisch und staatlich reglementierten niederländischen Malerei, bei der die Farbe in sehr freier Behandlung, etwa bei Rubens, mindestens gleichwertig neben der Zeichnung stand. In Italien hatte besonders die Carracci-Akademie in Bologna sich der Farbe angenommen und diese auf eine theoretische Basis gestellt.[98]

Anton Raphael Mengs war am Ende des 18. Jahrhunderts der erste, der in seinen Satzungen für die Madrider Akademie in bezug auf das Studium der Malerei im akademischen System einen Umschwung herbeiführte. Nach seinen Vorstellungen sollte in einer Akademie nun alles gelernt werden können, auch das, was vorher nur in den Werkstätten angeboten wurde.[99] Bei den Neugründungen oder Reorganisationen der deutschen Akademien im frühen 19. Jahrhundert wurde auf diese Überlegungen zurückgegriffen. So war schon in der Neufassung der Satzung der 1808 gegründeten Münchner Akademie von 1828, die unter dem Direktorat von Peter von Cornelius entstand, die Ölmalerei ein wesentlicher Bestandteil des Unterrichtsplans.[100] Dies sollte so bleiben, wie etwa die Äußerungen Wilhelm Leibls belegen, der in den sechziger Jahren des 19. Jahrhunderts an dieser Akademie studierte (Kat. Nr. 154).

Geht man davon aus, daß die Darstellung der menschlichen Figur von der Renaissance bis zum 20. Jahrhundert sowohl in der Skulptur wie in der Malerei Nachahmung des Lebens und Ausdruck der Seelenfunktionen ist, so stellt sich die Frage nach dem Wesen ihrer Oberfläche. Denn nur diese können die bildenden Künste veranschaulichen. Voraussetzung der Darstellung der Oberfläche des Körpers war, wie beschrieben, das Studium der Antike, der Anatomie und des Aktmodells. Doch auch beim Modellzeichnen ging es zunächst nicht um die spezifische Oberfläche der Haut, wie die Zeichnungen zeigen, sondern um die räumliche Darstellung bestimmter Stellungen unter den Bedingungen von Licht und Schatten. Erst im Gemälde erhält die menschliche Figur durch die Farbe eine der Realität angenäherte Oberfläche.

In den angeführten, von Baldinucci überlieferten Aussagen Berninis über seine Skulpturen ging es um die Fähigkeit des anorganischen Materials einer Skulptur, Weichheit des »Fleisches« und damit Leben zu simulieren. Interessanterweise steht auch in der theoretischen Diskussion in bezug auf die Malerei bei der Darstellung der Oberfläche des Körpers der Begriff »Fleisch« im Mittelpunkt. Denn in der Malerei ist der technische Ausdruck für die Haut »Inkarnat« oder »Carnation«, abgeleitet von lateinisch »incarnatio«, was Fleischwerdung oder Menschwerdung bedeutet.[101] Ausführlich wird dieses

Thema im Katalogbeitrag von Mechthild Fend behandelt. Hier soll nur auf einige Aspekte hingewiesen werden, die mit der Thematik der Verlebendigung des Materials durch die Malerei im Zusammenhang stehen. Zwei Zitate sollen das deutlich machen. So schreibt Lodovico Dolce, der Raffael und vor allem Tizian über Michelangelo stellt, in seinem *Dialog über Malerei* über einen *Hl. Sebastian* von Tizian, daß dieser »von einem so natürlichen Fleischtone [ist], daß die Figur mehr lebendig als gemalt aussieht. Als Pordenone kam, diesen Sebastian zu besichtigen, rief er aus: ich glaube, daß bei diesem nackten Körper Tizian, anstatt der Farben, Fleisch verwendet habe.«[102] Und bei Betrachtung von Rubens' Körperdarstellungen soll Guido Reni ausgerufen haben: »Mischt denn dieser Maler Blut unter seine Farben?«[103] Das heißt, die kunsttheoretischen Topoi sind ganz ähnliche wie bei der Skulptur.

Hier soll, wie im Aufsatz von Mechthild Fend, noch einmal die Gestaltung des Inkarnats im Barock, vor allem bei Peter Paul Rubens, ins Zentrum rücken, da durch die Forschungen von Ulrich Heinen (siehe Anm. 103) die Diskussion eine ganz neue Basis erhalten hat. Heinen hat nachgewiesen, wie in Rubens' Bildern die Haut »zur Leinwand wird, auf der die Affekte sich malen«. Rubens' besonderes Interesse am Blut und seiner durch die Leidenschaften ausgelösten Wirkung auf die Gesichtsfarbe begründet Heinen einerseits mit der aus der Antike stammenden Pneuma-Theorie, wonach das Blut das Medium der Lebens- und damit der Seelengeister ist[104], andererseits mit den damals neuesten, Rubens durch persönliche Bekanntschaft mit dem englischen Chirurgen und Anatomen William Harvey zugänglichen Forschungen zum Blutkreislauf. Die Affektenlehre, die, wie Heinen nachweist, die Inkarnatfarben in Rubens' Bildern unmittelbar beeinflußt, wurde schon am Ende des 16. Jahrhunderts von Giovanni Antonio Lomazzo sowohl in seinem *Trattato dell' Arte de la Pittura* von 1584 wie in seiner *Idea del Tempio della Pittura* von 1590 mit der Inkarnatdarstellung der Maler in Verbindung gebracht.[105] Wenn das Inkarnat Ausdruck der Leidenschaften ist, wird der flüchtige, weil ständig wechselnde Charakter seiner Farbigkeit betont.

Dazu sei angemerkt, daß Lomazzo neben dieser flüchtigen auch eine dauerhafte Grundlage der unterschiedlichen Fleischtöne angibt, nämlich ihre Abhängigkeit von den vier Temperamenten und den sie bestimmenden Planeten.[106] Die Verbindung der Temperamentenlehre mit dem Hautton geht wie die Lehre von den Leidenschaften auf antike medizinische Vorstellungen (Hippokrates, Galen) zurück. Ausgangspunkt ist die Theorie von den vier verschiedenen Körpersäften, Blut, Schleim, gelbe und schwarze Galle, die sich in den verschiedenen Temperamenten, aber auch in einer unterschiedlichen Gesichtsfarbe ausdrücken. Man findet ihre Anwendung schon in Dürers *Vier Aposteln* von 1526 (Alte Pinakothek, München). Für die Porträtkunst spielt diese Lehre natürlich eine besondere Rolle. Die fahle Gesichtsfarbe der Porträts Karls V. von Tizian verweist ebenso auf den Melancholiker wie die schwärzliche in Morettos *Porträt eines Geistlichen* in der Alten Pinakothek.

In Rubens' Unterscheidung des Inkarnats in männlich und weiblich, nach Lebensaltern, aber auch nach Hell und Dunkel in einem moralisch in Licht und Finsternis geschiedenen Weltbild kann die Temperamentenlehre, wie sie Lomazzo beschreibt, ebenfalls wiedererkannt werden. So erscheinen die Bösen und Grausamen in schwärzlichen, bräunlichen oder kräftig roten Farben, die man mit dem melancholischen oder cholerischen Temperament sowie den Planeten Saturn und Mars in Verbindung bringen kann. In dem in der Alten Pinakothek befindlichen Bild *Christus und die reuigen Sünder* entspricht das weiß-rosa Inkarnat von Magdalena dem durch den Planeten Venus geprägten oder noch eher dem lunaren Typus und dem sanguinischen Temperament. In Christus aber mit seinem rötlichen, zum Gelb tendierenden Hautton erkennt man den solaren Typus des Herrschers wieder, der nicht ohne weiteres mit einem einzelnen Temperament gleichgesetzt werden kann. Denn innerhalb der von Lomazzo beschriebenen großen Einteilung gibt es jede Art von Mischung für feinere Unterscheidungen, bei denen die Auswirkungen der Leidenschaften, wie sie Heinen untersucht hat, entscheidend mitwirken.

Didi-Hubermann hat sich 1985 erstmals eingehender mit dem Inkarnat befaßt und die entsprechenden Äußerungen von Cennino Cennini über Diderot bis zu Hegel zusammengetragen.[107] Er verweist darauf, daß ein Hauptkriterium für die Beschreibung der Haut »Durchsichtigkeit« war, was auf Aristoteles zurückgeht, der in diesem Zusammenhang von »Diaphanie« spricht.[108] Diese Durchsichtigkeit hat besonders Hegel betont, wenn er schreibt: »Der menschliche Körper dagegen [gegenüber dem tierischen] steht in dieser Beziehung auf einer höheren Stufe, indem sich an ihm durchgehends vergegenwärtigt, daß der Mensch ein beseeltes, empfindendes Eins ist. Die Haut ist nicht mit pflanzenhaft unlebendigen Hüllen verdeckt, das Pulsieren des Blutes scheint an der ganzen Oberfläche, das klopfende Herz der Lebendigkeit ist gleichsam allgegenwärtig und tritt auch in die äußere Erscheinung als eigentümliche Belebtheit, als turgor vitae, als dieses schwellende Leben hinaus. Ebenso erweist sich die Haut als durchweg empfindlich und zeigt die morbidezza, die Fleisch- und Nervenfarbe des Teints, dies Kreuz für die Künstler.«[109]

Damit bestätigt auch die äußerste Grenze des Körpers in der abendländischen Kunst seit der Renaissance, daß dessen Oberfläche nicht nur von äußeren Bedingungen wie dem Licht abhängig ist, sondern immer auch auf eine unter ihr liegende Sphäre, in der das Geheimnis des Lebens beheimatet ist, verweist. Und dem Leben ist die Seele unmittelbar zugeordnet, sei es über die Leidenschaften oder über das Temperament. Dabei gibt es Phasen in der Geschichte der Malerei, in denen durch einen lasierenden Farbaufbau eine solche Schichtung, bei der ein unterer Bereich auf einen oberen wirkt, unmittelbar durch die Farbstruktur versinnbildlicht wird. Dies kann sowohl für die Lasurmalerei des Mittelalters wie des frühen 19. Jahrhunderts gelten. Doch in beiden Fällen spielt die sinnlich-körperliche Ebene nur eine untergeordnete Rolle, worauf auch Mechthild Fend hinweist. Die Seele hat sich zu Beginn des 19. Jahrhunderts vom Fleisch getrennt. Und wo dieses innerhalb einer an der alten Malerei orientierten Lasurtechnik im 20. Jahrhundert, etwa bei Christian Schad (Kat. Nr. 115) wieder wichtig wird, fehlt die Seele. Die große Malerei des Barock dagegen kann maltechnisch auf den Schichtenaufbau verzichten. Schon von Tizian werden die Farben des Hauttons keineswegs immer in Lasuren aufgetragen, ebensowenig bei Rubens. Vielmehr werden die verschiedenen Farbtöne über der Grundierung nebeneinander gesetzt und an den Übergängen auf der Leinwand gemischt, wobei selbstverständlich an einzelnen Stellen auch Lasuren eingesetzt werden können. Das heißt, die Körperoberfläche verweist nicht unmittelbar auf real darunterliegende Substanzen, sie ist vielmehr ein Symbol für eine seelisch-körperliche Einheit, die im »Fleisch« ihre äußere Realität hat. Befaßte sich das Studium der Anatomie noch über den Tod mit dem Leben, so war das Inkarnat der Malerei und das zum »Fleisch« verwandelte Material der Skulptur der Bereich, in dem unmittelbar das Leben vergegenwärtigt wurde.

Die Gliederpuppe

Kommen wir zurück zu den Figuren des Ateliers, von denen nur noch die Gliederpuppe fehlt. Gliederpuppen oder Manichini gehörten schon in den Künstlerwerkstätten des 15. und 16. Jahrhunderts zu den üblichen Hilfsmitteln. Es waren meist Holzfiguren mit beweglichen Gliedern. Nach Vasari soll die Erfindung solcher lebensgroßer Figuren auf Fra Bartolomeo zurückgehen, obgleich die erste Erwähnung kleiner Gliederpuppen schon in Filaretes Architekturtraktat zu finden ist.[110] Es gab, wie Weixlgärtner 1954 nachweisen konnte, diese Puppen im 15. und 16. Jahrhundert schon in zwei Größen: armlang und lebensgroß. Besonders eklatant ist der Unterschied zwischen den Puppen aus Italien und denjenigen, die aus Deutschland erhalten sind. Während die italienischen Puppen vor allem Arbeitsmittel waren, wobei sie auch Züge eines Écorchés annehmen konnten, haben sich aus dem süddeutschen / österreichischen Raum sehr fein geschnitzte männliche und weibliche Exemplare in der Größe zwischen 20 und 30 Zentimetern aus dem frühen 16. Jahrhundert erhalten (Kat. Nr. 118). Ähnliche Figuren mußten möglicherweise auch als Ersatz für das Aktmodell herhalten, das für den nördlichen Künstler, anders als im Süden, kaum zur Verfügung stand. Weixlgärtner weist nach, daß Dürer für die Modelle seiner Proportionslehre offenbar statt Aktmodellen Gliederpuppen verwandte. Allerdings ist er sich bei den äußerst kunstvollen Figürchen der Sammlungen in Berlin und Innsbruck nicht sicher, ob es sich in diesen Fällen wirklich um Künstlergliederpuppen und nicht eher um Kunstkammerstücke gehandelt hat. Diese Figuren, aus Buchsbaumholz geschnitzt, sind in den Details des Körpers, der Haare und des Gesichts sehr fein gearbeitet. Im Gegensatz zu den einfachen Gliederpuppen, die nachweislich von Künstlern benutzt wurden, wie etwa der Göteborger Gliedermann (Kat. Nr. 119), haben sie Geschlechtsmerkmale und Haare. Ihr Beweglichkeit ist durch Kugelgelenke am Hals, an der Taille, den Schultern, am Ansatz der Beine und an allen Arm-, Hand-, Bein- und Fußgelenken garantiert. Sogar die Finger sind beweglich.

Eine armlange Gliederpuppe der einfachen Werkstattfassung erscheint auf Adriaen von Ostades Bild *Der Maler in seiner Werkstatt* von 1663 (Gemäldegalerie Alte Meister, Dresden), wo im Hintergrund eine kleine Gliederpuppe wegzulaufen scheint, obgleich sie auf einer Stange fixiert ist. Hier setzt schon eine Interpretation der Gliederpuppe ein, und man fühlt sich an Kobolde wie Pinocchio erinnert. Eine lebensgroße oder fast lebensgroße Gliederpuppe sieht man vielleicht am schönsten auf dem wohl aus dem Umkreis von Michael Sweerts stammenden Bild *Der kleine Zeichner* (Guildhall Art Gallery, London, Abb. 5). Sie lehnt an der Wand neben der Staffelei. Im 18. Jahrhundert steht eine ähnliche Puppe auf einem Bild *Im Maleratelier* (Kat. Nr. 117) des Wiener Malers Johann Georg Platzer.

5 Umkreis des Michael Sweerts,
eventuell Wallerant Vaillant
Der kleine Zeichner
London, Guildhall Art Gallery

Gliederpuppen dienten in den Ateliers zumindest seit dem 17. Jahrhundert vor allem zum Studium des Faltenwurfs. Es gab jedoch auch bewegliche Modelle, die für die Anlage von figurenreichen Kompositionen benutzt wurden. Solche Modelle bestanden meist aus Wachs und konnten leicht in die jeweils gewünschte Stellung gebracht werden. In einer Umfrage, die Benedetto Varchi 1548[111] den bedeutendsten Florentiner Künstlern zuschickte, und die den Vergleich zwischen Skulptur und Malerei betraf, findet sich in der Antwort Benvenuto Cellinis der Hinweis, daß Michelangelo solche Modellfigürchen benutzte, bevor er eine malerische Komposition begann.[112] Schlosser hat diesen Arbeitsprozeß 1913/14 bei vielen italienischen Künstlern beschrieben und bildet das plastische Modell für eine Kreuzabnahme ab, das Jacopo Sansovino für Pietro Perugino schuf und das sich heute im South-Kensington-Museum in London befindet.

Marianne Haraszti-Takács erwähnt, daß sich in den Nachlaßinventaren unzähliger niederländischer Künstler des 17. Jahrhunderts Gliederpuppen befanden und zwar sowohl bei den Historien- wie bei den Genremalern. Besonders an der ziemlich eintönigen Verwendung von Akten bei Cornelis Cornelisz von Haarlem meint sie den verhängnisvollen Einsatz von Gliederpuppen zu erkennen. Cornelisz hatte 1584 zusammen mit Hendrik Goltzius und Karel van Mander in Haarlem eine Art Akademie gegründet, um hier den italienischen Stil (der Manieristen) zu verbreiten. An solchen Bildern wird Diderots oben zitierter Ausspruch, daß die Akademieposen denen von Gliederpuppen glichen, am ehesten faßbar.

Die Bedeutung der Gliederpuppe in den Niederlanden, doch nicht nur dort, wird dadurch bestätigt, daß Crispijn van de Passe den dritten Teil seines Zeichenlehrbuchs von 1643/44 (Kat. Nr. 140) der Gliederpuppe widmet, ihrer

6 Crispijn van de Passe
Van't Light der Teken en Schilderkonst.
Amsterdam 1643/1644

Herstellung und ihrem Gebrauch und eine genaue Abbildung einer solchen Puppe beifügt (Abb. 6). Sie unterscheidet sich nur unwesentlich von derjenigen auf Platzers Bild. Die Puppe hat einen kahlen Schädel und unkaschierte Kugelgelenke an allen Bewegungspunkten, auch in der Mitte des Leibes. Erst bekleidet und mit einer Perücke versehen, gibt sie die Illusion eines posierenden Modells.

Lebensgroße Gliederpuppen eines ganz anderen, sehr lebensnahen Typus haben sich in wenigen Exemplaren aus dem 18. und 19. Jahrhundert erhalten. Sie haben fein gearbeitete Gesichter. Teilweise konnten sie durch Auswechseln der Frisuren und Garderoben sowohl als männliche wie als weibliche Modelle benutzt werden, so das Exemplar des Londoner Stadtmuseums, das dem Londoner Bildhauer Louis-François Roubiliac (1702–1762) gehörte. In diesem Fall hat sich die zugehörige Garderobe erhalten. Eine ebenfalls lebensgroße weibliche Malerpuppe, bei der der Bewegungsmechanismus, zu dem auch eine Gebrauchsanweisung erhalten ist, sorgfältig durch Polsterung und einen seidenen Trikotüberzug kaschiert ist, wurde 1817 in Paris hergestellt und befindet sich heute in Kassel im Hessischen Landesmuseum (Kat. Nr. 121). Eine ihrer Verwandten taucht in Edgar Degas' Bild *L'Homme et le pantin* von 1878/79 auf (Gulbenkian-Museum in Lissabon, Abb. 7). Während die frühen Gliederpuppen in ihrer abstrakten Betonung der Bewegung nicht weit von den »kubistischen« Bewegungsmodellen entfernt sind, mit denen der Dürerschüler Erhard Schön seine *Unterweisung der Proportion und Stellung der Possen* (Nürnberg 1542) illustrierte, erinnern die täuschend lebensecht wirkenden Gliederpuppen des 18. und 19. Jahrhunderts eher an die ebenfalls im

7 Edgar Degas
Bildnis des Henri Michel-Lévy,
auch: *L'Homme et le pantin,* 1878/79
Lissabon, Museu Calouste Gulbenkian

18. Jahrhundert in Mode gekommenen Automaten, die ja unmittelbar auf die Verwechslung mit lebenden Menschen angelegt waren. Denn ihre Attraktivität beruhte auf dem Gruseleffekt des Scheinlebendigen.

Von allen Hilfsmitteln der Künstler eigneten sich die Gliederpuppen besonders gut für philosophische Interpretationen. Schon Diderot hatte die akademischen Stellungen mit denen von Gliederpuppen verglichen und damit scharf kritisiert. In Degas' Bild *L'Homme et le pantin* wird umgekehrt das Scheinleben von menschenähnlichen Gliederpuppen thematisiert. Dort sitzt die Malerpuppe zusammengefallen ohne jeden Anschein von Leben trotz der schönen Kleider am Boden neben dem Maler, der sie als einziger durch die Kunst zum Leben erwecken kann. Dieser blickt gedankenversunken, vielleicht enttäuscht, vielleicht mißtrauisch auf die Figur, die nun wieder in den Zustand bloßen Stoffs ohne Seele zurückgefallen ist. Der melancholische Tenor ist unübersehbar und kontrastiert mit den heiteren Rosa-Tönen des Kleides der Puppe und der Gestalten auf den Bildern des Künstlers.

Zu Beginn des 20. Jahrhunderts haben nach dem Ersten Weltkrieg zwei Künstler Ernst gemacht mit dem Ersatz eines lebenden Menschen durch eine künstliche Frau, eine Gliederpuppe: Oskar Kokoschka und Hans Bellmer. Für beide war der erotische Fetisch, an dem sie schmerzlich das fehlende Leben vermißten, auch Modell für ihre Kunst. In den Bildern Oskar Kokoschkas von der Puppe (Abb. 8), die ihm die verlorene Geliebte Alma Mahler ersetzen sollte, ist vor allem dieses Mißverhältnis ähnlich wie in Degas' Bild das Thema.

Der schaurig erotische Reiz von Bellmers Fotos seiner übergelenkigen Kind-Mädchenpuppe (Kat. Nr. 127) beruht darauf, daß seine Inszenierungen an Sexualverbrechen erinnern. Dies ist ein Moment, das auch von Otto Dix in seinem *Stilleben im Atelier* von 1924, der Darstellung eines verrenkten Aktmodells und einer zerlöcherten Gliederpuppe (Kat. Nr. 128), ausgespielt wird.[113]

8 Oskar Kokoschka
Frau in Blau, 1919
Stuttgart, Staatsgalerie

Die Moderne: Die Magie der akademischen Mittel

Friedrich Nietzsche schreibt schon 1885 in *Jenseits von Gut und Böse* (§ 54): »Was tut im Grunde die ganze neuere Philosophie? Seit Descartes – und zwar mehr aus Trotz gegen ihn als auf Grund seines Vorgangs – macht man seitens aller Philosophen ein Attentat auf den alten Seelen-Begriff – unter dem Anschein einer Kritik des Subjekt- und Prädikat-Begriffs – das heißt: ein Attentat auf die Grundvoraussetzung der christlichen Lehre.«[114] Solche Überlegungen sind an den Künstlern nicht spurlos vorübergegangen. Ganz im Gegenteil, die Kunst wurde dadurch zu Beginn des 20. Jahrhunderts in ihren Grundfesten erschüttert, und die Künstler probten – häufig mit Berufung auf Nietzsche – den Neuanfang.

Schon vor dem Krieg hatten die Futuristen den Seelen-Menschen durch den Maschinen-Menschen ersetzt. In seinem *Futuristischen Manifest* von 1909 feiert Marinetti diesen hymnisch, unbeschadet dessen, daß die armselige Realität des Menschen als Verlängerung der Maschine schon längst in den Fabriken existierte und von Nietzsche übrigens als »der unmögliche Stand« beschrieben wird, dessen Sklaverei er als Schande der Zivilisation anprangert (*Morgenröte*, § 206).

Marinetti schreibt dagegen ungerührt und provokativ: »Nach dem Reich der Lebewesen beginnt das Reich der Maschine. Durch Kenntnis und Freundschaft der Materie, von der die Wissenschaftler nur die physikalisch-chemischen Reaktionen kennen können, bereiten wir die Schöpfung des mechanischen Menschen mit Ersatzteilen vor. Wir werden ihn vom Todesgedanken befreien, und folglich auch vom Tod, dieser höchsten Definition logischer Intelligenz.«[115] Mit solchen Vorstellungen waren die alte Kunstauffassung und die dazugehörigen künstlerischen Mittel außer Kraft gesetzt.

Real wurde allerdings nicht die Überwindung, sondern die Erfahrung des Todes im Ersten Weltkrieg und das Überleben der Menschen mit künstlichen Ersatzgliedern. George Grosz, Otto Dix oder Rudolf Schlichter haben in ihren Nachkriegsbildern die Menschen mit ihren Ersatzteilen für im Krieg verlorene Gliedmaßen gemalt. Dennoch hat auch Grosz zu Beginn der zwanziger Jahre den mechanischen, seelenlosen Menschen im Sinne des Konstruktivismus als positiven Inhalt für die Kunst gesehen: »Ich versuche, in meinen sogenannten künstlerischen Arbeiten eine ganz reale Plattform aufzubauen. Der Mensch ist nicht mehr individuell, mit feinschürfender Psychologie dargestellt, sondern als kollektivistischer, fast mechanischer Begriff. Das Einzelschicksal ist nicht mehr wichtig. Ich möchte, wie im alten Griechenland, auch ganz einfache Sportsymbole zeigen, jedem verständlich und ohne Kommentar genießbar.«[116]

Grosz illustriert diesen Artikel mit seinen Darstellungen des »neuen Menschen«, des funktionalen und funktionierenden Ingenieurs oder Konstrukteurs, der zur Gliederpuppe mit einer Kugel als Kopf reduziert ist. Allerdings legt er dem Artikel auch das Blatt *Republikanische Automaten* von 1920 bei, deren fahnenschwingende und hurraschreiende Hohlköpfigkeit nur als Kritik verstanden werden kann, die dann in dem großen Bild *Stützen der Gesellschaft* von 1926 (Nationalgalerie, Berlin) ihre endgültige und überzeugende Form erhielt.

Eine verwandte kritische Haltung drückt Raoul Hausmann, wie Grosz Mitglied der Berliner Dadaisten, mit den folgenden Worten aus, wenn er in sei-

9 Rudolf Schlichter
Dada-Dachatelier, um 1920
Berlin, Berlinische Galerie

nem *Kabarett vom Menschen* von 1920 schreibt: »[...] ich meine, der Mensch ist so'ne bessere Art Marionette, die vom Milieu gespielt wird, von der Atmosphäre, die der Mensch sich selbst schafft.«[117] Rückblickend erklärt er die Erfindung des *Mechanischen Kopfes* von 1919 mit dem später hinzugefügten Untertitel *Der Geist unserer Zeit* folgendermaßen: »Schon seit langem hatte ich entdeckt, daß die Leute keinen Charakter haben und daß ihr Gesicht nur ein vom Friseur gemachtes Bild ist. Warum also nicht einen von einem einfachen naiven Geist hergestellten Kopf nehmen, an dem die Friseurlehrlinge das Perückenmachen üben. Nur die Idee! Ich wollte den Geist unserer Zeit enthüllen, den Geist eines jeden im rudimentären Zustand [...] Ein Alltagsmensch hatte nur die Fähigkeit, die der Zufall ihm auf den Schädel geklebt hatte, das Hirn war leer.«[118]

Hatte Raoul Hausmann einen Friseurkopf mit allerlei Utensilien bereichert, um die Leere des modernen Individuums und die Abhängigkeit von seiner Umwelt zu demonstrieren, so verwenden andere Künstler, wie zum Beispiel Rudolf Schlichter in seinem Aquarell *Dada-Dachatelier* von 1920, die alten Atelierrequisiten, um den Menschen als charakter- und seelenlose Marionette vorzuführen (Abb. 9). Diese Hilfsmittel des traditionellen Künstlers sind in Form eines modernen Écorchés und verschiedener Glieder- beziehungsweise Anziehpuppen vorhanden, unterscheiden sich aber grundsätzlich nicht mehr von den unter sie gemischten lebendigen Menschen. Selbst das Kind, das mit seinem Puppengesicht verkrampft im Matrosenanzug dasteht, kann nicht mehr eindeutig als lebendig bezeichnet werden. Früher waren diese Requisiten dem Leben angenähert, jetzt ähneln die Lebenden den Requisiten.

Den ersten Schritt zum neuen Bild der hier beschriebenen Art machte de Chirico schon in den Jahren 1909/10. Obgleich vom Menschen hergestellt, sind seine Bildwelten unbelebt, ohne Pflanzen, Tiere und Menschen. Wenn ein Mensch dennoch auftaucht, dann ganz klein und marginal. In de Chiricos Bildern vermischt sich die äußere Welt der Städte mit der inneren des Ateliers, dessen Gipsabgüsse, Gliederpuppen und Meßwerkzeuge die stummen Akteure werden (Abb. 10). Daß es sich um eine ganz und gar vom Menschen hergestellte Welt handelt, zeigt sich vor allem an dem auffälligen, wenn nicht ausdrücklichen Einsatz der Zentralperspektive. Bei ihr handelt es sich ja um *das* Mittel, die Welt auf das Subjekt und den Betrachter hin zu ordnen. Sie ist ein Instrument des menschlichen Verstandes zu dem Zweck, die Welt als Bild zu fassen und dadurch zu begreifen. Ihre Überzeugungskraft bezieht sie daraus, daß mit ihrer Hilfe sich die Welt scheinbar so darstellt wie sie ist, nämlich als Tiefenraum, in Wirklichkeit aber nur so, wie wir sie sehen, wenn sie mittels einer Camera obscura oder eines Fotoapparats zum gleichmäßig in die Tiefe geordneten Raumbild wird. Der gesamten neueren Kunst war spätestens seit dem Kubismus die Zentralperspektive ein Stein des Anstoßes. Eine Möglichkeit war schon vorher erprobt worden, nämlich den Tiefenraum durch eine an fernöstlicher Kunst orientierte Flächenhaftigkeit zu ersetzen. Die Kubisten und de Chirico fanden eine andere Lösung, indem sie den perspektivischen Raum, der immer noch Voraussetzung blieb, zwar zerstörten, aber aus den Relikten Bilder bauten, in denen perspektivische Elemente untrennbar mit der Bildfläche zusammengewachsen sind und der Verweis auf die Wirklichkeit nur noch in bruchstückhaften Anklängen liegt.[119]

Das Bewußtsein eines einseitigen Standpunktes war in der alten Kunst immer mit der Perspektive verbunden, und so konnte sie zum Instrument des Spiels mit Sein und Schein werden. Sie symbolisierte das philosophische Problem, daß dem Menschen das wahre Wesen nicht faßbar ist, er vielmehr immer nur dessen äußere Erscheinung wahrnimmt. Friedrich Nietzsche ist der erste

10 Giorgio de Chirico
Der Prophet, 1915
New York, The Museum of Modern Art, Vermächtnis James Thrall Soby

11 Giorgio de Chirico
Der Philosoph und der Dichter, 1914
Privatbesitz

Philosoph, der den Gegensatz von Schein und Sein oder Schein und Wahrheit, der das abendländische Denken beherrschte, aufhebt zugunsten einer Sicht der ständigen Vertiefung der Welt des Scheins als unserer einzigen Realität. Besonders letzteres muß den Nietzsche-Kenner und -Verehrer de Chirico interessiert haben. Die folgende Stelle aus *Die fröhliche Wissenschaft* (§ 54) könnte als Kommentar zu dessen »metaphysischen« Bildern gelesen werden:

»Das Bewußtsein vom Scheine. – [...] Was ist mir jetzt ›Schein‹! Wahrlich nicht der Gegensatz irgend eines Wesens – was weiß ich von irgend welchem Wesen auszusagen, als eben nur die Prädikate seines Scheins! Wahrlich nicht eine tote Maske, die man einem unbekannten X aufsetzen und auch wohl abnehmen könnte! Schein ist für mich das Wirkende und Lebende selber, das so weit in seiner Selbstverspottung geht, mich fühlen zu lassen, daß hier Schein und Irrlicht und Geistertanz und nichts mehr ist, – daß unter allen diesen Träumenden auch ich, der ›Erkennende‹, meinen Tanz tanze, daß der Erkennende ein Mittel ist, den irdischen Tanz in die Länge zu ziehen, und insofern zu den Festordnern des Daseins gehört, und daß die erhabene Konsequenz und Verbundenheit aller Erkenntnisse vielleicht das höchste Mittel ist und sein wird, die Allgemeinheit der Träumerei und die Allverständlichkeit aller dieser Träumenden untereinander und eben damit die Dauer des Traumes aufrecht zu erhalten.«[120] Wenn sich die Philosophie immer nur in der Welt des Scheins und Traums bewegt hat und bewegt, ist die Summe dieser historischen und gegenwärtigen Träume selbst Traum und damit metaphysisch.

Gemeinsamer Nenner für die Objekte in de Chiricos Bildern, vor allem für diejenigen, die mit Ateliersituationen zu tun haben, ist ihr Modellcharakter. In dem Bild *Der Philosoph und der Dichter* von 1914 (Abb. 11) – eine Atelierszene mit einer Gliederpuppe und einer Gipsbüste in Rückenansicht – verweisen alle Dinge modellartig auf etwas anderes, das aber nicht erscheint. So ist das Bild auf der Staffelei eine Ansicht vom Himmel, die keineswegs dessen Realität betrifft, sondern ein Symbol für unsere Sicht des Himmels ist. Die Perspektive scheint nur im ersten Moment konsequenter durchgeführt als in anderen seiner Bilder, denn die rechte Zimmerecke fehlt, obgleich das rechte Fenster auf eine Lage im rechten Winkel zur Rückwand schließen läßt. Sie definiert deshalb auch nur bedingt das Abbild eines Raumes, vielmehr symbolisiert sie eine Betrachtungsweise, durch die die Welt zimmerartig mit undurchdringlichen Wänden umschlossen gedacht wird. Der Ausblick auf das Dahinter ist in sich widersprüchlich, insofern als der zentrale Ausblick – es ist nicht klar, ob es sich um ein Fenster oder um eine Tür handelt – einen grünlichen Tageshimmel und das seitliche Fenster einen bläulichen viel dunkleren Himmel zeigt, was man zunächst auf das Fensterglas zurückführen möchte. Doch entspricht sein Blau dem gemalten Nachthimmel auf der Staffelei. Die Figuren sind Modelle für den Menschen. Sie sind vom Menschen hergestellte Dinge, die in zweifacher Weise der Zeit unterliegen, einmal als gemachte und einmal als verfallende. Zugleich sind sie in ihrer Rückenansicht Projektionsfiguren für den Betrachter, der sich durch sie in denselben zerstückten und verdinglichten Zeit- und Raumzusammenhang (Endlichkeit und Unendlichkeit, Innen und Außen) begibt und überall an die undurchdringlichen Grenzen seiner eigenen Artefakte und Denkmodelle stößt. In ihrem Verweis auf eine dem Menschen nur partiell faßbare Welt haben diese aber eine sehr suggestive, melancholische Poesie. Lag die Raumtiefe früher sozusagen hinter der Bildfläche, so liegt sie jetzt davor, nämlich im Betrachter. Die Objekte selbst haben kein Inneres mehr, aber in ihrem Zusammentreffen verstellen sie eine unbekannte Welt und bewegen den Betrachter durch ihre Rätselhaftigkeit.

Gliederpuppe und Gipsplastik bleiben bei de Chirico zugleich geheimnisvoll und banal ohne irgendeine charakterliche oder gar moralische Bewertung. Hier greifen die Dadaisten ein. Für sie ist die Gliederpuppe Symbol für einen bestimmten gesellschaftlichen Sachverhalt. Auch die auf de Chirico sich berufenden Surrealisten in Paris oder in Belgien kritisieren die bestehende Welt. Dennoch suchen sie, anders als die Dadaisten, aus deren Kreis sie hervorgehen, eine neue, bildlich faßbare Poesie. Diese kann nach dem Ersten Weltkrieg mit seiner realen Zerstörung und der Abdankung der alten moralischen Werte nur noch aus deren Bruchstücken bestehen. Die Collage war das dafür angemessene Darstellungsmittel. Von Max Ernst wurde sie in seinen Collage-Romanen und den Illustrationen zu Gedichten von Paul Éluard ab 1922 zu einer von André Breton im *Surrealistischen Manifest* von 1924 bewunderten Urform des surrealistischen Bildes entwickelt. Seine Collagen setzen sich aus Fragmenten verdinglichter Erinnerungen in Gestalt von populären Illustrationen zusammen, die in der Kindheit die Phantasie angeregt hatten. Durch Schnitte und unerwartete Verbindungen sollen diese Bilder schockartig verborgene Gefühlsregionen erschließen (Kat. Nr. 101 und 102). Allerdings bediente sich Max Ernst nur ausnahmsweise des Atelierinventars, so wenn er Bildideen aus der Verbindung von Gußform und lebendem Inhalt entwickelte (Kat. Nr. 133). Sein Verfahren aber, die Trennung von Bild und Inhalt und ihre mehr oder weniger willkürliche Neuzusammenfügung, blieb eine der zentralen Methoden des Surrealismus, mit deren Hilfe die Künstler vorbewußte Regionen ansprechen wollten.

René Magritte verbindet in seinen surrealistischen Bildern das Collageverfahren, allerdings in malerischer Übersetzung, mit den Gegenständen und Vorstellungen des alten Atelier- und Akademiebetriebs. Wie alle neueren Künstler verschrieb er sich der Erforschung neuer Ausdrucksformen des Bildes. Ausgehend von futuristischen und Dada-Experimenten kam er durch die Begegnung mit einem Bild de Chiricos zurück zur Gegenständlichkeit und zu der Überzeugung, daß die banalsten Dinge durch die irritierende Versetzung in eine unzugehörige Umgebung ungeahnte magische Wirkungen entfalten können. Neben Baluster-Tischbeinen oder Schellen des Pferdezaumzeugs entdeckte er den Gipsabguß als für seine Zwecke besonders geeignetes Objekt. Hatten de Chiricos Gliederpuppen wenig Ähnlichkeit mit dem realen Menschen und wirkten dadurch auf den vom Menschen gestalteten Innen-Außen-Raum besonders verstörend, so erreicht Magritte eine vergleichbare Wirkung durch größte Ähnlichkeit seiner Gipse mit dem Menschen. Denn Magritte spielt mit allen Arten von Übergängen vom Toten, Steinernen bis zum nahezu Lebendigen. Doch geht er nie so weit, daß der Mensch wirklich lebendig und von seelischem Leben erfüllt erscheint. Der Pygmalion-Mythos wird damit zentral in seinem Werk. Im hier gezeigten Bild *Tentative de l'impossible* von 1928 (Kat. Nr. 80) schafft der Künstler zwar eine weibliche Figur aus dem Nichts, doch bleibt sie starr wie eine Puppe und blickt mit gläsernem Blick in die Ferne. Es ist das inzwischen Unmögliche, das hier versucht wird: die Schaffung des beseelten Lebens.

War der Gipsabguß nach der Antike zunächst das Vorbild für die Schaffung von Leben in der Skulptur oder auf der Leinwand, so enthält er in den Bildern Magrittes immer den Hinweis auf den Tod. Zwar denkt man bei seinen Gipsen zunächst an die vertrauten Antiken, merkt dann aber, daß es sich um Naturabgüsse oder ihnen zum Verwechseln ähnliche Skulpturen handelt. Da sie unmittelbar die Erinnerungen an Formen des Lebens bewahrt haben, wirkt ihre steinerne Stille in kahlen Räumen gespenstisch. Diese Stille des Toten wurde von den Surrealisten durch die Erfahrung von de Chiricos Erfindungen als größte emotionale Macht der Kunst betrachtet. Sie erkannten, daß diese Wirkung vor allem dann entsteht, wenn das Tote eine Beziehung zum Lebendigen hat. Diese Doppelnatur gehörte aber auch zum Wesen der alten Ateliermaterialien. Sie dienten zwar der Herstellung eines von seelischem Leben bewegten Figurenbildes, waren selbst aber Teil einer toten Welt, sei es als sezierter und abgeformter Leichnam, sei es als Relikt einer vergangenen Kultur, als scheinlebendige Gliederpuppe oder als über Jahrhunderte eingefrorene Akademiepose. Gerade weil sich in diesen inzwischen verstaubten und vergessenen Gestalten noch die Erinnerung an den ursprünglich damit verbundenen Glauben an eine Einheit von Körper und Seele erhalten hatte, waren sie nach dem Ersten Weltkrieg dazu prädestiniert, als Sinnbilder einer entseelten Welt zu fungieren.

Anmerkungen

1 Ovid, Metamorphosen X, 248–258, 280–284, 289. Übers.v. Reinhard Suchier. München o.J. (Goldmanns gelbe Taschenbücher).
2 Giorgio Vasari, Die Lebensbeschreibungen der berühmtesten Architekten, Bildhauer und Maler. Deutsch hrsg. v. A. Gottschewski und G. Gronau. Bd. III: Die italienischen Architekten und Bildhauer des 15. Jahrhunderts. Straßburg 1906, S. 163 (Übers. v. A. Gottschewski).
3 Ebd., S. 181.
4 Ebd., Bd. VII,2: Die italienischen Architekten und Bildhauer des 16. Jahrhunderts. Bearb. v. Frida Schottmüller. Straßburg 1927, S. 303 (Übers. v. Hiltgart Vielhaber und Frida Schottmüller).
5 Paul Klee, Das bildnerische Denken. Hrsg. v. Jürg Spiller. Basel/Stuttgart 1956, S. 79, 463.
6 Rudi Paret, Symbolik des Islam. Stuttgart 1958, S. 12. Diesen Hinweis verdanke ich Viktoria Meinecke-Berg, Hamburg.
7 Zur Geschichte der Akademien sei auf folgende Literatur verwiesen: Nikolaus Pevsner, Academies of Art. Past and Present. Cambridge 1940. – Anton W. A. Boschloo u. a., Academies of Art between Renaissance and Romanticism. = Leids Kunsthistorisch Jaarboeck V–VI, 1986–1987. Den Haag 1989. – Carl Goldstein, Teaching Art. Academies and Schools from Vasari to Albers. Cambridge 1996. – Zum Akademie- und Atelierbild seien genannt: Maler und Modell. Bearb. v. Georg W. Költzsch. Kat. Ausst. Staatliche Kunsthalle Baden-Baden 1969. – Dorothee Müller, Die bildlichen Darstellungen der Kunstakademien im 17. und 18. Jahrhundert als Zeugnisse ihrer geschichtlichen Entwicklung, ihrer Theorie und Praxis. Diss. Masch. Schr. München 1978. – Hermann Ulrich Asemissen und Gunter Schweikhart, Malerei als Thema der Malerei. Berlin 1994. – Von Költzsch erschien eine Neubearbeitung seines Katalogs von 1969 unter dem Titel: Der Maler und sein Modell. Köln 2000.
8 Pevsner 1940, S. 51/52. – Müller 1978, S. 24, 25.
9 Pevsner 1940, S. 82ff.
10 Goldstein 1996, S. 58–61.
11 Pevsner 1940, S. 120ff.
12 Bruno Bushart, Die Augsburger Akademien. In: N. A. Boschloo u. a., Academies of Art between Renaissance and Romanticism. = Leids Kunsthistorisch Jaarboeck V–VI, 1986–87. Den Haag 1989, S. 333.
13 Müller 1978, S. 134.
14 Helbig Nr. 1448.
15 Christian Hülsen, Römische Antikengärten des XVI. Jahrhunderts. Heidelberg 1917.
16 Anton Legner, Anticos Apoll von Belvedere. In: Städel Jahrbuch NF 1, 1967, S. 108–109.
17 Siehe dazu: Sabine Schulze, Antikes Vorbild in barockem Pathos. Berninis Daniel in der Löwengrube. In: Antikenrezeption im Hochbarock. Schriften des Liebieghauses. Hrsg. v. Herbert Beck und Sabine Schulze. Frankfurt a. M. 1989, S. 173ff.
18 Christian Hülsen und Hermann Egger, Die römischen Skizzenbücher des Marten van Heemskerck im Königlichen Kupferstichkabinett zu Berlin. Bd. 1, Berlin 1913, fol. 63r (liegend) und fol. 73r (aufgerichtet, aber ohne Sockel). – Raimund Wünsche, Der Torso, Ruhm und Rätsel. Kat. Ausst. Glyptothek München/Vatikanische Museen Rom 1998, S. 28. Wünsche geht allerdings davon aus, daß auch die Zeichnung fol. 73, in der Heemskerck den Torso aufgerichtet zeigt, noch nach der liegenden Statue gezeichnet wurde. Er hält eine Aufrichtung erst 1540/50 für möglich. – Wünsche beruft sich weitgehend auf die Forschungen von Christa Schwinn, Die Bedeutung des Torsos vom Belvedere für Theorie und Praxis der bildenden Kunst vom 16. Jahrhundert bis Winckelmann. = Europäische Hochschulschriften Reihe XXVIII Kunstgeschichte, Bd. 1, Frankfurt a. M. 1973, S. 189ff.
19 Schwinn 1973, S. 189ff. – Zuletzt: Raimund Wünsche, Der Torso. Ruhm und Rätsel (wie Anm. 18).
20 Siehe dazu: Die Bronzen der fürstlichen Sammlung Liechtenstein. Kat Ausst. Liebieghaus/Schirn Kunsthalle Frankfurt a. M. 1987. – Haskell/Penny 1981, Nr. 46.
21 Haskell/Penny 1981, Nr. 88.
22 Haskell/Penny 1981, Nr. 43.
23 Wünsche 1998 (wie Anm. 18), S. 60ff.
24 Möglicherweise kannte Vasari die Gruppe in der Libreria Piccolomini in Siena (Abb. 95 in: Charles de Tolnay, Michelangelo. Bd. 1, The Youth of Michelangelo. Princeton 1947) oder diejenige der Sammlung Giustiniani in Rom (abgebildet in Sandrarts *Teutscher Academie* von 1675).
25 Haskell/Penny 1981, Nr. 46.
26 Gunter Schweikhart, Der Torso im frühen 16. Jahrhundert. Verständnis, Studium, Aufstellung. In: Cortile delle Statue. Mainz 1998, S. 315–325.
27 Eine gute Zusammenstellung der Abgußsammlungen in: Die Gipsabgüsse des Fürsten Franz von Wörlitz. Konzeption: Ingeborg Kader. Kat. Ausst. Museum für Abgüsse antiker Bildwerke München 1999. Zu Fontainebleau: S. 7, 8. In diesem Katalog findet sich auch die Rezeptionsgeschichte der wichtigsten Antiken.
28 Siehe dazu: Die Bronzen der Fürstlichen Sammlung Liechtenstein. Konzeption Reinhold Baumstark, Herbert Beck, Brita v. Götz-Mohr, Sabine Schulze. Kat. Ausst. Liebieghaus/Schirn Kunsthalle Frankfurt a. M. 1987.
29 Lebenslust und Frömmigkeit. Kurfürst Carl Theodor (1724–1799) zwischen Barock und Aufklärung. Hrsg. v. Alfried Wieczorek, Hansjörg Probst und Wieland Koenig u. a. Kat. Ausst. Reiss-Museum Mannheim 1999, Bd. 2, S. 317ff.: 5.3. Antikensaal und Zeichnungsakademie.
30 Leonardo da Vinci, Das Buch von der Malerei. Nach dem Codex Vaticanus 1270. Übersetzt und unter Beibehaltung seiner Haupteinteilung übersichtlich geordnet v. Heinrich Ludwig. Wien 1882. = Quellenschriften für Kunstgeschichte und Kunsttechnik des Mittelalters und der Renaissance XVIII, § 118, 123, 124.
31 Leone Battista Alberti, Drei Bücher über die Malerei. = Quellenschriften für Kunstgeschichte und Kunsttechnik des Mittelalters und der Renaissance XI, Leone Battista Alberti, Kleinere kunsttheoretische Schriften. Hrsg. v. Hubert Janitschek. Neudruck nach der Ausgabe von 1877. Osnabrück 1970, S. 154/155.
32 Christa Schwinn, Die Bedeutung des Torsos vom Belvedere für Theorie und Praxis der bildenden Kunst vom 16. Jahrhundert bis Winckelmann. = Europäische Hochschulschriften, Reihe XXVIII, Kunstgeschichte, Bd. 1, Frankfurt a. M. 1973, S. 76–78: Solche Gipsmodelle nach Antiken werden vor allem von Giovanni Battista Armenini in seinem Traktat *De' veri percetti della pittura*, Ravenna 1587, im 8. Kapitel erwähnt.
33 Bernhard Schultz, Art and Anatomy in Renaissance Italy. Ann Arbor 1985, S. 35.
34 Bernhard Degenhart, II. Francesco di Giorgio und Pollaiuolo. Das früheste nachweisbare Modellmännchen. In: Zeitschrift für Kunstgeschichte 8, 1939, S. 125–133.
35 John Pope-Hennessy, Catalogue of Italian Sculpture in the Victoria and Albert Museum. Vol II: Sixteenth to twentieth century. London 1964, S. 272–274, 455–462. – Schultz 1985 (wie Anm. 33), S. 78ff.
36 Laurie S. Fusco, The Nude as Protagonist. Pollaiuolo's Figural Style explicated by Leonardo's Study of Static Anatomy, Movement, and Functional Anatomy. Diss. Masch. Schr. New York University 1975.
37 Schulz 1985 (wie Anm. 33), S. 48.
38 Ebd., S. 60ff.
39 Siehe dazu auch: Martin Kemp, ›Il concetto dell' anima‹ in Leonardo's Early Skull Studies. In: Journal of the Warburg and Courtauld Institutes 34, 1971, S. 115–134. – Ders., Dissection and Divinity in Leonardo's Late Anatomies. In: Journal of the Warburg and Courtauld Institutes 35, 1972, S. 200–225.

40 Alberti, Drei Bücher über die Malerei (wie Anm. 31), S. 110.
41 Giorgio Vasari, Die Lebensbeschreibungen der berühmtesten Architekten, Bildhauer und Maler. Deutsch hrsg. v. A. Gottschewski und G. Gronau. Bd. VII,2: Die italienischen Architekten und Bildhauer des 16. Jahrhunderts. Bearb. v. Frida Schottmüller. Straßburg 1927, S. 303.
42 Eckart Scheerer, Artikel »Seele« in: Historisches Wörterbuch der Philosophie. Hrsg. v. Joachim Ritter und Karlfried Gründer. Bd. 9, Darmstadt 1995, S. 2–90, vor allem bis S. 32, besonders S. 14ff: Antike und frühe Neuzeit. – Siehe dazu auch: Schultz 1985 (wie Anm. 33), S. 71ff.
43 Die Kritik von Thomas von Aquin an der Auslegung von Aristoteles durch die Averroisten ging um die Frage, ob der Geist oder die Vernunft Teil der Seele oder von ihr unabhängig sei, was die Averroisten behaupten, Thomas aber bestreitet. Er bringt das Argument, daß der Geist des Sokrates nur seiner sein könne, wenn er Teil seiner Seele sei, sonst würde nicht Sokrates denken, sondern er würde vielmehr gedacht werden. Siehe dazu: Thomas von Aquin, Über die Einheit des Geistes gegen die Averroisten usw. Übersetzung, Einführung und Erläuterungen von Wolf-Ulrich Klünker. Stuttgart 1987. Die Auslegung von Thomas von Aquin dürfte dem hier behandelten Zusammenhang adäquater sein als diejenige von Averroës.
44 Leonardo da Vinci, Das Buch von der Malerei. Nach dem Codex Vaticanus (Urbanus) 1270. Übers. und hrsg. v. Heinrich Ludwig. = Quellenschriften für Kunstgeschichte und Kunsttechnik des Mittelalters und der Renaissance. Wien 1882, § 376, S. 373.
45 Zum Beispiel: Giov. Paolo Lomazzo, Trattato dell'arte de la pittura. Mailand 1584 (Neudruck Hildesheim 1968), 6. Buch, 3. Kapitel: Regole della proportione circa al corpo humano. Lomazzo beruft sich auf die Doktrin des Aristoteles, wonach das Feste die Regel für das Bewegliche gibt.
46 Zur Diskussion um die Autorschaft der Holzschnitte siehe Kat. Nr. 85a–86.
47 Deanna Petherbridge und Ludmilla Jordanova, The Quick and the Dead. Artists and Anatomy. National Touring Exhibition. Kat. Ausst. London, Coventry, Leeds 1997/98, S. 19.
48 Alberti, Drei Bücher über die Malerei (wie Anm. 31), S. 110.
49 Neben Alberti und Leonardo siehe auch: Giov. Paolo Lomazzo, Trattato dell'arte de la pittura. Mailand 1584 (Neudruck Hildesheim 1968) 6. Buch; Kapitel 3, das sich mit den Proportionsgesetzen befaßt. Dort heißt es auf S. 285: »E chi sapesse le proportione delle ossa insieme con la proportione de' muscoli sarebbe signore dell'arte.« Lomazzo beruft sich wiederum auf Aristoteles, nach dessen Doktrin das, was sich bewegt, abhängig ist von den Gesetzen dessen, was feststeht und sich nicht bewegt. Danach sind die Muskeln in ihren Verhältnissen abhängig von den Knochen, weshalb Lomazzo vom Künstler die Kenntnis der Hauptknochen fordert.
50 Rubens, De imitatione statuarum. Zit. n. Ulrich Heinen, Haut und Knochen. Fleisch und Blut. Rubens' Affektmalerei. In: Rubens Passioni. Kultur der Leidenschaften im Barock. Hrsg. v. Ulrich Heinen und Andreas Thielemann, Göttingen 2001, S. 83.
51 Fusco 1975 (wie Anm. 36).
52 Die Statuten der Florentiner Akademie sind bei Pevsner 1940, S. 296ff. abgedruckt, zur Anatomie: S. 48. – Die Statuten der Accademia di San Luca in Rom sind abgedruckt bei: Zygmunt Waźbiński, L'Accademia medicea a Firenze nel cinquecento: Idea e istitutione. 2 Bde., Florenz 1987, Bd. 2, S. 511ff., speziell S. 515.
53 Siehe dazu und zum folgenden: Müller 1978. – Pevsner 1940.
54 Siehe dazu: Jonathan Sawday, The Body Emblazoned. Dissection and the human body in Renaissance culture. London/New York 1995, vor allem S. 39ff. – Kat. Ausst. The Quick and the Dead 1997/1998 (wie Anm. 47), S. 30ff.
55 Zofia Ameisenowa, The Problem of the Écorché and the Three Anatomical Models in the Jagiellonian Library. = Monografie z Dziejów nauki i techniki, Bd. XX, Wrocław/Warschau/Krakau 1963.
56 Zygmunt Waźbiński, L'Accademia medicea a Firenze nel cinquecento: Idea e istituzione. Florenz 1987, Bd. 1, S. 179–196.
57 Louis Réau, Houdon. Sa vie et son œuvre. Paris 1964, Bd. 1, S. 204ff.
58 J. Martin Fischer, Erklärung der anatomischen Statue für Künstler. Wien 1804. Am Ende dieser Schrift bietet Fischer seine Figur auch in Verkleinerungen zum Kauf an, was offenbar ebenso mit der Figur Houdons geschah.
59 Dr. William Hunter at the Royal Academy of Arts. Hrsg. v. Martin Kemp. Glasgow 1975, S. 17. – Martin Kemp und Martina Wallace, Spectacular Bodies. The Art and Science of the Human Body from Leonardo to Now. Kat. Ausst. Hayward Gallery London 2000/2001, S. 85ff.
60 Rolf Kultzen, Michael Sweerts, Brussels 1618 – Goa 1664. Gent 1996, S. XVII.
61 Zur Aufschlüsselung der Antiken: Müller 1978, S. 103ff.
62 Rolf Kultzen, Sweerts (wie Anm. 60), Abb. 62.
63 Johann Wolfgang von Goethe, Schriften zur Kunst zweiter Teil. Dtv-Gesamtausgabe Bd. 33, München 1962, S. 119, 120. – Diese Stelle zitiert auch Gottfried Bammes in seinem materialreichen und anregenden Buch: Akt. Das Menschenbild in Kunst und Anatomie. Stuttgart/Zürich 1992, S. 185.
64 Pevsner 1940, S. 107. – Mit diesem Thema beschäftigt sich eingehender der Aufsatz von Andreas Tacke. – Siehe auch: Eva-Maria Froitzheim, Körper und Kontur. Aktstudien des 18. bis 20. Jahrhunderts aus dem Kupferstichkabinett. Kat. Ausst. Staatliche Kunsthalle Karlsruhe 1994, S. 17ff.
65 Pevsner 1940, S. 187.
66 Aus Albrecht Dürers Lehrbuch von der Malerei (um 1508). In: Dürer, Schriftlicher Nachlaß. Hrsg. v. Hans Rupprich. Bd. 2, Berlin 1966, S. 109. – Noch Caspar David Friedrich schreibt: »Schließe dein leibliches Auge, damit du mit dem geistigen Auge zuerst siehest dein Bild. Dann fördere zutage, was du im Dunkeln gesehen, daß es zurückwirke von außen nach innen.« In: Caspar David Friedrich in Briefen und Bekenntnissen. Hrsg. v. Sigrid Hinz. 2. Aufl. München 1974, S. 92.
67 Gail Feigenbaum, Practice in the Carracci Academy. In: The Artist's Workshop. Hrsg. v. Peter M. Lukehart. = Studies in the History of Art, National Gallery of Art Washington 38, 1993, S. 67.
68 Diderots Versuch über die Malerei. Übersetzt und mit Anmerkungen begleitet von Johann Wolfgang von Goethe. In: Propyläen. Ersten Bandes zweites Stück und Zweiten Bandes erstes Stück, 1799. Zit. n. Johann Wolfgang von Goethe, dtv-Gesamtausgabe, Bd. 33, Schriften zur Kunst, Erster Teil, S. 121.
69 Mario Erdheim, in: Klassiker der Kulturanthropologie. Von Montaigne bis Margret Mead. Hrsg. v. Wolfgang Marschall. München 1990, S. 30: Der Apologet der Indianer Oviedo führte deren feine Schönheit als Argument für ihre Gutartigkeit an und berief sich bei seiner Ineinssetzung von äußeren und inneren Merkmalen auf Aristoteles, Avicenna und Albertus Magnus.
70 Schon Leonardo im Malereitraktat § 137.
71 Antonin Proust, Édouard Manet. Erinnerungen von A. P. Berlin 1929 (Paris 1897), S. 22, 23.
72 Das Bild war in der Londoner Society of Artists ausgestellt, deren Mitglied Wright of Derby war. Der Künstler ist durch seine Lampenlicht-Bilder wie durch die Darstellungen wissenschaftlicher Errungenschaften seiner Zeit – etwa der Luftpumpe – bekannt geworden. Er war mit vielen damals bekannten Wissenschaftlern befreundet.

73 Oskar Bätschmann, Belebung durch Bewunderung. In: Pygmalion. Die Geschichte des Mythos in der abendländischen Kultur. Hrsg. v. Mattthias Meyer und Gerhard Neumann. = Rombach Wissenschaftliche Reihe, Literatur, Nr. 45, Freiburg i. Br. 1997, S. 355.
74 Nach Plinius d. Ä., Naturgeschichte XXXVI, 20/21. – Sandrart wiederholt die bei Plinius erzählte Geschichte im ersten Band der »Teutschen Academie« (1675), S. 26. – Siehe: Berthold Hinz, Statuenliebe. Antiker Skandal und mittelalterliches Trauma. In: Marburger Jahrbuch für Kunstwissenschaft 22, 1989, S. 135–142.
75 Oskar Bätschmann, Belebung durch Bewunderung. Pygmalion als Modell der Kunstrezeption (wie Anm. 73), S. 333.
76 Filippo Baldinucci, Vita del Cavaliere Gio. Lorenzo Bernini, Scultore, Architetto, e Pittore. Florenz 1682, S. 67/68. Zit. bei: Gerhard Schröder, Das freche Feuer der Moderne und das Heilige. Zu Berninis Capella Cornaro. In: Antikenrezeption im Hochbarock. Hrsg. v. Herbert Beck und Sabine Schulze. Berlin 1989, S. 199.
77 Sabine Schulze, Soldanis Arbeiten für die Galerie Liechtenstein. In: Die Bronzen der Fürstlichen Sammlung Liechtenstein. Kat. Ausst. Liebighaus/Schirn Kunsthalle Frankfurt a. M. 1986/87, S. 123/4.
78 Die Bronzen der Fürstlichen Sammlung Liechtenstein (wie Anm. 77), Nr. 48, S. 230.
79 Leonardo, Malereitraktat (wie Anm. 30), S. 49.
80 Oskar Bätschmann, Belebung durch Bewunderung. Pygmalion als Modell der Kunstrezeption. (wie Anm. 73), S. 333.
81 Zuletzt waren die drei Zeichnungen (Metropolitan Museum New York und Collection Frits Lugt, Fondation Custodia, Paris) in der in Köln und München Anfang 2001 gezeigten Ausstellung »Faszination Venus« zu sehen. – Zur erotischen Attraktivität der Venus Medici in der Zeit vom 17. bis 19. Jahrhundert: J. R. Hale, Art and Audience: The *Medici Venus*, c. 1750 – c. 1850. In: Italian Studies 31, Leeds 1976, S. 37–58.
82 Immanuel Kant, Kritik der Urteilskraft. (1790), Erster Teil, 1. Abschnitt, 1. Buch § 5, Stuttgart 1976 (Reclam), S. 79.
83 Dazu: Erwin Panofsky, Idea. Ein Beitrag zur Begriffsgeschichte der älteren Kunsttheorie. 3. unveränderte Aufl., Berlin 1975 (zuerst 1924).
84 Ebd., S. 24, 25.
85 Ebd., S. 30ff.
86 Ebd., S. 53.
87 Ebd., S. 63.
88 Ebd., S. 62, 63. – Auf der Cellini-Tagung im Frankfurter Liebieghaus im November 2000 hat Victor Stoichita in seinem Beitrag »Helena von Troia und ihre Doppelgängerin. Panofsky zwischen Bellori, Stesichor und Euripides« darauf hingewiesen, daß es eine antike Tradition gab, nach der tatsächlich die geraubte Helena nicht die lebende Frau, sondern ihr Standbild gewesen sein soll.
89 David Summers, Michelangelo and the Language of Art. Princeton University Press, New Yersey 1981, vor allem S. 274.
90 Ulrich Schiessl, Rokokofassung und Materialillusion. Untersuchungen zur Polychromie sakraler Bildwerke im süddeutschen Rokoko. = Studien und Materialien zur kunsthistorischen Technologie. Bd. 1, Mittenwald 1979, S. 91.
91 J. L. Carr, Pygmalion and the Philosophes. The Animated Statue in the Eighteenth-Century France. In: Journal of the Warburg and Courtauld Institutes 23, 1960, S. 239–254. – Zuletzt: Andreas Blüm, Pygmalion. Die Ikonographie eines Künstlermythos zwischen 1500 und 1900. Frankfurt a. M. u. a. 1988, S. 107ff.: Reaktion auf die Thesen von Carr.
92 Carr 1960 (wie Anm. 91), S. 252.
93 Offenbar geht er hier von Spinoza aus. In der *Encyclopédie* betrifft der Artikel *Spinoziste* dieses Thema, das u. a. durch die »Histoire naturelle« von Georges de Bouffon, Mitarbeiter der *Encyclopédie*, angeregt war.
94 Siehe dazu: Julius von Schlosser, Geschichte der Porträtbildnerei in Wachs. Ein Versuch. In: Jahrbuch der Kunsthistorischen Sammlungen des Allerhöchsten Kaiserhauses 29, 1910/11, S. 171–258: Abgüsse aus Wachs gab es seit der Antike zur Vergegenwärtigung der Ahnen für die Nachkommen. Sie standen in Rom in jedem Haus. Im Mittelalter war eine solche Verewigung vor allem den Herrschern vorbehalten, wie dies heute noch für die englischen Könige in Westminster Abbey zu sehen ist. Sie gehörten zu den Begräbniszeremonien. Im kirchlichen Rahmen waren solche Bilder mit dem Votivkult verbunden. Formen des 18. Jahrhunderts sind die medizinischen Wachspräparatensammlungen, die sich in Wien und in Florenz erhalten haben. Im 19. Jahrhundert folgten die Wachsfigurenkabinette.
95 Übersetzt nach der englischen Version in: George Levitine, The Sculpture of Falconet, with a translation from French of Falconet's Réflexions sur la sculpture [...]. Greenwich, Connecticut 1972, S. 65.
96 Pevsner 1940, S. 168. – Goldstein 1996, S. 61. – Siehe auch der Artikel »Academy« von Humphrey Wine in: The Dictionary of Art. Hrsg. v. Jane Turner. Bd. 1, New York 1996, S. 101–108.
97 Pevsner 1940, S. 103 (Querelle), S. 177/178 (École des Élèves Protégés).
98 Dies wurde eingehend untersucht von: Charles Dempsey, Annibale Carracci and the Beginnings of Baroque Style. = Villa i Tatti, The Harvard University Center for Italian Renaissance Studies, Glückstadt 1977.
99 Pevsner 1940, S. 174.
100 Eugen von Stieler, Die Königliche Akademie der Bildenden Künste zu München 1808–1858. München 1909, S. 76.
101 Zur theologischen Bedeutung des Begriffes Fleisch und seiner Anwendung in der Theorie der Malerei: Christiane Kruse, Fleisch werden – Fleisch malen. Malerei als 'incarnazione'. Mediale Verfahren des Bildwerdens im Libro dell'Arte von Cennino Cennini. In: Zeitschrift für Kunstgeschichte 63, 2000, S. 305–325.
102 Lodovico Dolce, Aretino oder Dialog über die Malerei. = Quellenschriften für Kunstgeschichte und Kunsttechnik des Mittelalters und der Renaissance II, Wien 1871, S. 101 (Übersetzung von Cajetan Cerri).
103 Zitiert nach: Ulrich Heinen, Haut und Knochen – Fleisch und Blut. Rubens' Affektmalerei. In: Rubens Passioni. Kultur und Leidenschaften im Barock. Hrsg. v. Ulrich Heinen und Andreas Thielemann. Göttingen 2001, S. 76.
104 Die Pneuma-Theorie ist auch die Voraussetzung für Benvenuto Cellinis Vergleich des Gußvorgangs bei seinem *Perseus* mit dem Erwecken zum Leben durch das »Blut« der flüssigen Bronze. Zu dieser Metaphorik Cellins siehe: Michael Cole, Cellini's Blood. In: The Art Bulletin LXXXI, 1999, S. 215–235.
105 Heinen 2001 (wie Anm. 103), S. 76.
106 Giovanni Antonio Lomazzo, Trattato dell' Arte de la Pittura. Mailand 1584, S. 310.
107 Georges Didi-Huberman, La peinture incarnée, suivi de «Le chef-d'œuvre inconnu« par Honoré de Balzac. Paris 1985.
108 Ebd., S. 28.
109 Georg Wilhelm Friedrich Hegel, Vorlesungen über die Ästhetik.(1835). In: Ders., Sämtliche Werke. Jubiläumsausgabe in zwanzig Bänden. Hrsg. v. Hermann Glockner. Bd. 12, Stuttgart 1953, S. 204.
110 Müller 1978, S. 149, 150, 156, 189 (Gliederpuppe von 1769 der Royal Academy), Anm. 439. – Neuere Literatur zur Gliederpuppe: Ulrich Nefzger, Gliedermänner. In: Barbara Krafft, Traumwelt der Puppen. Kat. Ausst. Kunsthalle der Hypo-Kulturstiftung München 1991/1992, S. 81–85ff. Hier wird auf die wichtigste ältere Literatur verwiesen: Arpad Weixlgärtner, Dürer und die Gliederpuppe. In: Beiträge zur Kunstgeschichte. Franz Wickhoff gewidmet. Wien 1903, S. 80–90. – Ders., Von der Gliederpuppe. In: Göteborgs Konstmuseum Årstryk 1954, S. 37–70. – Julius von Schlosser, Hilfsmodelle für Maler. In: Ders., Aus der Bild-

nerwerkstatt der Renaissance. In: Jahrbuch der kunsthistorischen Sammlungen des Allerhöchsten Kaiserhauses 31, 1913/14, S. 67–135. – E. F. van der Grinten, Le cachalot et le mannequin. Deux facettes de la réalité dans l'art hollandais du seizième et du dix-septième siècle. In: Nederlands Kunsthistorisch Jaarboek 13, 1962, vor allem S. 156–179. – Marianne Haraszti-Takács, Compositions de nus et leurs modèles. Études sur la conception de la nature et sur la représentation de la figure humaine dans la peinture des maniéristes nordiques. In: Bulletin du Musée Hongrois des Beaux-Arts 30, 1967, S. 49–75.

111 Summers 1981(wie Anm. 89), S. 269. Gedruckt wurde das Ergebnis der Umfrage 1550.

112 Irma A. Richter, Paragone. A comparison of the arts by Leonardo da Vinci. London/New York/Toronto 1949, S. 86.

113 Zuletzt zu diesem Thema: Puppen-Körper-Automaten. Phantasmen der Moderne. Hrsg. v. Pia Müller-Tamm und Katharina Sykora. Kat. Ausst. Kunstsammlung Nordrhein-Westfalen Düsseldorf 1999.

114 Friedrich Nietzsche, Werke. Hrsg. v. Alfred Baeumler. Bd. 4. Leipzig 1930, S. 65.

115 Erstmals deutsch abgedruckt in der Berliner Avantgardezeitschrift *Der Sturm*, Nr. 104, 1912. Zitiert nach: Johanna Eltz, Der italienische Futurismus in Deutschland 1912–1922. = Bamberger Studien zur Kunstgeschichte und Denkmalpflege, Bd. 5, Bamberg 1986, S. 15.

116 George Grosz, Zu meinen Bildern. In: Das Kunstblatt (Hrsg. v. Paul Westheim), Januar 1921, Heft 1, S. 14.

117 Zitiert nach: Roland März, Republikanische Automaten. George Grosz und die Pittura metafisica. In: George Grosz. Berlin, New York. Hrsg. v. Peter-Klaus Schuster. Kat. Ausst. Nationalgalerie Berlin/Kunstsammlung Nordrhein-Westfalen Düsseldorf 1994/95, S. 148.

118 Zitiert nach: Wolfgang Wysocki, Der redende Mensch in Universal-City. Die Spuren der industriellen Zivilisation in der Collage- und Montagetechnik der Berliner Dadaisten. Diss. Freiburg i. Br. 1984, S. 39.

119 Siehe dazu: Ernst Strauss, Über Juan Gris' »Technique Picturale«. In: Ders., Koloritgeschichtliche Untersuchungen zur Malerei seit Giotto und andere Studien. Hrsg. v. Lorenz Dittmann. 2. erw. Auflage, München/Berlin 1983, S. 185–205.

120 Friedrich Nietzsche, Werke (wie Anm. 114), Bd. 3, S. 77. Diese Stelle erklärt, meine ich, auch die von Wieland Schmied in seinem grundlegenden Aufsatz gestellte Frage, wieso de Chirico seine Kunst »metaphysisch« nennt und sich dabei auf den erklärten Antimetaphysiker Nietzsche beruft. Schmied bezieht sich zur Erklärung auf einen Nietzsche-Satz in »Der Wille zur Macht«, der lautete: »Eine antimetaphysische Weltbetrachtung – ja, aber eine metaphysische…«: Wieland Schmied, Die metaphysische Kunst des Giorgio de Chirico vor dem Hintergrund der deutschen Philosophie: Schopenhauer, Nietzsche, Weininger. In: Giorgio de Chirico – der Metaphysiker. Kat. Ausst. Haus der Kunst München/Centre Georges Pompidou Paris 1982/83, S. 89ff., vor allem S. 101ff. – Maurizio Fagiolo dell'Arco zitiert im selben Katalog (S. 42) eine ähnliche Nietzsche-Stelle zur Erklärung des großen X in manchen Bildern de Chiricos.

Andreas Tacke

»Wenn Sie meinen Rat hören wollen, meine Herren, ...«

Zu Antiken, Abgüssen und weiblichen Aktmodellen in nordalpinen Akademien und Künstlerwerkstätten des 17. Jahrhunderts

Der hochangesehene Gast wurde von den Direktoren schon am Portal empfangen und zuerst in den Aktsaal geführt, »wo sämtliche Modelle die vorgeschriebene Pose annahmen und ging, ohne sich weiter aufzuhalten, in den Sitzungssaal hinüber. Man bot ihm den Präsidentensessel an, aber er dankte und wollte nicht Platz nehmen. [...] Der Cavaliere warf einen Blick auf die Gemälde im Saal, die jedoch nicht als sonderlich talentvoll galten, und betrachtete ein paar Reliefs aus der Bildhauerklasse. Dann trat er in die Mitte des Saales, richtete sich auf und hielt vor versammelter Akademie folgende Ansprache: ›Wenn Sie meinen Rat hören wollen, meine Herren, dann möchte ich der Akademie den Vorschlag machen, Gipsabgüsse von sämtlichen schönen Antiken anzuschaffen: Statuen, Reliefs und Büsten, damit die jungen Leute daran lernen‹ [...]«.[1]

Kein geringerer als Giovanni Lorenzo Bernini (1598–1680) sprach 1665 vor den Mitgliedern der »Académie Royale de Peinture et de Sculpture«.[2] Anläßlich seines Louvre-Projektes war er für fünf Monate nach Paris gereist und hatte von Ludwig XIV. (1638–1715) als Begleiter Paul Fréart (1609–1694), Sieur de Chantelou, zur Seite gestellt bekommen. Dieser hielt in seinem *Tagebuch des Herrn von Chantelou über die Reise des Cavaliere Bernini nach Frankreich* nicht nur den zitierten Ratschlag, sondern auch dessen Begründung fest: »Man läßt sie [die jungen Leute] die antiken Modelle abzeichnen, um ihnen zunächst die Idee des Schönen beizubringen, an die sie sich dann ihr ganzes Leben halten können. Es hieße sie verderben, wenn man sie von vornherein vor das Naturmodell setzt. Die Natur ist fast immer matt und kleinlich und wenn die Vorstellung der Schüler nur von ihr genährt wird, werden sie niemals etwas wirklich Schönes und Großes schaffen können, denn die natürliche Welt vermag das nicht zu bieten. Wer nach der Natur arbeitet, muß schon sehr geschickt ihre Schwächen zu erkennen und zu verbessern wissen und eben dazu sind die jungen Leute nicht befähigt, wenn man ihnen keine feste Grundlage schafft.«.[3]

Was Bernini den Pariser Kollegen deshalb zur Anschaffung empfahl, gehörte schon seit geraumer Zeit zur Ausstattung von frühneuzeitlichen Künstlerwerkstätten. Er forderte also lediglich – wenn auch in Hinblick auf eine Akademie wohl als erster – dazu auf, das nachzuholen, was einzelne Künstler schon praktizierten: das Studium der Antike und dies – wenn es die Umstände nicht anders zuließen – anhand von Gipsabgüssen. Denn was in Italien »vor Ort«, also anhand der Originale im Freien oder in Sammlungen, betrieben werden konnte, mußte für die nordalpinen Länder erst einmal über die Alpen geholt werden. Originalplastiken (und wenn, dominierten kleinformatigere Antiken) standen dafür im 16. und 17. Jahrhundert nur selten zur Verfügung; in der Regel wurden originalgroße Gipsabgüsse oder Verkleinerungen im gleichen Material – oder kostbarer in Bronze – angefertigt. Auf dem Höhepunkt der Entwicklung waren die Kunstakademien mit großen Abgußsammlungen ausgestattet, ja konkurrierten miteinander um diese. Goethe schrieb anläßlich des Besuches der Mannheimer Akademie 1769 von den »herrlichsten Statuen des Alterthums«, die im Abgußsaal aufgereiht waren[4], und Schiller kolportierte eine Äußerung Lessings von 1777, daß der Besuch derselben Sammlung vorteilhafter sei, als »eine Wallfahrt zu ihren Originalen nach Rom«.[5] Erst im späten 19. und langanhaltend im 20. Jahrhundert wurden dann diese Gipse als Symbole eines überholten und hinderlichen Kunst- und Bildungsideals abgetan, eine Geisteshaltung, die sich erst in den letzten Jahrzehnten wieder zu ändern begann.[6]

Wenn wir der Frage zu den Voraussetzungen von Berninis Ratschlag nachgehen, können wir die kunsttheoretischen Aspekte seiner Ausführungen, anhand der Antikenabgüsse die Idee des Schönen zu lehren, vernachlässigen; sie werden im vorliegenden Katalog ausführlich gewürdigt. Vielmehr ist zu überlegen, welche kunsthistorische Entwicklung seinem Vorschlag vorausgegangen war, der 1648 gegründeten Pariser Akademie den Erwerb von Gipsabformungen nach Antiken zu empfehlen, mit deren Hilfe das Lehrmittelangebot für den Unterricht der angehenden Maler und Bildhauer erweitert werden sollte. Und es ist ebenso die Frage zu erörtern, wie die von ihm vorgeschlagenen Antikenabgüsse in die nordalpinen Akademien bzw. schon zuvor in die Künstlerwerkstätten – denn dort sind sie durch zahlreiche Gemälde, Zeichnungen und Künstlerinventare verbürgt – gelangt waren.

Den »fortschrittlichen« Künstlern war der Nutzen solcher Sammlungen bereits um 1600 nicht mehr fremd, und sie vertraten dies auch ostentativ mittels der Kunst selbst: Beispielsweise läßt der Maler Joseph Heintz d. Ä. (1564–1609) in seinem um 1608/09 gemalten *Familienbild*[7] (Abb. 1) seinen Sohn, den späteren Maler Joseph Heintz d. J. (um 1600 – nach 1670), anhand eines kleinen antiken Köpfchens das Zeichnen üben.

1 Joseph Heintz d. Ä.
Familienbild, um 1608/09
Schloß Weißenstein bei Pommersfelden,
Slg. Schönborn-Wiesentheid

Damit war indirekt ein Thema angesprochen, welches schon Albrecht Dürer (1471–1528) mit seiner berühmten Feststellung »Hier bin ich ein Edelmann, daheim ein Schmarotzer« beschäftigte, als er den Statusunterschied zwischen Künstler und Handwerker in Italien und Deutschland kurz und bündig charakterisierte. In den nordalpinen Ländern gehörte der Künstler dem Handwerkerstand an, und er war noch weit davon entfernt, das zu sein, was wir heute unter einem Künstler verstehen. Um ihre Situation zu ändern, haben die bildenden Künstler der Frühen Neuzeit unter anderem immer wieder eine Theoretisierung der Künstlerausbildung gefordert, weg vom zünftischen Handwerk hin zu Kunstakademien[8], anfänglich gefördert durch private »Malerakademien« bzw. »Zeichenschulen« in den Künstlerwerkstätten oder angemieteten Räumen.[9] Diese verkörperten das angestrebte Gegenmodell zur traditionellen und aus Sicht der Künstler veralteten, zünftisch organisierten Handwerksausbildung: Die Kompetenz wird nicht mehr induktiv erworben, durch die Mitarbeit des Schülers im Produktionsablauf, sondern deduktiv, indem er die Prinzipien der Malerei, nicht nur ihre Techniken beherrschen lernt. Der menschliche Körper in seinem Naturzustand – als Aktmodell oder in Form von antiker Skulptur – steht im Mittelpunkt jeglicher Übung. Auf ihn beziehen sich die Kenntnisse, die in den Zeichenschulen oft noch zusätzlich vermittelt wurden, wie die der Anatomie, der Geometrie, der Proportionslehre oder der Perspektive. Dieses – wie es zeitgenössisch genannt wurde – »Academie abhalten« wurde häufig dargestellt, es konnte in geschlossenen Räumen oder im Freien, hier vor allem in Italien, veranstaltet werden. Kurzum, die gemeinsamen Zeichenrunden der Künstler bildeten die praktische Grundlage der europäischen Kunstakademiebewegung, auch wenn für diese informellen Künstlertreffen noch eine differenzierte Untersuchung aussteht;[10] sie müßte einer institutionsgeschichtlichen Betrachtung der europäischen Kunstakademien vorangestellt werden.

In der barocken Kunstliteratur fand die Forderung nach Erneuerung der Künstlerausbildung ebenso ihren Platz. So läßt auch Joachim von Sandrart (1606–1688) in seiner *Teutschen Academie* keinen Zweifel an ihrem Nutzen und weist – beispielsweise beim Glasmaler Heinrich Schwandhardt (gest. 1693) – auf die Vorteile der neuen Ausbildungsform wiederholt hin. Sehr bemerkenswert an diesem Beispiel ist jedoch, daß die alte (zünftische) und die neue (akademische) Form der Berufsausbildung an zwei Künstlergenerationen illustriert und gegeneinander ausgespielt wird: Der Jüngere habe seinen Vater Georg (1601–1667) in der Kunst der Glasmalerei »weit übertroffen/zumal/weil er sich auf unserer und andern Academien in der Zeichen-Kunst der nakenden und bekleidten Bilder fleißig geübet«.[11]

Auf die Notwendigkeit solcher Übungen geht Sandrart auch in dem allgemein gehaltenen Überblick (»Von der Erfindung und Zeichnung«) seiner *Teutschen Academie* ein und unterscheidet dabei in »stillstehende« und »lebendige Modelle«: »Wer aber die Kunst/alle phantasien und Einbildungen des Gemütes wol auszuzeichnen/begreiffen will/hat vonnöten/daß er/nachdem er sich ein Zeitlang in Handrißen geübet/sich ferner exercire/in Abbildung erhobner stillstehnder Stücke/die aus Marmor/Gyps oder sonst nach dem Leben gestaltet sind/wie auch an einer schönen antichen Statue, oder erhobnen Modell von Erde/nakend oder bekleidet: weil diese Stucke/indem sie unbeweglich und ohne Leben fäst stehen/dem Scholarn die Lernung leichter machen/welches er bey den lebendigen Bildern/die sich immer bewegen/und verkehren/nicht zu hoffen hat. Wann man nun/in solchem nachzeichnen/durch viele Ubung/eine gute practic und Gewonheit/auch sichere Hände/erworben/mag man zur Abzeichnung der lebendigen Dinge schreiten/und darinn mit ämsigem Fleiß und Aufsicht sich so lang üben/bis man eine nach den Regeln wolgegründete sichere Natürlichkeit erwerbe. Hierzu ist allerdings nötig/die Besuchung der Academien/da man/in Gesellschaft anderer/von einem wolgestellten Subject, und lebendigen Modell, unterschiedliche Stellungen absihet: und ist dieses der allerbäste Weg/zur Wissenschaft der äuserlichen Anatomie, Maß und proportion des Menschen gründlich zu gelangen.«[12]

»Runde Bilder« als Lehrmittel in den Künstlerwerkstätten des 17. Jahrhunderts

Wie Sandrart hatten auch andere nordalpine Künstler in Italien das »Akademie abhalten« – sei es in der Gruppe oder alleine – kennen- und schätzengelernt. Zahlreiche Kunstwerke schildern die Situation. Ein Beispiel ist das Gemälde *Zeichner beim Antikenstudium im Park* (Abb. 2)[13] von Johannes Lingelbach (1622–1674), ein 1671 in Amsterdam entstandenes Spätwerk des in Frankfurt am Main getauften Künstlers, der 1640 bis 1650 einige Jahre in Italien – vorwiegend in Rom – verbracht hatte. Vor Ort, das heißt in Italien, war dies das Schildern realer künstlerischer Tätigkeit. Später gaben diese Motive jedoch eine ikonographische Formel für das fortschrittliche Künstlerstudium und damit für ein vom Handwerk losgelöstes Ausbildungsmodell in der Malerei des 17. Jahrhunderts nördlich der Alpen ab. Stellten also die Handzeichnungen des Carracci-Kreises oder die in Rom entstandenen Gemälde von Michael Sweerts (1618–1664) oft reale Situationen dar, wurde das Motiv des »stillstehende und lebendige Modelle« studierenden Künstlers in den nordalpinen Ländern häufig zur Visualisierung einer neuen Haltung zu Kunst und Künst-

2 Johannes Lingelbach, *Zeichner beim Antikenstudium im Park*, 1671
Nürnberg, Germanisches Nationalmuseum

ler verwendet, wie beispielsweise bei dem Gemälde *Das Maleratelier* von Jacob van Oost von 1666 (Kat. Nr. 48).[14] In diesem Zusammenhang sind auch die Maler- und Bildhauerakademiebilder von Johann Heiß (1640–1704) der 1680er und 1690er Jahre zu nennen. (Vgl. Kat. Nr. 130, 131)[15] Es ist müßig, bei seinen Gemälden zu fragen, welche Räume sie wiedergeben, welche Künstlertreffen dargestellt sein sollen. Die Bilder stehen vielmehr für eine fortschrittliche Ausbildungspraxis, die bereits in einigen zeitgenössischen Künstlerwerkstätten betrieben wurde.

Nicht ausschließlich, aber auch zu diesem Zweck hatten sich diese Künstler Sammlungen von »Lehrmitteln« zugelegt, wie Antiken(abgüsse), Abformungen nach der Natur, Gliederpuppen, Vorlagenbücher oder Realien jedweder Art. Auch wenn die Trennung von den Kunstsammlungen, die sich in Künstlerhand befanden – und die auch der Nobilitierung dienten –, nicht immer scharf vorgenommen werden kann, geht es bei diesen Sammlungen in Künstlerwerkstätten vornehmlich um Lehrmittel; wir konzentrieren uns auf die Antiken(abgüsse). Diese dienten in den Werkstätten des 17. Jahrhunderts der angestrebten Theoretisierung der Künstlerausbildung.[16] Solche Lehrmittel konnten auch der eigenen Kunstsammlung, die gelegentlich, wie bei Peter Paul Rubens (1577–1640)[17], in separaten und eigens für deren Aufstellung erbauten Räumen untergebracht war, entnommen worden sein.

Derartige Kunstsammlungen können jedoch vorläufig nur schlaglichtartig beleuchtet werden[18], oft sind dramatische Lebensumstände – wie die von Rembrandt van Rijn (1606–1669) – für ihren Nachweis hilfreich. Aus deutscher Sicht auffallend ist, daß sich unter den Wegbereitern solcher Lehrmittelsammlungen in der Mehrzahl Künstler finden, die längere Zeit im Ausland gelebt haben, wie Jürgen Ovens (1623–1678) und Joachim von Sandrart, oder sich endgültig im Ausland niederließen, wie Johann Bockhorst (1604–1668) aus Münster in Westfalen. Schauen wir bei den vier genannten Künstlern näher hin:

Im Nachlaßinventar des um 1640 in den Niederlanden (bei Rembrandt?) ausgebildeten deutschen Malers Oven, der sich als Amsterdamer Porträtmaler einen Namen gemacht hatte[19], bevor er ab den 1650er Jahren für die Gottorfer Herzöge tätig wurde und sich in Friedrichstadt niederließ, findet sich unter der Überschrift »Gibsen Bilder« folgendes: »1 Grosser Knabe von Gibs mit einem Schneidmesser, 1 dito hält ein Buch in der Handt, der Cleopatra Brustbildt, Venus Brustbildt, Adonis Brustbildt, ein stehender Nackender Cupido sonder Arme, ein Frauenbildt stehendt in der Handt eine Kugel haltendt, Hercules Bildt in Ganzer Persohn, Flora in Ganzer Persohn, noch 1 ander steinernes stehendes Bildtgin, der Bacchus in gantzer Persohn, Antinoos stehende Figur, zwey Kleine Frauen Brustbilder, ein Klein Mannes Brustbild.«[20]

Über die Sammlung von Joachim von Sandrart sind wir durch seine eigene Beschreibung gut unterrichtet. Nach seinen zahlreichen und jeweils mehrjährigen Auslandsaufenthalten ließ er sich am Ende seines Lebens in Nürnberg nieder. Seine dortige Sammlung – »auch Statuen in Metall/gepossirt/und in Gips gegossen«[21] – schildert er in der *Teutschen Academie*. Unter der Überschrift »Antiche-Statuen«[22] führt Sandrart auf: »Der Laocoon, heidnischer Priester von Troja/samt seinen zween Söhnen/werden von Schlangen gebissen/darinnen verwunderliche Bewegungen der Schmerzen sehr kunstreich vorgebildet/in Metall gegossen/rund und zwey Spannen hoch. [...] Ein nackendes Kindlein auf dem Rucken ligend. Ein anders nackendes Kindlein/hinweg kriechend. Ein anderes schlaffendes Kindlein/alle in Metall gegossen. Ein schlaffendes Kindlein/in Erden zu Rom possirt. Unterschiedliche antiche-Basse-relieven/antiche-Historien in Metall gegossen/auch etliche Brust-bildlein/Masken/Thiere/Instrumente/Medaglien/mit mancherley Seltsamkeiten der alten und ietzigen Zeit/von Metall und Stein; auch andere Curiositäten. [...] Der Laocoon, mit beeden Kindern/von Gips. Der Antinous, wie er zu Rom in Belvedere steht/von Gips. Der Hercules, wie er zu Rom in Pal. di Farnese steht/von Gips. Die Griechische Venus, wie sie zu Rom in Pal. de Medices steht/von Gips. Ein lauffender Gladiator, wie in Burghese zu sehen/von Gips. [...] Der Mercurius, wie er zu Rom steht/von Gips. Die Flora in Farnese zu Rom. [...] Unterschiedliche schöne Lebens-grösse alte Kaiser/auch des Apollo und der Diana Brustbild/alle bequem zu Zierung eines grossen Zimmers.«[23]

Die Anzahl insgesamt, aber auch die im einzelnen benannten Antiken(abgüsse) der Sandrart'schen Sammlung sind beeindruckend und zeigen, daß beispielsweise die Menge der am Boden liegenden Fragmente in Sweerts' *Maleratelier*-Gemälde des Rijksmuseums nicht der Phantasie des Künstlers entsprungen sein müssen (Abb. S. 28). Solche Sammlungen von Fragmenten und ganzen Antiken, ob als Originale oder Abgüsse, sind in Künstlerwerkstätten – besonders in den italienischen, gar römischen – selbstverständlich gewesen.

Übertroffen wurde die Antiken-(Abguß-)Sammlung Sandrarts von der Rembrandts. Über diese sind wir gut informiert, da sein gesamter Besitz – ein Glücksfall für die Kunstgeschichte – infolge Insolvenz am 25. und 26. Juli 1656 inventarisiert wurde.

Die folgenden Auszüge aus dieser Aufstellung betreffen die Antiken bzw. Antikenabgüsse; nicht immer können die ebenfalls gesammelten Abgüsse nach der Natur oder zeitgenössische Skulpturen und Plastiken voneinander geschieden werden. Die Sprünge in der Nummernfolge erklären sich dadurch, daß die uns interessierenden Kunstgegenstände nicht geschlossen, sondern auf das ganze Haus verteilt aufgestellt gewesen waren:

Nr. 6 »Een tronie van pleijster« (Gipskopf)
Nr. 7 »Twee naeckte Kinderkens van pleijster«
Nr. 8 »Een slaepent Kindeken van pleijster«
Nr. 110 »Drie antique beelden« (Statuen)
Nr. 145 »Een beelt van een keijserin«
Nr. 147 »Een beelt vande keijser Augustus«
Nr. 149 »Een beelt van Tiberius«
Nr. 151 »Een tronie van Caijus«
Nr. 152 »Een Caligula«
Nr. 154 »Een Heraclites«
Nr. 156 »Een Nero«
Nr. 160 »Een Rooms kejser«
Nr. 162 »Een Socrates«
Nr. 163 »Een Homerus«
Nr. 164 »Een Aristoteles«
Nr. 165 »Een bruijne antique tronie« (brünierte Büste)

Nr. 166 »Eene Fausteyna«
Nr. 168 »Een keijser Galba«
Nr. 169 »Een dito Otto«
Nr. 170 »Een dito Vetellius«
Nr. 171 »Een dito Vesspasianus«
Nr. 172 »Een Titus Vesspasianes«
Nr. 173 »Een dito Domitianus«
Nr. 174 »Een dito Silius Brutus«
Nr. 187 »Twee volcomen naeckte figueren«
Nr. 241 »Een chineese ben [Korb] vol gegoten contrefijtsels« (Porträtabgüsse)
Nr. 323 »Een pleyster gietsel van een Grieks anticq«
Nr. 324 »Den statue vanden keyser Agriepa«
Nr. 325 »Dito van den keyser Aurelius«
Nr. 327 »Een saters tronie met hoorenen« (Satyrkopf)
Nr. 328 »Een Sibilla anticqe«
Nr. 329 »Een antieckse Laechon« (Laokoon)
Nr. 331 »Een Vitellius«
Nr. 332 »Een seneca«
Nr. 333 »3 a 4 antique vrouwe tronien«
Nr. 334 »Noch 4 andere tronien«[24]

Die Frage, wozu diese beachtliche Sammlung an »runden Bildern« diente, kann mit Hilfe desselben Inventars beantwortet werden, da es auch Rembrandts eigene Studien nach Antiken(abgüssen) und – wir kommen darauf zurück – Aktmodellen belegt. So findet sich in der Auflistung der Zeichnungen von seiner Hand unter der Nr. 239 »Een boeck, vol teeckeninge van Rembrant gedaen, bestaende in mans en vrouwe; naekt sijnde« (männliche und weibliche Aktstudien), Nr. 251 »Een paquet vol antickse teeckeninge van Rembrant« (Zeichnungen nach der Antike) sowie mit der Nr. 257 »Een dito [parckement boeck] vol figuer schetsen van Rembrant«[25] (Figurenskizzen).

Selbstredend diente Rembrandts Sammlung nicht als reine Anschauungssammlung für seine künstlerische Tätigkeit.[26] Ebenso unzulässig ist aber der Umkehrschluß, da ihr Einfluß auf Rembrandts künstlerisches Schaffen ebenso erkennbar ist wie ihre Verwendung bei der Ausbildung des Künstlernachwuchses durch ihn.

Auch weniger manische Sammler als Rembrandt brachten es zu einer beachtlichen Anzahl antiker Werke. Der deutsche Maler Johann Bockhorst (Jan Boeckhorst), der 22jährig nach Antwerpen zog[27], gehörte zu ihnen. Seine Sammlung von Gipsen nach Antiken hatte er sich offensichtlich geschlossen von dem Bildschnitzer Matthias van Beveren (um 1630–1690) liefern lassen. Einem Streit über die Höhe der angemessenen Bezahlung verdanken wir die folgende Auflistung: »Een groote vrouwentroinie met den hals heel rondt, item de troinie van een gladiatoir heel rondt, item de troinie [van Nero] heel rondt, item een cleyn romeinstroniken heel rondt, item een Hercules troiniken heel rondt, item een groot sittende kindt heel rondt, [...] item peerdeken met den halß rondt, item een jonghe romeinstroniken halff rondt, [...] item een klein Vitellius troniken rondt, item een groote tronie van Faustina halff rondt.«[28]

Vor diesem Hintergrund sind die Heiß'schen *Akademie*-Bilder zu betrachten. Denn die beispielsweise auf dem Bamberger bzw. Münsteraner Gemälde dargestellten Gipse haben nach Kenntnis der hier vorgestellten Künstlerinventare nichts Phantastisches mehr. Sie gehörten in der einen oder anderen Art auch zu einer deutschen Malerwerkstatt des ausgehenden 17. Jahrhunderts, vorausgesetzt, ihr Betreiber war mit der Zeit gegangen. Dies trifft aber nun insbesondere auf Johann Heiß zu, dem es vornehmlich um die Vermittlung des Neuen der Künstlerausbildung und des Kunstverständnisses in seinen *Akademie*-Bildern ging.

Desgleichen bei Joseph Werner (1637–1710) in Bern, der sich ebenfalls eine Sammlung von Antikenabgüssen zugelegt hatte, um eine private Malerakademie betreiben zu können. Ihre Verwendung beschrieb er selbst in einem Brief vom September 1693: »[...] Nachts bey dem Licht, Academien halten, nach gipsinen alten Römischen und Griechischen Bildern zeichnen [...]«.[29]

Auch Werners Zeichenschule markiert, wie vermutlich die von Heiß in Augsburg, zum Ende des 17. Jahrhunderts eine Entwicklungsstufe, die die Gründung der öffentlichen Kunstakademien im 18. Jahrhundert nur folgerichtig erscheinen läßt.

Wie die Antiken(abgüsse) über die Alpen kamen

Für unsere Fragestellung ist es zweitrangig, welche »römischen und griechischen Bilder« in der Werner'schen Malerakademie als Lehrmittel Verwendung fanden, denn wir wollen klären, wie generell die Originale, Abgüsse (Werner schrieb dezidiert von »gipsinen« Antiken) oder freie Nachbildungen in die nordalpinen Sammlungen von Künstlern sowie in die der Akademien gelangen konnten. Daß eine rege Nachfrage herrschte, belegt die päpstliche Vorschrift, daß antike Kunstwerke nur mit Ausfuhrgenehmigung außer Landes gebracht werden durften, um so ihrem Ausverkauf vorzubeugen; in diesem Sinne berichtet Sandrart: »Sonsten seyn zwar die Päbstliche Mandaten scharff wider diejenige/welche einige antiche Statuen aus Rom zu verführen sich unterstehen/weil anderst um Geld das meiste verkaufft würde/wordurch diese Stadt ob dem allerruhmwürdigsten entblöst gemacht wurde/und kan anderst nicht geschehen/als durch expressè Erlaubnus von Hof.«[30]

Der päpstlichen Ausfuhrpraxis wäre einmal systematisch nachzugehen[31], Einzelfälle sind schon jetzt gut dokumentiert.[32] Als Antragsteller für die Ausfuhr von Originalskulpturen wie auch für die Erlaubnis zur Anfertigung von Abgüssen kamen die Künstler selbst, aber auch Kunsthändler oder Sammler in Frage. Für alle drei Gruppen seien Beispiele genannt und dies unabhängig von einer Erörterung der Schwierigkeiten, die in Italien aus dem Weg geräumt werden mußten.

Für den bereits im 17. Jahrhundert ausgeprägten Kunsthandel mit Antiken(abgüssen) können die drei Brüder Jean (1618–1673), Jeronimus (1622–1670) und Joseph Deutz (1624–1684) aus Amsterdam genannt werden, die zwischen 1649 und 1654 eine »Grand Tour« nach Italien unternahmen. Da sie aus einer Kaufmannsfamilie stammten, die auch mit Kunstgegenständen, darunter Gemälde und antike Skulpturen, handelte, wurde die Reise auch dazu genutzt, Kunstwerke zu erwerben, die für den Weiterverkauf in Amsterdam bestimmt sein sollten. Für »Schilderijen en Statuen« wurden in Rom und Livorno Aus-

3 Michael Sweerts
Een Teekenacademie, nach 1658
Haarlem, Frans-Hals-Museum

gaben fällig; beispielsweise wurden am 29. Juli 1651 in Livorno »marbre Beelden« gekauft und nach Hause verschickt. Mitunter sind die einzelnen Posten etwas genauer aufgeschlüsselt, wie zuvor am 22. Dezember 1650: »1 Marbre Buste, Julius Cesar«, »ditto Hadrianus«, »1 ditto Ulpius Crananus«, »1 Accademi naaken gebotseert«, »1 Gladiator van Marber«.[33] Daß in der Heimat nicht nur Sammler, sondern auch Künstler an diesen Antiken interessiert waren, konnten sie – wenn sie es nicht schon wußten – ebenfalls in der Ewigen Stadt erfahren, denn in Rom kauften die Brüder, wohl vom Künstler selbst, ein Gemälde von Michael Sweerts. Das Bild wird in der zeitgenössischen Quelle als *Schilders-academetje* bezeichnet.[34] Gleich welches dieser Sweerts'schen Malerakademiebilder man betrachtet, auf allen wird das Zeichnen entweder nach dem Aktmodell (Abb. 3)[35], nach der antiken Skulptur oder nach Muskelmännern und Gliederpuppen geübt. Sweerts, der in seinem römischen Künstleratelier eine Zeichenschule unterhielt, wird aus diesem Grund– wie zahlreiche seiner Zeitgenossen – eine große Anzahl von Antiken(abgüssen) besessen haben. Seine Gemälde reflektieren mit der Darstellung von Künstlern, die sich diesem Zeichenstudium hingeben, fortschrittliche Künstler(ausbildungs)-praxis. Dies werden die Deutz-Brüder mit Aufmerksamkeit verfolgt und den Bedarf an Antiken(abgüssen) in der Heimat als lukratives Geschäft erkannt haben.

In Amsterdam wird ihr Kundenkreis nur eingeschränkt aus bildenden Künstlern, die persönlich in Italien gewesen waren, bestanden haben, denn heimkehrende Künstler importierten in der Regel ihre Antiken(abgüsse) selbst. So unterhielt Sweerts auch nach seiner Rückkehr in die Heimat ab 1656 eine »academie van de teeckeninge naer het leven« in Brüssel, die etwa bis 1658 bestanden hat. Wie in Rom werden auch hierbei Antiken(abgüsse) zur Anwendung gelangt sein, und wir dürfen annehmen, daß er dazu seine römische Sammlung mitgenommen hat.

Die Plausibilität des Künstlerdirektimports erweist besonders eine englische Quelle. Sie stammt von der Hand Nicholas Stones d. J. (1618–1647), eines aus einer Londoner Architekten-, Bildhauer- und Malerfamilie stammenden Künstlers. Er bereiste zusammen mit seinem Bruder Henry (1616–1653) von 1638 bis 1642 Italien und hielt sich vorwiegend in Rom auf. Das während dieser Zeit von ihm geführte Tagebuch ist für die Kunstgeschichte ein aufschlußreiches Dokument über die von den Brüdern aufgesuchten Künstlerkollegen und die Kunstwerke, die sie besichtigt haben.

Das Tagebuch enthält auch eine detaillierte Aufstellung über die Ausgaben, die die beiden Brüder während ihrer Reise hatten. Wir erfahren, was sie für Kleidung, Herbergen und Essen ausgaben, wieviel das Zeichenpapier kostete oder wie hoch der Preis für die Pferde war, um beispielsweise nach Neapel reiten zu können.

Hier interessieren uns aber die Beträge, die sich auch auf originale Antiken oder Antikenfragmente, in der Mehrzahl aber auf Abgüsse oder verkleinerte Kopien beziehen. Häufig findet sich hierbei der Posten »Wachs«. Vermutlich wurden mit diesem Material Abformungen von antiken und zeitgenössischen Bildhauerarbeiten bzw. Skulpturen erstellt. Mitunter führt Nicholas Stone d. J. an, daß er selbst Modelle in Ton herstellte, die er in Rom brennen ließ:

Am 3. Februar 1639 notiert Nicholas d. J. die Bezahlung »for 2 feet and on[e] hand cast in plaister of the Grekes Venus«; am 18. April »for 2 plaister heads of Venus and Cicero«; am 29. August »for baking of a modell of the Satyre Martius« (er ließ also ein eigenes Tonmodell brennen); am 15. September »for 17 plaister peeces to John Guarda Roba of Medices«; am 1. Oktober »for a plaister legg cast from an antique«; am 27. December 1639 »for a plaister head«; am 10. Feburar 1640 »for a plaister figure representing a Bacchus moulded from the antique wch stands in Marquesse Iustinianus Pallace«; am 4. Juli für »a cast in plaister of a modle imboysted after the Greeckes Venus«; am 30. Juli »for carrying my modells and bringing home clay«; am 4. August »for baking 2 moddles and bringing them from St. Peeters to Monta Trinita«; am 24. August 1640 »for 2 plaister heads, one of Venus the other of Cicero«, »for a plaister leg moulded from the antique«, »for a plaister head of Satyre«, »for a Bacchus in plaister« sowie »for a cast of a Venus modled after the antique«.[36]

Im weiteren Verlauf seiner Tagebuchaufzeichnungen berichtet Nicholas Stone d. J. über den Inhalt der Kisten, in denen das Zusammengetragene (darunter Bücher, Druckgraphik und Gemälde, aber auch 113 Marmorstücke als Materialproben für den Vater Nicholas Stone d. Ä. [1586–1647], der Architekt war) nach London verschickt werden sollte. Diese Kisten enthielten auch eine große Anzahl der in Rom gekauften oder selbst angefertigten Antikenabgüsse, Fragmente von Originalen sowie Modelle, wie beispielsweise ein »Modell of the Laocont« und der »torso of Beluedere«.[37]

Daß Künstler große ganzfigurige Antikenkopien zur eigenen Verwendung mitgeführt haben, dürfte eher seltener der Fall gewesen sein. Schon häufiger waren sie im Auftrag von Höfen wegen solcher Kunstwerke unterwegs[38], so Diego Velázquez (1599–1660). Seine zweite Italienreise (1648–1651) diente vornehmlich der Akquisition von Antiken bzw. dem Herstellenlassen der originalgroßen Metallkopien nach Antiken, die für König Philipp IV. von Spanien (1605–1665) bestimmt waren.[39]

Solche originalgroßen Kopien waren – wegen der damit verbundenen hohen Kosten – vornehmlich den Höfen vorbehalten. Wir dürfen deshalb annehmen, daß Darstellungen von lebensgroßen Standbildern auf den Akademiegemälden des 17. Jahrhunderts – insbesondere auf den Bildern des Augsburger Malers Johann Heiß – in der Regel Rückvergrößerungen anhand der Druckgraphik oder nach Kleinplastiken gewesen sind und dies mag im Einzelfall die von den Originalskulpturen abweichenden Proportionen auf den Gemälden erklären.

Neben den Malern und Bildhauern sowie den Kunsthändlern und Sammlern kamen im 17. Jahrhundert die Akademien hinzu, die in Rom Bedarf an Antiken(abgüssen) anmeldeten. Um herauszubekommen, wie die Pariser Akademie den Ratschlag Berninis im einzelnen aufnahm, lohnte sich eine genaue Auswertung der Korrespondenz zwischen der Pariser Akademie und der französischen Akademie in Rom, da darin immer wieder der Ankauf von Antiken(abgüssen) verhandelt wurde.[40]

Weibliche Aktmodelle

Weitaus schwieriger als der Nachweis von Antiken(abgüssen) in Künstlerwerkstätten des 17. Jahrhunderts ist der von Aktmodellen, vor allem der weiblichen Modelle. Die Tabuisierung des Nackten, zumal des weiblichen Körpers, in der frühen Neuzeit erschwert hier eine Untersuchung. Deshalb lassen die Bild- und Schriftquellen nur eine vorsichtige Annäherung zu.

Für das vor allem im 19. und 20. Jahrhundert so beliebte Thema »Maler und Modell« lassen sich im 17. Jahrhundert mehr bildliche Darstellungen[41] und nur vereinzelte schriftliche Belege finden. Einen verdanken wir wiederum Chantelou. Seinem Bericht entnahmen wir bereits, daß Bernini bei seinem Besuch der Pariser Akademie recht unbeteiligt an den sich in Pose setzenden (männlichen) Aktmodellen vorbeigegangen war. Jedoch waren diese für ihn nicht so selbstverständlich, wie sein ungerührtes Streben zum Sitzungssaal den Anschein haben könnte, denn er verwandte in Paris List und Mühen darauf, Befähigte zu finden. Einer Abordnung derselben Akademie, die ihn in seinem Atelier aufsuchte, erzählte Bernini davon: »Ein Facchino [hier i. S. v. Laufbursche] kam einmal zu mir, um etwas abzugeben. Der hatte wirklich einen wundervollen Körper, und ich zeichnete ihn heimlich ab. Um ihn festzuhalten, ließ ich Wein bringen und bezahlte ihm doppelte Taxe. Ein andermal mußte er die Arme frei machen, und sie waren in der Tat göttlich schön. Zum drittenmal ließ ich ihn kommen wie ich Aktmodell hatte, um ihn damit vertraut zu machen. Das Modell lockte ihn, er könnte sich leicht 15 Taler im Monat damit verdienen, kurzum – der Bursche ging darauf ein.«[42]

Bei der Begeisterung Berninis verwundert nicht, daß es Modelle zu einer gewissen Berühmtheit bringen konnten, wie der in den Künstlerviten von Giovanni Battista Passeri (um 1610–1679) genannte »Caporal Leone«, welcher als Aktmodell von Domenichino (1581–1641) wie auch von Andrea Sacchi (1599–1661) wegen der »lebendigen Stellungen«, die er einnehmen und während einer Sitzung durchstehen konnte, sehr geschätzt wurde.[43]

In den Künstlerwerkstätten des 17. Jahrhunderts war die Verwendung von männlichen Aktmodellen vielerorts zur Praxis geworden; auch Sandrart übte sich bei seinem Venedigaufenthalt (1629) in Gesellschaft von Johann Liss (um 1597–1631), »nach den nackenden modellen« zu zeichnen.[44] Oder der zeitweise in Rom tätige niederländische Landschaftsmaler Herman van Swanenvelt (um 1600–1655) »schätzte ein gutes nackendes Bild höher/als andere Wißenschaften/weil/seinem Vorgeben nach/in dem Menschen die ganze Substanz der gesamten Mahler-Kunst/und nur in einer einigen Hand mehr Arbeit/als in allen Landschaften/seye«.[45]

Grundsätzlich ist bei den Quellentexten aber immer nur von männlichen Modellen die Rede; weibliche Aktmodelle sind die ausgesprochen seltene Ausnahme, denen jeweils einzeln nachzuspüren ist.

Im Dezember 1676 wird in einem regen Briefwechsel zwischen Rom und Florenz erörtet, daß der Bildhauer Ercole Ferrata (1610–1686) im römischen Palazzo Madama ein weibliches Aktmodell für den Unterricht in der Großherzoglichen Akademie einführen wollte; der Vorschlag wurde entrüstet zurückgewiesen, eine unbekleidete »bella giovanetta« gezieme weder dem Ort noch dem Alter der Schüler.[46]

So hätte man Ferratas Anliegen auch nördlich der Alpen bewertet, und es wäre einmal interessant festzustellen, wann offiziell die ersten weiblichen Aktmodelle in Kunstakademien posierten. Für die Künstlerwerkstätten ist das schon für das 17. Jahrhundert verbürgt, jedoch wären auch hier die rechtlichen und moralischen Implikationen einmal auszuloten.

Wie schwierig die Situation war, ein weibliches Aktmodell zu beschäftigen, belegt die Vorgehensweise des Amsterdamer Malers Dirck Bleker (um 1620 – nach 1672), der zur Mitte des 17. Jahrhunderts für zwei Gemälde der Hl. Magdalena, sowie je ein Gemälde der Danaë und der Venus mit der Prostituierten Maria Jonas alias Maria la Motte zusammenkam, die ihm zum wiederholten Male nackt Modell stand.[47]

In dieselbe Zeit fallen jene Darstellungen, wie die Constantijn van Renesse (1626–1680) zugeschriebene und um 1650 zu datierende Darmstädter Zeichnung (Abb. 4)[48], die wir als Rembrandt mit seinen Schülern beim Aktmodellzeichnen interpretieren dürfen: Wir blicken in einen Raum, an den sich rück-

4 Constantijn van Renesse (zugeschrieben)
Zeichenschule bei Rembrandt, um 1650
Darmstadt, Hessisches Landesmuseum

5 Johann König, *weibliche Aktstudie*
Erlangen, Graphische Sammlung der Universitätsbibliothek

6 Joachim von Sandrart (zugeschrieben) *weibliche Aktstudie*
Erlangen, Graphische Sammlung der Universitätsbibliothek

wärtig ein weiteres Zimmer anzuschließen scheint. Links ist eine Gruppe von zeichnenden Künstlern unterschiedlichen Alters dargestellt und rechts ein liegendes weibliches Nacktmodell. Über ihm sind – räumlich unklar zugeordnet – drei (antike?) Bildnisköpfe zu sehen. Dem Rembrandt'schen Ausbildungsbetrieb können über einen längeren Zeitraum hinweg zahlreiche Handzeichnungen zugerechnet werden, die das gemeinsame Zeichnen nach männlichen und weiblichen Aktmodellen belegen.[49]

Vertraut man den Heiß'schen Abbildungen, dann war auch beim »Academie abhalten« deutscher Künstler des 17. Jahrhunderts in zunehmendem Maße die Anwesenheit von männlichen und weiblichen Aktmodellen nichts Ungewöhnliches mehr. Jedoch läßt sich ihre Entlohnung kaum nachweisen, besonders nicht die der weiblichen Modelle. Ein seltener Glücksfall ist deshalb folgende, für Nürnberg durch den Bildhauer und Medailleur Georg Schweigger (1613–1690) verbürgte Nachricht: »Einer schönen und langen Jungfrau hat er [Schweigger] 20 Rthl. bezahlet, ihren blossen Leib zu stellen, und dadurch einen grossen Anlauf unterschiedlicher Weibspersonen nach und nach bekommen, Geld damit zu verdienen oder zu erwerben«.[50]

Ähnlich vorgegangen sein müssen der Maler Johann König (1586–1642) und der uns schon hinreichend bekannte Joachim von Sandrart, falls ihre Studien (Abb. 5 und 6) nicht auf graphische Vorlagen zurückzuführen sind. Vermutlich sind die Blätter (nach einem weiblichen Aktmodell?) in derselben Reichsstadt entstanden.[51] Wie an anderen Orten auch, hatte die Nürnberger Kunstakademie (1662)[52] ihre Vorläufer in den informellen Zeichenschulen der dortigen Bildhauer und Maler. Auf deren Antiken- und Abgußsammlungen geht vermutlich auch eine beachtliche Anzahl von Zeichnungen der Universitätsbibliothek Erlangen-Nürnberg zurück, die schon von dem Kunsthistoriker Elfried Bock (1875–1933) Sandrart und seinem (Nürnberger?) Schülerkreis zugerechnet wurden. Es handelt sich um eine Reihe von akademischen Studienblättern nach Gipsmodellen von unterschiedlichen Händen und in unterschiedlicher Qualität, die während gemeinsamer Zeichenübungen entstanden sein müssen.[53]

Auch mit diesem Konvolut von Handzeichnungen ist belegt, daß Berninis Ratschlag – dem Nachwuchs anhand der Antikenabgüsse die Idee des Schönen beizubringen – frühneuzeitlicher Künstlerpraxis entsprach.

Anmerkungen

1 Paul Fréart de Chantelou, Tagebuch des Herrn von Chantelou über die Reise des Cavaliere Bernini nach Frankreich. Bearb. v. Hans Rose. München 1919, S. 162 f. (Samstag, 5.9.1665). – Wegen ihrer ausgezeichneten Kommentierung ist die englische Ausgabe von Interesse, siehe: Paul Fréart de Chantelou, Diary of the Cavaliere Bernini's Visit to France. Ed. and with an Introduction by Anthony Blunt, annotated by George C. Bauer, translated by Margery Corbett. Princeton 1985.
2 Zu ihrer Gründung siehe: Jacqueline Lichtenstein, Die königliche Akademie für Malerei und Bildhauerei. Erwünschte Institution oder auferlegter Befehl? In: Europäische Sozietätsbewegung und demokratische Tradition. Die europäischen Akademien der Frühen Neuzeit zwischen Frührenaissance und Spätaufklärung. Hrsg. v. Klaus Garber und Heinz Wismann, unter Mitwirkung von Winfried Siebers. 2 Bde., Tübingen 1996, S. 1732–1747. – Zu den Anfangsjahren siehe: Jutta Held, Die Pariser ›Académie Royale de Peinture et de Sculpture‹ von ihrer Gründung bis zum Tode Colberts. In: ebd., S. 1748–1779.
3 Fréart/Rose 1919 (wie Anm. 1), S. 1 63.
4 Johann Wolfgang von Goethe, Werke (Sophien-Ausgabe). 1. Abt., Bd. 28, Weimar 1890, S. 85.
5 Schillers Werke. Hrsg. v. Ludwig Bellermann. Bd. 13, Leipzig/Berlin o. J., S. 97f.
6 Ein material- und kenntnisreicher Überblick, mit älterer Literatur, bei: Hans Ulrich Cain, Gipsabgüsse. Zur Geschichte ihrer Wertschätzung. In: Anzeiger des Germanischen Nationalmuseums 1995, S. 200–215. Diesem Aufsatz verdanke ich den Hinweis auf das Goethe- bzw. Schiller-Zitat.
7 Zum Gemälde (Öl auf Kupfer, 23 : 35 cm) siehe: Jürgen Zimmer, Joseph Heintz der Ältere als Maler. Phil. Diss. Weißenhorn 1971, S. 112f., Nr. A 28 (*Selbstbildnis mit Familie*), Abb. 69 (Schloß Weißenstein bei Pommersfelden, Slg. Schönborn-Wiesentheid); zu den Kopien nach diesem Bild siehe: S. 114, Nr. A 28.0.2. und A 28.0.2.0.1., Abb. 70 und 71.
8 Damit war sowohl eine Nobilitierung innerhalb der frühneuzeitlichen Ständegesellschaft intendiert wie verbesserte Produktionsbedingungen, setzten doch die Zunftordnungen auch den Bildhauern und Malern enge Grenzen sowohl in Hinblick auf ihre Werkstattgröße (also die Zahl der zu beschäftigenden Lehrlinge und Gesellen) wie auch beim Verkauf der Kunstwerke selbst. Siehe in Zukunft meine für den Druck in Vorbereitung befindliche Berliner Habilitationsschrift: Vom Handwerker zum Künstler. Zur Ausbildung der Maler und den Anfängen der Kunstakademien im 17. Jahrhundert in Deutschland.
9 Siehe: Andreas Tacke, Vom Handwerker zum Künstler. Thesen zu den Anfängen der deutschen Akademien nach dem Westfälischen Frieden. In: 1648. Paix de Westphalie, L'art entre la guerre et la paix [...] (Actes du colloque ... à Münster, à Osnabrück ... et à Paris 1998). Hrsg. v. Jacques Thuillier und Klaus Bußmann. Paris 1999, S. 319–334.
10 Für die konsequente Verwendung des Begriffs »Zeichenschulen« (statt »Akademien«) für die nördlichen Provinzen der Niederlande im 17. Jahrhundert plädiert Hessel Miedema; siehe (mit weiterführender Literatur) seinen Kommentar zu: Karel van Mander. The Lives of the Illustrious Netherlandish and German Painters, from the first edition of the »Schilder-boeck« (1603–1604). 6 Bde., Doornspijk 1994–1999, hier: Bd. 2, 1995, S. 70–72.
11 Joachim von Sandrart, Teutsche Academie der edlen Bau- Bild- und Mahlerey-Künste. Nürnberg 1675–1680. Faks. Neudruck mit einer Einleitung v. Christian Klemm (Bd. I und II) und Jochen Becker (Bd. III). 3 Bde., Nördlingen 1994, hier: 1675, Bd. II, S. 346. – Zur Bedeutung des Besuches bei Akademien und dem Zeichnen dort sowie zur Akademie als Gegenmodell zum zünftischen Handwerk siehe: Karl Möseneder, Ars docta. Joachim von Sandrarts »Teutsche Academie«. In: Künste und Natur in Diskursen der Frühen Neuzeit (Wolfenbütteler Arbeiten zur Barockforschung, Bd. 35). Hrsg. v. Hartmut Laufhütte. Wiesbaden 2000, S. 157–213; bes. S. 174ff.
12 Sandrart 1675 (wie Anm. 11), Bd. I, S. 60f.
13 Nürnberg, Germanisches Nationalmuseum: Inv. Nr. Gm 440. Öl auf Leinwand, 99,8 : 137 cm. – Siehe: Catja Burger-Wegener, Johannes Lingelbach 1622–1674. Phil. Diss. Berlin 1976, S. 137 und S. 324, Nr. 201. – Andreas Tacke, Die Gemälde des 17. Jahrhunderts im Germanischen Nationalmuseum. Kat. Mus. Mainz 1995, S. 159 f., Nr. 76, Abb. 109 und Farbtafel 54. – Die »Antike« vor der sich der Zeichner aufgebaut hat, gibt Rätsel auf, da ein Vorbild nicht auszumachen ist. Vielleicht handelt es sich um eine Kompilierung, bei der auch die zeitgenössische Barockskulptur Pate stand.
14 Die Zuschreibung schwankt in der Literatur zwischen Jacob van Oost dem Älteren (1603–1671) und dem Jüngeren (1637–1713).
15 Zu diesen siehe: Esther Meier, Die Akademiebilder von Johann Heiß. Magisterarbeit an der Philipps-Universität, Marburg; der Autorin danke ich für die großzügige Überlassung ihrer ungedruckten kunsthistorischen Magisterarbeit, auf die mich dankenswerterweise Prof. Dr. Ingo Herklotz (Marburg) aufmerksam machte. Auszüge werden von ihr in dem Ausstellungskatalog »Johann Heiß« (2002/03) des Zeppelin-Museums Friedrichshafen publiziert, den Dirk Blübaum herausgeben wird.
16 Siehe: Dorthe Nebendahl, Die schönsten Antiken Roms. Studien zur Rezeption antiker Bildhauerwerke im römischen Seicento. (Phil. Diss. Kiel 1987) Worms 1990, S. 16–34 (»Kunsttheorie und Künstlerausbildung«), bes. S. 21–32: »Die Rolle der antiken Skulptur in der Kunsttheorie«. – Gudrun Valerius, Antike Statuen als Modelle für die Darstellung des Menschen. Die ›decorum‹-Lehre in Graphikwerken französischer Künstler des 17. Jahrhunderts. (Phil. Diss. Aachen 1991) Frankfurt a. M. 1992.
17 Siehe: Jeffrey M. Muller, Rubens. The Artist as Collector. Princeton 1989.
18 Eine Auswertung der von Abraham Bredius (1855–1946) edierten Künstlerinventare könnte dies für Holland auf eine sehr breite Basis stellen; siehe: Künstler-Inventare, Urkunden zur Geschichte der Holländischen Kunst des 16., 17. und 18. Jahrhunderts. = Quellenstudien zur Holländischen Kunstgeschichte, Bd. 5–7, 10–14. Hrsg. v. A.(braham) Bredius unter Mitwirkung von O.(tto) Hirschmann. 7 Bde. und Register, Haag 1915–1922.
19 Siehe zuletzt: Jan Drees, Jürgen Ovens (1623–1678) als höfischer Maler. Beobachtungen zur Portrait- und Historienmalerei am Gottorfer Hof. In: Gottorf im Glanz des Barock. Kunst und Kultur am Schleswiger Hof 1544–1713. Kat. Ausst. Schleswig-Holsteinisches Landesmuseum Schleswig 1997. Bd. 1: Die Herzöge und ihre Sammlungen. Hrsg. v. Heinz Spielmann und Jan Drees, S. 245–259, hier: S. 245 f.
20 Harry Schmidt, Das Nachlass-Inventar des Malers Jürgen Ovens. In: Oud-Holland 32, 1914, S. 29–49; auf S. 34–49 Abdruck des Inventars der Witwe des Malers, Maria, geb. Martens von Mehring (sie starb 1690; unterzeichnet wurde das Inventar am 24. 10. 1691 in Tönning), hier S. 36f. [von mir weggelassen wurde der jeweilige Schätzpreis; die Groß- und Kleinschreibung wurde meiner Textaufzählung angepaßt]. – Vgl. den leicht abweichenden Abdruck in: Harry Schmidt, Das Nachlaß-Inventar des Malers Jürgen Ovens. (Separatdruck aus Band 7 der Quellensammlung der Gesellschaft für Schleswig-Holsteinische Geschichte). Kiel 1913, S. 46.
21 Sandrart 1679 (wie Anm. 11), Bd. II, S. 87.
22 Die Überschrift »Antiche-Statuen« ist insoweit irreführend, als auch zeitgenössische Bildhauer mit ihren Werken in der Aufstellung vertreten sind [die Stellen werden von

mir ausgelassen], wie Georg Petel (um 1601/02–1634) oder François Duquesnoy, gen. il Fiammingo (1594–1643).
23 Sandrart 1679 (wie Anm. 11), Bd. II, S. 88f.
24 Die Urkunden über Rembrandt, 1575–1721. = Quellenstudien zur Holländischen Kunstgeschichte, Bd. 3. Hrsg. und kommentiert v. C.(ornelius) Hofstede de Groot. Den Haag 1906, S. 189–211, Dokument Nr. 169 (durchnumeriert von 1 bis 363 vom Herausgeber). – Vgl. den Abdruck in: Kenneth Clark, Rembrandt and the Italian Renaissance. London 1966, S. 193–209 (»The 1656 Inventory of Rembrandt's Possessions«) und die Neu-Transkription von Jaap van der Veen, in: Rembrandts Schatzkamer. Kat. Ausst. Amsterdam 1999/2000. Bearb. v. Bob van den Boogert u. a., S. 147–152: »Rembrandts boedelinventaris (1656)«.
25 Urkunden über Rembrandt: Hofstede de Groot 1906 (wie Anm. 24), S. 202f.
26 Siehe R.(obert) W. Scheller, Rembrandt en de encyclopedische kunstkamer. In: Oud-Holland 84, 1969, S. 81–147.
27 Siehe: Helmut Lahrkamp, Zur Biographie des Malers Jan Boeckhorst. In: Jan Boeckhorst 1604–1668. Maler der Rubenszeit. Kat. Ausst. Antwerpen/Münster 1990, S. 12–38, hier: S. 16. – Zum Künstler siehe: Helmut Lahrkamp, Der ›Lange Jan‹. Leben und Werk des Barockmalers Johann Bockhorst aus Münster. In: Westfalen. Hefte für Geschichte, Kunst und Volkskunde 60, 1982, S. 3–184.
28 Lahrkamp 1990 (wie Anm. 27), S. 21f. [die Groß- und Kleinschreibung wurde meiner Textaufzählung angepaßt].
29 Joh.(ann) Caspar Füssli, Geschichte der besten Künstler in der Schweiz. Bd. 1, Zürich 1769, S. 250–280 (Joseph Werner), hier S. 278. – Zum Künstler siehe: Jürgen Glaesemer, Joseph Werner (1637–1710). = Œuvrekataloge Schweizer Künstler, Bd. 3, München 1974; sowie: Oskar Bätschmann, Gelehrte Maler in Bern. Joseph Werner (1637–1710) und Wilhelm Stettler (1643–1708). In: Im Schatten des Goldenen Zeitalters, Künstler und Auftraggeber im bernischen 17. Jahrhundert. Bd. 2: Essays. Kat. Ausst. Kunstmuseum Bern 1995, S. 165–200.
30 Sandrart 1679 (wie Anm. 11), Bd. II, S. 86.
31 Quellenauszüge zu Antikenausfuhrgenehmigungen bei: Bertrand Jestaz, L'exportation des marbres de Rome de 1535 à 1571. In: École Française de Rome. Mélanges d'Archéologie et d'Histoire 75, 1963, S. 415–466. – A.(ntonio) Bertolotti, Esportazione di oggetti di belle arti da Roma nei secoli XVI, XVII, XVIII e XIX. In: Archivio storico, artistico, archeologico, letterario della città e provincia di Roma. Bd. 1 (1876), S. 173–192; Bd. 2 (1877), S. 21–46, S. 145–169, S. 209–224, S. 266–272 und S. 289–301; Bd. 3 (1878/79), S. 171–182 und S. 281–286; Bd. 4 (1880), S. 74–91. – Die Literaturhinweise entnahm ich der Anm. 9 von: Christina Riebesell, Die Sammlung des Kardinal Alessandro Farnese (1520–1589) als Stellvertreterin für das antike Rom. In: Macrocosmos in Microcosmos. Die Welt in der Stube. Zur Geschichte des Sammelns 1450 bis 1800. Hrsg. v. Andreas Grote. = Berliner Schriften zur Museumskunde, Bd. 10, Opladen 1994, S. 397–416.
32 Zum Ankauf von Antiken in Rom durch die Medici und deren Ausfuhr nach Florenz siehe am Beispiel der Venus Medici: Edward L. Goldberg, Patterns in Late Medici Art Patronage. Princeton, NJ 1983, S. 227–251 (»Ercole Ferrata, Innocent XI and the Venus de' Medici«).
33 Jonathan Bikker, The Deutz brothers. Italian paintings and Michael Sweerts. New information from Elisabeth Coymans's Journal. In: Simiolus, Netherlands quarterly for the history of art 26, 1998, S. 277–311; bes. S. 281 und S. 308f. [die Groß- und Kleinschreibung wurde meiner Textaufzählung angepaßt]. – Ein allgemeiner Überblick zur »Grand Tour« bei: Anna Frank-van Westrienen, De Groote Tour. Tekening van de educatiereis der Nederlanders in de zeventiende eeuw. (Phil. Diss. Leiden) Amsterdam 1983.
34 Bikker 1998 (wie Anm. 33), S. 310, Nr. 50. Zitiert wird das Inventar (ebd., S. 309f.: Appendix C) von Joseph Deutz vom April 1686 von seinem Haus in der Amsterdamer Herengracht Nr. 450, wo das Gemälde »In't Purpere groot Salet« hing.
35 Haarlem, Frans-Hals-Museum: Kat. Mus. 1929, No. 270: Öl auf Leinwand, 76,5 : 109,5 cm. – Siehe: Rolf Kultzen, Michael Sweerts als Lernender und Lehrer. In: Münchner Jahrbuch der bildenden Kunst 33, 1982, S. 109–130; hier S. 124 mit Abb. 15. – Rolf Kultzen, Michael Sweerts, Brussels 1618 – Goa 1664. Translated and edited by Diane L. Webb. = Aetas Aurea, Monographs on Dutch & Flemish Painting. Bd. 12, Doornspijk 1996, S. 110, Nr. 74 mit Abb.
36 Abgedruckt als Appendix in; The Note-Book and Account Book of Nicholas Stone. Ed. by Walter Lewis Spiers. In: The Seventh Volume of the Walpole Society 1918–1919. Ed. by A. J. Finberg, S. 158–200 (Diary of Nicholas Stone, Junior); die Zitate auf den S. 193–197.
37 Diary of Nicholas Stone, 1918–1919 (wie Anm. 36), S. 198 (Laokoon) und S. 199 (Torso).
38 Siehe: Francis Haskell und Nicholas Penny, Taste and the Antique. The Lure of Classical Sculpture 1500–1900. New Haven/London 1981, S. 31–36 (»Casts and Copies in Seventeenth-Century Courts«).
39 Nach wie vor gültig: Enriqueta Harris, La mision de Velazques en Italia. In: Archivo Español de Arte 33, 1960, S. 109–136.
40 Beispielsweise am 2. 10. 1685: »[...] Les gens du Grand-Duc ont surpris le Pape en lui demandant permission d'emporter de la Vigne Médicis quelques restes de figures anciennes gatées. Ils ont emporté tout d'un coup ce qu'il y avoit de plus beau, dont les Romanins ne sont pas contents. Ils jalousent aussi, c'est-à-dire les Romains, beaucoup les belles copies que nos Académiciens François font pour le Roi de toutes les anciennes figures et des bustes qu'on empreint dessus; mais ils ne savent comment trouver à y redire [...].« In: Correspondance des directeurs de l'Académie de France a Rome (...). Hrsg. v. Anatole de Montaiglon. Bd. 1 (1666–1694), Paris 1887, S. 151f. Nr. 250. – Dasselbe Schreiben abgedruckt in: Correspondance inédite de Mabillon et de Montfaucon avec l'Italie [...]. Hrsg. v. M. Valery. 3 Bde., Paris 1846, hier: Bd. 1, S. 134 (Zitat).
41 Beispiele zum 16. und 17. Jahrhundert in: Maler und Modell. Kat. Ausst. Staatliche Kunsthalle Baden-Baden 1969, und bei dem sehr schönen Überblick von Georg-W. Költzsch, Maler Modell. Der Maler und sein Modell. Geschichte und Bedeutung eines Bildthemas. Köln 2000.
42 Fréart/Rose 1919 (wie Anm. 1), S. 26 (Dienstag, 16. Juni 1665).
43 Giovanni Battista Passeri, Vite de Pittori, Scultori et Architetti dall'anno 1641 sino all'anno 1673. Nach den Handschriften des Autors herausgegeben und mit Anmerkungen versehen v. Jacob Hess. = Römische Forschungen der Bibliotheca Hertziana, Bd. 11, Leipzig/Wien 1934, S. 320 (Vita von Nicolas Poussin [1594–1665]): »Si esercitava Nicolò anche nello studio delle Accademie che si costumano l'inverno in diverse case, e perche cessò quella del Domenichino per la sua partenza da Roma per Napoli alla quale andava volontieri per la stima che faceva di quel grande huomo, andò a quella di Andrea Sacchi nella quale si spogliava il Caporal Leone il qual fu uno de modelli migliori per lo spirito che dava all' attitudini nelle quali veniva posto.«
44 Vgl. Sandrart 1675 (wie Anm. 11), Bd. II, S. 315.
45 Sandrart 1675 (wie Anm. 11), Bd. II, S. 316.
46 Der Briefwechsel abgedruckt bei Klaus Lankheit, Florentinische Barockplastik. Die Kunst am Hofe der letzten Medici 1670–1743. = Italienische Forschungen, 3. Folge, Bd. 2, München 1962, bes. S. 32 und S. 254, Dok. 114 (»una bella giovanetta«). – Siehe auch: Goldberg 1983 (wie Anm. 32), S. 229. – Um 1686 ist in der öffentlichen Akademie im Haus von Francesco Ghislieri in Rom ver-

bürgt, daß »ognuno potesse disegnare, e ritarrre così l'uomo ignudo, come la femina« vgl. Nikolaus Pevsner, Academies of Art, Past and Present. Cambridge 1940, S. 73.

47 Siehe: S. A. C. Dudok van Heel, Het ›gewoonlijck model‹ van de schilder Dirck Bleker. In: Bulletin van het Rijksmuseum 29, 1981, S. 214–220. – Maria Jonas alias Maria la Motte (die 1652 etwa 21jährig war und vielleicht 1668 verstarb) arbeitete in einem »hoerhuys«.

48 Darmstadt, Hessisches Landesmuseum: Inv. Nr. AE 665. Feder und Pinsel in Braun, schwarze Kreide, weiß gehöht, 18 : 26,6 cm. – Siehe: Peter Märker und Gisela Bergsträsser, Hundert Zeichnungen alter Meister aus dem Hessischen Landesmuseum Darmstadt. Leipzig 1998, S. 84, Nr. 32 mit Farbabb. Von diesem Blatt gibt es in Paris (Fondation Custodia, Collection Frits Lugt: Inv. Nr. 337) eine Variante, die künstlerisch zwar nachgeordnet, jedoch klarer zu lesen ist.

49 Siehe: Josua Bruyn, Rembrandts Werkstatt. Funktion und Produktion. In: Rembrandt. Der Meister und seine Werkstatt. 2 Bde., Kat. Ausst. Berlin/München/Paris/London 1991. Bd. 1: Gemälde. Hrsg. v. Christopher Brown, Jan Kelch und Pieter van Thiel, S. 68–89, hier: S. 80f. – J. A. Emmens, Rembrandt en de Regels van de Kunst. Rembrandt and the Rules of Art. = orbis artium, Utrechtse Kunsthistorische Studien, Bd. 10, Utrecht 1968. – Bij Rembrandt in de Leer. Rembrandt as Teacher. Kat. Ausst. Amsterdam 1984.

50 Der Bericht geht auf Schweigger selbst zurück, der Andreas Gulden (1606–1683) »im Jan. 1669« davon erzählte. Gulden verwendete diese Information für seine erweiterte Edition der Aufzeichnungen des Nürnberger Schreib- und Rechenmeisters Johann Neudörfer (1497–1563) über die Nürnberger Künstler und Werkleute; siehe (Johann Neudörfer,) Des Johann Neudörfer Schreib- und Rechenmeisters zu Nürnberg Nachrichten von Künstlern und Werkleuten daselbst aus dem Jahre 1547 nebst der Fortsetzung des Andreas Gulden. Nach den Handschriften und mit Anmerkungen herausgegeben v. G.(eorg) W.(olfgang) K.(arl) Lochner. = Quellenschriften für Kunstgeschichte und Kunsttechnik des Mittelalters und der Renaissance, Bd. 10, Wien 1875, S. 205.

51 Siehe: Elfried Bock, Die Zeichnungen der Universitätsbibliothek Erlangen. 2 Bde, Frankfurt a. M. 1929, hier: Bd. 1, S. 162, Nr. 649 (Sandrart zugeschrieben; 30,6 : 44,2 cm) und S. 194, Nr. 798 (»Joh: König fecit«; 16,5 : 19,8 cm). – Hier ist noch einmal auf Sandrarts allgemeine Ausführungen über den Sinn des Zeichnens zurückzukommen, weil er in diesem Zusammenhang auch empfiehlt: »Es ist über alles am bästen und nutzlichsten/ wann man an nakenden/so wol Manns = als Weibspersonen« üben würde. Sandrart 1675 (wie Anm. 11), Bd. I, S. 61.

52 Eine umfassende Institutionsgeschichte des 17. und 18. Jahrhunderts steht noch aus; von der bisherigen Literatur seien genannt: Georg Andreas Will, Die Geschichte der Nürnbergischen Maler-Akademie zum Gedächtniß ihrer hundertjährigen Dauer. Altdorf 1762. – Andrea M. Kluxen, Die Geschichte der Kunstakademie in Nürnberg 1662–1998. In: Jahrbuch für fränkische Landesforschung 59, 1999, S. 167–207.

53 Zu diesen siehe: Bock 1929 (wie Anm. 51), Nr. 669–686, vgl. auch Nr. 691–695. – Inwieweit ein Teil der Erlanger Handzeichnungen auf ein Mitglied der Sandrart-Familie zurückzuführen ist, muß nach wie vor dahingestellt bleiben. Siehe dazu das Vorwort zu: Cranach. Meisterwerke auf Vorrat. Die Erlanger Handzeichnungen der Universitätsbibliothek. Bestands- und Ausstellungskatalog. Hrsg. v. Andreas Tacke. München 1994, S. 7–9.

Mechthild Fend

Inkarnat oder Haut?

Die Körperoberfläche als Schauplatz der Malerei bei Rubens und Ingres

1765 bemerkt Denis Diderot in seinem *Versuch über die Malerei,* daß die Wechselhaftigkeit der Fleischfarbe selbst große Koloristen verrückt machen könne. Der französische Philosoph und Kunstkritiker benennt damit die Schwierigkeit, der sich jede Künstlerin und jeder Künstler bei der Wiedergabe des Menschen in der Porträt- oder Aktmalerei konfrontiert sieht: die Darstellung der Haut als der äußerlich sichtbaren Hülle des Menschen. Dieses Unterfangen gilt nicht erst Diderot als besonders heikel, zielt doch das künstlerische Bemühen zumeist darauf, über die subtile Farbigkeit des Teints auch die Lebendigkeit des Menschen im Bild einzufangen. Genau das beschreibt Diderot in seinem Traktat und charakterisiert dabei die Haut – am Beispiel des eigenen Gesichts – als Ort, an dem Gefühlsregungen zu Tage treten:

»Erscheint mir mein Freund Grimm oder meine Sophie, dann klopft mein Herz, die Zärtlichkeit und Heiterkeit verbreitet sich über das Gesicht, die Freude dringt durch die Poren meiner Haut, die kleinsten Blutgefäße werden erschüttert, der unmerkliche Farbton der Flüssigkeit, die daraus entflohen ist, hat von allen Seiten Inkarnat und Leben verströmt. [...] Welche Qual nicht ist für sie [die Maler] das Gesicht des Menschen! Diese Leinwand, die sich rührt, sich bewegt, sich ausdehnt und so bald erschlafft, sich färbt und mißfärbt, nach unendlichen Abwechslungen dieses leichten und beweglichen Hauchs, den man Seele nennt.«[1]

Diderot verwendet bei der Beschreibung der Effekte von Gefühlsregungen auf dem Gesicht sowohl das Wort Haut als auch das Wort Inkarnat. Haut nennt er jene Membran, durch welche die, hier sehr materiell aufgefaßten, Affekte austreten, während das mit dem Lebendigen assoziierte Inkarnat auf den durch die Affekte produzierten »Farbton« des Gesichts zielt und damit auf die Ebene des Bildes, des gemalten Körpers, verweist.

Ähnlich spricht auch die Kunstgeschichte (vor allem die deutschsprachige) von »Inkarnat« oder »Karnat«, um den Farbton zu bezeichnen, mit dem die menschliche Haut in der Malerei wiedergegeben wird, und verbindet auf diese Weise Fragen der Körperdarstellung mit solchen der Maltechnik, der Farbgestaltung oder der individuellen Faktur. Sie legt mit dem vom italienischen Wort »carne« (Fleisch) abgeleiteten Terminus nahe, daß das Äußere mit der Fleischlichkeit des Körpers identisch sei, und stellt sich so in die Tradition der italienischen Kunsttheorie der Renaissance. Es war Cennino Cennini, der den Begriff »incarnazione« in seinem um 1400 erschienenen *Libro dell'Arte* erstmals im Zusammenhang mit Kunst verwendet hatte, und zwar im Sinne einer ganz buchstäblich zu verstehenden Verkörperung in der Malerei.[2] Cennini entlehnt den Begriff der Theologie, wo er ein Mysterium des christlichen Glaubens bezeichnet: die Menschwerdung Gottes in Gestalt Christi. Durch diese Tradierung in der Theologie tendiert auch die jüngere kunstgeschichtliche Rede vom Inkarnat dazu, den Malprozeß zur Fleischwerdung zu überhöhen. Nicht anders als im Mythos vom Bildhauer Pygmalion wird die künstlerische Produktion in der Annäherung an die göttliche Schöpfung mystifiziert. Die Assoziation von Hülle und Fleisch setzt überdies eine Konzeption von Haut voraus, die eher älteren, zwischen der Frühen Neuzeit und dem Beginn der bürgerlichen Moderne um 1800 allmählich abgelösten Körpervorstellungen entspricht. Demgegenüber plädiere ich im folgenden für eine Differenzierung zwischen Inkarnat und Haut. Im Vergleich je eines Aktes von Peter Paul Rubens (1577–1640) und Jean-Auguste-Dominique Ingres (1780–1867) soll dabei zunächst einmal gefragt werden, ob der Körper in der jeweiligen Darstellung überhaupt als Fleisch und Blut, das heißt in seiner Substanz, oder als Oberfläche, das heißt in seiner äußeren Erscheinung, präsentiert ist, ob, mit anderen Worten, die Haut eher als Teil des Fleisches oder als Körpergrenze ins Bild gesetzt ist.

Rubens gilt oft, und das nicht immer im positiven Sinne, als der »Fleischmaler« schlechthin.[3] Tatsächlich widmet er ein besonderes künstlerisches Augenmerk auf die Farbigkeit des Fleisches und arbeitet mit subtil differenzierten Inkarnatstönen, etwa um unterschiedliche Affektzustände zu visualisieren.[4] In seiner um 1616 entstandenen *Venus vor dem Spiegel* (Abb. 1) allerdings geht es weniger um die Inszenierung von Leidenschaften als darum, den Körper der Schönheitsgöttin als malerisches Feld in den Fokus des Gemäldes zu rücken. Das Bildthema der Venus, die in einen von Amor gehaltenen Spiegel blickt, entlehnt Rubens der venezianischen Malerei. Anders jedoch als etwa Tizian verwendet Rubens das Motiv, um das Gesicht zu zeigen und Venus gleichzeitig als Rückenakt zu präsentieren. Das Spiegelbild, aus dem sie uns anschaut, arretiert dabei den Blick auf dem Weg in die Bildtiefe, wirft ihn zurück und lenkt ihn zur Betrachtung des Rückens. Die Gestaltung dieser Körperpartie zeichnet sich durch eine besondere Vielfarbigkeit aus. Neben dem rosig-gelben Grundton formen Blau- und Rottöne das Inkarnat. Die einzelnen Farben übernehmen dabei unterschiedliche Funktionen. Das Rot an den Wangen kann gegenständlich als Zeichen der Durchblutung verstanden werden; am Oberschenkel ist es Reflex des roten Tuches, auf dem Venus ruht, und setzt die Figur so in Bezug zu ihrem Umfeld. An der Armbeuge leuchtet es ohne erkennbare Lichtquelle auf, wie um dem Körper magisch Leben einzuflößen. Die Einträge von Blau lassen sich demgegenüber an keiner Stelle gegenständlich lesen, etwa als Verweis auf dicht unter der Haut liegende Adern. Die Farben verleihen der Körperoberfläche in ihrem Zusammenspiel ein Schimmern. Dieser irisierende Effekt verdankt sich auch dem flüssigen, wenig pastosen Farbauftrag, bei dem – trotz der lockeren Malweise – Spuren der Pinselstriche kaum sichtbar sind. Gleichzeitig trägt das Blau im Verbund mit anderen Schattentönen auf der einen und Höhungen auf der anderen Seite dazu bei, den Eindruck von Plastizität zu verstärken. Die in Lasuren geschichteten Farben arbeiten den Körper heraus, während die anderen Gegenstände weit unplastischer bleiben und der Blick in die Bildtiefe verwehrt ist.[5] Die Illusion der räumlichen Präsenz ist also auf den Akt konzentriert. Der Körper ist mittels Farbe so gestaltet, daß der Anschein eines plastischen Gebildes aus einer belebten materiellen Substanz entsteht. »Haut, Fleisch und Farbe« sind im Sinne des Terminus Inkarnat ineinander verwachsen.[6]

1 Peter Paul Rubens, *Venus vor dem Spiegel*, um 1616
Vaduz, Sammlungen des Fürsten von Liechtenstein

2 Jean Auguste Dominique Ingres, *Die Badende von Valpinçon*, 1808
Paris, Musée National du Louvre

Die Körperfarben des Amorknaben sind ebenso vielfältig und nur geringfügig dunkler als die der Venus. In anderen Gemälden wie etwa dem gleichzeitig entstandenen *Raub der Töchter des Leukippos* (München, Alte Pinakothek) differenziert Rubens, einer malerischen Tradition folgend, die noch am Ende des 19. Jahrhunderts in Gérômes *Pygmalion und Galatea* (siehe Kat. Nr. 79) mit Nachdruck ausgespielt wird, männliche und weibliche Körper über die Abstufung der Inkarnatstöne. Dem jungen Amor dagegen verleiht er das relativ helle Inkarnat, das Kindern zugeordnet wurde. Durch die Wendung seines Körpers, die mehr den Erfordernissen der Komposition als denen der anatomischen Beobachtung folgt, verstellt er den Blick in die Bildtiefe.

Die Haut der schwarzen Dienerin, die, in der rechten oberen Bildecke plaziert, das blond-leuchtende Haar der Venus frisiert, ist in Braun- und Schwarztönen gehalten. Ihr fehlt das irisierende Leuchten der hellhäutigen Körper, womit ihr nicht nur in einem inhaltlichen, sondern auch einem malerischen und kompositorischen Sinne eine dienende Funktion zukommt. Im Kontrast zu dem in den dunklen Farbgrund eingebundenen Profil leuchtet das Inkarnat der Venus um so plastischer.[7] Das Gesicht der Dienerin wendet sich, eine flache Diagonale andeutend, dem Amors zu, so daß der betrachtende Blick auf die Bildmitte konzentriert und zwischen Spiegelbild und Rückenakt eingespannt wird. Diese Fokussierung macht den Rücken der Venus zum eigentlichen malerischen Schauplatz.

Bei allen Unterschieden in der Malweise ist der weibliche Körper in Ingres' fast zweihundert Jahre später (1808) entstandener *Badenden von Valpinçon* (Abb. 2) ähnlich ins Bild gesetzt, wobei hier die Abwesenheit von Nebenfiguren für die Konzentration auf den Rückenakt sorgt. Der Blick in die Tiefe ist durch das hinter dem Bett quer durch das Bildfeld aufgespannte Tuch verwehrt. Das Auge wird auf den Rücken, die größte gleichförmige Partie des menschlichen Körpers, und damit auf die Hautdarstellung geleitet.

Der hier vorgenommene Vergleich von Rubens und Ingres nimmt einen Topos der Kunstgeschichtsschreibung auf, der in Frankreich während des ausgehenden 17. Jahrhunderts geprägt wurde. Bereits kurz nach ihrem Tod wurden Rubens als Repräsentant des Kolorismus und der französische Künstler Nicolas Poussin als Vertreter des Klassizismus einander gegenübergestellt. Während in der 1648 gegründeten königlichen Kunstakademie in Paris Poussin als »der« vorbildliche Künstler galt, fand Rubens vor allem in dem Kunstkritiker Roger de Piles einen postumen Verteidiger. Die Maler wurden zu Antipoden im Streit der Rubenisten und der Poussinisten, der wiederum im Kontext einer größeren Debatte um die Frage stand, ob die Moderne im Bereich der Künste und der Wissenschaften der Antike überlegen sei, darum also, ob es einen kontinuierlichen Fortschritt gäbe oder die Antike als überzeitliches Vorbild verbindlich sei.[8] Aktuelle und historische Aspekte miteinander verschränkend nimmt Honoré de Balzac den kunsttheoretischen Disput in seiner im 17. Jahrhundert spielenden Künstlernovelle *Das unbekannte Meisterwerk* (1831/37) auf. Die Sympathien des Textes liegen dabei auf der Seite der Rubenisten, auch wenn der als Virtuose der Fleischmalerei eingeführte Maler Frenhofer an der übermenschlichen Aufgabe scheitert, auf der Leinwand Leben zu schaffen. Die Kritik, die Frenhofer in der Novelle an einem Gemälde seines Kollegen Porbus äußert, bezieht sich vor allem auf dessen Unvermögen, lebendiges Fleisch zu malen:

»Nicht gerade übel ist diese Frau – nur lebt sie nicht. Ihr denkt immer, ihr hättet alles richtig vollbracht, wenn ihr das Gesicht richtig zeichnet, und alles und jedes nach den Gesetzen der Anatomie seinen Platz ausfüllt. Ihr färbt dieses Dessein mit einem Fleischton, den ihr auf der Palette vorher mischt [...]. Betrachte deine Heilige, Porbus! Beim ersten Anblick scheint sie bewundeungswürdig – aber beim zweiten merkt man: daß sie auf dem Hintergrund der Leinwand geklebt ist, und daß man den Rundgang um ihren Körper nicht ausführen könnte. Sie ist ein Scherenschnitt mit nur einer einzigen Seite, sie ist eine Silhouette und Schemen [...]. Mir scheint: sobald ich auf diesen Hals mit seiner festen Wölbung meine Hand lege, werde ich ihn kalt finden wie Marmor. Nein, teurer Freund, durch diese elfernbeinerne Haut fließt kein Blut, kein Zauber der Existenz macht mit seinem Purpurhauch die Adern und Fibern schwellen, die unter den Schläfen, die durchsichtig wie Ambraschimmer sind und unter der Brust sich verflechten.«[9]

Was Frenhofer hier bemängelt, könnte ebensogut wie auf die literarische Figur Porbus auch auf Ingres und seine Akte zielen und wurde von der zeitgenössischen Kunstkritik auch in ähnlichen Worten vorgetragen. Zwar spielt die Novelle im 17. Jahrhundert, doch läßt sie sich gleichermaßen auf die Gegenüberstellung von Delacroix und Ingres beziehen, in der die Debatte Farbe versus Linie im 19. Jahrhundert weitergeführt wurde. Auch die favorisierte Form der Körperdarstellung wird in einer Weise beschrieben, die nur bedingt mit Gemälden aus der Rubenszeit in Verbindung gebracht werden kann. Denn der Text evoziert eine vibrierende Zone des Subkutanen und setzt so ein Körpermodell der bürgerlichen Moderne voraus. Wenn hier von einem modernen Körpermodell die Rede ist, so bedeutet das, den Körper nicht einfach als eine natürliche Gegebenheit zu betrachten, sondern davon auszugehen, daß er geschichtlichen Modifikationen unterliegt.[10] Nicht nur das Verständnis des Körpers wandelt sich, sondern Praktiken wie Hygiene, Ernährung, Körperstrafen, physische Arbeit etc. formen den menschlichen Körper, er wird historisch jeweils unterschiedlich erlebt und gelebt. Entsprechendes gilt für die Haut, und ich folge hier der Auffassung, daß sich in Europa seit der Renaissance ein allmählicher Wandel in den Vorstellungen wie der Metaphorik der Haut vollzieht; daß die Körperränder im Verlauf des 18. Jahrhunderts neu konturiert werden. Das Modell eines geschlossenen, individuierten bürgerlichen Körpers löst das eines tendenziell offenen, porösen Körpers ab.[11] Die Haut wird jetzt verstärkt als Grenze und physische Hülle des Subjekts erlebt.

Ein neues Augenmerk für die sichtbare Oberfläche des Körpers signalisiert ebenfalls die um 1800 entstehende medizinische Disziplin der Dermatologie, die sich Krankheiten widmet, die Symptome auf der Haut zeigen. Ein intensiviertes Interesse der Medizin gilt zudem der Physiologie der Haut. Bereits zu Lebzeiten von Rubens hatte die physiologische Forschung die Haut als Sitz des Tastsinns erkannt und eine Differenzierung zwischen zwei Hautschichten – Dermis und Epidermis – vorgenommen.[12] Erst um 1800 aber wird die Haut als eigenständiges Organ mit einer charakteristischen Gewebestruktur begriffen und immer kleinteiliger in ihren einzelnen Schichten beschrieben. Neu ist auch die Kategorie des Subkutanen (der Begriff des »sous-cutané« selbst erscheint erst in der zweiten Hälfte des 18. Jahrhunderts in der französischen Sprache), die in der gleichen Epoche geprägt wird, als mit der Abkehr vom mechanistischen Menschenbild die Nerven zur bestimmenden Kraft des Lebendigen erklärt werden. Mit dem Nervensystem, das über das Vermögen der »sensibilité« auf die Außenwelt reagiert, entdecken die Mediziner der Aufklärung eine neue Zone unterhalb der Haut verorteter Empfindungen.[13] Die Haut wird, wie aus Diderots eingangs zitiertem Text hervorgeht, im Zeitalter der Empfindsamkeit als eine sensible Membran definiert. Eine solche Auffassung der Haut formulieren im ausgehenden 18. Jahrhundert auch Gemälde, wie zum Beispiel Fragonards Serie der *Portraits de fantaisie* (Louvre, Paris, um 1769), wo ein offener Pinselduktus – besonders subtil in der Gestaltung des Gesichts – als Darstellungsform einer lebendigen, sensoriell aktiven Haut eingesetzt wird. Die neoklassizistischen Künstler hingegen legen mit der Betonung des Konturs einen deutlicheren Akzent auf die Körpergrenze, deren sinnlicher Aspekt deshalb jedoch nicht verlorengeht. Die Haut wird hier im Sinne des berühmten Mediziners der Revolutionszeit, Bichat, als »limite sensitive« bestimmt, das heißt als eine Grenze, die den sensoriellen Austausch zwischen Innen und Außen regelt.

Trotz dieser neuen Aufmerksamkeit gegenüber der Haut als Grenze und sichtbaren Oberfläche des Körpers blieb auch im ausgehenden 18. und 19. Jahrhundert die Anatomie, das Studium des physischen Körperinneren, ein wichtiges Instrumentarium der akademischen Künstlerausbildung. Während Rubens seine Lehrjahre noch in einer Malerwerkstatt absolviert hatte, in einer Zeit, bevor sich die Kunstakademien von Italien ausgehend in Europa ausbreiteten, genoß Ingres eine relativ standardisierte, staatlich organisierte Ausbildung. Während der Jahre, als er in Paris die Klasse Jacques-Louis Davids besuchte (1797–1801), gehörte Anatomieunterricht zum üblichen Lehrprogramm an der École des Beaux-Arts, die nach dem Sturz des Königs die Académie Royale de Sculpture et de Peinture abgelöst hatte. Wie auch an entsprechenden Einrichtungen in anderen Ländern Europas herrschte die Konvention, die Aktdarstellung über Kenntnisse der Anatomie aufzubauen. Die Begegnung mit dem lebenden Modell stand dagegen oft erst am Ende der Ausbildung und bildete deren Kulminationspunkt. Wie nicht zuletzt die zahlreichen gemalten oder gezeichneten Atelier- und Akademieszenen zeigen, waren zuvor in der Regel ausgiebige Studien nach Zeichnungen und Gemälden berühmter Künstler sowie nach Antiken zu absolvieren. Ein wichtiges Medium für das Studium der Anatomie waren Muskelmänner, die zumeist aus koloriertem Wachs, gelegentlich auch aus Gips oder Bronze gefertigt waren. Diese heißen in Frankreich »écorchés«[14], wörtlich übersetzt »Geschundener« (d. h. Gehäuteter), eine Bezeichnung, die ausdrücklich daran erinnert, daß sich die Anatomie mit einem hautlosen Körper befaßt, ja mehr noch mit einem Körper, dem die Haut gewaltsam entfernt wurde.

Eine Blütezeit erlebte der Écorché in der zweiten Hälfte des 18. Jahrhunderts, als gleichzeitig jedoch Kritik an seiner Verwendung aufkam.[15] So gibt Diderot in dem bereits erwähnten *Versuch über die Malerei* zu bedenken, die Figur des Geschundenen könne die Einbildungskraft beherrschen und dem künstlerischen Auge so die Wahrnehmung der Oberfläche verstellen. Dabei differenziert er zwischen den Geschlechtern und empfindet es als besonders fragwürdig, wenn der Écorché hinter Darstellungen von Frauen aufscheint.[16]

Diderot erwartet, daß der weibliche Körper stärker sublimiert werde als der männliche, und erinnert implizit daran, daß nicht nur die Muskelfiguren stets männlichen Geschlechts waren, sondern sich die Anatomie generell an einem universalen männlichen Körper ausrichtete. Auch in der Kunstakademie wurde für die künstlerische Darstellung des nackten Menschen exklusiv nach dem männlichen Modell gearbeitet. Ganz im Gegensatz zu den weiblichen Modellen, die die Künstler bei Bedarf für entsprechende Aktstudien in ihren privaten Ateliers anheuerten, hatte das männliche Modell an der Pariser Akademie des Ancien Régime einen privilegierten Status: »le modèle« – so der offizielle Titel – war königlicher Beamter mit Pensionsanspruch.[17] Im Rahmen der Akademie wurde also das plastische Herausarbeiten der Muskeln in Malerei oder Zeichnung ausschließlich am männlichen Körper erprobt. Diese die Wahrnehmung der Künstler bildende Praxis und eine idealisierende Sicht der Frau kommen zusammen, wenn bei weiblichen Akten weit stärker als bei männlichen von der physischen Struktur des Körpers abstrahiert wurde.

Entsprechende Unterschiede lassen sich auch bei Ingres feststellen, aber seine zunehmend ablehnende Haltung der Anatomie gegenüber war grundsätzlicher Natur. Sein Schüler Amaury-Duval berichtet, Ingres habe, den Konventionen in der Künstlerausbildung zum Trotz, in seinem eigenen Atelier, wo er seit 1825 unterrichtete, kein Skelett geduldet.[18] Aus dieser Weigerung läßt sich schließen, daß Ingres die Auffassung Diderots teilte, Grundlage der künstlerischen Darstellung solle vor allem die genaue Wahrnehmung der äußeren Natur sein. Dieser Fokus auf die Oberfläche wurde auch befördert durch eine im 19. Jahrhundert neue Gattung anatomischer Schriften für Künstler, der *Anatomie de l'extérieur du corps,* die sich bemühte, die physische Struktur des Körpers von den äußeren Formen her zugänglich zu machen.[19] In diesen Texten erlangt die Haut besonderen Stellenwert als eine die Physis bedeckende und formende Hülle wie auch als ein übersetzendes Medium, das zwischen dem unsichtbaren Inneren und dem sichtbaren Äußeren vermittelt.

Darüber hinaus hat die Bannung des Skeletts noch eine andere, eher psychologische Dimension, denn das Knochengerüst ist niemals nur ein neutrales Hilfsmittel für anatomische Studien, sondern immer auch Symbol des Todes und der Vergänglichkeit. Es verweist auf die Materialität und Hinfälligkeit des Körpers, Aspekte, die eine idealisierende Darstellungsweise verdrängt, indem sie den Akt zum Repräsentanten überzeitlicher Schönheit transzendiert. Das gilt vor allem für den weiblichen Akt, dessen erotische Qualität oft gerade auf der Sublimierung der als bedrohlich empfundenen Aspekte weiblicher Körperlichkeit und Sexualität beruht. Dies macht der Schriftsteller und Kunstkritiker Charles Baudelaire deutlich, wenn er 1863 in seinem Essay *Der Maler des modernen Lebens* die Akrobatin mit ihrem engsitzenden Trikot, das den Körper abstrahierend modelliert, zum Idealbild der Frau erklärt.[20] Eine vergleichbare Form der Abstraktion erzielt Ingres durch seine spezifische Art der Hautdarstellung. So ist die Haut in der *Badenden von Valpinçon* wie in vielen anderen seiner Gemälde, darunter nicht nur Akte, sondern auch Frauenporträts, in einem uniformen weißlich-beigen Ton dargestellt. In sanften Übergängen angelegte Schattierungen deuten den Knochenbau lediglich im Bereich der Schulterblätter leicht an und verleihen dem Akt ansonsten eine strukturlose, amorphe Plastizität. Assoziationen von Blut oder Adern und damit der Verweis auf die Physis oder ein im Inneren verortetes Psychisches bleiben aus. Die Haut ist reine Grenze, unfleischliche Körperoberfläche, ohne die von Medizin und künstlerischer Anatomie der Zeit benannte kommunikative Qualität. Entsprechend ist der Körper von einer scharf gezogenen, einheitlichen Umrißlinie konturiert. Die Geschlossenheit des Körpers entspricht dabei der Hermetik des Interieurs, denn der Raum ist nicht nur optisch im Bild begrenzt, sondern kann durch den Turban der Frau auch als Harem verstanden werden. Durch die radikale Schließung des Körpers treibt Ingres Abstraktionstendenzen, wie sie bereits für den sogenannten linearen Stil der Kunst um 1800 beobachtet werden können, auf die Spitze.[21] Dadurch lenkt er das Augenmerk auf Haut und Oberfläche. Das heißt, seine Arbeiten reflektieren den modernen Fokus auf die Körpergrenze und durchkreuzen zugleich das Menschenbild der zeitgenössischen Medizin und Physiognomik, das eine Entsprechung von Innen und Außen, Charakter und äußerer Erscheinung und damit die Lesbarkeit des Körpers postuliert. Ingres zeigt die Haut als stummes, undurchdringliches Außen, hinter dem sich kein Eigentliches verbirgt.

Anders als Rubens präsentiert Ingres den Rücken als Schauplatz einer nahezu monochromen Malerei und ohne den Anspruch, dem Körper in der Repräsentation den Anschein von Lebendigkeit zu verleihen. Das heißt freilich nicht, daß seinem Akt kein sinnlicher Reiz eigen wäre, dieser entfaltet vielmehr eine eigene Sinnlichkeit des Unberührten.[22] Durch die glättende Behandlung der Farbe leugnet Ingres den materiellen Charakter der Malerei wie des Körpers. Das Gemälde ist damit zwar nicht als manuell produziertes, aber dennoch als Bild vor Augen geführt. Ganz im Gegensatz zu den in Balzacs Novelle von dem Maler Frenhofer formulierten Ansprüchen ist der Körper bewußt als Kunstgebilde in Szene gesetzt. Die gemalte Haut gibt nicht vor, einen zu imaginierenden Körper aus Fleisch und Blut zu umhüllen, sondern legt sich ganz offensichtlich direkt auf die Leinwand, die ihrerseits in dem Tuch, das hinter dem Akt aufgespannt ist, eine gemalte Parallele findet. In ihrem Oberflächencharakter wird die Haut zur Metapher für die Flächigkeit des Bildes. Diese Thematisierung der Bildlichkeit untergräbt in gewisser Weise den idealisierenden Charakter der Darstellung, denn es gelingt nicht mehr, das Artefakt als Natur hinzustellen. Zudem wird die Glättung der Oberfläche so radikalisiert, daß die Akte und Porträts von Ingres gerade von dem heimgesucht werden, was sie auszugrenzen suchen: das Innere und die Fleischlichkeit des Körpers. Denn immer wieder stellen zeitgenössische wie heutige Betrachter die Frage nach der materiellen Substanz der hermetischen Körper, wenn sie wie Charles Baudelaire feststellen, »daß der Maler [Ingres], von seiner fast krankhaften Bemühtheit um Stil fortgerissen, oft die Modellierung unterdrückt [...], in der Hoffnung, dadurch dem Kontur mehr Bedeutung zu verleihen; derart, daß seine Gestalten sich wie untadelige Musterzeichnungen ausnehmen, die von einer weichen, leblosen, dem Organismus fremden Materie aufgebläht sind.«[23]

Der Schriftsteller beschreibt eindrücklich die Betonung des Konturs, der malerischen Bezeichnung der Körpergrenze, und läßt zugleich das Illusionspotential der makellosen Hülle platzen. Aus heutiger Perspektive kann der unfreiwillige Reflex der Moderne in den Gemälden des Traditionalisten Ingres darin gesehen werden, daß sie die überkommenen Repräsentationsformen eines idealisierenden Neoklassizismus so weit treiben, bis sie sich selbst ad absurdum führen.

Anmerkungen

Für Anregungen und Gespräche danke ich Daniela Bohde und Karl Schawelka.

1 Denis Diderot, Versuch über die Malerei. In: ders., Ästhetische Schriften 1. Hrsg. v. Friedrich Bassenge. Übersetzt von Johann Wolfgang Goethe, Berlin 1984, S. 647. (Übersetzung mit leichten Änderungen der Autorin.)

2 Christiane Kruse, Fleisch werden – Fleisch malen. Malerei als »incarnazione«. Mediale Verfahren des Bildwerdens im Libro dell'Arte von Cennino Cennini. In: Zeitschrift für Kunstgeschichte 63, 2000, S. 305–325.

3 Vgl. Emil Maurer, Der Fleischmaler: ach oder oh? Notizen zur Hautmalerei bei Rubens [1977]. In: ders., Fünfzehn Aufsätze zur Geschichte der Malerei. Basel/Boston/Stuttgart 1982, S. 143–150; und kritisch zum Rubens-Klischee: Martin Warnke, Rubens' Ruf [1968]. In: ders., Künstler, Kunsthistoriker, Museen. Beiträge zu einer kritischen Kunstgeschichte. Luzern/Frankfurt a. M. 1979, S. 88–98.

4 Ulrich Heinen, Haut und Knochen – Fleisch und Blut. Rubens' Affektmalerei. In: Rubens Passioni. Kultur der Leidenschaften im Barock. Hrsg. v. Ulrich Heinen und Andreas Thielemann. Göttingen 2001, S. 70–109.

5 Martin Warnke, Peter Paul Rubens. Leben und Werk. Köln 1977, S. 70. – Siehe für eine sehr präzise Beschreibung von Rubens' Maltechnik auch Heinen 2001 (wie Anm. 4). – Sedlmayer hat die Vielfarbigkeit des menschlichen Inkarnats bei Rubens in einem Aufsatz von 1964 kosmologisch gedeutet: Hans Sedlmayr, Bemerkungen zur Inkarnatfarbe bei Rubens. In: ders., Epochen und Werke. Gesammelte Schriften zur Kunstgeschichte. Mittenwald 1982, Bd. 3, S. 165–178.

6 Daniela Bohde, Haut, Fleisch und Farbe. Körperlichkeit und Materialität in den Gemälden Tizians. Emsdetten 2001 (im Druck).

7 Vgl. zum Bild von Schwarzen bei Rubens: Birgit Haehnel, Der dunkle Schatten auf der weißen Seele. Der schwarze Satyr in »Der trunkene Silen« von Rubens. In: Projektionen. Rassismus und Sexismus in der Visuellen Kultur. Hrsg. v. Annegret Friedrich u. a. Marburg 1997, S. 150–163.

8 Svetlana Alpers, The Making of Rubens. New Haven/London 1995, v. a. S. 63–101.

9 Honoré de Balzac, Das unbekannte Meisterwerk. In: ders., Liebesgeschichten. Zürich 1979, S. 169–209, hier S. 173–174. Siehe zu dieser Novelle Balzacas in Zusammenhang mit der Frage des Inkarnats auch: Georges Didi-Huberman, La peinture incarnée suivi de *Le chef-d'œuvre inconnu* par Honoré de Balzac. Paris 1984. Eine begriffliche Differenzierung zwischen Haut und Inkarnat läßt Didi-Hubermans philosophischer Essay jedoch vermissen.

10 Siehe zu einer entsprechenden Theorie des Körpers unter anderem: Judith Butler, Körper von Gewicht. Die diskursiven Grenzen des Geschlechts. Berlin 1995.

11 Claudia Benthien, Im Leibe wohnen. Literarische Imagologie und historische Anthropologie der Haut. Berlin 1998.

12 Vgl. Heinen 2001 (wie Anm. 4), S. 79.

13 Barbara Maria Stafford, Body Criticism. Imaging the Unseen in Enlightenment Art and Medicine. Cambridge/London 1991, S. 38.

14 Carl Goldstein, Teaching Art. Academies and Schools from Vasari to Albers. Cambridge/New York 1996, S. 174–176. – Ausführlich zur Anatomie im 19. Jahrhundert: Anthea Callen, The Body and Difference. Anatomy training at the École des Beaux-Arts in Paris in later nineteenth century. In: Art History 20, 1997, S. 23–60.

15 Spectacular Bodies. The Art and Science of the Human Body from Leonardo to Now. Kat. Ausst. Hayward Gallery London 2001, S. 78–83.

16 Vgl. Benthien 2000 (Anm. 11), S. 107–108.

17 Jean Locquin, La Peinture d'Histoire en France de 1747 à 1785. Paris 1912.

18 Amaury-Duval [Eugène Emmanuel Amaury Pineu-Duval], L'Atelier d'Ingres. Édition critique de l'ouvrage publié à Paris en 1878. Introduction, notes, postface et documents par Daniel Ternois. Paris 1993, S. 139.

19 Diese Gattung wurde begründet durch Pierre-Nicolas Gerdy, Anatomie des formes extérieures du corps humain, appliquées à la peinture, sculpture et la chirurgie. Paris 1829.

20 Charles Baudelaire, Der Maler des modernen Lebens [1863]. In: Sämtliche Werke/Briefe. Hrsg. v. Friedhelm Kemp und Claude Pichois, Bd. V, München/Wien 1977, S. 250.

21 Robert Rosenblum, The International Style of 1800. A Study in Linear Abstraction. New York/London 1976 [zuerst 1956]. Es war ebenfalls Robert Rosenblum, der erstmals die Abstraktionstendenzen in Ingres' Gemälden als Qualitäten der Moderne würdigte: Jean-Auguste-Dominique Ingres. London 1967. – Vgl. neuerdings dazu: Uwe Fleckner, Abbild und Abstraktion. Die Kunst des Porträts bei J.-A.-D. Ingres. Mainz 1995.

22 Vgl. zur Sinnlichkeit der Körperdarstellung bei Ingres: Carol Ockman, Ingres's Erotisized Bodies: Retracing the Serpentine Line. New Haven/London 1995.

23 Charles Baudelaire, Die Weltausstellung 1855. In: Sämtliche Werke/Briefe (wie Anm. 20), Bd. II, S. 241.

Katalog

I Akademien

Im Mittelalter gehörten die bildenden Künstler zu den Handwerkern und unterstanden der Zunftordnung. Mit dem Beginn der Neuzeit wurde diese Bindung zunehmend als unangemessene Beschränkung empfunden. Durch die Gründung von Akademien rückte die höher bewertete theoretische Seite der Kunst ins Blickfeld, was zum gesellschaftlichen Aufstieg der bildenden Künstler und ihrer Lösung von der Zunft beitrug. Die erste private Künstlerakademie soll Leonardo da Vinci vermutlich in Mailand ins Leben gerufen haben. Besser dokumentiert sind die Privatakademien, die der Bildhauer Baccio Bandinelli in den dreißiger und vierziger Jahren des 16. Jahrhunderts in Rom und Florenz unterhielt.

Die erste offizielle Akademie wurde 1563 durch den Maler und Kunstschriftsteller Giorgio Vasari unter der Schirmherrschaft von Cosimo de' Medici und Michelangelo in Florenz gegründet. Von den vorausgehenden eher informellen Zusammenkünften in Künstlerwerkstätten unterschied sie sich durch Satzungen und ein Programm, wonach neben dem Studium der Antiken auch regelmäßiger Unterricht in Perspektive und Anatomie vorgesehen war. Der Florentiner Akademie folgte unter päpstlichem Patronat 1593 die von dem Maler und Theoretiker Federico Zuccari in Rom gegründete »Accademia di San Luca«. Eine andere Form der Akademie ohne offizielles Patronat, doch in enger Verbindung mit der Universität, geht 1582/90 in Bologna auf die Initiative von Ludovico Carracci und seinen beiden Vettern Annibale und Agostino zurück. Während die beiden erstgenannten Akademien der gelehrten Kunst des Manierismus verpflichtet waren, wird die Carracci-Akademie Ausgangspunkt der in neuer Weise an der Natur orientierten Barockkunst in Bologna und Rom.

Die weitere Entwicklung wurde durch die Gründung der Pariser »Académie de Peinture et de Sculpture« bestimmt, die 1648 von Ludwig XIV. ins Leben gerufen wurde und dem Staat unmittelbaren Zugriff auf die Kunst erlaubte. Ihrem Vorbild folgten die unzähligen Akademiegründungen des 18. Jahrhunderts. In den deutschen Staaten bildeten nur die beiden im 17. und frühen 18. Jahrhundert entstandenen städtischen Akademien in Nürnberg und Augsburg Ausnahmen, da sie ihre Gründung nicht einer landesherrlichen, sondern einer Bürgerinitiative verdankten.

Niederländischer Künstler

Der Hl. Lukas malt die Madonna, 3. Viertel 16. Jh.

Tuschfeder, weiß gehöht, blau laviert, grau getönt, 18 : 25,4 cm
Bez. r. u. später: P. Quast; l. daneben: 2728.
München, Staatliche Graphische Sammlung Inv. Nr. 1376

Literatur: Költzsch 2000, S. 15 ff., vor allem S. 68/69, Abb. 61.

* Laut J. Siebmacher, Grosses und allgemeines Wappenbuch, 1. Bd., 7. Abteilung »Berufswappen«, bearb. v. Gustav A. Seyler, Nürnberg 1898, S. 8 ff. haben sich die drei oder auch mehr Schilde als Wappen der Malergilden – der »schilter«, das sind die Verfertiger von Schilden – in der zweiten Hälfte des 14. Jahrhunderts über ganz Europa verbreitet. Man findet sie ebenso in Krakau wie in den Niederlanden. Seyler weist darauf hin, daß diese Verbreitung durch die wandernden Gesellen erfolgte. Der Hl. Lukas als Schutzpatron der Maler ist zuerst im frühen 14. Jahrhundert in Rom nachweisbar und wurde von hier aus zum Schutzpatron der Malergilden in Deutschland und den Niederlanden. Man griff dabei auf die Legende von Lukas als Maler zurück, die erstmals im 10. Jahrhundert bei Simon Metaphrastes greifbar wird.

Von den malerischen Darstellungen des Themas, das in den Niederlanden im 15. Jahrhundert auftaucht, unterscheidet sich die Zeichnung wesentlich. Denn während in dem wohl ersten Gemälde zu diesem Thema, das Rogier van der Weyden (eine Version in München, Alte Pinakothek) vermutlich zwischen 1434 und 1435 für die Malergilde in Brüssel malte, der Malerheilige sich in die palastartige Behausung der Madonna begeben hat, ist auf der Zeichnung ganz offensichtlich eine Werkstatt dargestellt, die die Madonna aufgesucht hat. Das hochsitzende, breite Fenster an der linken Wand gibt ein zweckmäßiges Oberlicht, an der Rück- und an der rechten Wand befindet sich ein Wandbord, auf dem Folianten, Gefäße und Köpfe vermutlich antiker Figuren entweder im Original oder als Abguß beziehungsweise Reproduktion stehen. An den Wänden hängen Werke des Meisters. Es handelt sich zumeist um religiöse Motive: Man erkennt links hinten eine Kreuzigung, rechts daneben möglicherweise die Aufrichtung der ehernen Schlange, ein häufig mit der Kreuzigung kombiniertes Thema aus dem Alten Testament. Doch rechts neben der Tür möchte man das Bild eines Gelehrten oder Dichters erkennen, der einen Folianten und vermutlich einen Lorbeerzweig in der Hand hält.

Der Raum ist offenbar die Werkstatt eines Künstlers der neuen Art, wie sie die Renaissance hervorbrachte, also eines Künstlers, dem die Antike bekannt ist und der nicht mehr ausschließlich im Dienst der Kirche tätig ist, sondern autonome Bildwerke für ein bürgerliches oder höfisches Publikum schafft. So sitzt der Künstler auch nicht auf einem Schemel oder Stuhl, sondern auf einem antikisierenden Piedestal. Der eigentlich zum heiligen Lukas gehörige Stier ist hier reduziert auf eine plastische Verzierung an diesem Sitzmöbel. Die Madonna, eine – wie es scheint bürgerliche – Matrone, hat sich unter dem Fenster auf einer Truhenbank niedergelassen, die ebenfalls die neue Formgebung zeigt, welche sich auf die Antike beruft, und die an der Seite die drei Schilde der Malergilden aufweist.* Auf der rechten Seite reibt ein junger Gehilfe emsig die Farben.

Möglicherweise hat der Wandel des Themas zum Werkstattbild auch etwas mit dem Medium zu tun. Eine Zeichnung hat eher intimen, privaten Charakter und ist weniger als ein Gemälde an bestimmte offizielle Vorgaben gebunden.

Georg-W. Költzsch, der die Zeichnung Marcus Geeraerts zuschreibt und in ihr einen Wendepunkt von der religiösen Darstellung zur alltäglichen Atelierszene erkennt, hat die Entwicklung zusammengefaßt, die zu der Darstellung des Hl. Lukas als Maler der Madonna führt. Zunächst wurden in der byzantinischen Kunst einige Bilder der Madonna mit Kind vom Typus der »Hodegetria« zu Werken des Heiligen erklärt, woraufhin sich nach und nach das Bildthema des malenden Hl. Lukas zunächst in der Miniaturmalerei ausbildete. Die frühesten bekannten Darstellungen reichen ins 13. Jahrhundert zurück. Doch mit Recht weist er darauf hin, daß zur monumentalen Ausgestaltung dieses Bildthemas von Anfang an das neue Selbstbewußtsein des bildenden Künstlers in der Renaissance gehörte.

P. Quast

2

Agostino Veneziano, gen. Musi
Venedig um 1490 – nach 1536 Rom

Die Akademie des Baccio Bandinelli in Rom, 1531

Kupferstich, 27,8 : 30,5 cm
Bez. vorn am Untergestell des Tisches: ACADEMIA . DI BAC /CHIO . BRANDIN . IN / ROMA / IN . LVOGO . DETTO / BELVEDERE / MDXXXI / A.V.
München, Staatliche Graphische Sammlung
Inv. Nr. 229 582, B 418

Literatur: Pevsner 1940, S. 39ff. – Kat. Ausst. Baden-Baden 1969, Nr. 24. – Zygmunt Waźbiński, L'Accademia Medicea del Disegno a Firenze nel Cinquecento. Bd. 2, Florenz 1987, S. 68. – Victor I. Stoichita, Eine kurze Geschichte des Schattens. München 1999, S. 126–127. – Költzsch 2000, S. 126.

* Das Geburtsdatum 1488 in: The Dictionary of Art. Hrsg. v. Jane Turner, Bd. 3, 1996, S. 156 (Charles Avery). – In Thieme-Becker dagegen wurde 1493 als Geburtsdatum angegeben.

Es handelt sich um die erste sogenannte Akademiedarstellung überhaupt. In der Lebensbeschreibung des Bandinelli berichtet Vasari, daß der Florentiner Bildhauer Baccio Bandinelli (Gaiole in Chianti 1488* – 1560 Florenz) auf dem Belvedere des Vatikans eine Werkstatt besaß, die er schon unter Papst Leo X. vor dem Sacco di Roma 1527 eingerichtet hatte und danach wieder bezog. Der Stich, der dieses Lokal darstellt, ist 1531 datiert und als *Akademie des Baccio Bandinelli in Rom auf dem Belvedere* bezeichnet. Er geht auf eine im Britischen Museum, London, befindliche Zeichnung Bandinellis zurück.

Auf dieser sind in einem kleinen, niedrigen Raum mit Holzdecke sieben Männer um einem Tisch mit brennender Kerze versammelt. Links zeichnen vier junge Männer eine kleine nackte männliche Figur, die auf dem Tisch steht, während die rechte Gruppe mit einer weiblichen nackten Figur, wohl einer Venus, beschäftigt ist. Einer der älteren Männer zeichnet, der andere, Bandinelli selbst, erklärt vermutlich die Proportionen. Drei weitere männliche und weibliche Figürchen stehen auf einem Wandvorsprung, auf dem sich auch einige Gefäße befinden.

Vasari berichtet in der Vita Bandinellis, daß dieser sich während eines großen Figurenauftrags für die Engelsburg die Zeit damit vertrieb, kleine $^2/_3$ Ellen hohe Freifiguren – einen Herkules, eine Venus, einen Apoll und eine Leda – anzufertigen, die er dann verschenkte. Um solche Figuren handelt es sich möglicherweise in dieser Darstellung. Offenbar sind es mehrfach verwandte Güsse, wie die Ähnlichkeit der Venus auf dem Tisch mit der in der Mitte auf dem Wandvorsprung nahelegt.

Der kleine Raum erscheint fensterlos. Er wird durch das Kerzenlicht auf dem Tisch erleuchtet, so daß Menschen und Figuren Schlagschatten an den Wänden hinterlassen. Diese Schatten weisen einige Merkwürdigkeiten auf, wie schon Költzsch 1969 feststellte. So wirft die mittlere weibliche Figur einen Schatten, der ihrer Armhaltung nicht entspricht. Dieses Spiel mit den Schatten fehlt auf Bandinellis Zeichnung und ist vielleicht eine Zutat des Stechers. Stoichita hat zuletzt darauf hingewiesen, daß später solche Schattenbilder für die Erforschung des Ausdruckswerts von bestimmten Haltungen benutzt wurden. Auf jeden Fall hat hier der Stecher der Schattenfigur ein Eigenleben verliehen, das Stoichita von »belebten Simulacren« sprechen läßt. Die Belebung der Skulptur durch Beleuchtung im Dunklen bei gleichzeitiger Drehung wurde nachweislich, wenn auch etwas später, von Bandinellis Konkurrenten Benvenuto Cellini eingesetzt, um einer von ihm gefertigten silbernen Jupiter-Figur im Kreis von Antiken die nötige Wirkung zu verleihen.

Nach Pevsner handelte es sich bei der Akademie Bandinellis keinesfalls um eine reguläre öffentliche Akademie, sondern um einen freiwilligen Kreis von Künstlern und Liebhabern, die sich zum Zeichnen und zum Studium der Antiken und ihrer Maßverhältnisse ohne festes Reglement zusammengefunden haben. In dem Stich zeigt sich das neue Selbstverständnis der bildenden Künstler, die das theoretische Studium und die Zeichnung in den Mittelpunkt ihrer Tätigkeit – und der Propaganda für diese – stellten. Beide wurden Grundlagen des Unterrichts in den späteren öffentlichen Akademien.

ACADEMIA·DI·BAC·
CHIO·BRANDIN·IN·
ROMA
IN·LVOGO·DETTO
BELVEDERE
·MDXXXI·
·A·V·

3

Enea Vico
Parma 1523 – 1567 Ferrara

Baccio Bandinellis Akademie, um 1545

Kupferstich, 30,1 : 47,5 cm
Bez. auf dem aufgeschlagenen Buch r. o. auf dem Bord, linke Seite: Baccius / Bandi= / nellus / invenit; die auf der rechten Buchseite vorgesehene Schrift »Enea vigo Parmegiano sculpsit« fehlt auf diesem Druck noch
Unterer Rand, linkes Drittel: Romae Petrus Paulus Palumbus formis
München, Staatliche Graphische Sammlung
Inv. Nr. 250 926

Literatur: Arduino Colasanti, Il memoriale di Baccio Bandinelli. In: Repertorium für Kunstwissenschaft 28, 1905, S. 429. – Kat. Ausst. Baden-Baden 1969, Nr. 25. – Zygmunt Ważbiński, L'Accademia Medicea del Disegno a Firenze nel Cinquecento. Bd. 2, Florenz 1987, S. 66/67. – Roger Ward, Baccio Bandinelli 1493–1560. Drawings from British Collections. Kat. Ausst. Fitzwilliam Museum Cambridge 1988, Nr. 37, S. 66/67. – Hermann Ulrich Asemissen und Gunter Schweikhart, Malerei als Thema der Malerei. Berlin 1994, S. 110.

Das Blatt ist sehr wahrscheinlich dasjenige, das Bandinelli in seinem für seine Söhne geschriebenen *Memoriale* erwähnt. Im Zusammenhang mit Streitigkeiten mit anderen Künstlern, die durch Cosimo I. 1540 zu Bandinellis Gunsten entschieden wurden, spricht er von seiner »Accademia particolare del disegno«. Er erwähnt eine von ihm gefertigte Zeichnung dieser Schule, die er in Rom als Stich herausbringen ließ. Es kann sich demnach nicht um denselben Ort handeln wie auf dem Stich von 1531, da jener Bandinellis Werkstatt in Rom, der vorliegende aber, schon wegen der angesprochenen Einflußnahme des Herzogs, seine Werkstatt in Florenz zeigt.

Bandinelli war nach der Rückkehr der Medici nach Florenz im Jahr 1530 zum bevorzugten Bildhauer des Hofes geworden. Seine gewachsene Reputation spiegelt sich im Aussehen der neuen Werkstatt wider. Sie ist nun recht ansehnlich, besitzt einen gemauerten Kamin und ein umlaufendes kräftiges Gesims, das als Wandbord benutzt werden kann. Es ist ein in Renaissanceformen durchgestalteter prächtiger Saal. Gab es in dem kleinen Raum des Blattes von 1531 nur einige Kleinplastiken, so ist ihre Zahl nun stark angewachsen. Erstaunlicherweise ist ein Teil von ihnen fragmentiert, was offenbar auf eine andere Funktion dieser Figuren hinweist. Sie wirken zum Teil wie Bozzetti. Neu gegenüber dem ersten Akademie-Blatt sind auch die Hinweise auf das anatomische Interesse in Form eines fragmentierten menschlichen Skeletts.

In der Darstellung gibt es drei Lichtquellen, das Feuer und das Licht im Kamin sowie die Lampe auf dem Tisch der Zeichner. Die langen Schatten laufen nicht wie auf dem früheren Blatt an der Wand entlang, sondern fallen von hinten nach vorn auf den Boden, dessen große Fläche damit akzentuiert wird. Außerdem sind sie ein gekonnt eingesetztes perspektivisches Mittel. Zwar stehen oder liegen die abzuzeichnenden Figuren überall, doch niemand zeichnet sie. Offenbar ist hier ein anderes Stadium der Perfektion erreicht. So fällt links von der Mitte ein Mann auf, der nachdenkend den Kopf in die Hand stützt und so an einen der Capitani in Michelangelos Medicikapelle erinnert. In der rechten Männergruppe erkennt man Bandinelli in unterwürfiger Haltung mit dem Kreuz des Santiago-Ordens auf der Brust, den er von Karl V. im Jahr 1529 verliehen bekam. Vor ihm sitzt ein Mann, der ein wenig an Michelangelos Moses erinnert und damit an den Künstler, der als künstlerisch überlegener Konkurrent Bandinellis Leben und Werk bestimmte. Zentrale Figur ist der würdige am Tisch stehende Herr, dessen Profil vom Schein der Lampe erleuchtet wird. Handelt es sich um Herzog Cosimo I. selbst? Offenbar wird in dieser »Akademie« aus dem Gedächtnis gezeichnet und komponiert, das Stadium, das sowohl nach Alberti wie nach Leonardo das eigentliche Ziel des Studiums ist: auswendig eigene Vorstellungen jeder Art zu Papier zu bringen, nachdem aufgrund von ständiger Wiederholung die zeichnende Hand unmittelbar dem Gedanken zu folgen und ihn sofort adäquat auszudrücken vermag. Das hieße, daß das Studium hier schon weit fortgeschritten ist und offenbar Erfolge bei den Schülern gezeitigt hat.

Ward und Ważbiński verweisen auf einen Brief Bandinellis an den Herzog von 1547, in dem dieser um die Zulassung von zusätzlichen »garzoni« in seiner Werkstatt bittet, um mit ihnen seine großen Aufträge für den Chor des Florentiner Domes bewältigen zu können. Im Gegensatz zu dem die Verhältnisse überhöhenden Akademie-Blatt, das auf eine eigenhändige Zeichnung Bandinellis zurückgeht, werden durch diese Briefstelle die wahren Verhältnisse erhellt. Die »Studenten« waren demnach eigentlich Lehrlinge, die unter der Oberaufsicht des Meisters dessen Aufträge ausführten, keineswegs aber freie Künstler, die in seiner Werkstatt als Ergebnis der Lehre eigene Erfindungen zu Papier bringen sollten. Wie in den Künstlerwerkstätten alter Prägung konnte der ehemalige Lehrling dies erst, wenn er als Meister schließlich eine eigene Werkstatt eröffnete.

4

Giorgio Vasari
Arezzo 1511 – 1574 Florenz

Die Schmiede des Vulkan, um 1665/67

Öl auf Kupfer, 38 : 28 cm
Florenz, Galleria degli Uffizi
Inv. Nr. 1558
Nicht in der Ausstellung

Literatur: Ugo Scoti-Bertinelli, Giorgio Vasari scrittore. Pisa 1905, S. 95–97 (Vincenzo Borghini, Invenzioni per quadri: Biblioteca Nazionale Florenz, Quad. II, X, 114, S. 50). – Paola Barocchi, Complementi al Vasari Pittore. Florenz 1964, S. 263, Fig. 31. – Wolfgang Kemp, Disegno. Beiträge zur Geschichte des Begriffs zwischen 1547 und 1607. In: Marburger Jahrbuch für Kunstwissenschaft 19, 1974, vor allem S. 220–240. – Zygmunt Waźbiński, L'Accademia Medicea del Disegno a Firenze nel Cinquecento. Bd. 2, Florenz 1987, S. 170. – Laura Corti, Vasari, Catalogo completo dei dipinti. Firenze 1989, S. 111. – Költzsch 2000, S. 119ff. – Gloria Fossi, Gli Uffizi. Guida ufficiale. Tutte le opere. Florenz 1995, S. 258.

1554/55 hatte sich Vasari mit seiner Familie in Florenz niedergelassen. In der Folge begann eine vielfältige Tätigkeit für Cosimo I. de' Medici (1519–1574): die Ausmalung des Palazzo Vecchio als neuer Residenz des Fürsten, die Umgestaltung des Palazzo Pitti zum Wohnsitz des Herzogs und die Errichtung des Verwaltungsgebäudes der Uffizien, Vasaris architektonischem Hauptwerk, das zu Beginn der sechziger Jahre entstand. 1568 erschien die zweite Auflage von *Le Vite de' più*

Vasari selbst schreibt zur »Zeichnung«: »Aber ich will es klar aussprechen, daß die Zeichnung für die eine wie für die andere Kunstbetätigung [Skulptur und Malerei] das Fundament, ja die Seele selbst bedeutet, in welcher alle Bestandteile der Schöpferkraft empfangen und genährt werden und daß die Zeichnung am Anfange aller Dinge in Vollkommenheit vorhanden war, als der höchste Gott, nachdem er den mächtigen Bau der Welt geschaffen und den Himmel mit den strahlenden Lichtern geschmückt hatte, seinen Schöpfergeist sandte ins Bereich der klaren Luft und der festen Erde, und bei der Erschaffung des Menschen, zugleich mit der freien Erfindung aller Dinge, die erste Form der Bildhauerei und der Malerei ans Licht treten ließ: von jenem ersten Menschen sind dann allmählich (und dieser Feststellung kann nicht widersprochen werden), als von einem wahren Urbild, die Statuen und Skulpturen, die Schwierigkeiten der Bewegungen und der Umrisse abgeleitet worden; und ebenso bei den ersten Malereien, wie immer auch sie beschaffen gewesen sein mögen, die Weichheit, die Verschmelzung und die Harmonie der Gegensätze, wie sie durch Licht und Schatten entsteht.«

Literatur: Giorgio Vasari, Die Lebensbeschreibungen der berühmtesten Architekten, Bildhauer und Maler. Deutsch hrsg. v. A. Gottschewski und G. Gronau. Bd. I, Straßburg 1906. S. 2 (Übersetzung von Martin Wackernagel)

eccellenti Architetti, Pittori e Scultori Italiani (Das Leben der bedeutendsten Architekten, Maler und Bildhauer, 1. Aufl. 1550). Ferner schuf Vasari die verschiedensten Festdekorationen, eine Tätigkeit, die schließlich auch zu den wichtigsten Aufgaben der von dem Künstler 1563 gegründeten »Accademia del Disegno« in Florenz gehören sollte.

Das kleine Bild *Die Schmiede des Vulkan* entstand vermutlich in Zusammenhang mit dieser Akademiegründung, der ersten nicht privaten Akademie der bildenden Künste, die sich unter den ausdrücklichen Schutz des Herzogs gestellt hatte. Wie der Titel dieser Institution belegt, war sie dem »Disegno«, der Zeichnung, gewidmet. Wolfgang Kemp hat diesem in der Kunsttheorie der Renaissance entscheidenden Begriff einen ausführlichen Artikel gewidmet. Darin wird Disegno als die um die Mitte des 16. Jahrhunderts gefundene Lösung des seit dem Beginn des 15. Jahrhunderts ausgefochtenen Rangstreits der Künste (Paragone) gesehen, indem die Zeichnung nun als gemeinsamer Ursprung aller Gattungen der bildenden Kunst von der Malerei über die Skulptur bis zur Architektur fungierte. Gleichzeitig wird der Begriff »Disegno«, der sich zunächst nur auf die künstlerische Tätigkeit bezogen hatte, zunehmend mit der göttlichen Schöpferkraft beziehungsweise der Schöpferkraft der Natur gleichgesetzt. Dabei verfolgten Künstler und Kunsttheoretiker das nicht zu übersehende Ziel, die bildenden Künstler weit über den Rang von Handwerkern zu erheben, denen sie noch vor kurzem angehörten. Kemp weist allerdings nach, daß es sich dabei weitgehend um ein Wunschbild handelte, das von der Wirklichkeit insofern konterkariert wurde, als die bildenden Künstler nun in die unmittelbare Abhängigkeit vom Hof gerieten.

Vasaris Bild beruht, wie Scoti-Bertelli 1905 nachwies, auf einem Programm, das Vincenzo Borghini (1515–1580) offenbar in Absprache mit dem Künstler entwickelt hatte. Vasaris Freund Borghini war Vorsteher des Hospitals von S. Maria degli Innocenti, Historiker, Schriftsteller und Statthalter Cosimos I. in der 1563 gegründeten Accademia del Disegno. Die Vorschläge Borghinis sind bis in die Einzelheiten ausgeführt. So hatte er von den Waffen des Achill gesprochen, die durch Vulkan Minerva überreicht werden, wobei verschiedene Putten diese präsentieren. Auch das Programm des Schildes hat er schon festgelegt: ein mit sieben Sternen gekrönter Steinbock, das Sternzeichen Francescos I. de' Medici (1541–1587), und ein Widder, Aszendent seines Vaters Cosimo I. de' Medici (1519–1574), halten zwischen sich die Weltkugel, keine bescheidene Anspielung auf die Auftraggeber. Im Hintergrund erwähnt er einen dunklen Raum, die Schmiede des Vulkan, in der drei junge Männer an den Waffen arbeiten. Die Zweiteilung des Grundes kommt noch nicht in dem Konzept vor. In der Tiefenführung dieser beiden Räume finden Vasaris architektonische Erfindungen für Arezzo und Florenz ihren Widerhall. Er hat links neben der Schmiede einen weiteren Raum mit Zeichnern vor einer Gruppe der drei Grazien hinzugefügt, womit er an das Emblem erinnert, das Borghini für die Akademie erfand, und in dem sich die Gleichrangigkeit der drei Künste Malerei, Skulptur und Architektur darstellen sollte. Außerdem wird mit dem Zitat der antiken Gruppe ein weiterer Programmpunkt in veränderter Form aufgenommen, denn Borghini hatte von Venus in Gestalt der Grazie als Gattin des Vulkan gesprochen, die diesem zur Seite stehen sollte und die auf dem Bild fehlt.

Das Bild, zu dem eine Vorzeichnung im Louvre existiert, heißt auch *Ingenium et Ars,* wobei »ingenium« Minerva zuzuordnen ist, die mit der Zeichnung, der Erfindung, Vulkan die Grundlagen für seine ausführende Kunst gibt (ars). Im Hintergrund wiederholt sich diese Zweiheit: Die Seite hinter Minerva ist dem Disegno gewidmet, diejenige hinter Vulkan dem schweißtreibenden, aber kunstvollen Handwerk. Daß beide zusammengehören, beweist der Genius, der, aus der Halle der Zeichnung kommend, einen Lorbeerzweig auf die Seite der Ausführung trägt.

5

Cornelis Cort
Hoorn bei Alkmaar 1533 – 1578 Rom
nach **Joannes Stradanus (Jan van der Straet)**
Brügge 1523 – 1605 Florenz

Akademie der bildenden Künste, 1578

Kupferstich, 43,2 : 29,8 cm
Bez. M. u.: Cornelis Cort fecit / 1578
Weitere Beschriftungen: l. unter der Leiche: ANATOMIA; am Sockel der Statuengruppe Roma, Romulus und Remus mit der Wölfin sowie dem Flußgott Tiber: STATVARIA, r. auf dem Tisch: Typorum encorum / INCISORIA; l. vorn: Tyrones pi/cturae; auf dem Buch dahinter: ARCHITECTVRA; auf dem Gemälde r.: PICTVRA
Die Widmung ganz unten lautet: Illmo et Exmo D[omi]no Jacobo Boncampagno Arcis Praefecto, ingenior, ac industriae fautori, Artiu[m] nobiliu[m]praxim, a Io[anni] Strade[n]si Belga artificiose expressa[m], Laurenti[us] Vaccarius D. D. Romae Anno 1578.
Privatbesitz

Literatur: Accademia del Disegno Florenz und Accademia di San Luca Rom: Pevsner 1940, S. 48ff., S. 56ff. – Müller 1978, S. 23–28, zum Stich: 19ff. – Zum Stich und der Zeichnung: Kat. Ausst. Baden-Baden 1969, Nr. 28. – The Illustrated Bartsch, Bd. 52, New York 1986, S. 249. – Manfred Sellink, Cornelis Cort., 'constich plaedt-snijder van Horne in Holland / accomplished plate-cutter from Hoorn in Holland. Kat. Ausst. Museum Boijmans Van Beuningen Rotterdam 1994, Nr. 69. – Alessandra Baroni Vannucci, Jan Van Der Straet detto Giovanni Stradano, flandrus pictor et inventor. Mailand, Rom 1994, Nr. 313. – Költzsch 2000, S. 128–131.

Der Stich von 1578 entstand in Rom, ein Jahr nachdem Papst Gregor XIII. die Lukasbruderschaft ins Leben gerufen hatte, bei der es vor allem darum ging, im Sinne der Gegenreformation durch Verbesserung des Wissensstands der Maler und ihrer christlichen Moral dem Sittenverfall in der Kunst Einhalt zu gebieten. Betrachtet man in diesem Zusammenhang den Stich, der eine fünf Jahre ältere Zeichnung umsetzt – er ist Jacobo Boncampagni gewidmet, dem Sohn des Ugo Boncampagni, der 1572 als Gregor XIII. den Papstthron bestieg –, so spielt die christliche Moral auf diesem Blatt eine erstaunlich geringe Rolle. Vielmehr werden hier unter dem Standbild der Roma die Kenntnisse vereint, die seit Leon Battista Albertis und Leonardo da Vincis theoretischen Schriften das Wesen der bildenden Künste ausmachen sollten. Neben dem Zeichnen nach runden Figuren auf der rechten Seite – der Kleinplastik eines Pferdes und einer nackten, manieristisch um ihre eigene Achse gedrehten weiblichen Figur – steht links die Anatomie im Zentrum der Studien, die von einer Reihe von Schülern betrieben werden. Man sieht einen mittels einer Seilwinde aufgerichteten, gehäuteten Leichnam, dessen Arm gerade von einem Anatomen seziert wird, und daneben ein am Kopf aufgehängtes Skelett, beides Hilfsmittel zum Studium des Bewegungsapparats und der Proportion. Die Malerei selbst wird durch einen Freskomaler vertreten, der ein Schlachtenbild malt, also eine Historie, laut Alberti die höchste Form der Malerei. Man sieht hier demnach keinen realistischen Akademiebetrieb, sondern die Zusammenstellung all dessen, was die Künstler von einem solchen erwarteten, nämlich, wie Leonardo in seinem Malereitraktat fordert, die Anerkennung der bildenden Kunst als Wissenschaft und damit ihre Aufnahme unter die freien Künste.

Der Stich geht auf eine Zeichnung des Malers Stradanus von 1573 zurück (London, The British Museum), die von vornherein als Stichvorlage für Cornelis Cort, damals einer der bedeutendsten Stecher, gedacht war, da sie seitenverkehrt die Inschrift trägt: »Iò STRADANENSIS FLANDRVS IN 1573 – CORNELIE CORT EXCV«. Stradanus war nicht nur Mitarbeiter bei Vasaris großen Ausstattungsprojekten für den Palazzo Vecchio in Florenz und in Poggio a Caiano, sondern nahm schon 1563 unmittelbar am Entstehungsprozeß der zu diesem Zeitpunkt von Cosimo I. unter Vasaris Federführung in Florenz gegründeten »Accademia del Disegno« teil, der ersten öffentlichen Akademie der Neuzeit. Schon damals waren neben Kursen in Geometrie und Perspektive in den Wintermonaten auch Anatomiekurse im Hospital von S. Maria Nuova geplant. Alle Darstellungen, die solche Kurse in die Akademie selbst verlegen, entsprechen nicht der Wirklichkeit. Kurse im Aktzeichnen fehlten ganz und spielen auch in dieser Akademiedarstellung keine Rolle.

PICTVRA
ANATOMIA
SCVLTVRA
ARCHITECTVRA
INCISORIA
Ill.mi et Ex.mi Dno Iacobo Boncompagno Arcis Praefecto, ingenior. ac industriae fautori, Artiu nobiliu praxim, a Io. Stradano Belga artificiose expressa, Laurent.s Vaccarius D.D. Romae Anno 1578.

6

Cornelis Cort
Hoorn bei Alkmaar 1533 – 1578 Rom
nach **Federico Zuccari**
Sant' Angelo in Vado 1540/42 – 1609 Ancona

Der Maler der Wahrheit, 1579

Lamento della Pittura oder *Die Vera Intelligenza inspiriert den Maler*

Kupferstich von zwei Platten, 33,5 : 53 cm und 34 : 54 cm
Zustand vor der Schrift
München, Staatliche Graphische Sammlung
Inv. Nrn. 6430 und 6431

Literatur: Detlef Heikamp, Vicende di Federigo Zuccari. In: Revista d'Arte 32, 1957, S. 183–184. – Manfred Sellink, Cornelis Cort, 'constich plaedt-snijder van Horne in Holland / accomplished plate-cutter from Hoorn in Holland. Kat. Ausst. Museum Boijmans Van Beuningen Rotterdam 1994, Nr. 66–67, S. 201. – The Illustrated Bartsch, Bd. 52, New York 1986, S. 253, Nr. 221-I (204).

Federico Zuccari war ein vielbeschäftigter Tafel- und Freskomaler, der sowohl in Rom als auch in Venedig, Florenz, den Niederlanden, London und Madrid tätig war. In Florenz wurde er 1565 Mitglied der Accademia del Disegno, was ihn dazu prädestinierte, Gründer und erster Präsident der 1593 in Rom ins Leben gerufenen Accademia di San Luca zu werden, die sich zunächst in seinem eigenen Haus auf dem Pincio, heute Biblioteca Hertziana, traf. Schwer verschuldet hatte sich Zuccari 1594 wieder nach Florenz begeben. Er starb auf einer der vielen Reisen, auf denen er Vorträge hielt und den Druck seiner Werke besorgte.

Mit dem Stich wehrt sich Zuccari gegen seine Feinde und Kritiker. Um seine Absicht deutlich zu machen, hat er ihn mit Unterschriften versehen, die in dem vorliegenden Druck noch fehlen: Danach klagen im oberen Teil die guten Künste und die Tugend Zeus ihr Leid über die schlechte Behandlung in dieser Zeit, während sie doch in früheren Jahrhunderten in hohem Ansehen gestanden hätten. Sie wählen die Malerei als ihre Sprecherin, weil diese die Dinge wie lebend darstellen könne. Die Malerei wird von Amor und den Grazien eingeführt. Zeus ist aufgrund dieser Klage so erzürnt, daß er alle Götter durch Merkur zu sich rufen läßt. Vulkan befiehlt er, in Eile viele Blitze zu schmieden, und die Furien erhalten den Auftrag, die Erde zu zerstören. Beide Befehle werden im unteren Teil von einem Künstler in einem Gemälde dargestellt: links das Schmieden der Blitze, rechts der Aufbruch der drei Furien vor einem eine Stadt verheerenden Flammenmeer. Das prächtig gerahmte Gemälde im oberen Teil hat ein anderes Thema: Die Vertreibung der Tugenden durch die von Fortuna angeführten Laster, also die Vorgeschichte, die der Grund der Klage ist.

Sieht man genauer hin, so ergänzen sich beide Teile zu einem einzigen Gemälde, dessen Thema die zur Anführerin der Künste gemachte Malerei ist: Sie vermag die Ereignisse so darzustellen, daß man zwischen Realität und Fiktion nicht mehr unterscheiden kann. In der »realen« Welt sitzt unten links der prächtig gekleidete Maler in einer mit reichem Mobiliar ausgestatteten Werkstatt, in der man rechts die unabdingbaren Skulpturen und Skulpturenfragmente und links die Tätigkeit des Farbenreibens sieht. Auf der vordersten Ebene erscheinen zwei allegorische Figuren, die »Vera Intelligenza« oder wahre Vernunft in einer Strahlenglorie auf Wolken und darunter in einer Höhle der von Schlangen umschlungene ausgemergelte Neid. Er ist durch die Malerei mit Hilfe der Vera Intelligenza besiegt und ins Dunkel verbannt.

Das Thema – die Klage der Malerei über ihre niedere Geltung in der Gegenwart im Gegensatz zur Antike – ist ein oft wiederholter Topos der neueren Kunstliteratur, so etwa schon in Michel Angelo Biondos *Traktat von der hochedlen Malerei*, der in Venedig 1549 erschien. Doch die Emphase, die sich in Zuccaris Blatt ausdrückt, ist Spiegel seines ganz persönlichen Ehrgeizes und seiner persönlichen Enttäuschung. Im virtuosen Spiel mit allen Mitteln der Zeichnung, der Mischung der verschiedenen Ebenen, der Darstellung von Himmel und Erde, von Realem und Vorgestelltem, dem Einsatz von Perspektive und Mythologie, vor allem aber durch die Neuartigkeit der Erfindung hat Zuccari hier ein Mittel gefunden, seine Feinde zu besiegen.

7

Pietro Francesco Alberti
Borgo S. Sepolcro 1584 – 1638 Rom

Malerakademie, Anfang 17. Jh.

Radierung, 41 : 53 cm
Bez. vorn am Fußbänkchens desjenigen, der das Skelett zeichnet: Petrus Franciscus Albertus Inventor et fecit; M. o. am Wandbord: ACADEMIA D PITORJ.; l. u.: Roma
Hamburg, Hamburger Kunsthalle
Inv. Nr. 1684 F.2

Literatur: Kat. Ausst. Baden-Baden 1969, Nr. 26 (hier irrtümlich um 1550 datiert). – Költzsch 2000, S. 129/130. – Charles Dempsey, Some Observations on the Education of Artists in Florence and Bologna during the Later Sixteenth Century. In: The Art Bulletin 62, 1980, S. 556. – Hermann Ulrich Asemissen und Gunter Schweikhart, Malerei als Thema der Malerei. Berlin 1994, S. 111.

Dieser Stich entstand schon auf dem Höhepunkt der akademischen Bewegung in Italien. Er wird mit der 1593 gegründeten Accademia di San Luca in Rom in Zusammenhang gebracht, da Alberti dort Mitglied war (Pevsner 1940, S. 61).

Im Gegensatz zu den Darstellungen von Bandinellis Akademie geschieht das Studium der Malerei hier bei Tageslicht. In einem Raum sind die verschiedensten Hilfswissenschaften dieser Kunst vereint, die sich damit im Sinne von Leonardo selbst als Wissenschaft präsentiert. Besonders hervorgehoben ist die Anatomie. Links wird nach dem Abguß eines Beines und in der Mitte nach einem Skelett gezeichnet. Im Hintergrund rechts sieht man gerade die unter großer Anstrengung vorgenommene Öffnung des Brustkorbs einer Leiche. Andere Gruppen widmen sich der Konstruktion und vor allem der Messung, wobei die Mittelgruppe sich an die »Geometrie« in Raffaels *Schule von Athen* im Vatikan anlehnt. Im Vordergrund rechts werden Kleinplastiken, vielleicht sogar anatomische Figürchen studiert, die zur Veranschaulichung der von den antiken Autoren, vor allem von Vitruv, überlieferten Maßverhältnisse dienten. Antike Fragmente sind an der bildparallelen Rückwand und auf einem Wandbord verteilt. Eine Landschaft, ein Porträt und eine in Seitenansicht dargestellte Kreuzigung erinnern an die verschiedenen Gattungen der Malerei.

Das Unrealistische dieser Darstellung kommt vor allem in der Behandlung der Anatomie zum Ausdruck, die niemals in der Akademie selbst stattfand. Die anatomischen Unterrichtsstunden der 1563 gegründeten Accademia del Disegno in Florenz wurden im Ospedale von S. Maria Nuova gegeben. Auch Leonardo und Michelangelo hatten in Spitälern seziert. Professionelle Sektionen waren noch selten, und eine solche wird auf dem Stich dargestellt: Sie findet unter der Aufsicht von zwei Professoren (mit Hüten) statt, die möglicherweise verschiedene Theorien über den Sitz der Seele vertreten. Man vermutete sie entweder im Brustkorb oder im Kopf. Im Grunde war die Öffnung des Brustkorbs für Künstler uninteressant, denn ihnen ging es ja vordringlich um den Bewegungsapparat. Man fühlt sich eher an eine Szene an Donatellos Antoniusaltar in S. Antonio in Padua erinnert, in der die Suche nach dem Herzen des Geizigen dargestellt ist. Demnach veranschaulicht auch die Akademiedarstellung Albertis eher ein Programm als die Realität.

ACADEMIA D PITORI
Sulmona è Padrone

8

Annibale Carracci
Bologna 1560 – 1609 Rom

Zeichner beim Modellstudium

Rötel, 19,6 : 26,2 cm
Bez. l. u. in Feder: 58; r. u. in Feder: 1230
München, Staatliche Graphische Sammlung
Inv. Nr. 2834

Literatur: Pevsner 1940, S. 74ff. – Charles Dempsey, Annibale Carracci and the Beginnings of Baroque Style. Glückstadt 1977 (Villa I Tatti, The Harvard University Center for Italian Renaissance Studies). – Ders., Some Observations on the Education of Artists in Florence and Bologna during the later Sixteenth Century. In: The Art Bulletin 62, 1980, S. 552–569. – Gail Feigenbaum, Practice in the Carracci Academy. In: The Artist's Workshop. Ed. by. Peter M. Lukehart. = Studies in the History of Art, National Gallery of Washington 38, 1993, S. 59–76.

Zwei Männer in Hemd, Weste, Kniebundhosen und Hut, der linke in Dreiviertelansicht von vorn auf einem nicht definierten Absatz sitzend, der rechte in Dreiviertelrückenansicht am Boden sitzend, zeichnen auf durch eine Unterlage verstärkte Skizzenblätter, die sie auf den Knien halten. Ihr Modell steht im Hintergrund und kann nur von dem rechten der sich gegenübersitzenden Männer betrachtet werden. Es wird allgemein als Aktmodell angesehen und nicht als Skulptur, was aber keinesfalls eindeutig ist. Dieses Detail bleibt im Ungewissen, weil sich der Künstler vor allem für die konzentrierte Tätigkeit der beiden Männer interessiert, für ihre Haltung und ihre Kleidung, alles andere ist nur angedeutet. Auch die Individualität der beiden Zeichner interessiert nicht, wohl aber die verschiedene Art ihres Sitzens. Im Gegensatz zu allen bisher gezeigten Darstellungen gibt diese spontane Momentaufnahme des großen Zeichners Annibale Carracci einen Einblick in das alltägliche Künstlerleben der Zeit um 1600.

Laut Nikolaus Pevsner ist die Carracci-Akademie in Bologna die erste, in der das Aktzeichnen eine zentrale Rolle spielte (S. 75). Zunächst im Atelier von Ludovico Carracci um 1582 von Annibale und Agostino unter dem Namen »Accademia degli Desiderosi« (auch del Disegno oder del Naturale) gegründet, erhielt diese Privatakademie um 1590 den Namen »Accademia degli Incamminati« (der auf dem Weg Befindlichen), unter dem sie allgemein bekannt wurde. Während Pevsner zu der Überzeugung gekommen ist, daß diese Akademie trotz aller theoretischen Anstrengungen letztlich doch eine Werkstattakademie geblieben war, wurde dem in neuerer Zeit vor allem von Charles Dempsey, aber auch von Gail Feigenbaum widersprochen. Von Dempsey wird die Verbindung zur Universität von Bologna hervorgehoben sowie der hohe Bildungsgrad der beteiligten Künstler. Feigenbaum betont vor allem die neuen pädagogischen Ansätze, die Lösung von autoritären Werkstattstrukturen, das Ziel lebenslangen Lernens sowie die daraus folgende Einbindung der Modellstudien in die ausgeführten Projekte der Carracci und ihrer Schüler und Freunde. Denn die Mitglieder der Akademie waren meist schon ausgebildete Künstler, die in höherem Alter kamen und teilweise lebenslang blieben.

In der Akademie wurde größtes Gewicht auf das Naturstudium gelegt. Annibale selbst war ein manischer Zeichner, der alles festhielt, was ihn umgab: häusliche Szenen, Volksszenen in den Straßen von Bologna, Porträts oder Landschaften. Dazu gehörte auch das Zeichnen nach dem bekleideten und dem nackten Modell – es gab eigens Räume für das Auskleiden der weiblichen und männlichen Modelle –, nach Tieren, Pflanzen und Landschaften. Daneben gab es Kurse in Perspektive, Architektur und Anatomie; Abgüsse und ein Skelett wurden erworben. Gleichzeitig spielte, wie in der vorausgehenden Akademie in Florenz, die theoretische Diskussion eine bedeutende Rolle. Später wurden auch Preise verliehen. Mit ihrer Betonung des Naturstudiums und der daraus folgenden Neubestimmung der Kunst wurden die Carracci zu den Begründern der Barockmalerei in Italien.

9

Odoardo Fialetti
Bologna 1573 – 1638 Venedig

Malerakademie, um 1608

Kupferstich, 11,3 : 15,5 cm
Bez.: OF (monogrammiert) F
Hamburg, Hamburger Kunsthalle
Inv. Nr. 1678 F.1

Literatur: The Illustrated Bartsch, Bd. 38, New York 1983, Nr. 210, S. 321. – Sue Welsh Reed und Richard Wallace, Italian Etchers of the Renaissance & Baroque. Kat. Ausst. Museum of Fine Arts Boston, Massachusetts, u. a. 1989, Nr. 130, S. 248–249 (David P. Becker).

Odoardo Fialetti, der seine Ausbildung in Bologna bei dem Maler Giovanni Battista Cremonini absolviert hatte, ging danach für kurze Zeit nach Rom und war schließlich in Venedig tätig. Er ist vor allem als Stecher, aber auch als Maler hervorgetreten. Die Darstellung der Malerakademie entstammt seiner »großen« Zeichenschule: »Tutte le parti del corpo humano diviso in più pezzi«, die Anfang des 16. Jahrhunderts herauskam und die erste ist, die einen systematisch aufgebauten Zeichenunterricht vermittelt, wobei sie von den Teilen des menschlichen Körpers ausgeht. Sie enthält Tafeln mit Nasen, Mündern, Augen, mit Köpfen verschiedenen Ausdrucks und verschiedener Haltung sowie Tafeln mit einzelnen Körperteilen. Außerdem finden sich darin zwei Atelierdarstellungen: die vorliegende und eine weitere, in der die Maßverhältnisse von Skulpturen mittels Zirkelmessungen studiert werden.

Das Zeichenbuch als Ganzes wurde, ebenso wie Fialettis 1608 datiertes *Kleines Zeichenbuch,* mit der Lehrmethode der Carracci und ihrem Unterricht in Bologna in Zusammenhang gebracht. Desselbe gilt wohl auch für das vorliegende Blatt, zumal sich der in Venedig arbeitende Künstler auf dem Titelblatt ausdrücklich als Bologneser Maler bezeichnet. Wie weit das Blatt jedoch für den Unterricht in der Carracci-Akademie typisch ist, ist schwer zu sagen, da es allgemeine Übung war, nach antiken Figuren und Fragmenten zu zeichnen. Vielleicht ist das kollegiale Verhältnis zwischen den zwei Figuren im Mittelgrund eine Besonderheit: Der Ältere hilft offenbar dem Jüngeren, den antiken Kopf richtig zu erfassen.

F

10

Nicolas Dorigny
Paris 1658 – 1746 Paris
nach **Carlo Maratta**
Camerano / Marken 1625 – 1713 Rom

École de dessin (Zeichenschule), 1728

Kupferstich, 47 : 32 cm
In der Unterschrift gewidmet: »A Giovani studiosi del Disegno«
Bez. l. u.: Eques Carolus Maratti inven. et delin. Cum privil. Summi Pont. et Regis Christ[mi]; – M. u.: Romae Apud Jacobum Frey an. 1728 ; r. u.: N. Dorigny sculp.
Berlin, Ralph R. Haugwitz Kunsthandel

Literatur: Oswald Kutschera-Woborsky, Ein kunsttheoretisches Thesenblatt Carlo Marattas und seine ästhetischen Anschauungen. In: Mitteilungen der Gesellschaft für vervielfältigende Kunst. Beilage der »Graphischen Künste«, Bd. 42, 1919, Nr. 2 / 3, S. 9–28. – Roger-Armand Weigert, Bibliothèque Nationale, Département des Estampes. Inventaire du Fonds Français. Graveurs du XVIIe siècle. Bd. III, Paris 1954, Nr. 97, S. 501.

Marattas Freund, Giovanni Pietro Bellori, hat in seiner Beschreibung von Marattas Leben das Blatt ausführlich kommentiert. Die Zeichnung Marattas wurde vom Marchese del Carpio während dessen Zeit als Gesandter des spanischen Königs bei Papst Innozenz XI. (1676–1689), aber vor dessen Ernennung zum Vizekönig von Neapel im Jahr 1683 bestellt. Dieses programmatische Blatt war von vornherein für den Druck vorgesehen, wurde aber erst 1728 von dem Franzosen Dorigny ausgeführt, der sich zwischen 1687 und 1711 in Rom aufhielt.

Die Zeichnung und der Stich befassen sich mit den Lehrinhalten des Akademieunterrichts. Auf der Staffelei steht eine Tafel mit Darstellungen der Sehpyramide und einigen geometrischen Figuren zum Studium der Perspektive. Ein Lehrer weist mit beiden Armen auf diese Tafel. Die Schüler widmen sich nach Bellori der Optik, der Anatomie, dem Disegno und der Farbgebung. Die Anatomie ist im Mittelgrund durch einen Muskelmann in der Pose des Borghesischen Fechters vertreten. Sie wird von einem bärtigen Lehrer mit Renaissance-Kappe erklärt, in dem man ein Porträt Leonardo da Vincis erkennt. Dahinter sieht man verschiedene Nachbildungen antiker Statuen, die in keiner Akademie fehlen durften: Zentral in einer Nische steht der Herkules Farnese, davor ein Apoll mit der Kithara und die Venus Medici. Während unter der Tafel mit der Sehpyramide und dem mit geometrischen Messungen beschäftigten, am Boden hockenden Zeichner links unten sowie unter dem Muskelmann jeweils der warnende Text »TANTO CHE BASTI«, »soviel als genügt« zu lesen ist, steht bei der Antikengruppe über dem Apoll der ermunternde Ausspruch »MAI A BASTANZA«, »niemals genug«. Hierin drückt sich Marattas Auffassung aus, daß die genannten Fertigkeiten zwar unbedingt zum Handwerkszeug des Künstlers gehörten, aber nicht Selbstzweck sein dürften. Der Antike dagegen räumt er eine wesentlich höhere Autorität ein, ihr nachzustreben kann seiner Meinung nach nur zur Vollkommenheit führen. Dennoch ist damit noch nicht alles erreicht, wie die Gruppe der drei Grazien zeigt, die auf Wolken in den Akademieraum schwebt. Über ihr steht das, was Maratta als eigentliches Ziel der Kunst sieht: »SENZA DI NOI OGNI FATICA E VANA«, »ohne uns [die Grazien] ist alle Mühe umsonst«. Die unter dem Bildfeld stehende Adresse an die Studiosi del Disegno führt den durch die Unterschriften im Bild vermittelten Inhalt weiter aus.

Man sieht hier das Programm eines schönlinigen Barock-Klassizismus, der sich auf Raffael und vor allem auf Correggio beruft. Dementsprechend sind die Figuren auf dem Blatt auch in einer zeitlosen, von fern an die Antike, mehr aber an Raffael erinnernden Kostümierung gegeben.

A Giouani studiosi del Disegno

La Scuola del Disegno, che s'espone delineata con le presenti Figure dal Sig. Caualier Carlo Maratti, può molto contribuire al disinganno di coloro, che credono di potere con la cognizione, e studio di molte Arti diuenir perfett.mi nell'Arte del dipingere senza procurare in primo luogo d'esser perfettissimi nel Disegno, e senza il dono naturale, et un particolare istinto di saper con grazia, e facilità animare, e disporre vagamente le parti di quell'Opera, che prenderanno a delineare, e và figurando questo suo nobil pensiero con il mezzo dell'azzioni, che qui si additano. Vedonsi alcuni studiosi delle mathematiche in quella parte, che spetta alla Geometria, et Ottica, che conferiscono alla Prospettiua: dall'altro lato, altri applicati all'osseruazione d'un Corpo anatomico, dà cui si apprende la giusta proporzione delle membra, e sito de' muscoli, e nerui, che compongono una figura, dimostrato eruditamẽte da Leonardo da Vinci espresso cò la propria effigie, con il motto. Tanto che basti. per dimostrare, che di tali professioni basta che quello, che attenderà al Disegno sia mediocrem.te erudito per ridurre ad un perfetto fine qualunque Idea. Mà per coloro, che si esprimono attenti allo studio delle Statue antiche, non serue una leggiera applicazione al le mod.e essendo lor d'uopo di farui sopra una lunga, et esatta riflessione, e studio per apprenderne le belle forme; e si pone l'esemplare delle statue antiche, come le più perfette, nelle quali quei grandi Huomini espressero i Corpi nel più perfetto grado, che possano dalla natura istessa crearsi, e perciò vi si pone il motto. Non mai a bastanza. Tutto però riuscirebbe vano di conseguire senza l'assistenza delle Grazie, che intende, come accennammo, per quel natural gusto di disporre, et atteggiare con grazia, e delicatezza le positure, et i mouimenti delle Figure, dalle quali poi risulta quella vaghezza, e leggiadria, che destano merauiglia, e piacere in chiunque le mira, ponendosi queste a tal oggetto in alto, e sù le nuuole per significare, che questo dono non uiene che dal Cielo, con il motto. Senza di noi ogni fatica è vana. Viuete felici.

Eques Carolus Maratti inuen. et delin. Cum priuil. Summi Pont. et Regis Christ.mi Romae Apud Iacobum Frey an. 1728 N. Dorigny sculp.

11

Johann Heiß
Memmingen 1640 – 1704 Augsburg

Minerva als Göttin der Künste

Öl auf Leinwand, doubliert, 115 : 112 cm
Bamberg, Museen der Stadt Bamberg, Historisches Museum
Inv. Nr. 271

Literatur: Peter Königfeld, Der Maler Johann Heiß. Memmingen und Augsburg 1640–1704. Diss. Tübingen 1982, Kat. Nr. 23, S. 111. – Yassu Okayama, The Ripa Index. Personifications and their Attributes in Five Editions of the Iconologia. Doornspik 1992.

Nach Joachim von Sandrart war Heiß ein Schüler von Johann Heinrich Schönfeld. Vermutlich unternahm er nach seiner Ausbildung bei verschiedenen Lehrern Reisen nach Venedig, Frankreich und Flandern. Von 1669 bis 1676 war er für den Herzog von Württemberg und die Benediktinerabtei in Ochsenhausen tätig. Ab 1677 lebte er bis zu seinem Tod in Augsburg und gehörte hier zu den bedeutendsten Malern der Zeit. Neben religiösen, mythologischen und allegorischen Bildern malte er eine Anzahl großformatiger Akademiebilder. Es wurde immer wieder versucht, diese Bilder in direkten Zusammenhang mit der ab 1684 betriebenen Gründung einer Akademie in Augsburg zu bringen, die schließlich 1710 erfolgte.

Bei dem vorliegenden Bild handelt es sich jedoch um eine allegorische Verherrlichung der Künste, bei der Minerva und Merkur die Hauptrollen innehaben. Minerva, Göttin der Künste und Wissenschaften, thront auf einem zweistufigen Podest unter einem roten Tuch, das provisorisch als Baldachin hochgezogen wurde. Auf den Stufen links neben ihr steht der Götterbote Merkur, der Gott der Wege und des Handels, aber auch Seelenführer ist. Damit beherrschen das Bild zwei Götter, die schon die Schutzpatrone von Vasaris Florentiner Accademia del Disegno von 1563 waren, auch wenn Merkur auf dessen Akademiebild nicht erscheint (siehe Kat. Nr. 4). Vermutlich ist seine Anwesenheit bei Heiß darauf zu beziehen, daß die Künste, zu denen auch das Kunsthandwerk gehörte, ein wichtiger Wirtschaftszweig waren. Die prunkvollen Metallgefäße könnten auf die Bedeutung der Augsburger Silber- und Goldschmiede verweisen, denn die Augsburger Malerei dieser Zeit trug ebenfalls zu Ruhm und Reichtum der Stadt bei. Links, in dem geflügelten Alten, der einige Kinder mit Zeichenmappen zu Minervas Thron führt, erkennt man einen weiteren Gott: Saturn, den Gott der Zeit. Diese wird hier vermutlich in zweifacher Form angesprochen, nämlich als die zur Vervollkommnung notwendige Zeitspanne und als das Prinzip der Vergänglichkeit, dem alle irdischen Dinge unterliegen.

Nicht Götter, sondern reine Allegorien sind die beiden weiblichen Figuren rechts vom Thron: die Alte, die mit einem riesigen Zirkel ein Maß auf dem Boden abzustecken scheint, und die junge Unbekleidete mit einem kleinen Zirkel auf dem Kopf, deren Hände durch ein Tuch, mit dem sie ihre Blöße bedeckt, gebunden erscheinen. Schon Königfeld hat herausgefunden, daß es sich hier um die in Cesare Ripas *Iconologia* seit 1624 (nicht in der ersten Ausgabe von 1603) auftauchenden Figuren der Praxis (alte Frau) und der Theorie (junge Frau) handelt. Allerdings spricht Königfeld irrtümlich von Idea, die jedoch eine Krone und keinen Zirkel auf dem Kopf trägt. Wie schon in dem Paar Minerva und Merkur werden in diesen beiden Figuren die geistige und die materielle Seite der Kunst angesprochen.*

Im Hintergrund erscheinen in Wandnischen Nachbildungen antiker Figuren, eine Venus vom Typus der Venus pudica wie die Venus Medici, an die sie allerdings nur sehr von ferne erinnert, und der Herkules Farnese. Letzterer durfte, seitdem er 1546 gefunden und nach seiner Restaurierung im Hof des Palazzo Farnese in Rom aufgestellt worden war, in keiner Akademie und keinem Atelier fehlen. Die Mediceische Venus wird schon im ersten Band von Joachim von Sandrarts zweibändigem Werk *Teutsche Academie* von 1675 abgebildet mit der Beischrift, daß sie im Garten der Villa Medici aufgestellt sei.

* Auf dem Stich *Il Liceo della pittura* von Pietro Testa aus dem Jahr 1644 werden die verschiedenen Wissenschaften, die für die Malerei notwendig sind, in Anlehnung an Raffaels *Schule von Athen* in einem Hof mit triumphbogenartigem Abschluß zum Hintergrund vereint. Im Vordergrund wird die Szene links durch die Figur der Theorie (nackt und mit dem Zirkel auf dem Kopf wie bei Heiß) und die Praxis rechts (blind tappend mit dem Äffchen der Imitation) verbildlicht. Letztere Figur unterscheidet sich von der Praxis bei Ripa und Heiß, auf dessen Bild jedoch auch das Äffchen erscheint, wenn auch getrennt von der Praxis. Abbildung und Kommentar zu Testas Stich bei: Martin Kemp, The Science of Art. Optical Themes in Western Art from Brunelleschi to Seurat. New Haven und London 1990, S. 134/135.

In den im Vordergrund herumliegenden Gerätschaften wird auf die verschiedensten Künste verwiesen: Der Affe mit den Pinseln steht als Symbol der Nachahmung für die Malerei, das Kapitell für die Architektur, Meßinstrumente verweisen auf die Perspektive als Voraussetzung für beide. Im Verein mit Musik und Astronomie geben sich die bildenden wie jene als freie Künste.

Das Bild stammt aus dem Nachlaß des Bamberger Domvikars Joseph Hemmerlein (1766–1838), dessen umfangreiche Kunstsammlung nach seinem Tod an das Bamberger Historische Museum kam.

12

Sébastien Leclerc
Metz 1637 – 1714 Paris

Akademie der Wissenschaften und der schönen Künste, um 1698

Kupferstich, 24,5 : 37,9 cm
Bez. M. u.: L'ACADEMIE DES SCIENCES ET DES BEAUX ARTS / DEDIÉE AU ROY / Par son tres humble tres obeissant et tres fidèle Serviteur et sujet Seb. Le Clerc.
München, Staatliche Graphische Sammlung
Inv. Nr. 9785 / J 263 VII

Literatur: Maxime Préaud, L'Académie des sciences et des beaux-arts: le testament graphique de Sébastien Leclerc. In: Racar X, 1983, S. 73–81.

Leclerc war einer der produktivsten Stecher des 17. Jahrhunderts. Um 1664/65 übersiedelte er nach Paris und wurde von Charles Le Brun, 1648 Mitgründer der Pariser Académie Royale de Peinture et de Sculpture und der wichtigste Maler des französischen Hofes, protegiert. So erhielt Leclerc schon 1668 ein Atelier im Louvre, wurde 1672 Mitglied der Académie Royale und 1693 Graveur Ordinaire du Roi.

Das hier gezeigte Akademie-Blatt von 1698 gehört zu seinen Hauptwerken. Es zeigt die Artes liberales, die sieben freien Künste: vorne links von der Mitte die Arithmetik, im Mittelgrund die Geometrie mit der Perspektive als Unterabteilung, im Hintergrund die Musik. Die Rhetorik ist wohl im Kreis der lagernden Männer um einen Redenden im Hintergrund zu erkennen. Weiterhin sieht man im Durchblick rechts die Theologie, nicht eigentlich eine freie Kunst, aber sozusagen die Mutter aller Künste. Von jenen fehlen Grammatik und Dialektik, die den Praktiker Leclerc offenbar weniger interessierten. Dagegen sind die freien Künste nun bereichert um die Malerei links neben der Theologie in der Kolonnade, die Skulptur und die Architektur im Hintergrund. Letztere ist auch ganz rechts im Mittelgrund und vorn auf Plänen zu einem Festungsbau zu sehen. Die historischen Hilfswissenschaften Numismatik und Heraldik vorn in der Mitte gehören ebenfalls nicht zu den freien Künsten, sind aber wichtig für bildende Künstler. Anatomie, Zoologie und Botanik ganz links sind neu hinzugekommen. Es sind Bereiche der zunehmend geförderten empirischen Naturwissenschaften, die in der 1666 gegründeten Académie des Sciences, zu der Leclerc enge Verbindungen hielt, einen besonderen Schwerpunkt bildeten. Zudem sind es Hilfswissenschaften der bildenden Künste, deren seit der Renaissance erkämpfte Aufnahme unter die Wissenschaften hier gefeiert wird.

Man erkennt in diesem Stich neben den allgemeinen Interessen der bildenden Künstler auch das persönliche, universalistische Interesse Leclercs, der die verschiedensten wissenschaftlichen Werke illustriert hat. Er war nicht nur Maler und Stecher, sondern auch Lehrer für Perspektive und Geometrie an der Académie Royale und zudem vor seiner Übersiedelung nach Paris Militäringenieur.

Die Komposition – die Künste und Wissenschaften sind in einem von Säulenkolonnaden umgebenen Hof vereint, der bildparallel gelagert ist – erinnert an den Stich *Il Liceo della Pittura* von Pietro Testa aus dem Jahr 1644, der sich seinerseits auf Raffaels *Schule von Athe*n beruft, indem er deren Verherrlichung der Wissenschaften auf die Malerei überträgt.

THEOLOGIA
L'ACADEMIE DES SCIENCES ET DES BEAUX ARTS
DEDIÉE AU ROY.
Par son tres humble tres obeissant et tres fidele Serviteur et sujet Seb. le Clerc.

13

Johann Jacobé
Wien 1733 – 1797
nach **Martin Ferdinand Quadal**
Niemtschitz / Mähren 1736 – 1808 St. Petersburg

Der Aktsaal der kaiserlichen Akademie in Wien, 1790

Schabkunstblatt, 65: 79,5 cm
1. Zustand vor der unten einzusetzenden Beschriftung
Bez. unter der Darstellung l.: Quadal pi.; r.: Jacobe F.
München, Staatliche Graphische Sammlung
Inv. Nr. 1091: 2 D

Literatur: »Die Kunst hat nie ein Mensch allein besessen«. Akademie der Künste / dreihundert Jahre / Hochschule der Künste. Kat. Ausst. Akademie der Künste und Hochschule der Künste Berlin 1996, Nr. I. 4/8, S. 60/61 (Agnete von Specht; das Gemälde). – Dialog über Jahrhunderte. Erwerbungen und Stiftungen 1990–2000. Hrsg. v. Tilman Falk. Kat. Ausst. Staatliche Graphische Sammlung München 2000, Nr. 16, S. 42.

Da das monumentale Gemälde (144:207 cm, Akademie der Bildenden Künste Wien), das die Vorlage zu dem Schabkunstblatt bildet, 1787 datiert ist, sieht man offenbar den Zeichensaal in dem 1786 durch die Akademie bezogenen ehemaligen Jesuitenkolleg in der Annagasse. Der Halbkreis der Zeichenbänke vor dem Modell, das unter der abgeblendeten Lampe vor einem Paravent in Denkerpose sitzt, ist in der Mitte vorn unterbrochen, so daß links Platz für die plastische Figur des Bildhauers Franz Zauner ist. Unter den Zeichnern werden einige Personen herausgehoben, die für die Akademie von Bedeutung waren: neben Zauner, einem der ersten Romstipendiaten der Akademie und seit 1784 Professor an diesem Institut, steht links der Akademiker Johann Ferdinand von Hohenberg, Direktor der Architekturschule von 1772 bis 1816. Auf der rechten Seite, an einem großformatigen Akt malend, sitzt Heinrich Füger, damaliger Vizedirektor der Maler- und Bildhauerschule der Akademie. Außerdem erkennt man in der Mitte rechts sitzend Quadal, der genau an der Komposition zeichnet, die wir vor uns haben (auf dem Stich nicht erkennbar, wohl aber auf dem Gemälde), und neben ihm links, auf dieses Blatt weisend, den Kupferstecher Jakob Matthias Schmutzer. Man geht davon aus, daß es sich bei dem Gemälde um Quadals Probestück handelt, aufgrund dessen er als Mitglied in die Akademie aufgenommen wurde.

Zu diesem Zeitpunkt war der Künstler 45 Jahre alt und als Genre-, Tier- und Porträtmaler weit in Europa herumgekommen. Er hatte in Paris, London, Dublin, Rom, Neapel und schließlich in Wien gearbeitet. Mit dem Gemälde zeigte er nicht nur sein Können im Porträtfach, sondern auch seine Fähigkeit, ein so großes Format zu bewältigen. Offenbar hatte dieses Bild einen solchen Erfolg, daß Jacobé, der die Schabkunst in England gelernt hatte, 1790 das vorliegende große Blatt anfertigte. Möglicherweise war dieser Erfolg dadurch begründet, daß mit der Darstellung des neuen großzügigen Akademiegebäudes die durch das Dekret Josephs II. von 1783 gefestigte Stellung der Akademie auch nach außen sichtbar zum Ausdruck kam. Zudem entsprach das Gemälde dem neuen klassizistischen Stil, wonach jede Figur trotz ihrer Funktion im Gesamtzusammenhang doch vor allem als Individuum wirkt.

14

Martin Ferdinand Quadal
Niemtschitz / Mähren 1736 – 1808 St. Petersburg

Der Aktsaal an der Wiener Akademie

Graphitstift, braun laviert, 9,6 : 16,6 cm
Bez. r. o.: Quadal
Wien, Albertina
Inv. Nr. 4768

Literatur: Joseph Meder, Die Handzeichnung. Ihre Technik und Entwicklung. Wien 1919, Abb. 318 und S. 640.

Im Gegensatz zu dem großen offiziellen Gemälde Quadals von 1787 (Kat. Nr. 13) handelt es sich bei der kleinen Zeichnung um die Darstellung von Randereignissen vor einer abendlichen Modellsitzung. Man sieht von außen auf den Kreis der Zeichenbänke, in deren Mitte das Modell schon auf erhöhtem Podest seine Pose eingenommen hat. Darüber hängt die übliche große Lampe mit »breiten, flachen Reflektoren« (Meder), die für das Helldunkel, das den Reiz der Zeichnung ausmacht, verantwortlich ist. Offenbar handelt es sich nicht um denselben Saal wie auf dem Schabkunstblatt von 1790, sondern noch um einen Saal vor dem Umzug von 1886. Damals hatte die Akademie immer wieder das Quartier wechseln müssen und war zeitweilig auch in privaten Räumen untergebracht.

Erste Versuche, in Wien eine Akademie zu gründen, gingen auf das Jahr 1692 zurück. Doch erst 1783 wurde durch Dekret Josephs II. der offizielle Status der Akademie gefestigt. (Müller 1978, S. 159)

15

Albrecht Adam
Nördlingen 1786 – 1862 München

Der Abendakt bei Christoph Johann Zwinger, 1806

Aquarell, 19,8 : 22 cm
Bez. r. u.: Albrecht Adam fec.
München, Münchner Stadtmuseum,
Adam-Archiv
Inv. Nr. A 69

Literatur: Ulrike von Hase-Schmundt, Albrecht Adam und seine Familie. Zur Geschichte einer Münchner Künstlerdynastie im 19. und 20. Jahrhundert. Kat. Ausst. Münchner Stadtmuseum 1981/1982, S. 67–78, Kat. Nr. 105, S. 154/155.

Albrecht Adam ist Begründer und bedeutendster Vertreter einer Münchner Dynastie von Pferde- und Schlachtenmalern des 19. und frühen 20. Jahrhunderts. Seine prägenden Eindrücke erhielt er in Nördlingen, wo es in der Zeit der Koalitionskriege ständige Truppenbewegungen gab. Nach Aufenthalten in Nürnberg und Augsburg kam Adam 1807 nach München. Seit 1809 war er an den napoleonischen Kriegen auf seiten der mit den Franzosen verbündeten Bayern als Kriegsmaler beteiligt. Er überlebte den Rußlandfeldzug von 1811. Umfangreiche Aufträge für Schlachten- und Reiterbilder erhielt er von Ludwig I. von Bayern, dem Herzog von Leuchtenberg sowie dem Wiener Hof.

Um der Konskription in Nördlingen, das seit 1802 bayerisch war, zu entgehen, machte Adam zunächst ab 1804 in Nürnberg eine Konditorlehre, die er jedoch nach fünf Monaten aufgab, um für einige Zeit die Städtische Zeichenschule unter Christoph Johann Zwinger (1744–1813) zu besuchen. Im Mai 1806 verließ er Nürnberg.

Die Zeichnung gibt einen typischen Abendakt bei künstlicher Beleuchtung wieder. Das erhöht sitzende nackte Modell wird von einem Halbkreis von Pulten umgeben, an dem die Schüler zeichnen. Der ältere Herr in der Mitte scheint der Lehrer zu sein. Adam schreibt in seiner Autobiographie, daß er zunächst nach Skulpturen und später nach dem lebenden Modell zeichnete. Überdies habe er dort auch den Umgang mit Ölfarben erlernt.

16

Jean-Henri Cless
Straßburg 1774 – 1812 Straßburg

Das Atelier Jacques-Louis Davids, um 1804

Lavierungen in Chinatinte über Feder, 46,2 : 58,5 cm
Paris, Musée Carnavalet
Inv. Nr. D 07039

Literatur: La révolution française. Le Premier Empire. Dessins du Musée Carnavalet. Kat. Ausst. Musée Carnavalet Paris 1982, Nr. 20, S. 30/31. – Goldstein 1996, S. 58–61.

Über den Künstler ist nur bekannt, daß er Schüler Jacques-Louis Davids (Paris 1748–1825 Brüssel) war und an den Salons von 1804 bis 1808 teilnahm, ehe er 1811 nach Straßburg zurückkehrte. Die sehr sorgsam ausgeführte Zeichnung war im Salon von 1804 ausgestellt. Sie gilt als Darstellung von Davids Atelier im Louvre. Man nimmt an, daß David der Herr mit Hut ist, der hinten die Zeichnung eines Schülers korrigiert. An der Rückwand hängt Davids in Rom als Stipendiat der Académie de France gemalte Studie *Hektor* von 1778, die lange seinen Schülern als Vorbild diente. Seit der Ausstellung seines *Bélisaire* im Jahr 1781 gehörte Davids Atelier zu den beliebtesten Ausbildungsstätten für junge Künstler. Aus ihm sind viele der berühmtesten Maler der Zeit hervorgegangen: Gérard, Ingres, Antoine-Jean Gros oder Anne-Louis Girodet.

Diese Atelierdarstellung zeigt, daß das Monopol der Akademie, Modelle zu stellen, gebrochen war. Auf Betreiben Davids war die Akademie 1793 geschlossen, 1795 aber wiedereröffnet worden. In der Zwischenzeit waren die Künstlerateliers von besonderer Bedeutung, die sie auch nach der Wiedereröffnung nicht verloren. Erst nach der Reform von 1863 machte die Akademie ihnen Konkurrenz, da jetzt erstmals auch die praktische Werkstattausbildung in die Akademie aufgenommen wurde.

17

Münchner Künstler

Akademiesaal, um 1825

Blei, 50,5 : 61,5 cm
München, Münchner Stadtmuseum
Inv. Nr. 32/410

Zunächst ist man geneigt, diese Zeichnung eines unbekannten Künstlers für die Kompilation aller akademischen Tätigkeiten zu nehmen, angefangen vom Zeichnen nach einer Vorlage, über das Drapieren eines Gewands, das Malen in Öl sowie Zeichnen nach einer Skulptur, die im Vordergrund liegt – oder handelt es sich um einen Akt? –, bis zum Anrühren der Farben ganz rechts. Allerdings deuten manche Details darauf hin, daß es sich vielleicht doch um einen bestimmten Raum handelt, der sich möglicherweise in der Alten Akademie in München, dem ehemaligen Jesuitenkolleg, befand. Auf einen konkreten Ort verweisen das sehr genau gezeichnete Fenster in Formen der Spätrenaissance, die Form der Tür sowie die Ausstattung mit antiken Gipsen und verschiedensten Bildern und Gerätschaften, zu denen auch ein Skelett und auf dem Bord neben der Tür links vermutlich ein Muskelmann gehören.

Es scheint sich um eine in manchem etwas unbeholfene Studie der perspektivischen Anordnung von verschiedenen Figuren in einem bildparallel organisierten Raum zu handeln. Ob auch an eine Ausführung in Öl oder Aquarell gedacht war, ist ungewiß. Der Vergleich mit dem Bild eines Raumes der Kopenhagener Akademie von Ferdinand Richardt (Kat. Nr. 19) zeigt, daß tatsächlich auf der Zeichnung nicht ein bestimmter Moment, sondern eher eine Überschau über alle möglichen Tätigkeiten gegeben wird, was jedoch nicht ausschließt, daß in solch einem Studiensaal in der Tat die unterschiedlichen Arbeiten nebeneinander stattfanden.

18

Wilhelm Bendz
Odense / Fünen 1804 – 1832 Vicenza

Die Aktklasse in der Akademie der bildenden Künste in Kopenhagen, um 1826

Blei und Feder, laviert, 30,7 : 47,4 cm
Kopenhagen, Sammlung Hirschsprung
Inv. Nr. 558

Literatur: C. W. Eckersberg and His Pupils. Kat. Ausst. Statens Museum for Kunst Kopenhagen 1984, Nr. 89 und S. 26–31 (Hanne Jönsson, Eckersberg and His Pupils). – Annette Johansen, Emma Salling, Marianne Saabye, Den nøgne guldalder. Modelbilleder. C.W. Eckersberg og hans elever. English Translation and Summary: W. Glyn Jones. Kat. Ausst. Hirschsprung Sammlung Kopenhagen 1994, Nr. 6 (das Gemälde) und die einleitenden Texte. – Wilhelm Bendz 1804–1832. A Young Painter of the Danish Golden Age. Kat. Ausst. Hirschsprung Sammlung Kopenhagen 1996, Nr. 17 und Nr. 15, sowie S. 11–14 (Ejner Johansson, The Painter Wilhelm Bendz 1804–32).

Die Zeichnung ist nach dem ausgeführten Gemälde im Statens Museum for Kunst in Kopenhagen datiert. Seit 1754 befand sich die Königliche Akademie im Palast von Charlottenborg in Kopenhagen. Hier gab es eine Sammlung von Antikenabgüssen, hier wurde jährlich wie in Paris ein »Salon« abgehalten, auf dem die neuesten künstlerischen Werke zu sehen waren. Bendz war einer der ersten Schüler von C. W. Eckersberg, der 1816 von seinem Aufenthalt in Frankreich und Italien nach Kopenhagen zurückgekehrt und im Frühjahr 1818 zum Professor für Historienmalerei an die Akademie berufen worden war. Eckersberg lehrte nicht nur in Charlottenborg, sondern wie die anderen Professoren wohnte er auch dort. Bendz wurde im Mai 1822 sein Schüler. 1823 kam er in die Aktklasse, wo wie üblich nur männliche Modelle gezeichnet wurden. Eckersberg ließ jedoch ab Juni 1833, abweichend von der akademischen Tradition, auch nach weiblichen Modellen zeichnen und malen.

In dem um 1826 entstandenen Bild und der zugehörigen, hier gezeigten Studie wird noch die übliche Praxis des Zeichnens nach dem männlichen Modell dokumentiert. Verschiedene Hilfsmittel – Blöcke unter dem Knie und dem linken Arm sowie ein an der Decke befestigter Strick für den erhobenen rechten Arm – ermöglichen dem Modell, für längere Zeit in derselben Stellung zu verharren. Der Abendakt fand bei Eckersberg zwischen 18 und 20 beziehungsweise 21 Uhr statt. Man sieht folglich die übliche, an der Decke angebrachte Kerzenlichtbeleuchtung mit einem Blendschirm auf der Seite der Malschüler, die im Halbkreis um das Modell sitzen. Es werden gerade die Kerzen des inneren Kreises für die Beleuchtung des Modells angezündet. Dieses Licht wird durch eine hinter dem Modell aufgestellte helle, leicht gebogene Wand gesammelt und reflektiert. Der äußere Lichterkreis dagegen beleuchtet die Zeichnungen. Im Hintergrund links erkennt man den in der Akademie seit 1772 benutzten Écorché von Andreas Weidenhaupt (Kat. Nr. 93).

Das ausgeführte Bild der *Aktklasse* wurde 1826 ausgestellt und sofort für die königliche Sammlung angekauft, was den Durchbruch für Bendz bedeutete. In dem Bild und der Skizze geht es um die Veranschaulichung des Helldunkels bei Kerzenlicht, ein Thema, das Bendz auch später aufgreift. Voraussetzung für eine solche Komposition ist die genaue Kenntnis der Perspektive, worauf Eckersberg besonderen Wert legte.

19

Joachim Ferdinand Richardt
Brede bei Lyngby / Seeland 1819 – 1895 Oakland / Kalifornien

Ein Atelier in der Kopenhagener Akademie der bildenden Künste, 1839

Öl auf Leinwand, 41,9 : 47,1 cm
Kopenhagen, Thorvaldsens Museum
Inv. Nr. B 284

Literatur: Annette Johansen, Emma Salling, Marianne Saabye, Den nøgne guldalder. Modelbilleder. C. W. Eckersberg og hans elever. Kat. Ausst. Hirschsprung Sammlung Kopenhagen 1994, Nr. 7, Abb. S. 59; sowie Abb. S. 26 (Das Bild von Nickelsen von 1841).

Der spätere Landschaftsmaler Richardt war zwischen 1837 und 1845 Schüler an der Kopenhagener Akademie gewesen. Er stellt in diesem Gemälde einen Modellsaal vor, in dem Schüler einen alten Mann in Halbfigur zeichnen, der hinter einem Pult sitzt. An der Rückwand sieht man auf zwei Borden Büsten und Köpfe aus Gips, vermutlich sowohl antike wie moderne. Links über der Tür hängt ein Relief mit der Darstellung einer knienden Frau, der von einem Mann ein Kind gereicht wird. An der Rückwand neben einer Tür, die den Blick in eine Kammer mit Gipsfiguren freigibt, sieht man zwei Atelierfiguren, ein Skelett und den seit 1772 benutzten Écorché von Andreas Weidenhaupt, der immer wieder auf den Kopenhagener Atelierbildern dieser Zeit auftaucht (Kat. Nr. 93). Es handelt sich offenbar um das genaue Abbild eines Raumes in der Kgl. Akademie in Charlottenborg, denn er erscheint ganz ähnlich, wenn auch aus einem anderen Blickwinkel auf einem Gemälde von Heinrich Nickelsen von etwa 1841 in Privatbesitz.

Franz Hanfstaengl
Baiernrain bei Bad Tölz 1804 – 1877 München

Wilhelm von Kaulbachs Atelier, 1874

Albuminpapierabzug, 25,4 : 31,9 cm
Bez. unter dem Foto: W. v. Kaulbachs Atelier. Nach dem Tode des Meisters aufgenommen am 12. April 1874.
Verlag Hanfstaengl,
Sammlung Dietmar Siegert

Hanfstaengl, der zunächst als Lithograph arbeitete, widmete sich ab 1853 ganz dem neuen Medium der Fotografie. Berühmt wurde sein zwischen 1855 und 1860 entstandenes *Album der Zeitgenossen*. Sein Verlag für Reproduktionsfotografie hielt sich bis nach dem Zweiten Weltkrieg.

Wilhelm von Kaulbach (Arolsen 1805 – 1874 München) arbeitete als Maler und Illustrator. Von 1849 bis 1874 war er Direktor der Münchner Akademie. In dieser Zeit wurde die Akademie als eine der besten Ausbildungsstätten angesehen und von Künstlern aus dem In- und Ausland besucht.

II Die Antiken

Das neue, durch die Renaissance entwickelte und in den Akademien gelehrte Menschenbild wurde entscheidend durch die Wiederentdeckung der Bildwerke der Antike geprägt. Ab 1500 werden im Zuge der Neubauten in Rom einige der bedeutendsten Antiken gefunden wie der *Laokoon* oder der *Herkules Farnese.* Im 17. Jahrhundert kamen der *Borghesische Fechter* und die *Venus Medici* hinzu. Die genannten antiken Bildwerke waren Beispiele eines bis dahin unbekannten Körperverständnisses, demzufolge dieser als eine von innen nach außen aufgebaute organische Einheit aufzufassen ist. Das Innere kommt in diesen Skulpturen an unterschiedlichen Partien des Körpers in verschiedener Weise durch die Materialbehandlung zum Ausdruck: als Härte oder Weichheit, als Anspannung oder Entspannung.

Die ausgegrabenen antiken Skulpturen gelangten in die Sammlungen der römischen Aristokratie und des Papstes. Sie konnten von den Reisenden aus dem Norden besichtigt werden und weckten so den Wunsch, diese auch selbst zu besitzen. Um dieser Nachfrage zu entsprechen, entstanden in Rom und Florenz regelrechte Abgußindustrien. Fürsten wie bürgerliche Reisende, aber auch Künstler und Akademien versorgten sich mit Abgüssen aus Gips oder Bronze, wobei immer wieder die oben genannten Beispiele bestellt wurden. Neben Abgüssen vom Original gab es auch maßstabgleiche und verkleinerte Nachbildungen in Bronze oder Marmor. Da die antiken Bildwerke auf diese Weise in ganz Europa verbreitet wurden, tauchen sie auch auf den Akademie- und Atelierbildern auf, einer Gattung, die im 16. Jahrhundert entstand und bis ins 20. Jahrhundert weiterlebte.

21

Franciscus (François) Perrier
Pontarlier 1594 – 1649 Paris

Segmenta nobilium signorum e statuari,
quae temporis dentem invidium evasere
Urbis Aeternae ruinis erepta typis aeneis ab eo
commissa perpetuae venerationis monumentum.
Rom 1638, mit päpstlichem Privileg

München, Bayerische Staatsbibliothek
Signatur: Res 2 Arch. 180

* Vermutlich ist dieser Stich nach einem Stich des Cornelis Cort (1533–1578) angefertigt: The Illustrated Bartsch, Bd. 52, New York 1986, S. 175 (Druck: Lafreri, ein Exemplar befindet sich in Dresden).

Das Buch enthält 100 Tafeln mit den berühmtesten antiken Statuen in Rom unter Angabe ihrer damaligen Aufbewahrungsorte. Darunter sind der Torso, der im Titel erscheint und von Chronos betrachtet wird, der Laokoon in den Vatikanischen Gärten, drei Ansichten des Herkules Farnese im Palazzo Farnese, vier Ansichten des Borghesischen Fechters im Palast der Borghese, zwei Ansichten der Ringergruppe aus dem Medici-Garten und drei Ansichten der Mediceischen Venus ebenfalls dort, außerdem der Dornauszieher in Untersicht auf einer hohen Säule im Capitol* sowie die Badende Venus aus den Vatikanischen Gärten, die auf dem Münsteraner Bild von Johann Heiß auftaucht. Von neueren Statuen ist nur der Moses von Michelangelo aufgenommen. Das Buch ist Roger Duplessis de Liancourt, Duc de La Roche-Guyon, gewidmet.

Perrier hielt sich zweimal in Rom auf, von etwa 1625 bis 1627/28 und von 1635 bis 1645. Er war sowohl als Fresko- wie auch als Tafelmaler tätig und Mitarbeiter der herausragenden Maler seiner Zeit wie Giovanni Lanfranco in Rom oder Simon Vouet in Paris. Während seines zweiten römischen Aufenthalts gehörten Nicolas Poussin und Pietro da Cortona zu seinen Leitbildern. Perrier wurde der Lehrer von Charles Le Brun. Fußend auf dem Stil der römischen Barockmaler vom Anfang des 17. Jahrhunderts war er einer der Mitbegründer des französischen Barockklassizismus.

ILL.mo D.D. ROGERIO DVPLESSEIS
DNO. DE LIANCOVRT MARCHI-
ONI DE MONTFORT, COMITI DE
LA ROCHEGVION &c. VTRIVSQVE
ORDINIS CHRISTIANISSIMÆ
MAIESTATIS EQVITI, REGIIS A
CVBICVLIS PRIMARIO.
Heroi Virtutum et magnarum arti-
um eximio cultori.
Auorum pace belloque præstantium
Et æui melioris decora referenti;
SEGMENTA nobilium signorum et statuarū,
Quæ temporis dentem inuidium euasere
Vrbis æternæ ruinis erepta
Typis æneis abs se commissa
Perpetuæ uenerationis monumentum.
Franciscus Perrier.
D.D.D.
M·D.C.XXXVIII
Romæ, superiorum permissu.
Cum priuilegio summi
Pontificis.
A Paris; Chez la veufue de deffunct Perier, rue des fossez S.t Germain vis a vis l'Hostel de Sourdy.

22

Joachim von Sandrart
Frankfurt am Main 1606 – 1688 Nürnberg

Teutsche Academie der edlen Bau- Bild- und Mahlerey-Künste.
Bd. 1, Nürnberg 1675; Bd. 2, Nürnberg 1679

München, Städtische Galerie im Lenbachhaus

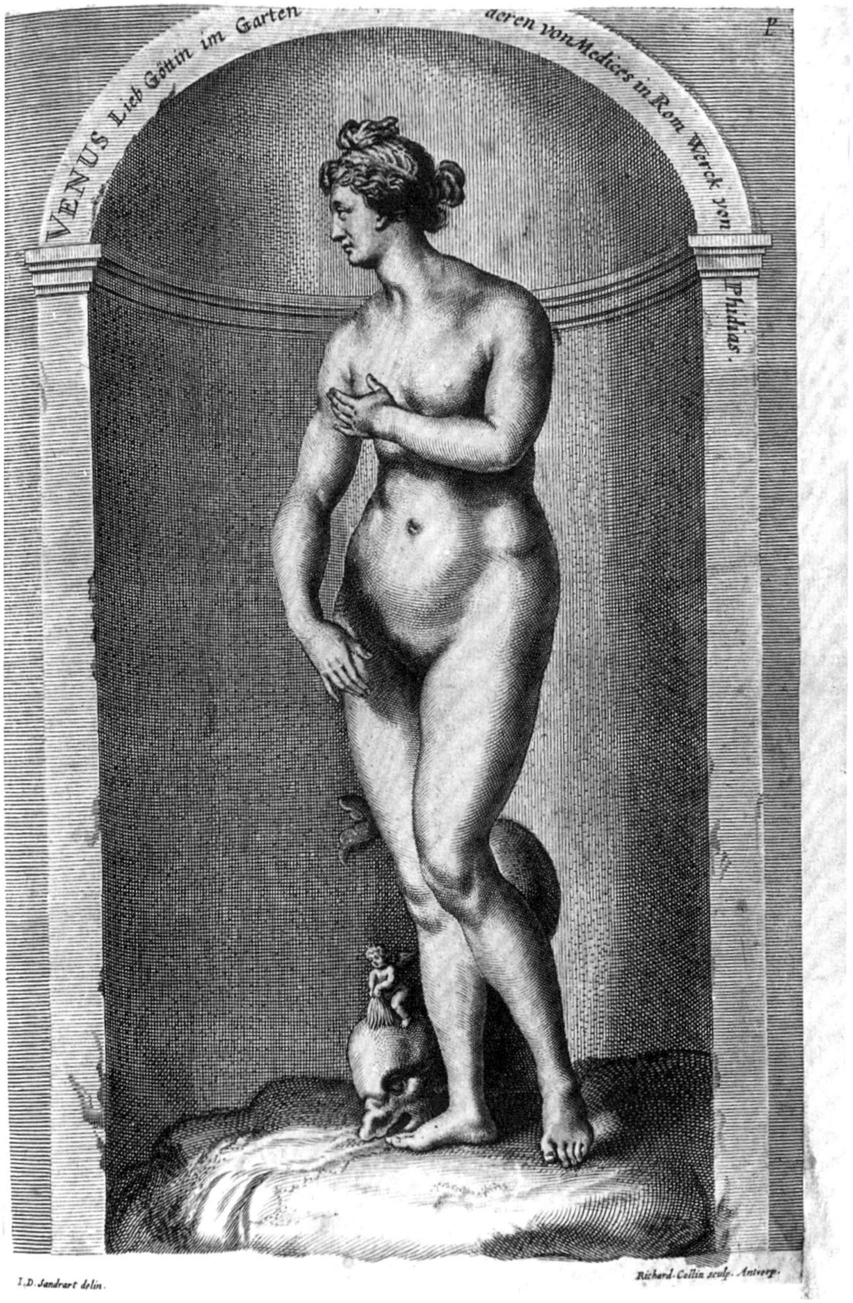

Joachim von Sandrart war in Deutschland im 17. Jahrhundert der bedeutendste Maler und Theoretiker. Ab 1622 studierte er zunächst in Prag, dann bei Honthorst in Utrecht, kam mit Rubens in Kontakt, ging 1628 nach England und 1629 über

Venedig nach Rom. Auf seinen Reisen lernte er die berühmtesten Maler des Nordens und des Südens kennen und war mit ihnen zum Teil freundschaftlich verbunden. In Rom lebte er im Palazzo Giustiniani, kümmerte sich dort um die Sammlung und zeichnete und publizierte deren antike Skulpturen. Von 1635 bis 1645 hielt er sich in Frankfurt, Amsterdam und München auf. 1645 ließ er sich auf seinem Landsitz bei Stockau in der Nähe von Ingolstadt nieder. Er war in den Jahren 1674/75 an der Gründung der Nürnberger Akademie beteiligt, der ersten auf deutschem Boden, die sich aus einer schon 1640 eingerichteten Sprachgesellschaft entwickelt hatte. Auch die Gründungsvorbereitungen der Augsburger Akademie ab 1684 gehen nach Sandrarts eigenen Angaben auf ihn zurück. In diesem Zusammenhang ist auch seine *Teutsche Academie* zu sehen. Mit diesem Werk machte er die von italienischen Künstlern wie Leonardo und Vasari entwickelten Vorstellungen, die in der zweiten Hälfte des 16. Jahrhunderts zur Gründung der Akademien in Florenz und Rom geführt hatten, im Norden bekannt.

Beide Bände der *Teutschen Academie* beginnen jeweils mit der Darstellung der Architektur, es folgt die Skulptur. Im ersten Band nehmen jedoch die anschließenden Kapitel über die Malerei den größten Raum ein. Man findet dort mehr oder weniger ausführliche Biographien, vor allem neuerer Meister. Alle Kapitel sind mit Kupferstichen, zum Teil nach Sandrarts eigenen Zeichnungen, versehen. Im ersten Band finden sich nach der Darstellung der Säulenordnungen ausschließlich Abbildungen berühmter antiker Bauwerke, im zweiten werden neben antiken auch berühmte neuere Bauwerke in Rom vorgeführt. Dagegen enthalten beide Bände ausschließlich antike Skulpturen. Abbildungen malerischer Werke fehlen ganz, hier gibt es nur Porträtmedaillons der behandelten Künstler.

Alle Skulpturen sind von Sandrart selbst gezeichnet und mit ihrem Aufbewahrungsort gekennzeichnet. So findet man aus dem Statuenhof des Belvedere den Laokoon und den Apoll, nicht aber den Torso, aus dem Palazzo Giustiniani ist die Gruppe der Drei Grazien abgebildet, aus dem Garten der Villa Medici die Venus Medici, »ein Werck von Phidias«, aus der Sammlung der Farnese der Herkules. Im zweiten Band tauchen die Ringergruppe aus dem Medicipalast sowie der marmorne Dornauszieher im Besitz der Giustiniani (Bronzefigur auf dem Kapitol) auf.

In der Vorrede wird weitläufig auf den in Italien ausgetragenen Rangstreit der Künste – vor allem zwischen Malerei und Skulptur – mit allen schon in der Renaissance vorgebrachten Argumenten eingegangen, wobei Sandrart der Malerei, seiner eigenen Kunst, schließlich den höheren Rang einräumt. Doch kann er auch einiges für die Skulptur vorbringen, so vor allem ihr höheres Alter sowie ihre Allansichtigkeit. Doch gegenüber der »sich aufblähenden« Skulptur argumentiert die Malerei (Bd. 1, S. 2): »Woher rühret die sinnreiche Erfindung und köstliche Dicht-Kunst der Historien? Woher die lang-gepriesene Zeichen- und Abrisskunst? Woher jede Abmessung und Auszirklung der Welt-berühmten Bau-Kunst? Woher die Lustvolle Prospectiv- und Optica, das Arbeiten alla tempera, in fresco und al'olio? Woher die Kunststucke auf Tafeln, Kupfer, Leinwand, Glas und Stein? Kommen sie nicht von mir, der Pictura?« Damit erweist sich Sandrart als gelehriger Schüler von Leonardo, Vasari oder Zuccari.

Doch das Werk erschöpft sich nicht in theoretischen Erörterungen, sondern erläutert vor allem im zweiten Band mythologische und historische Fragen und gibt Anweisungen für die künstlerische Praxis, indem es von den Farben oder der menschlichen Proportion handelt. Außerdem führt Sandrart hier (S. 87ff.) den Inhalt seiner eigenen Kunstkammer an, worin sich auch eine Laokoon-Gruppe aus Metall, zwei Spannen hoch, befand.

23

Girard Audran

Lyon 1640 – 1703 Paris

Les proportions du corps humain.
Mesurées sur les plus belles Figures de l'Antiquité.
Paris 1683

München, Privatsammlung

Girard Audran, der bei seinem Vater das Stechen lernte, ging zur Vervollständigung seiner Kenntnisse nach Italien, wo er im Atelier von Carlo Maratta arbeitete und 1668 Stiche nach Bildfolgen von Pietro da Cortona herausgab. Nach Paris zurückgekehrt, wurde er von Charles Le Brun als Stecher eingesetzt. Sein Werk *Les proportions* von 1683, in dem er die menschlichen Maße an den berühmtesten antiken Figuren wie dem Laokoon, dem Herkules Farnese, der Venus Medici oder dem Apoll vom Belvedere exemplifizierte, wurde noch 1855 wieder aufgelegt und blieb ein Standardwerk für Kunststudenten.

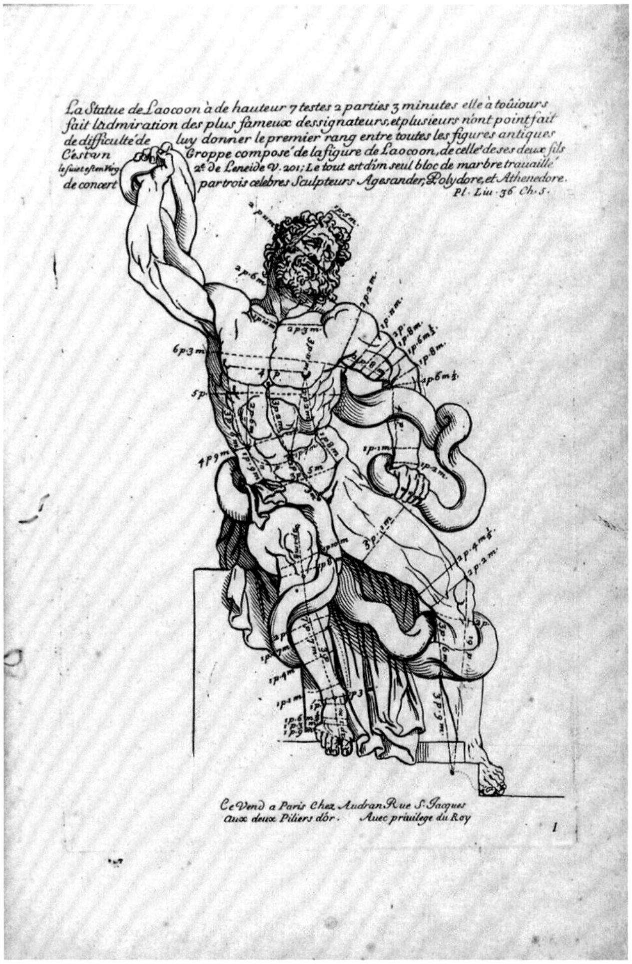

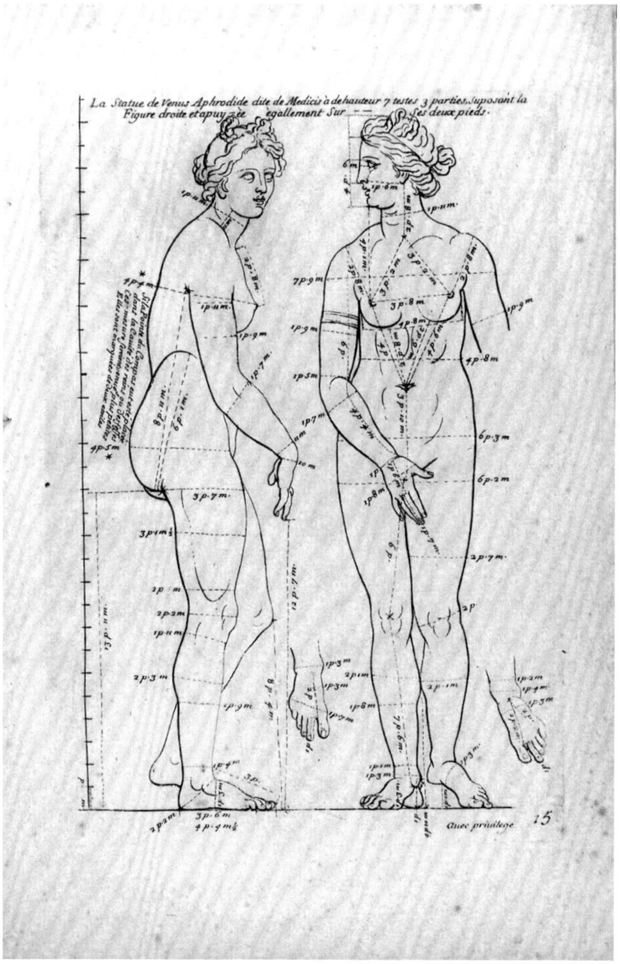

24

Johann Daniel Preißler (?)
Nürnberg 1666 – 1737 Nürnberg

Kopie von Girard Audrans
Les proportions du corps humain
Paris 1683

Durchzeichnungen in schwarzer Tinte, rot beziffert, mit handschriftlichen Erklärungen
Nürnberg, Germanisches Nationalmuseum, Bibliothek
Signatur: Hs 43 843

25

Hendrik Goltzius
Mühlbracht am Niederrhein 1558 – 1617 Haarlem

Herkules Farnese, 1617

Kupferstich, 41,4 : 29,6 cm
Bez. auf dem Sockel: HERCVLES VICTOR; – l. daneben: HGoltzius sculp. Cum privilig. / Sa. Ca. M. / Herman Adolfz /excud. Haerlemen.
Drei Unterschriften unter dem Bildfeld von l. nach r.: 1) Domito triformi, rege Lusitaniae, / Raptisq malis quae Hesperi sub cardine – 2) Statua antiqua Romae in palatio Cardinalis Fernesij / Opus posthumus HGoltzii, iam primum divulgat An°. M.D.C.XVII. – 3) Servarat hortis auris, vigil draco / Fessus quievi terror, orbis Hercules. Danach ganz klein: Schrevel
München, Staatliche Graphische Sammlung Inv. Nr. 30963

Literatur: The Illustrated Bartsch, Bd. 3, New York 1982, Nr. 143, S. 127–128. – Haskell / Penny 1981, Nr. 46, S. 229–232.

Die meiste Zeit seines Lebens verbrachte der als Maler und Stecher tätige Goltzius in Haarlem, wo er 1582 ein Druckhaus eröffnete. Aus Gesundheitsgründen ging er 1590 nach Italien. Dort besuchte er Rom, Neapel, Venedig und Florenz. In Rom zeichnete er die bedeutendsten Kunstwerke der Antike und der Neuzeit. Da er schon 1591 wieder in Haarlem war, muß die Studie für den Stich des Herkules Farnese um 1590 entstanden sein. Vier Vorstudien sind dazu erhalten. Es handelt sich um das erste Blatt einer Serie von Darstellungen antiker Statuen in Rom. Nach Bartsch ist das Blatt, obgleich 1617 datiert, 1592 entstanden.

Der Herkules Farnese ist wohl im 3. Jahrhundert nach Christus für die Caracalla-Thermen in Rom gefertigt worden, wo er auch gefunden wurde. Der Stich zeigt die um 1546 zunächst ohne Beine gefundene Statue noch mit der Ergänzung durch Guglielmo della Porta. Die dazugehörigen Beine kamen zwar etwas später ebenfalls zutage, wurden aber erst 1787, kurz bevor die Skulptur nach Neapel kam, mit dieser wieder zusammengefügt.

Dadurch, daß die beiden Betrachter mit ihren Köpfen nur bis in die Zone der Plinthe reichen, sich also ganz in der nicht sichtbaren Sockelzone befinden, wird die Monumentalität der Figur hervorgehoben. Die Bewunderung für die Darstellung geballter Kraft in dieser antiken Statue, die sich besonders in der Rückenmuskulatur zeigt, wird in keinem der folgenden Stiche so anschaulich zum Ausdruck gebracht, wie in diesem Blatt des Goltzius. Besonders der Manierismus hatte eine Vorliebe für die übertriebene Darstellung von Muskeln bei nackten Körpern, und Goltzius' eigene Malerei und Graphik gibt zahlreiche Beispiele dafür. Doch in seinem Herkules, der frei gegen den Himmel steht, auf die Keule mit dem Löwenfell gestützt und die Äpfel der Hesperiden in der Hand – beides Hinweise auf seine Heldentaten –, ist noch etwas zu spüren von dem über die Menschen erhobenen Göttersohn und Heros der Antike. Die Überwältigung des nordischen Künstlers durch dieses antike Kunstwerk wird hier faßbar.

HERCVLES VICTOR
HGoltzius sculp. Cum privileg. Sa. Cæ. M.
Herman Adolfz excud. Haerlemen
Domito triformi rege Lusitaniæ,
Raptisq; malis quæ Hesperi sub cardine
Statua antiqua Romæ in palatio Cardinalis Fernesij
opus posthumum HGoltzij, iam primum divulgat. An. M.D.CXVII.
Servarat sortis aureis vigil draco.
Fessus quievi terror orbis Hercules.
Schrevel.

26

Hendrik Goltzius
Mühlbracht am Niederrhein 1558 – 1617 Haarlem

Apoll vom Belvedere, 1617

Kupferstich, 43,3 : 29,8 cm
Bez. auf der Plinthe: M. APOLLO PYTHVS; l. davon: HG Sculp; r. daneben: Cum privil. Sa. Ca. M.; auf der Sockelplatte r.: Herman Adolfz excud. Haerlemens
Unterhalb der Darstellung in drei Spalten von l. nach r.: 1) Vix natus armis Delius Vulcanijs / Donatus infans, sacra Parnassi iugo. – 2) Statua antiqua Romae Pontificis belle vider /opus posthumus HGoltzij iam primum divulgat. An°. M.D.C.XVII. – 3) Petij, draconem matris hostem spiculis / Pythona fixi: nomen inde Pythij; daneben in ganz klein: Schrevel
München, Staatliche Graphische Sammlung Inv. Nr. 30965

Literatur: The Illustrated Bartsch, Bd. 3, New York 1982, Nr. 145, S. 129.

Zu diesem Kupferstich, nach Bartsch ebenfalls 1592 kurz nach der Italienreise entstanden, ist keine unmittelbare Vorzeichnung bekannt geworden. Bei der antiken Marmorfigur handelt es sich vermutlich um eine Kopie aus der Zeit Hadrians nach einem Bronzeoriginal des Leochares. Sie befand sich im Garten von S. Pietro in Vincoli, der dem Kardinal Giuliano della Rovere, dem späteren Papst Julius II., gehörte. Dieser nahm sie 1509 mit in den Vatikan. Seit 1523 stand sie dann in einer der Nischen des Statuenhofs des Belvedere. Hier hat Goltzius den Apoll, der seit dem 16. Jahrhundert zu den berühmtesten Antiken gehörte, offenbar gezeichnet. Durch den beigefügten Zeichner wird wiederum der Maßstab erkennbar.

Apollon ist einer der zwiespältigsten Götter des Altertums. Seine wohltätige Natur zeigt er als Musenführer und Sonnengott, auf der anderen Seite ist er der schrecklich Strafende, der dem Satyr Marsyas, der sich mit ihm auf einen künstlerischen Wettstreit eingelassen hatte, die Haut abzog oder abziehen ließ (Kat. Nr. 104). Besonders als Bogenschütze ist er unübertroffen. Das Standbild zeigt ihn, wie er gerade einem abgeschossenen Pfeil mit den Augen folgt. Auf seine Natur als Drachen- und Schlangentöter verweist die Schlange an dem Baumstumpf, der zur Stütze der marmornen Freifigur nötig war.

APOLLO PYTHIVS
Vix natus armis Delius Vulcanijs
Donatis infans, sacra Parnaßi iuga
Statua antiqua Romæ in palatio Pontificis belle Vider
opus posthumum HGoltzij iam primum divulgat. Anº. M.D.C.XVII.
Petij, draconem matris hostem spiculis
Pythona fixi: nomen inde Pythij.

27

Schule des Annibale Carracci

Landschaft mit Torso und figürlicher Staffage, Anfang 17. Jh.

Feder in Braun
Paris, Musée du Louvre, Département des Arts Graphiques
Inv. Nr. 7453

Diese Zeichnung wurde früher Annibale Carracci, heute wird sie seinem Umkreis zugeschrieben. Sie ist ein Beispiel dafür, welchen Eindruck der Fund monumentaler Antikenfragmente in einer inzwischen wieder zivilisationsfernen Natur hinterließ. Der gewaltige antike Torso, der hier an einem Abhang lehnt, nimmt dessen gesamte Höhe ein. Offenbar ist in dieser Szene der quasi gewachsene Zusammenhang zwischen Natur und Kunstwerk noch nicht wieder gestört worden, anders als auf der Radierung von Grimaldi (Kat. Nr. 28). Fast erscheint diese Zeichnung wie die Verbildlichung einer uns heute fremden, damals aber noch verbreiteten Vorstellung, daß die Natur Kunstwerke aus sich selbst hervorbringen könne, da ihr eine bildende Kraft innewohne. Zum Beispiel wurden häufig antike Gemmen als derartige »natürliche« Kunstwerke angesehen (siehe dazu: Jurgis Baltrušaitis, Aberrations. Essai sur la légende des formes. Paris 1983).

28

Giovanni Francesco Grimaldi
Bologna 1606 – 1680 Rom

Kolossale Büste

Radierung, 20,7 : 20,5 cm
Bez. l. vom Bildfeld: Fran^{co} Grimaldi Bolognese fec.
München, Staatliche Graphische Sammlung
Inv. Nr. 13405

Literatur: The Illustrated Bartsch, Bd. 42, New York 1981, Nr. 1, S. 11.

Der Bolognese Grimaldi war nicht nur Stecher, sondern auch Maler, vor allem Fresko- und Landschaftsmaler, sowie Architekt. Er studierte in Bologna im Kreis der Carracci, in deren Nachfolge seine Landschaften stehen. Um 1626 ging er nach Rom, schloß sich dem Kreis um Pietro da Cortona an und wurde schon 1635 Mitglied der Accademia di San Luca.

Im Gegensatz zu der Zeichnung (Kat. Nr. 27) ist hier die Natur nicht mehr sich selbst überlassen. Antikenfreunde haben die Trümmer zusammengesucht und einen der Köpfe auf einen Sockel gestellt, um ihn vor weiterer Zerstörung zu bewahren. Ist auch der ursprüngliche Bedeutungszusammenhang dieser Werke zerstört und verloren, so sind sie durch ihre Wiederaufrichtung als Fragmente zu neuen Denkmälern der Vergänglichkeit aller irdischen Größe geworden.

Mit den monumentalen Köpfen erinnert der Künstler offenbar an die beiden Porträt-Köpfe, die sich seit dem Ende des 15. Jahrhunderts im Konservatorenpalast in Rom befanden.
Sie werden heute beide als Bildnisse Konstantins des Großen angesehen. Während der Bronzekopf schon im Berliner Skizzenbuch des Marten Heemskerck, der Rom 1536 wieder verließ, auf einem Sockel aufgerichtet war, wurden der Kopf und weitere Körperteile eines ehemals sitzenden Konstantin aus der Maxentius-Basilika erst im 17. Jahrhundert mit Sockeln versehen. Allerdings sind die Köpfe auf dem Blatt von Grimaldi in eine stadtferne arkadische Landschaft versetzt. (Helbig II, Nr. 1441 und 1578, sowie: Hans Henrik Brummer, The Statue Court in the Vatican Belvedere. Stockholm 1970, S. 243–247).

29

William Hogarth
London 1697 – 1764 London

Analysis of Beauty, 1753

Kupferstich, 39,4 : 50,5 cm
München, Staatliche Graphische Sammlung
Inv. Nr. 1963 : 387 D/P 195 III

Der große englische Gesellschaftskritiker William Hogarth hat nicht nur satirische graphische Serien und Gemälde über das Leben der besseren und schlechteren Gesellschaft hinterlassen, sondern auch theoretische Schriften zu Fragen der Kunst und des Geschmacks, darunter vor allem die *Analysis of Beauty* von 1753.

Das ausgestellte Blatt ist eine der beiden Tafeln aus diesem Werk, das in deutscher Übersetzung von E. Mylius in Berlin und Potsdam 1754 unter dem Titel *Zergliederung der Schönheit, die schwankenden Begriffe von dem Geschmack festzusetzen* erschien.

Im Zentrum von Hogarths Überlegungen steht die Schlangenlinie als Verkörperung der Schönheit. Die S-förmig geschwungene Linie kommt auf diesem kommentierten Blatt in den Randzeichnungen sowohl in reiner Form wie in gegenständlicher Verarbeitung vor. Nr. 26 zeigt ihre Idealform als »line of grace« (Linie der Grazie).

Das Innere des Blattes stellt einen Statuenhof vor, der alle damals kanonischen antiken Figuren seitenverkehrt vorstellt nebst anatomischen und anderen Vorlagebüchern und -blättern. Aus dem Vatikan sieht man den Laokoon, den Torso und den Apoll vom Belvedere, einen Flußgott sowie den Antinous. Links steht der Herkules aus dem Besitz der Farnese, in der Mitte die Venus der Medici. Dabei ist darauf hinzuweisen, daß Hogarth nie in Italien war, die dargestellten Statuen also nur aus Abgußsammlungen und durch Stiche kannte. Zwischen den antiken Figuren erscheinen merkwürdige neuere Denkmäler und Kostüme, deren Formen offenbar weit von der durch die Antiken veranschaulichten Schönheitslinie entfernt sind. So hat Hogarth neben den elegant geschwungenen Antinous einen Tanzmeister gestellt, um die natürliche Grazie des einen und die steife Geziertheit des anderen zu verdeutlichen. Das ganze Blatt lebt von der Konfrontation des natürlich Vielfältigen, Einfachen und Anmutigen mit dem übertrieben Aufwendigen auf der einen Seite und zu Dürftigen auf der anderen.

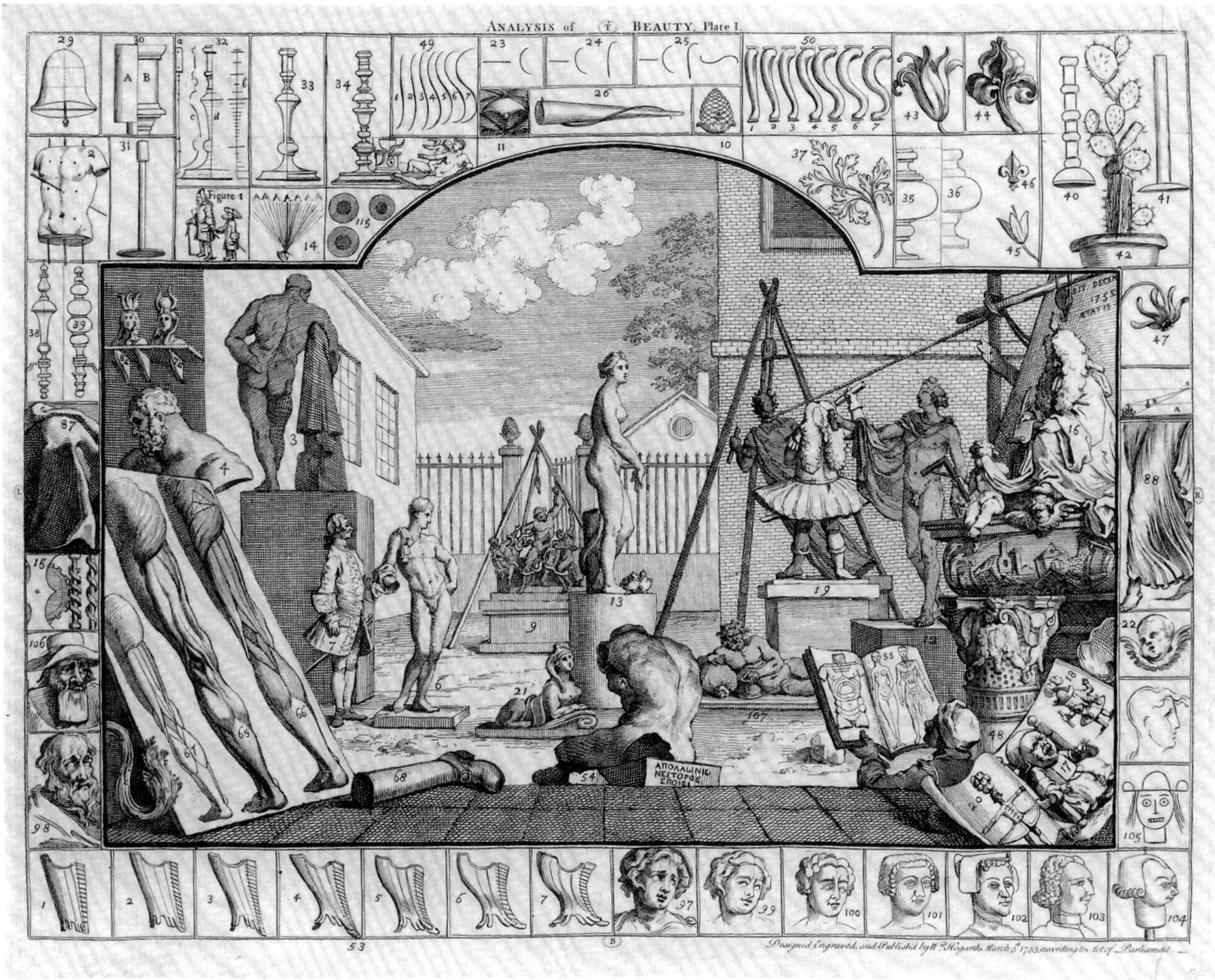
ANALYSIS of (T) BEAUTY, Plate I.
Figure 1
Designed, Engraved, and Publishd by Wm. Hogarth, March 5th 1753, according to Act of Parliament.

30

William Pether
Carlisle 1738 – 1821 Bristol
nach **Joseph Wright of Derby**
Derby 1734 – 1797 Derby

Drei Personen betrachten den Borghesischen Fechter, 1769

Schabkunstblatt, 44,5 : 54,7 cm
London, Victoria & Albert Museum
Inv. Nr. 29445.3

Joseph Wright of Derby stellte zwar in London aus, verbrachte aber die meiste Zeit seines Lebens in Derby. Er ist durch seine Bilder mit künstlicher Beleuchtung bekannt geworden sowie durch Werke, in denen er sich mit damaligen wissenschaftlichen und technischen Errungenschaften, zum Beispiel der Luftpumpe, auseinandersetzt. Das von Pether, einem Freund Derbys, gestochene Bild *Drei Personen betrachten den Borghesischen Fechter*, das in der Society of Artists in London 1765 ausgestellt worden war, wurde wie die *Luftpumpe* von Dr. William Bates erworben und befindet sich heute in Privatbesitz.

Der Borghesische Fechter, 1. Hälfte 18. Jh.

Lindenholz, in Imitation von Bronze geschwärzt, Höhe 33,3 cm
Sockel: Pappel, 28,5 : 12,5 : 4 cm
München, Bayerisches Nationalmuseum
Inv. Nr. 56/81

Literatur: Bayerisches Rokoko. Vom Entwurf zur Ausführung. Kat. Ausst. Bayerisches Nationalmuseum München 1985, Nr. 13. – Für den Hinweis auf den Text von Nicolai danken wir Peter Volk, Bayerisches Nationalmuseum. – Haskell / Penny 1981, Nr. 43, S. 221–224. – Siehe auch: Die Gipsabgüsse des Fürsten Franz in Wörlitz. Kat. Ausst. Museum für Abgüsse klassischer Bildwerke München 1999, S. 10.

Der sogenannte Fechter Borghese, eine 1611 bei Anzio gefundene Marmorstatue, die 1613 in den Besitz der Borghese kam, wurde 1807 von Napoleon gekauft und im Musée Napoléon aufgestellt. Heute befindet sie sich im Louvre. Sie war eine der beliebtesten Figuren in Ateliers und Akademien und wurde vor allem zum Studium der Muskulatur verwendet. Es gab neben Abgüssen und Verkleinerungen des Originals auch solche, die den Fechter als Muskelmann zeigten (Kat. Nr. 92).

Im Falle der vorliegenden Figur wird angenommen, daß es sich um eine Schülerarbeit handelt, war es doch üblich, daß die Bildhauerlehrlinge die vorbildlichen Figuren in den Sammlungen nachschnitzten. Friedrich Nicolai berichtet in seiner *Beschreibung einer Reise durch Deutschland und die Schweiz im Jahre 1781* (Bd. VI, 1785, S. 401 ff., zitiert nach Maria Pötzl-Malikova, Franz Xaver Messerschmidt. Wien / München 1982, S. 145):

»Als er seine Studien in Rom anfing, kaufte er einen Kloben Lindenholz, nahm ihn auf die Schulter, kam so in den Farnesischen Pallast, und legte sein Holz vor dem Herkules nieder. Zwey spanische Bildhauer vom Hofe pensionirt, im modischen Morgennegligé, die wechselweise mit großen Tasterzirkeln maßen und an ihren thönernen Modellen boßirten, – sahen den deutschen Fremdling, der im schlechten Wammes mit kurz abgeschnittenen Haaren ankam, als einen Tagelöhner über die Achsel an. Messerschmidt ohne große Anstalten, und ohne zu messen, fieng an mit ein Paar Schnitzmessern in die Kreuz und die Quer ins Holz zu schneiden. Die übrigen Künstler sahen ihm verwundernd zu, und die Spanier besonders zukten die Achseln, und glaubten, dass auf diese Art nichts kluges herauskommen könnte. Aber ihr Spott verwandelte sich in Erstaunen, als sie nach einigen Tagen aus dem unförmlichen Holze einen herrlichen Herkules entstehen sahen.«

32 Umkreis des Georg Raphael Donner

Der Borghesische Fechter, um 1740

Diese Figur wird wie die Einzelfigur zu einer Laokoon-Gruppe (Kat. Nr. 43) dem Umkreis des österreichischen Bildhauers Georg Raphael Donner (Esslingen 1693–1741 Wien) zugeschrieben. Bei beiden Figuren handelt es sich um freie Nachbildungen nach dem Original.

Birnbaumholz, aus Stücken geleimt, Höhe 34 cm, Breite 34,5 cm
Nürnberg, Germanisches Nationalmuseum
Inv. Nr. Pl. O. 2857

33 Schüler der Düsseldorfer Akademie

Studie nach dem Borghesischen Fechter, 1845

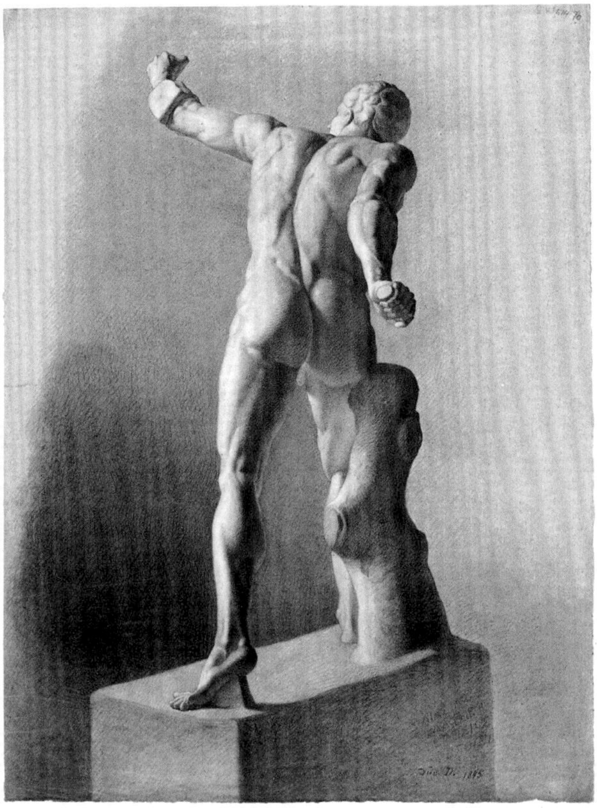

Es handelt sich um eine der seit Perriers Werk von 1638 (Kat. Nr. 21) üblichen Ansichten dieser Figur. Bei der Genauigkeit der Modulation der Muskulatur ist jedoch anzunehmen, daß der Zeichner einen Gipsabguß der Düsseldorfer Akademie vor Augen hatte.

Kohle, gewischt und mit weißer Kreide gehöht auf gräulich-bräunlichem groben Papier, 69,8 : 51,4 cm
Bez. r. u. mit Kohle: Düss. D. 1845.
Karlsruhe, Staatliche Kunsthalle
Inv. Nr. P. K. I 514-76

Literatur: Eva-Marina Froitzheim, Körper und Kontur. Aktstudien des 18. bis 20. Jahrhunderts aus dem Kupferstichkabinett. Kat. Ausst. Staatliche Kunsthalle Karlsruhe 1994, S. 26/27, Nr. 4.

34

Umkreis des Hubert Gerhard (?)

Venus Medici, um 1620

Diese Verkleinerung der Mediceischen Venus in Florenz ist bis in die Inventare der Schatzkammer von 1879 zurückzuverfolgen, so daß über ihre ursprüngliche Aufstellung in der Residenz nichts bekannt ist. Der Guß ist ziemlich dünnwandig und weist einige kleine Löcher auf. Die Arme waren von vornherein angesetzt. Ein Bruch in beiden Beinen machte vermutlich im 19. Jahrhundert eine Restaurierung nötig, wobei über die originale Lackpatina, die einen hellen Goldton aufwies, ein zweiter Überzug gelegt wurde, der stark nachgedunkelt ist.

Es handelt sich um die Verkleinerung nach der römischen Marmorkopie eines griechischen Bronzeoriginals aus dem 2. Jahrhundert v. Chr., die sich heute in den Uffizien in Florenz befindet. Man weiß nicht, wo diese Marmorkopie gefunden wurde; 1638 erscheint sie in drei Ansichten in dem Werk von François Perrier (Kat. Nr. 21), was schon ihre damalige Berühmtheit zeigt. Nach Joachim von Sandrarts Beschriftung der von ihm gezeichneten Abbildung dieser Skulptur in seiner *Teutschen Academie* von 1675 befand sie sich zu diesem Zeitpunkt im Garten der Villa Medici in Rom und wurde offenbar für ein Werk des Phidias gehalten, obgleich am Sockel in griechischer Schrift »Cleomenes, Sohn des Apolodorus« als Künstler benannt wird. 1677 kam sie zusammen mit den Ringern und dem Arrotino (Messerschleifer) nach Florenz und wurde 1688 in der von Buontalenti errichteten Tribuna der Uffizien aufgestellt. Damit wuchs ihr Ruhm noch, und sie wurde zur beliebtesten antiken Figur bis zum 19. Jahrhundert.

Bronze, Höhe mit Plinthe: 51,5 cm;
Sockel: 12,4 cm
Bayerische Verwaltung der staatlichen Schlösser, Gärten und Seen
Residenz München, Trierzimmer, Saal des Rates
Inv. Nr. Res. Mü. P. II. 53 (WL)

Literatur: Haskell / Penny 1981, Nr. 88, S. 325–328. – Zur Tribuna siehe: Sabine Schulze, Die neue Tribuna. In: Die Bronzen der Fürstlichen Sammlungen Liechtenstein. Kat. Ausst. Liebieghaus Frankfurt / Schirn Kunsthalle Frankfurt 1987, S. 111 ff.

35

Philipp Jakob Becker
Pforzheim 1759 – 1829 Erlenbad / Baden

Drei Ansichten eines weiblichen Torsos

Karlsruhe, Staatliche Kunsthalle

a. Frontalansicht
Schwarze Kreide auf blauem Papier,
42,2 : 34 cm
Inv. Nr. VIII 1106-15

b. Leicht nach rechts gedreht
Schwarze Kreide auf grauem Papier,
46,7 : 31,7 cm
Inv. Nr. VIII 1106-16

c. Nach links, fast bis zur vollständigen Rückenansicht gedreht
Schwarze Kreide auf blauem Papier,
46,2 : 32,1 cm
Inv. Nr. VIII 1106-17

Literatur: Haskell / Penny 1981, Nr. 88, S. 325–328. – Eva-Marina Froitzheim, Körper und Kontur. Aktstudien des 18. bis 20. Jahrhunderts aus dem Kupferstichkabinett. Kat. Ausst. Staatliche Kunsthalle Karlsruhe 1994, S. 28, Nr. 6.

Eva-Marina Froitzheim geht davon aus, daß es sich hier nicht um Zeichnungen nach einem antiken Original oder Abguß handelt, sondern um ein Demonstrationsblatt des weiblichen Körpers für Beckers Schüler an der Karlsruher Zeichenschule, wo er nach einem mehrjährigen Aufenthalt in Rom seit 1785 Direktor war. Sie verweist auf Johann Daniel Preißlers Zeichenlehrbuch *Die durch Theorie erfundene Practic* (Nürnberg 1721 ff.), das im ersten Teil einen verwandten, leicht nach vorn geneigten weiblichen Körper abbildet (siehe dazu Kat. Nr. 142). Man sollte jedoch bedenken, daß sich vergleichbare Torsen schon als anatomische Modelle bei Vesalius finden (Kat. Nr. 85). Auch seine Darstellungen sind wie diejenigen Beckers zwischen lebendem Modell und leblosem Stein angesiedelt. Besonders virtuos geht im 18. Jahrhundert Giambattista Piazzetta in der von Marco Pitteri gestochenen Zeichenschule *Studi di pittura gia dissegnati da Giambattista Piazzetta ed ora con l'intaglio di Marco Pitteri …* (Venedig 1760) mit dem wie lebendig erscheinenden Torso um, der gleichzeitig seine steinerne Natur nicht verleugnet.

Der Körper entspricht wie in Runges Zeichnung eindeutig dem Typus der Venus Medici. Ihr wurde besondere Grazie und Weichheit des Fleisches nachgesagt, so etwa zu Anfang des 18. Jahrhunderts von Joseph Addison, worauf Haskell / Penny 1981 hinweisen. Sie war das vorbildliche Beispiel des mit Leben begabten Steins. Insofern kann ihr Körper durchaus als Modell für den weiblichen Körper überhaupt gelten.

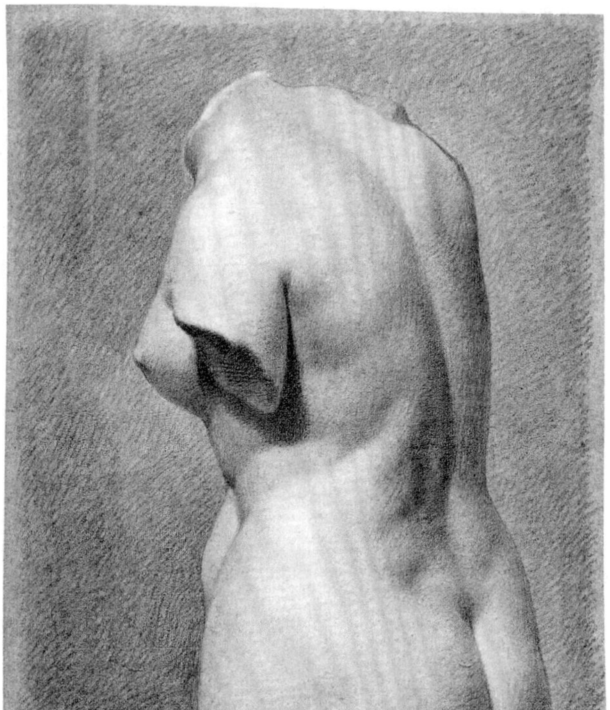

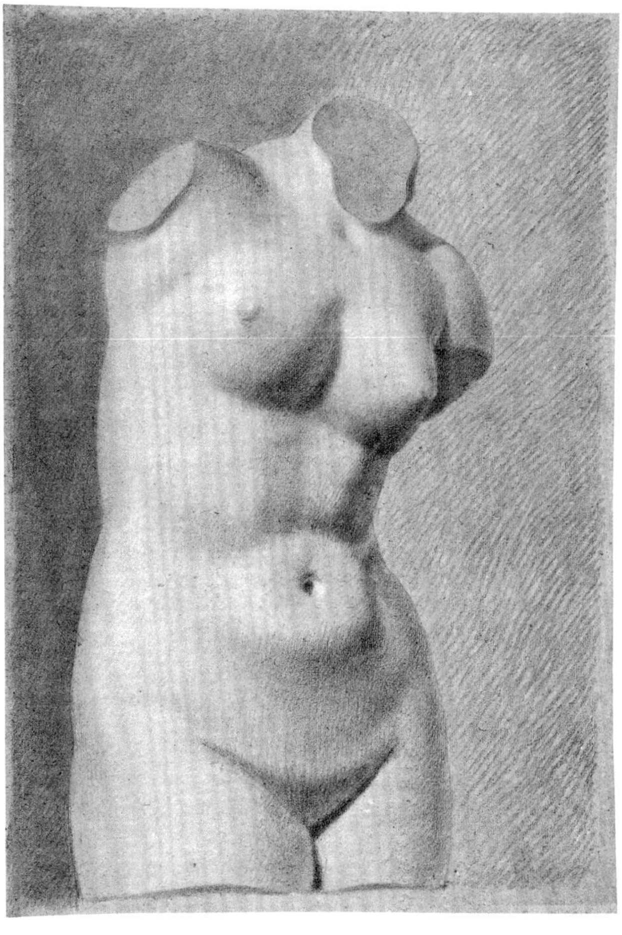

36

Philipp Otto Runge
Wolgast 1777 – 1810 Hamburg

Atlas, um 1800

Diese Zeichnung entstand in Runges Kopenhagener Studienzeit (1799–1801). Es handelt sich um eine Figur, deren antike Herkunft von den Archäologen bezweifelt wird. Möglicherweise befand sie sich in der Gipssammlung des Schlosses Charlottenborg, wo auch die Akademie untergebracht war, denn man erkennt sie auch auf Wilhelm Bendz' Porträt des Bildhauers Christen Christensen von 1827 (Kat. Nr. 54). Am nächsten kommt sie vier Figuren, die sich in der Villa Albani in Rom als Stützen am sogenannten Satyrbrunnen im Zentrum des Gartens befanden. Diese Figuren waren sehr berühmt. Sie wurden 1778 von Piranesi gestochen. 1801 als Kriegsbeute nach Paris gebracht, wurden sie im Musée Napoléon in Paris an prominenter Stelle aufgestellt (Kat. Musée Napoléon von 1806). Bei Runge und auch auf dem Bild von Bendz fehlt jedoch im Vergleich zu den Figuren aus der Villa Albani das Fell an der Außenseite der Oberschenkel.

Schwarze und weiße Kreide auf grauem Papier, 58,8 : 39,5 cm
Bez. von der Hand des Bruders Daniel mit brauner Tinte: Atlas
Hamburg, Hamburger Kunsthalle
Inv. Nr. Kh 1938/65

Literatur: Jörg Traeger, Philipp Otto Runge und sein Werk. Monographie und kritischer Katalog. München 1975, Nr. 158. – Carlo Gasparri, Die Skulpturen der Sammlung Albani in der Zeit Napoleons und der Restauration. In: Forschungen zur Villa Albani. Antike Kunst und die Epoche der Aufklärung. Hrsg. v. Herbert Beck und Peter C. Bol. Berlin 1982, v. a. S. 389, Abb. 209, 211.

37

Philipp Otto Runge
Wolgast 1777 – 1810 Hamburg

Torso der Venus Medici, um 1801

Schwarze und spurenweise weiße Kreide,
53,2 : 27,6 cm
Bez. r. u. von der Hand des Bruders Daniel in schwarzer Tinte: Venus in Dresden
Hamburg, Hamburger Kunsthalle
Inv. Nr. Kh 1938/72

Literatur: Jörg Traeger, Philipp Otto Runge und sein Werk. Monographie und kritischer Katalog. München 1975, Nr. 209.

Diese vom Bruder des Künstlers bezeichnete Studie entstand in Runges Dresdner Studienzeit (1801–1803), wo er seine an der Kopenhagener Akademie begonnene Ausbildung fortsetzte. Das Blatt zeigt die Dresdner Kopie einer hellenistischen Venus vom Typus der Venus Medici. Die Zeichnung wurde Ausgangspunkt für die zentrale Figur der Aurora in Runges Komposition *Der Morgen* (kleine Fassung 1808, große Fassung 1809–11, beide in der Hamburger Kunsthalle). Den Gemälden ging eine graphische Fassung voraus, die 1803/04 innerhalb der Stichfolge der *Vier Jahreszeiten* erschien.

Wilhelm Gail
München 1804 – 1890 München

Herkules Farnese, um 1820/25

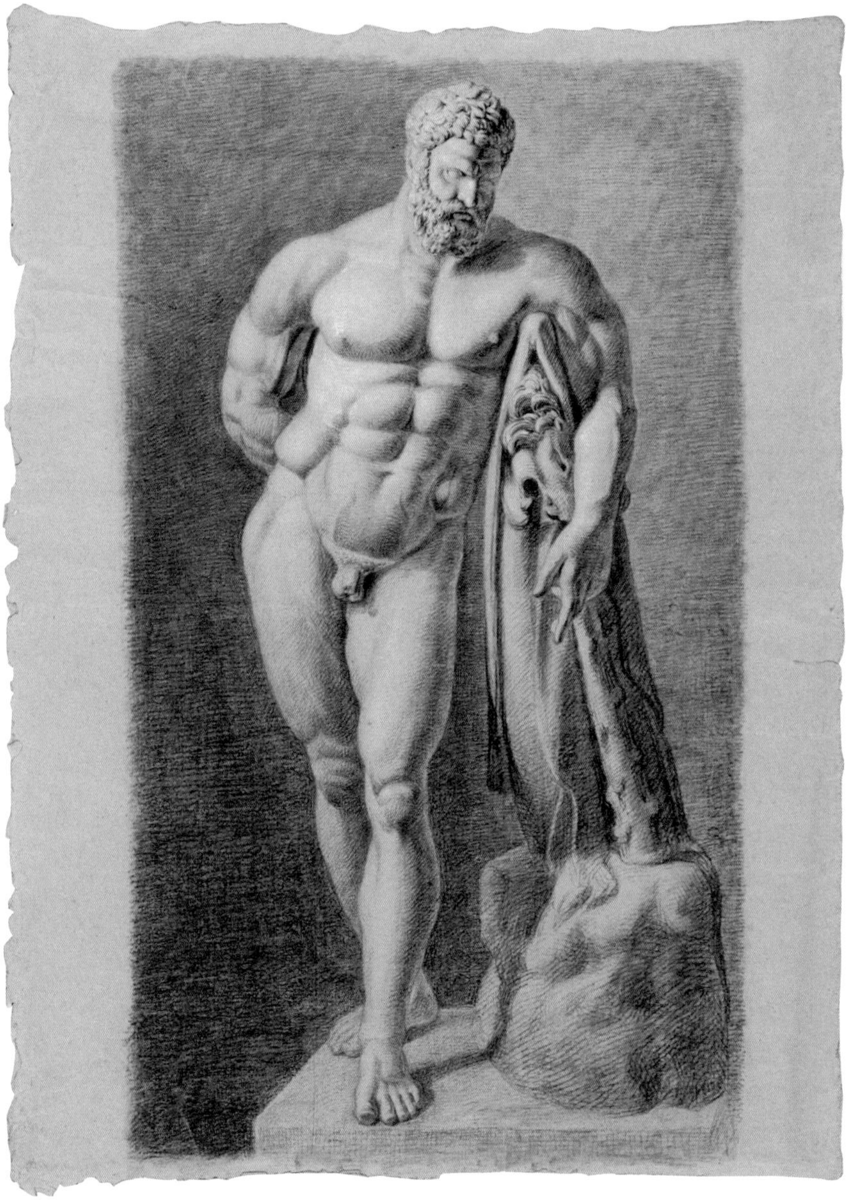

Kohle auf gebläutem Papier, weiß gehöht, 74,2 : 53,8 cm
München, Städtische Galerie im Lenbachhaus
Inv. Nr. G 18 037

Wilhelm Gail, Schüler der Münchner Akademie und seines Schwagers Peter Heß, lebte von 1825 bis 1827 in Italien. Anschließend kehrte er in seine Heimatstadt München zurück, die er nur noch einmal für eine Spanienreise in den Jahren 1832/33 verließ. Vor dem Studium der Malerei war Gail Bauschüler gewesen, was ihm später bei seiner Spezialisierung auf das Architekturbild mit Genrestaffage zugute kam.

Die großformatige Zeichnung des Herkules Farnese ist vermutlich in seiner Münchner Studienzeit entstanden. Wie alle Akademien besaß auch die Münchner diese zu den berühmtesten und vorbildlichen Antiken zählende Figur als Gipsabguß. Zumindest ist dies für das Ende des Jahrhunderts bezeugt (Ernst Kreidolf, Lebenserinnerungen. Zürich 1957, S. 88).

Es wäre auch denkbar, daß der Künstler die originale antike Marmorfigur des Herkules in Neapel zeichnen konnte, da diese Stadt zu den Stationen seiner Italienreise gehörte. Seit 1792 war die Figur dort im Museo degli Studi ausgestellt. Doch sprechen zwei Tatsachen dagegen. Der Herkules taucht nicht in Gails 1829 herausgebrachtem Lithographienwerk *Erinnerungen an Florenz Rom und Neapel* auf. Diese Mappe enthält Ansichten von Denkmälern und Orten mit Genrestaffage in diesen drei Städten. Außerdem gehörte das Blatt zu einem Konvolut von Zeichnungen, das auch die anatomische Fußstudie (Kat. Nr. 98) enthielt. Solche Studien aber sind eindeutig Übungen, die während der akademischen Ausbildung entstanden.

39

Karl August Lenbach
Schrobenhausen 1828 – 1847 Schrobenhausen

Herkules Farnese, 1846

Blei auf gebläutem Papier, weiß gehöht, 74,7 : 45,5 cm
Bez. M. u: Karl Lenbach gez. im August 1846; r. u.: RhombergK (?)
München, Städtische Galerie im Lenbachhaus
Inv. Nr. G 11 394

Literatur: Sonja Mehl, Franz von Lenbach in der Städtischen Galerie München. Kat. Mus. Lenbachhaus München 1980, Nr. 6a, S. 55.

Karl August Lenbach, Stiefbruder Franz von Lenbachs aus erster Ehe des Vaters, ist künstlerisch nicht weiter hervorgetreten, da er schon mit 19 Jahren starb. Die Zeichnung ist mit »Rhomberg« abgezeichnet, möglicherweise die Unterschrift eines Lehrers. Falls es sich um diejenige des Historienmalers Joseph Anton Rhomberg (1786–1855) handelt, so könnte das bedeuten, daß Karl August Lenbach das Münchner Polytechnikum besuchte, wo Rhomberg ab 1827 Zeichenlehrer war.

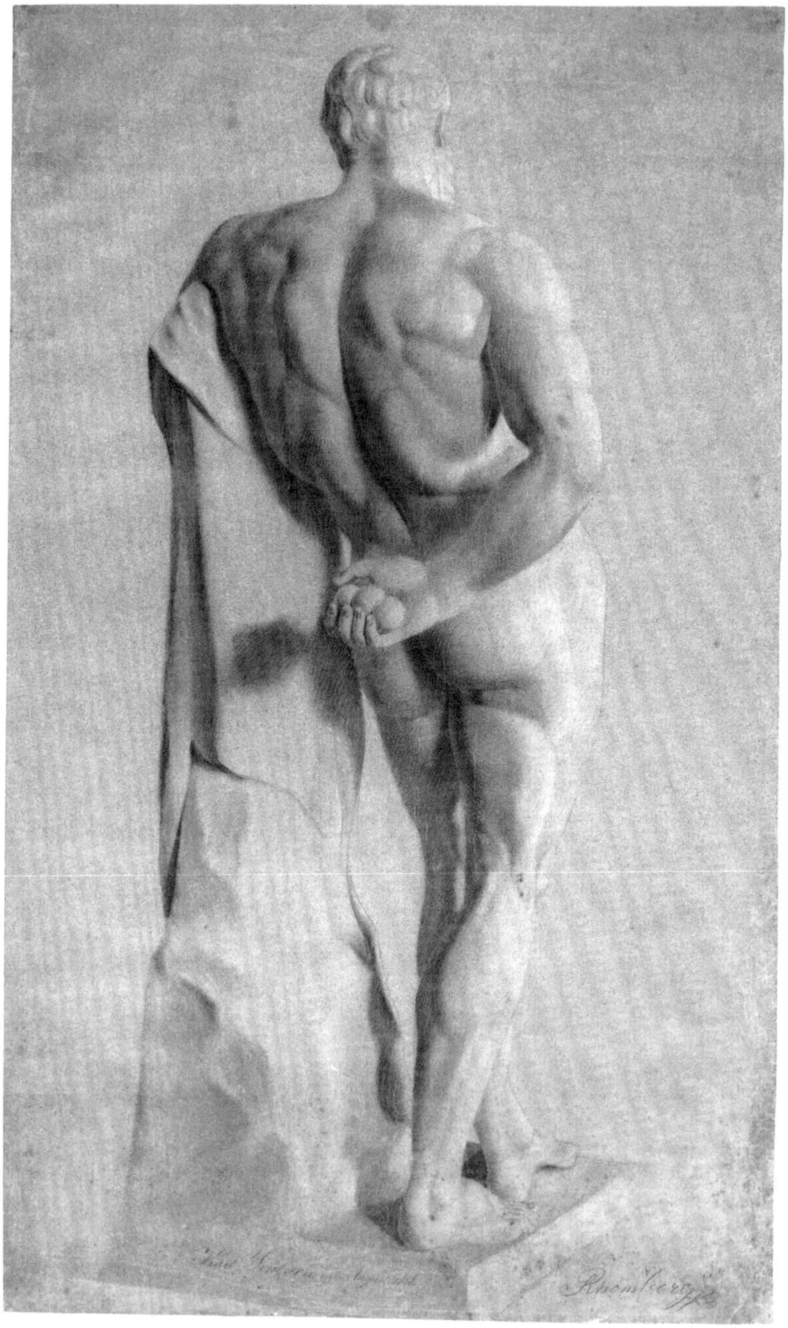

40

Giovanni Francesco Susini
Florenz 1585 – um 1653 Florenz

Herkules Farnese, 2. Viertel 17. Jh.

Bronze mit rotgoldener Lackpatina,
Höhe 41,9 cm
Vaduz, Sammlungen des Fürsten
von Liechtenstein, Schloß Vaduz
Inv. Nr. 556

Literatur: Erika Tietze-Conrat, Die Bronzen der Fürstlich Liechtensteinischen Kunstkammer. In: Jahrbuch des kunsthistorischen Instituts der K. K. Zentralkommission für Denkmalpflege, Bd. XI, 1917, S. 92 (dort Antonio Susini zugeschrieben). – Haskell / Penny 1981, Nr. 46, S. 229–232. – Die Bronzen der Fürstlichen Sammlung Liechtenstein. Konzeption: Reinhold Baumstark, Herbert Beck, Brita v. Götz-Mohr, Sabine Schulze. Kat. Ausst. Liebieghaus – Museum alter Plastik in der Schirn Kunsthalle Frankfurt a. M. 1986/1987, Nr. 29, S. 194/195. – Uwe Wieczorek, »Götter wandelten einst...«. Antiker Mythos im Spiegel alter Meister aus den Sammlungen des Fürsten von Liechtenstein. Kat. Ausst. Sammlungen des Fürsten von Liechtenstein Vaduz 1998, Nr. 45, S. 107–109.

Nach dem Bericht Filippo Baldinuccis (Ausgabe 1846, Bd. 4, S. 110) hatte der Onkel Giovanni Francesco Susinis, Antonio Susini, der ein Schüler Giovanni da Bolognas war, mit dessen Empfehlung in Rom fünf Abgüsse des Herkules Farnese hergestellt. Im Falle der Liechtensteiner Bronzen wird davon ausgegangen, daß sie von dessen Neffen Giovanni Francesco Susini stammen, der die Werkstatt seines Onkels erbte und möglicherweise dessen Modelle überarbeitete. Die Liechtensteiner Bronzen tauchen erstmals im Inventar von 1658 auf, müssen demnach Erwerbungen des Fürsten Karl Eusebius von Liechtenstein sein. Sie waren für eine dekorative Aufstellung in der Galerie an den Wänden entlang unter den dort aufgehängten Gemälden gedacht.

Fürst Karl Eusebius bevorzugte für seine Antikenkopien, auch wenn es sich wie im Falle des Herkules im Original um monumentale Marmorstandbilder handelte, die Bronze. Marmor lehnte er deshalb ab, weil das Weiß des Steins eher einen »Bleichdodten representieret« (Schulze in: Kat. Ausst. Frankfurt a. M. 1986, S. 130), als daß es den gewünschten Schein des Lebens erzeuge.

Wie alle Bronzen der Sammlung Liechtenstein hat der Herkules eine sorgfältig ziselierte Oberfläche und eine besonders schöne Lackpatina. Sie wirkt auf den geglätteten Partien des nackten Körpers wie eine Haut, auch wenn sie in ihren rot-, gelb- oder grüngoldenen Tönungen nur bedingt der Wirkung der realen Haut entspricht. Jedoch besitzt sie eine Eigenschaft, die in den theoretischen Schriften zum Kolorit seit dem 16. Jahrhundert an der menschlichen Haut als Besonderheit gegenüber dem Äußeren aller anderen Lebewesen hervorgehoben wurde: ihre »Durchsichtigkeit«, die das Darunterliegende (in der Realität Adern, Blut, Muskeln) ahnen läßt. Diese durchscheinende Oberfläche erhält die Bronze durch die Lackpatina. Wobei ein zu starker Glanz wiederum von Karl Eusebius ganz im Sinne seines Realismusanspruchs nicht als weich (morbido), also hautähnlich genug empfunden wurde.

Der antike Herkules wurde um 1546 als Fragment ohne Kopf und Beine und ohne linken Unterarm auf den Besitzungen der Farnese im Bereich der Caracalla-Thermen in Rom gefunden. Der Kopf war schon sechs Jahre vorher in Trastevere aufgetaucht. Guglielmo della Porta führte die Restaurierung und Zusammenfügung der Fragmente aus, danach wurde die Figur im Hof des Palazzo Farnese in Rom aufgestellt. Man ließ ihr die ergänzten Beine della Portas, obgleich die echten bald darauf gefunden wurden. Die Abformung Susinis gibt diesen Zustand wieder. Das Original wurde erst 1787, vor seinem Transport nach Neapel, wiederhergestellt, wo es 1792 im Museo degli Studi, heute Nationalmuseum, aufgestellt wurde.

41

Giovanni Francesco Susini
Florenz 1585 – um 1653 Florenz
nach **Giovanni da Bologna**
Douai 1529 – 1608 Florenz

Kniende Badende

Bronze mit goldbrauner Lackpatina, Höhe 25,9 cm
Vaduz, Sammlungen des Fürsten von Liechtenstein, Schloß Vaduz
Inv. Nr. 569

Literatur: Erika Tietze-Conrat, Die Bronzen der Fürstlich Liechtensteinischen Kunstkammer. In: Jahrbuch des kunsthistorischen Instituts der K. K. Zentralkommission für Denkmalpflege, Bd. XI, 1917, S. 16–108. – Haskell/Penny 1981, Nr 86, S. 321–323. – Die Bronzen der Fürstlichen Sammlung Liechtenstein. Konzeption: Reinhold Baumstark, Herbert Beck, Brita v. Götz-Mohr, Sabine Schulze. Kat. Ausst. Liebieghaus – Museum alter Plastik in der Schirn Kunsthalle Frankfurt a. M. 1986 /1987, Nr. 12, S. 168/169.

Dieses Werk von Giovanni Francesco Susini nach einer Figur des in Italien tätigen flämischen Bildhauers Giovanni da Bologna taucht im Inventar der Liechtensteinischen Galerie von 1658 erstmals auf und ist demnach eine Erwerbung des Fürsten Karl Eusebius von Liechtenstein (1611–1684), der als der eigentliche Gründer der Galerie gilt.

Sabine Schulze schreibt: »Teil seiner hervorragenden Ausbildung waren mehrjährige Bildungsreisen, die ihn auch nach Florenz führten. In dem Œuvre des Giambolognaschülers Giovanni Francesco Susini fand er den Typenschatz, der seiner Vorstellung von zeitgenössischer Plastik entsprach.« (Kat. Ausst. Frankfurt a. M. 1986/1987, S. 39).

Denn interessanterweise bestellte der Fürst kaum neuere Plastiken, sondern verpflichtete die von ihm geschätzten Künstler zum Kopieren antiker und einiger als exemplarisch angesehener neuerer Werke von Michelangelo, François Duquesnoy oder Giovanni da Bologna. Besonders Güsse nach Giambologna, der als einer der größten neueren Bildhauer galt, waren in den fürstlichen Sammlungen unabdingbar.

Die Figur zeigt die für Giovanni da Bologna typische Drehung des Körpers, die ein Herumgehen erlaubt, ohne daß dabei ästhetisch ungenügende Ansichten entstehen. Man spricht von Figura serpentinata (schlangenähnliche Figur). Viel- bzw. Allansichtigkeit war für die Bildhauer der Renaissance einer der Ansprüche, die sie für die Vorzüglichkeit ihrer Kunst ins Feld führen konnten. Besonders die Künstler nach Michelangelo, die sogenannten Manieristen, entwickelten diese Drehung der Körper mit immer größerer Virtuosität weiter. Giovanni da Bologna entwarf die der Statuette von Susini zugrundeliegende Figur nach einer antiken kauernden Venus-Statue, die in mehreren Kopien in Rom existierte und dem antiken Bildhauer Doidalsas (Mitte oder 2. Hälfte des 3. Jahrhunderts n. Chr.) zugeschrieben wird. Eine dieser Kopien befindet sich im Louvre in Paris (siehe dazu Kat. Nr. 58).

Römischer Künstler

Laokoon, 1. Hälfte 17. Jh.

Bronze mit schwarzbrauner Lackpatina, Altar und Basis Holz, Höhe 66,9 cm (ohne Plinthe)
Jede Figur einzeln gegossen und in sich aus verschiedenen Stücken zusammengesetzt
Dresden, Staatliche Kunstsammlungen, Skulpturensammlung

Literatur: Hans R. Weihrauch, Europäische Bronzestatuetten. 15.–18. Jahrhundert. Braunschweig 1967, S. 247, Abb. 300. – Zuletzt: Von allen Seiten schön. Bronzen der Renaissance und des Barock. Wilhelm von Bode zum 150. Geburtstag. Hrsg. v. Volker Krahn. Kat. Ausst. Skulpturensammlung Staatliche Museen zu Berlin, Preußischer Kulturbesitz 1995, Nr. 173, S. 484/485 (Martin Raumschüssel). – Haskell/Penny 1981, Nr. 52, S. 243–247.

Diese sehr qualitätvolle Kopie der berühmten 1506 auf dem Esquilin in Rom gefundenen antiken Marmorgruppe (römische Kopie des frühen 3. Jahrhunderts n. Chr. nach einer Statue des Lysipp oder seiner Schule), die von Papst Julius II. im Statuenhof des vatikanischen Belvedere aufgestellt worden war, wurde 1714 von Raymond Le Plat in Paris erworben. Allerdings variiert der Kopist manche Details, vor allem dort, wo es um die Ergänzungen geht, die zwischen 1532 und 1533 durch den Florentiner Bildhauer Giovanni Angelo Montorsoli (1507–1563) durchgeführt wurden. So vollendet er den im Original fragmentarisch erhaltenen Lorbeerkranz des Laokoon. Der linke Sohn zieht hinter sich mit der Rechten ein Gewandstück in die Höhe, während er den Arm in der Rekonstruktion Montor-

Der rechte Sohn der Laokoon-Gruppe, um 1740

Birnbaumholz, aus Stücken geleimt,
Höhe 36 cm
Nürnberg, Germanisches Nationalmuseum
Inv. Nr. Pl. O. 2858

solis frei in die Höhe reckt. Wenn der Kopf des Priesters in der Bronzekopie mehr zur rechten Seite und nach vorn geneigt ist, so ist dies möglicherweise keine bewußte Abweichung, ebensowenig die Tatsache, daß die drei Figuren weiter auseinandergerückt sind als im Original. Sehr frei geht der Kopist mit dem Gewand um, das den Altar bedeckt, auf dem Laokoon sitzt. Es ist länger heruntergezogen als im Original, so daß der rechte Fuß des Priesters darauf aufsetzt, und zudem ist es so um den Unterleib geschlungen, daß es zur Bedeckung der Scham dient.

Die antike marmorne Figurengruppe, die nach Plinius d. Ä. von den rhodischen Bildhauern Hagesandros, Polydoros und Athanodoros geschaffen worden war, stand ursprünglich im Haus des römischen Kaisers Titus (79–81 n. Chr.). Sie galt seit ihrer Wiederentdeckung bis zu Gotthold Ephraim Lessing als verbindliche Darstellung des Leidens. Ab 1540 entstanden in Rom Kopien und Reproduktionen, die in verschiedene fürstliche Sammlungen gelangten, so im 17. Jahrhundert als etwas kleinere Variante in die Liechtensteinische oder im frühen 18. Jahrhundert in die Dresdner Sammlung. Joachim von Sandrart beschreibt im zweiten Band seiner *Teutschen Academie der edlen Bau- Bild- und Mahlerey-Künste* (Nürnberg 1679, S. 88) seine eigene Kunstkammer, die ebenfalls eine Laokoon-Gruppe enthielt: »Der Laokoon, heidnischer Priester von Troja, samt seinen zween Söhnen, werden von Schlangen gebissen, darinnen verwunderliche Bewegungen der Schmertzen sehr kunstreich vorgebildet, in Metall gegossen, rund und zween Spannen hoch.«

Auf verschiedenen Bildern von Abgußsammlungen des 18. Jahrhunderts taucht die Gruppe in Originalgröße auf, so etwa auf Johann Georg Platzers Darstellung einer solchen Sammlung aus dem National Museum in Wrocław (Kat. Nr. 50), hier allerdings ohne die Figuren der Söhne.

Zu der Darstellung gibt es verschiedene antike Quellen. Die bekannteste ist Vergils Äneis (2, 40ff. und 2, 199ff.). Es handelt sich um eine der Geschichten, die mit dem Trojanischen Krieg verbunden sind. Danach soll der Apollopriester Laokoon die List der Griechen durchschaut haben, mit dem Geschenk des Hölzernen Pferdes ihre Krieger in die uneinnehmbaren Mauern von Troja einzuschleusen. Als er die Trojaner warnen wollte, schickte Athene, unter deren Schutz die angreifenden Griechen standen, zwei riesige Schlangen, die zuerst seine Söhne und dann Laokoon selbst töteten.

44

Florentinischer Künstler

Ringergruppe, Anfang 17. Jh.

Bronze, Höhe 35 cm mit Sockel
Bayerische Verwaltung der staatlichen Schlösser, Gärten und Seen
Residenz München, Trierzimmer, Saal des Fürsten
Inv. Nr. Res. Mu. P. II. 42 (WL)

Literatur: Kat. Mus. Bayerisches Nationalmuseum München, Bd. XIII, 5: Die Bildwerke in Bronze und in anderen Metallen. Mit einem Anhang: Die Bronzebildwerke des Residenzmuseums. Bearb. v. Hans R. Weihrauch. München 1956, S. 221 f., Nr. 279 (Abb.). – Haskell / Penny 1981, Nr. 94, S. 337–339.

Diese ebenfalls (siehe Kat. Nr. 34) nur bis in die Schatzkammerinventare von 1879 zurückzuverfolgende Bronze wiederholt in verkleinerter Form die berühmte römische Marmorkopie nach einem griechischen Bronzeoriginal des zweiten vorchristlichen Jahrhunderts, die 1583 in der Nähe der Porta S. Giovanni in Rom gefunden und zwei Monate später von Kardinal Ferdinando de' Medici gekauft und in der Villa Medici aufgestellt wurde. Sie gelangte mit der Mediceischen Venus 1688 in die Tribuna der Uffizien in Florenz. Noch im Garten der Villa Medici in Rom wird die Gruppe 1638 von Perrier in sein Buch aufgenommen.

Der qualitätvolle Guß der Verkleinerung in der Münchner Residenz war ursprünglich in einem hellen Goldton patiniert, der noch in den schwer erreichbaren, nach unten weisenden Partien an den Körpern erhalten ist. Darüber wurde vermutlich im 19. Jahrhundert ein Wachsüberzug gelegt, der sowohl Abreibungen wie Restaurierungen einebnen sollte. Bei diesem Vorgang wurden mit dunklen Pigmenten die Schatten in den Vertiefungen unterstützt.

45 **Kapitolinische Venus, 1885**

46 **Kopf des Herkules Farnese, Ende 19. Jh.**

Gipsabguß, aus Einzelteilen zusammengesetzt: Unterkörper, Oberkörper, Arme, Kopf. Die Gußnähte sind stehengeblieben. Farbig changierende Leimfassung über dunkler Unterlage, Höhe 187 cm
Wien, Akademie der bildenden Künste

Literatur: Haskell / Penny 1981, Nr. 84, S. 318–320.

Die Kapitolinische Venus ist eine römische Marmorkopie der ersten Hälfte des zweiten Jahrhunderts n. Chr. nach einer späthellenistischen Figur. Sie ist eine Variante der badenden Venus vom Typus der Aphrodite von Knidos des Praxiteles. Gefunden wurde sie zwischen 1670 und 1676 bei der römischen Kirche S. Vitale. 1752 ließ Papst Benedikt XIV. sie im Kapitol aufstellen. Ihr Ruhm begann erst, als Winckelmann sie wegen ihres guten Erhaltungszustandes sogar über die Venus Medici stellte. Er erreichte seinen Höhepunkt mit dem Raub durch Napoleon und der Aufstellung im Musée Napoléon in Paris zwischen 1798 und 1815.

Im Falle dieses Abgusses in der Wiener Akademie ist ausnahmsweise das genaue Datum des Ankaufs bekannt.

Gipsabguß, mittelgraue, darüber beige ölgebundene Fassung mit dunkelgrauer Lasur, Höhe 82 cm
Wien, Akademie der bildenden Künste

47

Matthäus Merian d. J.
Basel 1621 – 1687 Frankfurt am Main

Bildnis der Familie des Matthäus Merian d. Ä., 1642/43

Öl auf Leinwand, 118,5 : 140 cm
Bez. auf der Zeichnung im Bild: 1641 M Merī Jun.
Basel, Öffentliche Kunstsammlung, Kunstmuseum
Inv. Nr. 2318

Lit.: Bernd Wolfgang Lindemann, Mit Turban und Fahne. Aelbert Cuyps Basler Familienbildnis wiederentdeckt. Kat. Ausst. Kunstmuseum Basel 1995/96, S. 28, Nr. 8. – Maria Sibylla Merian 1647–1717, Künstlerin und Naturforscherin. Hrsg. v. Kurt Wettengl. Kat. Ausst. Frankfurt a. M. 1997/98, S. 38, Nr. 1.

Das bemerkenswerte Gemälde, welches uns der etwa zwanzigjährige Matthäus Merian d. J. hinterlassen hat, ist vordergründig ein »Familienporträt«, denn dargestellt ist der junge Maler mit seinen Eltern und Geschwistern: Von links nach rechts sind zu sehen der Künstler selbst, sein Vater, der berühmte Frankfurter Kupferstecher und Verleger Matthäus d. Ä. (1593–1650), die Schwester Susanna Barbara (1619–1665), die Mutter Maria Magdalena, geborene de Bry (1598–1645), sowie die Schwester Margaretha (1623–?) und der zweitälteste Bruder Caspar (1627–1686). Die beiden rechts stehenden Geschwister sind nicht eindeutig zu bestimmen; vieles spricht dafür, daß es Joachim (1635–1701) und Maria Magdalena (1629 – nach 1650) sind.

Die eigenartige, antikisierende Kleidung der Dargestellten weist über den familiären Rahmen hinaus und führt zum eigentlichen Thema des Gemäldes: die ›Italiensehnsucht‹ des jüngeren Merian, den es dorthin zu reisen »verlangte«, um sich – wie er selbst schreibt – »in der Mahlerkunst [...] zu perfectionniren«. Da die Zeichnung im Bild die Jahreszahl »1641« trägt, Merian d. J. aber erst 1643 zu seiner Italienreise aufbrach, hält das Gemälde nicht, wie immer wieder stillschweigend angenommen wurde, seine Italienerfahrungen fest. Es spiegelt vielmehr – und das scheint singulär zu sein – seinen ›Wunschtraum‹ wider, nach Italien zu reisen. Es geht hier also um die Vorwegnahme seines südalpinen Aufenthaltes. Unser fortstrebender Maler läßt, wie um das Programm einer solchen ›Bildungsreise‹ zu verdeutlichen, seinem Vater zwei Antiken antragen: Caspar zeigt Merian d. Ä. eine Zeichnung, auf der der Torso vom Belvedere sowie die Jahreszahl »1641« zu sehen sind, und das jüngste Kind trägt eine Kopie des Laokoonkopfes heran. Beide Originale gehörten zum klassischen Studienprogramm nordalpiner Maler in Rom.

Andreas Tacke

48

Jacob van Oost

Das Maleratelier, 1666

Öl auf Leinwand, 111,5 : 150,5 cm
Bez. r. u.: J. V. Oost F. 1666
Brügge, Stedelijke Musea, Groeningemuseum
Inv. Nr. O. 188. I

Es ist strittig, ob das Bild von Jacob van Oost d. Ä. (Brügge 1603 – 1671) oder von seinem Sohn Jacob van Oost d. J. (Brügge 1637–1713) stammt. Beide waren Historien- und Porträtmaler. Van Oost der Ältere wurde 1621 Meister der Malergilde in Brügge. Bis 1628 war er in Italien, wo er die Helldunkel-Malerei Caravaggios und seiner Nachfolger studierte. Nach seiner Rückkehr malte er vor allem Altarbilder. Sein Sohn knüpft an den Spätstil des Vaters an. Er war in Rom und Paris und arbeitete zwischen 1670 und 1708 in Lille.

Das Maleratelier zeigt drei Kinder vor einer Gipsbüste, vermutlich nach antikem Vorbild. Zur Verlebendigung ist die Iris auf die blicklosen Augen aufgemalt. Die Büste steht auf einem Tisch, auf dem man auch einen kleinen weiblichen Torso sowie den unteren Teil eines ausschreitenden Écorchés erkennt. Am Boden steht eine antikisierende weibliche Bronzefigur und von dem Tisch hängt die Muskelstudie eines Mannes. Malutensilien und ein Gipsfuß im Vordergrund ergänzen das Inventar eines Malerateliers, das eher an ein prächtig ausgestattetes Zimmer erinnert.

Das Bild hat demonstrativen Charakter. Das vorderste Kind weist mit Blick zum Betrachter auf die Zeichnung der Büste, wohl als Hinweis darauf, daß antike Skulpturen für den Künstler das wichtigste Studienmaterial sind. Das im Hintergrund stehende Kind dagegen studiert eine Zeichnung mit modernen Studienköpfen und stellt möglicherweise einen Vergleich mit der Antike an. Das heißt, die Kinder sind nicht selbst – wie häufig – als Zeichner dargestellt, sondern sie beschäftigen sich mit dem Material eines Malers, der abwesend oder an der Stelle des angesprochenen Betrachters zu denken ist. Dadurch erhält das Bild den Charakter einer Lehrstunde, in der die Kinder und somit auch der Betrachter mit den Grundprinzipien der Malerei vertraut gemacht werden.

Zur Unterstreichung der Situation ist die weisende Hand des Kindes im Vordergrund durch den dunklen Schatten, den sie auf die Zeichnung wirft, besonders hervorgehoben. Das läßt vermuten, daß in dem Bild grundlegende Bestimmungen der Malerei und der dafür nötigen Schulung thematisiert werden, die schon auf Alberti und Leonardo zurückgehen. Alberti fordert in seinem Buch *Über die Malerei,* der junge Künstler solle weniger nach Gemälden zeichnen als nach Skulpturen, um die Darstellung des Runden zu lernen. Der Maler des *Malerateliers* demonstriert mit der Hand des Kindes seine Fähigkeit, das Runde zu veranschaulichen und – eine zentrale Forderung Leonardos – den Körper vom Grund zu lösen. Dessen Malereitraktat war im 17. Jahrhundert noch genauso aktuell wie im 16., zumal der erste Druck 1651 in Paris herauskam. Fast könnte man das Bild als Reaktion auf dieses Ereignis lesen. Der Blick auf die Theorie der Malerei seit der Renaissance macht auch das luxurieuse Ambiente verständlich, wiesen doch alle Theoretiker auf die Vornehmheit der Malerei hin, wobei sie immer wieder beklagten, daß diese Tatsache in ihrer Gegenwart oft nicht anerkannt würde.

In den Katalogen des Brügger Museums wird das Bild, allerdings mit Einschränkung, aus stilistischen Gründen dem jüngeren van Oost zugeschrieben. Es ist auch nicht im Werkverzeichnis van Oosts d. Ä. von Jan Luc Meulemeester von 1984 aufgeführt. Eine Verbindung zum älteren van Oost könnte man in dem Écorché sehen, denn vermutlich taucht dieselbe Figur auf einem seiner Werke auf, dem *Meditierenden Philosophen,* ein mit dem *Maleratelier* maßgleiches Bild, das sich im Sint-Janshospital in Brügge befindet. Der dort gezeigte Écorché in schreitender Stellung hat den rechten Arm angewinkelt und den linken erhoben. Er gehört in diesem Bild zu einem der vielen Vanitas-Symbole. Allerdings kann aus dieser Parallelität noch keine Zuschreibung des *Malerateliers* an den älteren van Oost abgeleitet werden, da der Sohn die Figur sicher ebenso kannte wie sein Vater.

49

Johann Heiß
Memmingen 1640 – 1704 Augsburg

Akademiebild, um 1680

Öl auf Leinwand, 107 : 106 cm
Münster, Westfälisches Landesmuseum für Kunst und Kulturgeschichte
Inv. Nr. 1557 LM

Literatur: Andreas Tacke, Das tote Jahrhundert. Anmerkungen zur Forschung über die deutsche Malerei des 17. Jahrhunderts. In: Zeitschrift des deutschen Vereins für Kunstwissenschaft 51, 1997, S. 43–70, v. a. S. 52, Abb. 3. – Das Bild wird nicht im Werkverzeichnis von Königfeld von 1982 erwähnt. – Für die Identifikation der Venusfigur danken wir Ingeborg Kader, Museum für Abgüsse klassischer Bildwerke, München, siehe dazu: Haskell / Penny 1981, Kat. Nr. 90.

Das Münsteraner Akademiebild zeigt ein sitzendes männliches Aktmodell, dessen Hocker auf eine Tischplatte gehoben ist. Um diesen Tisch sitzen eine Reihe von antik gekleideten jungen Männern mit Zeichenbrettern, die mit einem von rechts in den Raum eintretenden, orientalisch gekleideten Mann argumentieren. Dieser Orientale wird von einem unscheinbar gekleideten älteren Mann mit Kappe auf dem Kopf begleitet, der möglicherweise der Lehrer ist. An der Rückwand des gewölbten Raumes hängen drei prächtige Bilder, zwei Landschaften und ein Ruinenbild, in denen die klassische Form der Landschaftsmalerei eines Poussin oder auch eines Salvator Rosa vor Augen geführt wird. Zwischen den Bildern stehen die weißen Figuren der sogenannten *Stehenden Venus* der Vatikanischen Museen – eine Variante der Knidischen Venus, die sich 1536 schon im Statuenhof des Belvedere befunden haben muß – und des Herkules Farnese, um 1546 gefunden und von Heiß schon auf dem Bamberger Bild *Minerva als Göttin der Künste* eingesetzt. Die gesamte Szene ereignet sich wie auf einer Bühne unter einem hochgezogenen Vorhang, ein Element, das fast alle Akademiebilder von Heiß aufweisen.

Auf dem Bild gibt es mindestens vier Figuren, die auch auf einem weiteren seiner Akademiebilder, das sich im Herzog Anton Ulrich-Museum in Braunschweig befindet, vorkommen: die drei vorn am Tisch sitzenden Zeichenschüler und der Orientale. Georg W. Költzsch hat die letzte Figur im Braunschweiger Bild überzeugend erklärt. Er verweist auf eine Stelle in Sandrarts *Teutscher Academie* von 1675, wo dieser die Muslime im Zusammenhang mit deren Verbot der »Bildnerey« erwähnt. Demnach wird in dem Akademiebild von Heiß dem bilderfeindlich eingestellten Vertreter einer anderen Religion die westliche Praxis der Figurenmalerei vorgeführt, die das Studium des Aktes sowohl an Antiken wie am lebenden Modell zur Voraussetzung hat.

Auffällig ist die vornehme antikisierende Kleidung der jungen Zeichenschüler, wie überhaupt der Raum mehr an einen Palast als an eine Zeichenschule erinnert. Dies könnte sich auf eine seit der Renaissance gern zitierte Stelle bei Plinius d. Ä. beziehen. Er schreibt über den Lehrer des Apelles: »Sein Ansehen gab den Ausschlag, daß zuerst in Sikyon, dann im ganzen Griechenland freigeborene Knaben, was vorher vernachlässigt worden war, im Zeichnen, das heißt in der Malerei auf Buchsbaumholz, unterrichtet wurden und daß diese Kunst den ersten Rang unter den freien Künsten einnahm. Sie hat überhaupt immer in solchem Ansehen gestanden, daß Freigeborene, dann auch ehrbare Leute sie übten, wobei immerfort verboten war, Sklaven darin Unterricht zu erteilen. Daher kommt es auch, daß weder in dieser Kunst noch in der Toreutik [Kunst der Metallbearbeitung], Werke irgendeines Mannes, der Sklave war, lobend erwähnt werden.« (Plinius d. Ä., Naturalis historia, XXXV, S. 63, in: Tusculum-Ausgabe, München 1978. Übers. v. Roderich König).

Das Bild ist damit eine unmittelbare Verbildlichung des Rangstreits zwischen den freien und den mechanischen Künsten, aus denen sich Malerei, Plastik und Architektur mit Hilfe der Akademien seit der Mitte des 16. Jahrhunderts zu befreien trachteten. In Deutschland tritt diese Phase erst am Ende des 16. und zu Beginn des 17. Jahrhunderts ein.

50

Johann Georg Platzer
St. Paul in Eppan bei Meran 1704 – 1761 St. Michael in Eppan

Eine Bildhauerwerkstatt

Öl auf Kupfer, 37:56 cm
Wrocław, National Museum
Inv. Nr. 322

Literatur (zu Platzer allgemein): Gotthard Agath, Johann Georg Platzer. Ein Gesellschaftsmaler des Wiener Rokoko (1704–1761). Dresden 1955.

Platzer, aus einer Malerfamilie stammend, schrieb sich nach der Ausbildung bei seinem Stiefvater Johann Anton Kößler und seinem Onkel Christoph Platzer, der Hofmaler in Passau war, nach 1726 an der Wiener Akademie ein. Aus gesundheitlichen Gründen kehrte er 1755 in seine Heimat zurück. Er ist der Hauptmeister des kleinformatigen, meist auf Kupfer gemalten Konversationsstücks des Wiener Rokokos. Neben Historien und Genreszenen malte er immer wieder auch Atelierbilder. Die Form dieses Themas als Bilder- oder Skulpturensaal war von den Antwerpener Kleinmeistern des 17. Jahrhunderts (Jan Brueghel d. Ä., David Teniers d. J. und den Franken) entwickelt und ausgeschmückt worden.

Die sogenannte Bildhauerwerkstatt in ihrer prunkvollen Ausstattung, der symmetrisch dekorativen Anordnung von Verkleinerungen berühmter Bildwerke und dem Blick auf den architektonisch reich gestalteten Garten wirkt eher wie der Sammlungsraum eines reichen Adeligen als die Werkstatt eines Künstlers. Zwar gab es Künstler, wie zum Beispiel Rubens, die sich einen so aufwendigen Palast leisten konnten, doch ist in diesem Fall am wahrscheinlichsten, daß der Bildhauer für den Besitzer des Schlosses arbeitet und dieser in dem reich gekleideten Herrn zu erkennen ist, dem gerade eine Verkleinerung des Laokoon vorgeführt wird. Dennoch ist darauf hinzuweisen, daß der Sammlungsraum als Künstlerwerkstatt ein traditionelles Thema seit dem frühen 17. Jahrhundert ist.

Unter den Bildwerken sind einige größere hervorgehoben: so im Zentrum eine Frauenraubgruppe in der Art von Berninis *Pluto und Proserpina* in der Galleria Borghese in Rom, rechts daneben die Mittelfigur der antiken Laokoon-Gruppe, dahinter auf einer Wandkonsole Berninis *Apoll und Daphne*, ebenfalls Galleria Borghese, und ganz rechts am Rand die unvermeidliche Venus Medici. Im Vordergrund liegen und stehen einige Büsten. Außerdem steht an hervorgehobenem Platz vor dem Eingang links ein Muskelmann mit erhobenem linken Arm. Muskelmänner dieser Art sind erst vom Ende des Jahrhunderts erhalten, so diejenigen von Houdon, Weidenhaupt (Kat. Nr. 93) oder Fischer (Kat. Nr. 164). Doch erinnert deren Pose unmittelbar an den hier dargestellten Écorché des frühen 18. oder gar des 17. Jahrhunderts, was belegt, daß die späteren offenbar auf eine Tradition zurückblicken konnten, die in ihrer Pose und den schlanken Maßen noch erkennbar ist. Den erhobenen Arm und die gelängten Maße gibt es auch bei den Muskelmännern des 16. Jahrhunderts der Krakauer Jagellonen-Universität, jedoch fehlt bei diesen noch die elegante Haltung der Figur bei Platzer und der späteren Écorchés.

51

Hubert Robert
Paris 1733 – 1808 Paris

Das Atelier des Künstlers, 1763/65

Öl auf Leinwand, 37:46 cm
Rotterdam, Museum Boijmans Van Beuningen
Inv. Nr. 2586

Literatur: Mehr Licht. Europa um 1770. Die bildende Kunst der Aufklärung. Kat. Ausst. Städelsches Kunstinstitut und Städtische Galerie Frankfurt a. M. 1999/2000, Nr. 86 (Christoph Frank).

Hubert Robert, der große französische Landschafts-, Architektur- und Ruinenmaler, traf 1754 in Rom ein, wo er sich bis 1765 aufhielt. Durch seinen Förderer, den französischen Botschafter am Heiligen Stuhl, Marquis de Stainville, gelang ihm die Aufnahme in die Académie de France. Diese günstige Ausgangsposition brachte ihm die Bekanntschaft mit weiteren hochgestellten Persönlichkeiten, wie dem maltesischen Botschafter Bailli de Breteuil, in dessen Amtssitz, dem Palazzo di Malta in der Via Condotti, er von 1763 bis 1765 lebte.

Man nimmt an, daß das Bild diesen Wohnsitz Roberts darstellt, wo er in geräumigem Ambiente ein zwangloses Künstlerleben führen konnte. Rom zog die Künstler nicht nur wegen der Denkmäler, sondern auch wegen dieser Freiheit des Lebensstils an, wie durch viele persönliche Aussagen, aber auch durch Zeichnungen, etwa von dem Bildhauer Johan Tobias Sergel, von Heinrich Füssli oder auch Goethe und Johann Heinrich Wilhelm Tischbein überliefert ist. Wohnung und Äußeres des Künstlers sind hier zwar in einem sehr morgendlichen Zustand, jedoch ist sein Fleiß nicht anzuzweifeln. Denn er zeichnet, unbeirrt um das Chaos im Atelier, eifrig nach einer Büste, während eine stehende Gipsfigur auf weiteres Studium wartet. Wir wissen etwa von Goethes römischer Wohnung, daß sie mit Antikenabgüssen vollgestopft war. Bei dieser Darstellung Roberts ist man sich allerdings nicht ganz sicher, ob es sich tatsächlich um Antiken handelt oder nicht vielmehr um neuere Kunstwerke. In jedem Fall wird hier das schon von Alberti und Leonardo empfohlene Zeichnen nach dem Runden praktiziert.

Gleichzeitig demonstriert das Bild aber, daß es keineswegs von einem Anfänger und auch nicht von einem Fanatiker der Zeichnung gemalt wurde. Die delikate Farbigkeit und lichte Helligkeit zeigen einen ausgebildeten Maler, der weniger mit dem Stift als mit dem Pinsel modelliert. Mit wenigen Farbakzenten verzaubert er diesen unbedeutenden, aber in der Frische des Morgenlichts strahlenden Raum, mit dem der Künstler, wie man annimmt, ein humorvolles Porträt seiner römischen Lebensweise gibt.

52

Hubert Robert
Paris 1733 – 1808 Paris

Das Atelier des Künstlers, um 1760

Öl auf Leinwand, 56,5 : 72,5 cm
Frankfurt a. M., Städelsches Kunstinstitut und Städtische Galerie
Inv. Nr. 1530

Literatur: Innenleben. Die Kunst des Interieurs. Vermeer bis Kabakov. Hrsg. v. Sabine Schulze. Städelsches Kunstinstitut und Städtische Galerie Frankfurt a. M. 1998/1999, Nr. 18 (Beatrice von Bismarck).

Dieses rätselhafte Atelierbild wird auch ins Frühwerk des Künstlers, und zwar ebenfalls in die römische Zeit eingeordnet. Wenn dasjenige des Museums Boijmans Van Beuningen die Lebensverhältnisse Huberts darstellt, so kann dieses Bild aus dem Frankfurter Städel unmöglich ebenfalls autobiographische Züge haben. Zeigte das vorige einen Bohemien, der es sich wohlsein läßt, so zeigt dieses die Kehrseite der Künstlerfreiheit. Offenbar lebt dieser Künstler in einer verfallenen Renaissancearchitektur, vielleicht einer ehemaligen Kirche, in die Querwände eingezogen wurden. Bretterverschläge, Balkonaufbauten und eine dorthin führende Leiter ermöglichen dem Künstler und seiner Freundin nicht nur, hier zu malen, sondern auch in diesem Gebäude zu leben. Er selbst, dessen blaue Mütze neben der rötlich-braunen Bretterwand den Hauptfarbakzent bildet, arbeitet an einem Werk, das man auch schon als Relief angesehen hat. Doch scheint mir eher, daß es sich um die Unterzeichnung eines Gemäldes mit der Darstellung eines mythologischen Kampfes handelt, über das rechts ein Tuch geworfen wurde. An dieser Stelle ist das Bild allerdings durch Restaurierungen verunklärt. Um den Künstler sind einige Gipse verstreut: Eine Hand hängt an einer Schnur an der zentralen Säule, auf einem Bock steht eine Statuette, hinter dem Künstler liegt ein moderner Gipskopf und rechts unter der Statuette – man möchte es zunächst nicht glauben – ein Schafkopf aus Gips. So ganz ernst kann es hier demnach nicht zugehen.

Nichts ist in diesem Bild eindeutig. Weder kann man sich den ursprünglichen, möglicherweise durch eine Dachrinne verstellten Raum vorstellen, noch weiß man genau, was der Künstler macht. Die Architektur ist zudem in ihren Gliedern in sich verschoben, wie die Mittelsäule zeigt. Offenbar handelt es sich um ein Architekturcapriccio, eine Gattung, in der Hubert Robert auch später brillieren sollte. Realität und Phantasie bilden in dem Gemälde eine untrennbare Einheit, wie dies zur Gattung des Capriccios gehört, die sich vor allem im 17. und 18. Jahrhundert großer Beliebtheit erfreute. Das Capriccio taucht auch im Werk anderer Architekturmaler auf, so bei Giovanni Paolo Pannini, den Robert in Rom kennenlernte, bei Canaletto oder Piranesi, und legt Zeugnis davon ab, daß die Erfindung des Künstlers als mindestens gleichrangig mit der Realität, wenn nicht als ihr überlegen angesehen wurde. Leonardo hatte an der Malerei hervorgehoben, daß sie sowohl existente wie auch nicht existente Dinge schaffen könne und damit dem Schöpfer gleichkäme. Das Capriccio ist die Realisierung einer solchen Haltung.

Zudem ist Huberts Bild nicht ohne Humor. Der Betrachter wird immer wieder in die Irre geführt und entdeckt neue Ungereimtheiten. Die größte aber ist der Widerspruch zwischen der schäbigen Umgebung und dem hohen Anspruch des Kunstwerks. Man fragt sich, ob sein Genie groß genug ist, um sich trotz der widrigen Verhältnisse durchzusetzen. Die in seiner Haltung ausgedrückte Hingabe und Leidenschaft könnten dafür sprechen. Auf jeden Fall hat er künstlerisch ein Stadium erreicht, daß über die Lehrjahre hinausgeht: Er hat durch vorausgehende Studien die Fähigkeit erlangt, jede auch nur denkbare mythologische oder historische Szene frei aus seinem Innern zu erfinden und in angemessene Form zu bringen. Demnach ist er der Lehre, die er an einer Akademie oder auch autodidaktisch betrieben haben kann, entwachsen und aus ihr als vollendeter und freier Künstler

hervorgegangen. Allerdings hat er damit auch eine soziale Freiheit erlangt, wie sie im 19. Jahrhundert immer wieder beklagt wurde, nämlich die Freiheit von einem angemessenen Lebensunterhalt. Die Lebensumstände der ausländischen Künstler in Italien waren wegen der großen Konkurrenz schon im 18. Jahrhundert oft äußerst beschränkt, denn nicht jeder genoß wie Hubert Robert den Schutz von Mäzenen. Die Stipendien, mit denen die Künstler aus dem Norden nach Rom kamen, reichten meistens nicht zum Leben. Wenn ihre Auftraggeber selbst verschuldet waren, verschlimmerte sich die Situation, weil die Künstler dann selbst für gelieferte Werke das Geld nicht bekamen. (Friedrich Noack, Deutsches Leben in Rom 1700 bis 1900. Stuttgart, Berlin 1907, S. 41/42.).

53

Elias Martin

Stockholm 1739 – 1818 Stockholm

Gipssaal in der Royal Academy in London, 1770

Öl auf Leinwand, 112,5 : 89,5 cm
Bez. auf der Rückseite: Elias Martin / 1770 / London Rojal / Plaster Academy
Stockholm, Königliche Akademie der bildenden Künste
Inv. Nr. 1930-168

Literatur: Ragnar Hoppe, Elias Martin. Stockholm 1933, Nr. 17, S. 33/34, S. 274. – Elias Martin 1739–1818. Bearb. v. Per Bjurnström. Kat. Ausst. Arts Council of Great Britain, London 1963.

Der als Figuren-, Landschafts- und Porträtmaler tätige Martin lernte zunächst in Stockholm bei seinem Vater und seinem Bruder und war 1763 bis 1766 als Architekturzeichner auf der Feste Sveaborg in Finnland tätig. 1766 in Paris, beeindruckten ihn die Landschaftsmaler Vernet und Loutherbourg. 1768 ging er nach London und schloß sich der Royal Academy an, deren Mitglied er 1781 wurde. Unter anderem beeinflußten ihn Hogarth, Wilson und Gainsborough, vor allem aber Paul Sandby. 1781 wurde er Mitglied der Stockholmer Akademie und 1791 endgültig von König Gustav III. nach Schweden zurückberufen.

Das Bild, das Martin unter der Nr. 142 in seinem eigenen Ausstellungskatalog von 1806 aufführte, war 1770 in der Royal Academy ausgestellt und zeigt Zeichner in der dortigen Abgußsammlung. Der Raum ist sparsam durch eine Lampe mit unzähligen Kerzen und Blendschutz erhellt, wie sie für die Abendakte in den Akademien üblich war (siehe Kat. Nr. 18).

Ein Jahr vorher hatte Joseph Wright of Derby seine *Academy by Lamplight* (Yale University, siehe Kat. Nr. 67) in der Londoner Society of Artists ausgestellt. Möglicherweise wurde Martin durch dieses Bild zu seiner Komposition angeregt. Beide Bilder geben eine Situation wieder, in der die lebendigen wie die gipsernen Figuren in ein starkes Helldunkel getaucht sind, wobei in Martins Bild jedoch keinerlei Vermischung der Sphären stattfindet wie bei Wright of Derby. Allerdings erinnert sein Bild daran, daß bis ins 19. Jahrhundert hinein die Antiken häufig am Abend bei Fackellicht vorgeführt wurden, um den Eindruck des Lebendigen hervorzubringen. Berichte darüber gibt es schon im 16. Jahrhundert von Benvenuto Cellini, im 18. Jahrhundert aus der Villa Albani in Rom oder im frühen 19. Jahrhundert aus der Glyptothek in München.

54

Wilhelm Bendz
Odense / Fünen 1804 – 1832 Vicenza

Der Bildhauer Christen Christensen bei der Arbeit mit dem lebenden Modell in seinem Atelier, 1827

Öl auf Leinwand, 190 : 158 cm
Bez.: VBENDZ 18 14/4 27
Kopenhagen, Statens Museum for Kunst
Inv. Nr. 62

Literatur: Wilhelm Bendz 1804–1832. A Young Painter of the Danish Golden Age. Bearb. v. Ejner Johansson. Kat. Ausst. Sammlung Hirschsprung Kopenhagen 1996, Nr. 27, Farbabb. S. 92.

* Männliche Akademiemodelle waren bis zum 19. Jahrhundert häufig Soldaten. Vgl. hierzu: Eva-Maria Froitzheim, Körper und Kontur. Aktstudien des 18. bis 20. Jahrhunderts aus dem Kupferstichkabinett. Kat. Ausst. Staatliche Kunsthalle Karlsruhe 1994, S. 18.

Wilhelm Bendz hat wie andere seiner Malerkollegen aus der Schule C. W. Eckersbergs das Interieur mit Porträtfiguren zu einer Spezialität ausgebildet. Das erste Bild dieser Art war das 98 : 85 cm messende Bildnis des Malers Ditlev Bluck von 1826, der eine Skizze im Spiegel betrachtet (ebenfalls in Kopenhagen, Statens Museum for Kunst). Mit dem Bildnis des später hauptsächlich als Medailleur tätigen Bildhauers Christensen (1806–1845) in seinem Atelier aus dem nächsten Jahr hat sich Bendz an ein noch viel größeres Format gewagt. Ejner Johansson schreibt mit Recht, Bendz habe mit solchen Bildern demonstrativ das Format der Historienmalerei auf die durch Genreelemente bereicherte Bildnismalerei übertragen. Das Porträt Christensens wurde unmittelbar nach seiner Fertigstellung für die Königliche Sammlung in Christiansborg erworben.

Man sieht auf die Fensterwand und die linke Wand des Bildhauerateliers, in dem der in einen dunklen Anzug mit Gehrock gekleidete Künstler die Modellierung der Statuette eines Boxers damit beginnt, daß er das Modell, das vorn links im Licht posiert, in die richtige Stellung bringt. Das Modell ist ein Soldat*, der seinen roten Rock ausgezogen und ihn links zwischen den Gipsmodellen abgelegt hat. Dieser Rock, das rote Dach, das im Fenster erscheint, und die blaue Hose des Soldaten sind die Farbakzente in dem auf Weiß und verschiedene Grau- bis Schwarztöne mit etwas Ocker gestimmten Raum. Es ist der Augenblick, in dem das Modell in seiner Haltung erstarrt, damit der Bildhauer eine Skulptur schaffen kann, die den antiken Athleten nahekommt. Von ihnen sieht man als Gipsabgüsse oder -repliken an der linken Wand in großen Fächern den Borghesischen Fechter stehen, der in keinem Atelier der Zeit fehlt, sowie, halb verdeckt, den Herkules Farnese und einen Silen in der Stellung eines Atlanten (siehe Kat. Nr. 36). Vor dem Fenster erscheint links die ebenfalls kanonische, immer wieder auftauchende Venus Medici und ganz rechts im Hintergrund eine Gliederpuppe mit einem in antiker Weise drapierten weißen Tuch.

In dem Bild wird wie nie vorher die unmittelbare Arbeitsatmosphäre des Alltags im Künstleratelier vorgestellt und gleichzeitig darauf verwiesen, daß der Künstler in eine lange Tradition eingebunden ist, der er auch weiterhin verpflichtet bleibt. Der Reiz des Bildes liegt nicht nur in der Unmittelbarkeit der Gestik der beiden Personen, sondern auch in dem Spiel des Tageslichts, das von oben durch das Fenster fällt, einzelne Partien an den Figuren heraushebt und selbst in den dunkleren Zonen den Raum bis in die hinterste Ecke definiert. Nichts bleibt hier in einem allgemeinen Dunkel, sondern alles ist gegenständlich bestimmt bis zu den Holzläden vor dem unteren Teil der Fenster.

55

Ferdinand Tellgmann
Bischhausen / Eschwege 1811 – 1897 Mühlhausen / Thüringen

Im Atelier, 1834

Öl auf Leinwand, 79 : 97,5 cm
Bez. l. u.: pinxit F. Tellgmann 1834
Kassel, Staatliche Museen, Neue Galerie
Inv. Nr. AZ 332

Tellgmann, der seit seinem zweiten Lebensjahr taubstumm war, studierte von 1828 bis 1841 an der Kasseler Akademie. Anschließend unternahm er zwei Italienreisen, beschäftigte sich frühzeitig mit der Daguerreotypie und gründete in Eschwege und Mühlhausen Fotoateliers, die seine Söhne weiterführten.

Das Bild gibt offenbar eine Situation während Tellgmanns Kasseler Akademiezeit wieder. Etwas später als Josef Danhausers Wiener *Scholarenzimmer* (1828, Kat. Nr. 164) und kurz vor Johann Peter Hasenclevers Düsseldorfer Atelierszene (1836) entsteht auch Tellgmanns Atelierbild. Alle diese Bilder zeichnen sich durch Respektlosigkeit gegenüber den Praktiken des akademischen Unterrichts aus.

Der dargestellte Ort ist eine Dachkammer mit Ausblick auf Hausdächer in unmittelbarer Nähe. In dem kahlen, von einem eisernen Ofen beheizten Raum sind drei Maler an ihren Staffeleien tätig. Sie tragen Gehröcke, was darauf deutet, daß es in dem Raum nicht allzu warm ist. Interessant ist in diesem Bild der Umgang mit den Ateliermaterialien. Offenbar ist man stolzer Besitzer einiger Antikenabgüsse. Diese sind allerdings für die Kunstwerke, die gerade entstehen – vor allem eine große, klassisch komponierte Landschaft –, ebensowenig von Nutzen wie die hinter der Staffelei vor einem Porträt stehende, als Mönch bekleidete Gliederpuppe. Vielmehr braucht der Landschaftsmaler einen ruhigen Hintergrund in der grünen Farbe der Natur, die ihm ein Wandschirm liefert, den er vor die Antiken gestellt hat. Die Landschaft ist zwar, wie damals üblich, ein Atelierbild, beruht jedoch sicher auf vorausgegangenen Studien im Freien. Die ruhige, konzentrierte Arbeit der dargestellten Menschen, die großflächige, tonige Farbigkeit, die nur durch das lichte Grün unterbrochen wird, sowie die feine Lasurmalerei machen den Reiz dieses Bildes aus. Sowohl Danhauser wie auch Hasenclever und Tellgmann setzen gegen die alten Inhalte und Maltraditionen, die sie ablehnen, eine subtile Farbkultur und eine Aufwertung des alltäglichen Lebens. Dieses kann vollkommen unspektakulär sein, wird es doch durch die Malerei geadelt, die vor allem vom Umgang mit Farbe und Licht lebt.

56

Marie de Latour
Brüssel 1750 – 1834 Brüssel

Die Porträtsitzung, um 1820/30

Öl auf Holz, 30 : 41 cm
Bez. l. u.: M. E. de Latour
Privatsammlung

Literatur: Alte Kunst. Kunsthaus Lempertz Köln, 766. Kunstversteigerung 1998, Nr. 1547.

Diese Porträtsitzung einer Dame mit extravagantem roten Hut findet offenbar nicht im Atelier eines Künstlers statt, sondern eher in dem Wohnsitz dieser Dame. Der Blick fällt durch einen Vorhang auf eine in Regalen angeordnete, dicht bestückte Abgußsammlung, ein Zeichen dafür, daß solche Sammlungen nicht nur in Akademien gebräuchlich, sondern auch beim Adel beliebt waren.

Marie Elisabeth de Latour arbeitete als Kupferstecherin, Malerin und Miniaturmalerin. Sie war in Brüssel und Paris tätig.

57

Max Klinger
Leipzig 1857 – 1920 Großjena bei Naumburg

Selbstbildnis im Atelier, 1874

Öl auf Leinwand, 52,5 : 37,7 cm
Bez. l. u.: MKlinger C. 74 [C. für Karlsruhe]
Köln, LETTER Stiftung, Dauerleihgabe im Museum der bildenden Künste, Leipzig
Inv. Nr. LS 1997.1

Schon Klingers Vater, der Leipziger Seifensieder Heinrich Louis Klinger, war künstlerisch und musikalisch sehr begabt, mußte aber auf Druck seines Vaters dessen Beruf ergreifen. So war es nicht verwunderlich, daß Heinrich Klinger seine Söhne Heinrich, Max und Georg schon während des Besuchs der Bürgerschule zu dem Zeichenlehrer Brauer schickte, bei dem sie nach Vorlagen Umrisse antiker Köpfe zeichneten und später auch kleine Kompositionen anfertigten. Seit April 1874 studierte Max Klinger an der Karlsruher Kunstschule. Er war Schüler von Ludwig Des Coudres und Karl Gussow. Unter seinen Mitschülern befanden sich so bekannte Namen wie Hodler und Slevogt.

In dem Bild steht der junge Künstler an der Staffelei und malt den Kopf des Herkules Farnese. Aufgrund der Raumsituation ist davon auszugehen, daß der dargestellte Ort die Karlsruher Kunstschule ist, zumal Klinger mit dem »C« und der Datierung 1874 auf sein Karlsruher Studienjahr hinweist. Schon 1875 folgte er seinem Lehrer Gussow nach Berlin.

58

William John Whittemore
New York 1860 – 1955 East Hampton / New York

Porträt Charles Courtney Curran, 1889

Öl auf Leinwand, 43,6 : 54,6 cm
Bez. r. o.: WM. J. Whittemore 1889 / Paris
New York, National Academy of Design
Inv. Nr. 1413-P

Whittemore war Schüler der National Academy of Design und eine Zeitlang bei Jules Lefebvre und Benjamin Constant in Paris. Er gehörte verschiedenen amerikanischen Water Color Societies an. Der amerikanische Maler Charles Courtney Curran (1861–1942) studierte ebenfalls an der New Yorker Akademie und von 1884 bis 1904 in Paris wie Whittemore bei Constant und Lefebvre sowie bei Lucien Doucet und an der Académie Julian. Curran war Mitglied vieler bedeutender Kunstgesellschaften und Assistant-Director der Amerikanischen Kunstausstellung in Paris von 1900 und in Buffalo 1902.

Das Bild zeigt den Landsmann im Louvre vor der *Badenden Aphrodite* des Doidalsas (3. Jahrhundert n. Chr., aus dem Tempel der Juno in Rom), die in verschiedenen Repliken erhalten ist. Bei dem Exemplar des Louvre fehlt der Kopf. Whittemores Bild suggeriert allerdings Vollständigkeit, da er die Kopfpartie einfach vom oberen Bildrand überschneiden läßt. Das Bild ist eine ruhige, flächige Komposition, in der wenige helle, im Marmor konzentrierte Töne und einige Dunkelwerte vorherrschen, die im bräunlichen Jackett und schwarzen Hut des Malers kulminieren. Dieser ist vollkommen im Profil gegeben und gerade damit beschäftigt, die berühmte Statue, die ebenfalls bildparallel angeordnet ist, zu malen. Dunkelräume im Hintergrund schließen sich wie Rahmen um die flächige Komposition.

In dem hier vorgestellten Zusammenhang ist vor allem die Behandlung des Marmors interessant. Dessen teilweise ins Bläuliche und teilweise ins Rötliche abgewandeltes Weiß ist der Behandlung von Inkarnat, das allerdings im oberen Teil in seiner bläulichen Verfärbung eher leichenhaft erscheint, zum Verwechseln ähnlich. Es ist davon auszugehen, daß der Künstler hier mit dem alten Topos vom Leben der toten Figuren spielt. Wie bei Pygmalion belebt sich die Figur von oben nach unten oder stirbt von unten nach oben ab, je nachdem, wie man sie lesen will. Einen vergleichbaren Wechsel der Farbigkeit findet man in Gérômes *Pygmalion und Galatea* aus dem Metropolitan Museum in New York (Kat. Nr. 79).

59

Pieter Claesz.
Burgsteinfurt / Westfalen 1597/98 – 1661 Haarlem

Interieur mit Vanitas-Stilleben, 1628

Öl auf Holz, 70,5 : 80,5 cm
Bez. l. u.: Monogramm PC 1628
Amsterdam, Rijksmuseum
Inv. Nr. SK-A-3930

Literatur: Erika Gemar-Koeltzsch, Holländische Stillebenmalerei des 17. Jahrhunderts. Luca-Bild-Lexikon, Bd. 2, 1955, S. 226 und 232. – Wolfgang Helbig, Führer durch die öffentlichen Sammlungen der klassischen Altertümer in Rom. 4. Aufl. Tübingen 1963–1972, Bd. 2: Die Städtischen Sammlungen, Nr. 1448. – Die Gipsabgüsse des Fürsten Franz in Wörlitz. Kat. Ausst. Museum für Abgüsse klassischer Bildwerke München 1999, S. 15.

Claesz, der in Haarlem arbeitete, hat sich auf das sogenannte Tischstilleben spezialisiert und gehört zu den Haarlemer Malern, die in ihren Bildern bewußt eine sehr eingeschränkte Farbskala wählten. Seine Bilder entsprechen dem Umschwung in der holländischen Stillebenmalerei seit 1620, als das barocke, malerisch vereinheitlichte Vanitas-Stilleben das bunte allegorische Lehrstück ablöste (Robert Oertel, in: Münchner Jahrbuch der bildenden Kunst 1963, S. 114). Auf die Vergänglichkeit der irdischen Dinge weisen vor allem der Totenkopf und die gekreuzten Knochen, aber auch die Musikinstrumente und die Malerpalette mit Pinseln und Malstock. Musik und Malerei wurden häufig als Sinnbilder der Vergänglichkeit eingesetzt: die Musik wegen der nur kurzen Dauer der Töne, die Malerei, weil sie nicht die durch die Linie festzuhaltende dauerhafte Gestalt, sondern nur die wechselnden Erscheinungsweisen in Form der Farben festhält. Weitere Gegenstände auf dem Bild wie das Weinglas und die Aktzeichnung erinnern daran, daß die weltlichen Genüsse vom Gedanken an das Heil der Seele ablenken. Auch alle anderen Gegenstände wie der glänzende Panzer, der bequeme Scherenstuhl oder die antike Skulptur sind Ausdruck der Freude an weltlichem, eigentlich verwerflichem Luxus.

Hellstes Objekt neben dem Skizzenbuch ist ein Gipsabguß oder eine Marmorkopie der antiken Bronzefigur des Dornausziehers. Diese 73 cm hohe Bronze, die vermutlich aus der Mitte des ersten Jahrhunderts v. Chr. stammt, hatte innerhalb der Antiken insofern eine Sonderstellung, als sie offenbar ohne Unterbrechung sichtbar geblieben war. Erste nachantike Nachrichten stammen schon aus dem 12. Jahrhundert. Sie wurde von Papst Sixtus IV. im Jahr 1471 der Stadt Rom geschenkt und ist seither im Konservatorenpalast aufbewahrt. Schon den Künstlern der Frührenaissance diente die jugendlich zarte Gestalt als Vorbild. Seit dem 16. Jahrhundert waren Abgüsse oder Nachbildungen dieser Figur beliebte Fürstengeschenke. In unserem Bild ist auffällig, daß die vermutlich aus Gips geformte Skulptur suggeriert, das Original wäre aus Marmor. Allerdings existierte eine antike Marmorversion in der Sammlung Giustiniani in Rom (siehe Sandrart, Kat. Nr. 22).

60

Pierre Subleyras
Saint-Gilles-du-Gard 1699 – 1749 Rom

Die fünf Sinne, auch genannt: **Die Attribute der Künste, um 1735**

Öl auf Leinwand, 75 : 100 cm
Toulouse, Musée des Augustins
Inv. Nr. Ro. 279

Literatur: Margarethe Pock-Kalous, Pierre Subleyras in der Gemäldegalerie der Akademie der bildenden Künste in Wien. Wien 1969, S. 19, Abb. 19/20. – Subleyras 1699–1749. Catalogue rédigé par Olivier Michel et Pierre Rosenberg. Kat. Ausst. Musée du Luxembourg Paris / Académie de France, Villa Medici Rom 1987, Nr. 14. – La Musique et la Peinture 1600–1900. Trois siècles d'iconographie musicale. Œuvres des collections publiques françaises. Bearb. v. Jean Forneris. Kat. Ausst. Musée des Beaux-Arts Nizza 1991, Nr. 22, S. 70/71.

Nach einer Ausbildung in Toulouse ging Subleyras 1726 nach Paris, um an der dortigen Akademie nach dem lebenden Modell zu zeichnen und Geometrie und Perspektive zu studieren. Nachdem er 1728 von der Pariser Akademie die Medaille des Grand Prix erhalten hatte, reiste er nach Rom. Schon in den dreißiger Jahren erhielt er Aufträge von der römischen Aristokratie. 1740 wurde er Mitglied der Accademia di San Luca. Neben allegorischen Bildern malte er eine große Anzahl von religiösen Gemälden.

Sowohl das Thema als auch die verschiedenen Figuren auf dem Stilleben wurden erstmals im Katalog der Ausstellung von 1987 bestimmt. Es handelt sich von links nach rechts um Verkleinerungen in Gips des Torsos vom Belvedere, der *Hl. Susanna* von François Duquesnoy (S. Maria di Loreto in Rom) und des Kopfes einer Niobide (Florenz). Margarethe Pock-Kalous hatte die Statue der *Hl. Susanna* schon 1969 auf dem Atelierbild in Wien erkannt, sie befand sich offenbar im Besitz von Subleyras. Außer diesen Skulpturen steht auf dem Tisch, dessen vordere Kante fast mit dem unteren Bildrand identisch ist, eine Flasche Wein, vorn liegt eine Palette mit Pinseln, daneben einige Dahlienblüten. Halb versteckt hinter der Figur von Duquesnoy liegt auf zwei Notenblättern eine Violine. Wegen dieser verschiedenen Gegenstände wird das Stilleben als Allegorie der fünf Sinne gedeutet: die Skulpturen für den Tastsinn, die Palette und somit die Malerei für den Gesichtssinn, Noten und Instrument für das Gehör, die Weinflasche für den Geschmack und die Blumen schließlich für den Geruch.

61

Etienne-Maurice Falconet
Paris 1716 – 1791 Paris

Die Allegorie der Skulptur, um 1754

Marmor, Höhe 64 cm
London, Victoria & Albert Museum

Literatur: Louis Réau, Etienne-Maurice Falconet. Bd. 1., Paris 1922, S. 133/134. – Diderot et Falconet. Le pour et le contre. Correspondance polémique sur le respect de la postérité, Pline et les Anciens. Hrsg. v. Yves Benot. Paris 1958. – George Levitine, The Sculpture of Falconet. Greenwich, Connecticut 1972, S. 25 ff. m. Abb.

* Antike Torsen wurden schon seit dem Beginn des 16. Jahrhunderts als Attribute der Bildhauerkunst oder des Bildhauers eingesetzt. Berühmte Beispiele sind ein Bildnis von Giorgione, ehemals in der Sammlung Landsdowe, oder das Porträt des Bildhauers Alessandro Vittoria von Giovanni Battista Moroni von 1560 im Kunsthistorischen Museum in Wien. Dort wird auch eine *Allegorische weibliche Figur mit einem Torso* des Girolamo di Tommaso da Treviso von 1525 aufbewahrt, bei der es sich um eine Allegorie der Kunst oder der Bildhauerei handeln kann, und die fast wie ein Vorläufer von Falconets Skulptur wirkt. Siehe dazu: Gunter Schweikhart, Der Torso im frühen 16. Jahrhundert. Verständnis, Studium, Aufstellung. In: Il Cortile delle Statue. Der Statuenhof des Belvedere im Vatikan. Akten des internationalen Kongresses zu Ehren von Richard Krautheimer Rom 1992. Hrsg. v. Matthias Wimmer, Bernard Andreae, Carlo Pietrangeli Mainz 1998, S. 315–325.

Dieses Frühwerk eines der bedeutendsten französischen Bildhauer des 18. Jahrhunderts fand zunächst wenig Anerkennung, so daß es noch in dem Werkverzeichnis von Réau von 1922 zwar kritisch erwähnt, aber nicht abgebildet ist. Erst Levitine hat die Figur in seiner Monographie von 1972 eingehend gewürdigt.

Die Skizze in Terrakotta war schon 1745 im Salon ausgestellt, die Marmorausführung entstand etwa ein Jahrzehnt später. Dargestellt ist die Allegorie der Skulptur*, die sich auf den Torso vom Belvedere stützt und damit bestätigt, daß dieses antike Fragment seit Michelangelo nichts von seiner Faszination eingebüßt hat. Dies zeigt auch Falconets Korrespondenz mit Diderot, in der im Jahr 1766 immer wieder der Torso als berühmtestes Beispiel der Bildhauerkunst genannt wird. Etwa um dieselbe Zeit schrieb Winckelmann seine hymnische *Beschreibung des Torsos im Belvedere zu Rom*, erschienen 1759.

Falconet kontrastiert den herkulischen, fragmentierten Männerkörper mit einer jungen weiblichen Figur mit schmelzendem Teint und üppigem Haar. Der reiche Gewandfall schließt die beiden Körper zur plastischen Einheit zusammen und schafft Übergänge innerhalb einer Skulptur, die so von allen Seiten interessante Anblicke bietet. Dazu dient die Drehung der sitzenden Allegorie, die entgegen der Wendung ihres Körpers nach der anderen Seite blickt. Sie hat ihren Meißel auf den Torso gestellt, ohne doch an ihm zu arbeiten. Seine Rückenansicht fordert den Betrachter dazu auf, nach rechts um die Figur herumzugehen, damit er die Antike auch von vorn bewundern kann, wonach er über das verlorene Profil des Mädchens wieder zur Vorderseite zurückgeleitet wird.

Wie unter anderem von Bernini im 17. Jahrhundert gefordert, ist der Stein in alle möglichen Zustände der Materie verwandelt, in weiches Fleisch oder in schweren, aber biegsamen Fall der Gewänder. An den Brüchen des Torsos gibt er sich wieder als er selbst zu erkennen, doch nicht in seiner natürlichen Gestalt, sondern in der Imitation dieser Natürlichkeit durch den Bildhauer. Dabei interessierte sich Falconet weniger für die eigentliche Oberflächenstruktur als vielmehr für die unterschiedlichen Eigenschaften der einzelnen Materialen. Das weiche Helldunkel, das er durch Tiefen und Höhen der Figur integriert hat, schließt die Unterschiede wieder zur Einheit zusammen. Damit ist schon hier ein Thema angedeutet, das dann in Falconets berühmtester Figur *Pygmalion zu Füßen seiner Statue* von 1763 (Paris, Musée du Louvre) unmittelbar ausgesprochen wird (siehe Kat. Nr. 77).

62

Januarius Zick
München 1730 – 1797 Ehrenbreitstein

Allegorie der Malerei, um 1770

Öl auf Leinwand, 86,3 : 112,7 cm
Bez. r. u. am Rand der Holzkiste: ja: Zick f.
Koblenz, Mittelrhein-Museum
Inv. Nr. M 246

Literatur: Januarius Zick und sein Wirken in Oberschwaben. Hrsg. v. Brigitte Reinhardt. Bearb. v. Michael Roth und Josef Strasser. Kat. Ausst. Ulmer Museum 1993, Nr. 41, S. 120–121.

Das Bild wird im Katalog von 1993 als *Allegorie der bildenden Künste* bezeichnet, da in den Geräten rechts unten – Zirkel, Winkel, Schlegel – Elemente der Bildhauerei gesehen wurden. Doch scheint mir diese Zuordnung nicht eindeutig, da es sich nach Aussage von Restauratoren bei dem sogenannten Schlegel auch um einen Läufer zum Zerreiben der Farbe handeln könnte. Zirkel und Winkel brauchen Maler wie Bildhauer. In jedem Fall ist die in der Mitte vor der braun grundierten Leinwand sitzende, blumenbekränzte weibliche Gestalt in weißem Untergewand und blauem Mantel mit Palette und Pinseln in der Hand eindeutig als Allegorie der Malerei zu benennen. Sie blickt auf einen nackten, herkulischen Putto, der wie ein Malschüler eifrig über einen Skizzenblock gebeugt ist, in den er vermutlich nach einer der beiden antiken Büsten rechts zeichnet. Die vorderste wurde 1993 als »Homerbildnis im sogenannten hellenistischen Blindentypus« identifiziert. Im Hintergrund links sieht man Malzubehör wie eine Flasche, ein Palettmesser und einen oben abgerundeten, tiefblauen Farbkegel, aus dem die Farbe – vielleicht mit dem Stichel, der vorn liegt – herausgelöst werden mußte, um anschließend mit dem Läufer zerrieben zu werden. Trotz starker Abreibungen, die den rotbraunen Grund durchscheinen lassen, ist der Farbaufbau noch deutlich sichtbar: Aus braunen, in der Leinwand auf der Staffelei bis zum Rotbraun gesteigerten Tönen heben sich die hellen Inkarnattöne und die ihnen zugeordneten hellen Töne des Gewandes der Hauptfigur sowie der Büsten und der Papiere hervor. Auch die Rückwand des Raumes mit dem Bord ist in sehr zurückhaltendem Weiß gehalten. Den stärksten Farbakzent bildet das Blau des um die Beine geschlungenen Mantels der Allegorie der Malerei.

Das Bild gehört der späteren Phase in Zicks Werk an, in dem er sich nicht mehr wie im Frühwerk am jungen Rembrandt orientiert, sondern zunehmend auch an klassischen Werken der niederländischen und französischen Malerei des 17. Jahrhunderts, was zu einer präziseren Figurenbildung und stärkeren Plastizität gegenüber dem Frühwerk der fünfziger Jahre führt. Damals hatte der Künstler starke Beleuchtung im Mittelgrund geliebt, wodurch die Vordergrundsfiguren zu dunklen Silhouetten mit Lichträndern verflacht wurden. In dem vorliegenden Bild sind alle Figuren in der flachen, vordergründigen Bühne nebeneinander aufgereiht, und das Licht kommt gleichmäßig von vorn. Inkarnat-, Gips- oder Marmortöne sind nur graduell voneinander unterschieden, so daß sie vor allem als Helligkeiten in der dunkleren farbigen Umgebung wirken. Besonders der Rücken des Puttos links ist sehr plastisch modelliert. Es scheint, als wenn es Zick in diesem Bild darauf ankam, das zu zeigen, was nach Leonardos Malereitraktat das Entscheidende dieser Kunst ist, nämlich Relief und Rundung auf der flachen Leinwand mit Hilfe von Licht und Schatten entstehen zu lassen. Dem entspricht auch, daß nach Büsten gezeichnet wird, also nach dem Runden, sicher ein übliches Verfahren an den Akademien. Schon Alberti hatte den Nutzen des Zeichnens nach vollplastischen Skulpturen dem Kopieren von Gemälden vorgezogen, da nur so die Darstellung des Runden gelernt werden könnte.

Der aus einer Malerfamilie stammende Januarius Zick ist einer der letzten süddeutschen Barockmaler, in dessen Deckenfresken noch nach dem System des Andrea Pozzo der reale Raum in großartige, häufig architektonisch gebildete illusionäre Räume überführt wird. Geboren 1730 in München, ist er zunächst Schüler seines Vaters, geht 1757 nach Paris, dann über Basel nach Rom, wo er bei Anton Raphael Mengs seine Ausbildung abschließt. 1758 wird er in Augsburg Mitglied der dortigen Akademie. Um 1760 beruft ihn Kurfürst Franz Georg von Schönborn an den Trierer Hof. 1762 läßt er sich nach seiner Heirat in Ehrenbreitstein nieder, wo er 1797 stirbt.

63

Carl Gussow
Havelberg 1843 – 1907 München

Stilleben mit Venus Medici, 1863

Öl auf Leinwand, 67 : 112 cm
Weimar, Kunstsammlungen zu Weimar
Inv. Nr. G 634d

Der Genre- und Bildnismaler Carl Gussow begann 1860 das Studium der Malerei an der Weimarer Kunstschule bei Arthur von Ramberg und Ferdinand Wilhelm Pauwels. 1867 ging er für kurze Zeit zu Carl Theodor von Piloty nach München. Nach einer Italienreise kehrte er 1870 nach Weimar zurück, wo er eine Professur erhielt. Es folgten Professuren in Karlsruhe (1874–76), in Berlin, wo er auch eine Privatschule unterhielt, und ab 1892 in München.

Das Gemälde mit der halb von einem Vorhang verdeckten Venus Medici entstand in Gussows Weimarer Studienzeit. Folianten, ein reich verzierter Deckelkrug und ein Löwenrelief ergänzen das Stilleben, in dem sich nicht mehr eine einfache Atelierausstattung, sondern ein luxuriöses Arrangement von Antiquitäten darstellt.

64

Lovis Corinth
Tapiau / Ostpreußen 1858 – 1925 Zandvoort / Holland

Hymnus an Michelangelo, 1911

Öl auf Leinwand, 138:199 cm
Bez. l. o.: Lovis Corinth 1911
München, Städtische Galerie im Lenbachhaus, Leihgabe der Bayerischen Landesbank
Inv. Nr. FH 271

Literatur: Charlotte Berend-Corinth, Lovis. München 1958, Nr. 481, S. 116.

Ein Gipsabguß des im Louvre in Paris aufbewahrten jugendlichen Sklaven von Michelangelo, der ursprünglich für das Grabmal Papst Julius' II. bestimmt war, war im späten 19. Jahrhundert nicht nur in Künstlerateliers beliebt. Ein solcher erscheint zum Beispiel auch auf Henry Fantin-Latours (1836–1904) Bild *Die Zeichenstunde im Atelier* von 1879 (Brüssel, Musée Royaux des Beaux-Arts de Belgique). Dieser Sklave Michelangelos ist der jüngste unter den sechs Figuren, die dem Sockel des geplanten Julius-Grabmals zugeordnet waren. Er wurde im 19. Jahrhundert auch als »Sterbender Jüngling« bezeichnet und in dem weitverbreiteten Werk von Hermann Grimm *Leben Michelangelos* von 1860 folgendermaßen charakterisiert: »Welches Werk eines antiken Meisters aber besitzen oder kennen wir, das uns so nahe stände als dieses, das uns tiefer in die Seele griffe als diese Verklärung des höchsten und letzten menschlichen Kampfes in einer eben erblühenden Männergestalt?«

Es ist kein Zufall, daß Corinth gerade diesen Kopf in ein dem Vanitas-Gedanken nahestehendes Blumenarrangement einfügt. Denn die üppige Fülle aus rotem Mohn, rosa und gelben Rosen, lila Schwertlilien und weißen Nelken verweist in seinem Bild noch ebenso wie in den Stilleben des 17. und 18. Jahrhunderts auf die nur kurze Dauer aller irdischen Schönheit.

65

René Magritte
Lessines / Hainaut 1898 – 1967 Schaerbeck / Brüssel

Le Visage du génie, 1926
Das Antlitz des Genies

Öl auf Leinwand, 75 : 65 cm
Bez. r. u.: Magritte
Brüssel, Musée d'Ixelles
Inv. Nr.: Coll. Max Janlet 31. CR 110

Literatur: René Magritte. Catalogue Raisonné. Hrsg. v. David Sylvester. Bd. I.: David Sylvester & Sarah Whitfield, Oil Paintings 1916–1930. Houston / Antwerpen 1992–1997, Nr. 110.

Noch während der Ausbildung an der Brüsseler Akademie interessierte sich Magritte ab 1919 für den Futurismus. Doch die Begegnung mit Giorgio de Chiricos *Lied der Liebe* von 1914 (New York, Museum of Modern Art) im Jahr 1922 führte ihn zurück zur gegenständlichen Welt, die er nun durch ähnlich überraschende Kombinationen zu neuem suggestivem Leben zu erwecken suchte. 1926 war er Mitbegründer der belgischen Surrealistengruppe. Seit diesem Jahr konnte er sich durch Verträge mit Paul Gustave van Hecke, dem Gründer der Galerien Sélection und Le Centaure, ausschließlich der Malerei widmen. 1927 bis 1930 in Paris, trat er in engen Kontakt zu den Surrealisten um André Breton. Ab 1943 verlieren seine Bilder die Härte der früheren Jahre, obgleich er deren Gegenständlichkeit beibehielt. Zuweilen führte er impressionistische Malweisen in parodistischer Form wieder ein, wobei er in Konflikt mit den Surrealisten geriet. International bekannt wurde er erst, nachdem er 1948 einen Vertrag mit dem New Yorker Galeristen Alexandre Iolas abgeschlossen hatte.

Körper und Kopf sind in den zwanziger Jahren in Magrittes Werk Objekte, die zwischen Leben und plastischem Abbild angesiedelt sind. Dazu gehört auch der Gipsabguß, der zwar die größte Nähe zum Leben bewahrt, durch das Unlebendige, Kalte und Unspezifische des Materials dies aber gleichzeitig negiert. Diese Form des Abbilds, das im Gemälde ein zweites Mal wiedergegeben wird, kommt Magritte insofern entgegen, als er, wie schon de Chirico in seiner Frühzeit, jede Form der persönlichen Handschrift in der Malerei ablehnte. Die Präsenz der Gegenstände in irritierender Fragmentierung und die Kombination in perspektivisch geordneten Räumen sollten aus sich selbst ihr träumerisches Leben entfalten.

Der Titel des Bildes schwankte zunächst zwischen *Le Masque du génie* und *Le Visage du génie*. Dargestellt ist die vordere Hälfte eines Kopfes. Seine Erscheinung ist in mehrfacher Hinsicht doppeldeutig, denn es ist nicht zu entscheiden, ob das Modell männlich oder weiblich, ob es lebte oder tot war. Dieses hermaphroditische Gesicht ist mit rechteckigen Fenstern und damit Ausblicken in die umliegende Landschaft versehen und steht auf einem schräg in den Raum ohne Stützen geführten Brett ohne Anfang und Ende, das an den Rändern mit ähnlichen rechteckigen Einschnitten versehen ist. Außerdem gibt es in der nächtlichen Landschaft drei Baluster, die zwar auf dem Brett stehen, doch Äste angesetzt haben und dabei eine Art Wald um den Kopf, der zu schlafen scheint, bilden. Die Doppelnatur aller Gegenstände gilt auch für das Brett, dessen Holzstruktur offenbar nur aufgemalt ist, da der Querschnitt eine weiße, unstrukturierte Oberfläche zeigt. Die Landschaft mit Bäumen, die nicht in ihr wachsen, zeigt Schatten, deren Ursache nicht bekannt ist. Demnach sind alle Elemente dieses Bildes einerseits natürlich gewachsen, andererseits vom Menschen gemacht. Die zeitlose Stille, die dieses nächtliche Arrangement ausstrahlt, hat in seiner Friedhofsruhe sowie durch die unbefriedigte Suche nach einem Grund für sein Dasein etwas Beunruhigendes.

67

William Pether
Carlisle 1738 – 1821 Bristol
nach **Joseph Wright of Derby**
Derby 1734 – 1797 Derby

Eine Akademie bei künstlichem Licht, 1769

Schabkunstblatt, 57,8 : 55,8 cm
London, Victoria & Albert Museum
Inv. Nr. E 443-1889

Dieses Blatt stellt eine Zeichenstunde in einer Abgußsammlung dar, in deren Mitte die Marmorfigur der *Nymphe mit der Muschel* aus der Sammlung Borghese in Rom sitzt. Rechts am Rand erscheint der Borghesische Fechter. Beide Figuren kamen durch Napoleon nach Paris und befinden sich heute im Louvre.

Das Blatt ist in dem hier vorgestellten Zusammenhang in mehrfacher Hinsicht interessant. So wird der Unterschied zwischen den lebenden Personen und der Skulptur allein schon durch die künstliche Beleuchtung verwischt. Dieser Effekt kommt durch das gelbliche Licht auf dem Gemälde Wright of Derbys (New Haven, Yale Center of British Art), das der Stich seitenverkehrt abbildet, noch deutlicher zum Ausdruck. Verstärkt wird diese Verunklärung der Grenzen zwischen lebenden und unbelebten Personen durch die versunkene Haltung des jungen Mannes links am Rand, dem der Blick der gipsernen Nymphe zu antworten scheint. Durch seine Verehrung wird sie wie in Joseph von Eichendorffs Erzählung *Das Marmorbild* von 1819 »lebendig«.

Abgesehen von diesem Pygmalion-Effekt drückt sich hier generell ein neues, gefühlsbetontes Antikenverständnis aus, das man auch in den etwa gleichzeitigen Schriften Johann Joachim Winckelmanns wiederfindet.

68

Edward Fisher
Dublin 1722 – um 1785 London
nach **Johann Zoffany**
Frankfurt am Main 1733 – 1810 London

Elisabeth Farren als Hermione in Shakespeares »Wintermärchen«, 1781

Schabkunstblatt, 60,5 : 40,4 cm
London, Victoria & Albert Museum
Inv. Nr. E 366-1959

Literatur: Jane Clarc, The Great Eighteenth Century Exhibition. Kat. Ausst. National Gallery of Victoria Melbourne 1983, S. 118.

Wie William Pether war auch Edward Fisher Mitglied der »Society of Artists« in London. Zoffanys großformatiges Bild *Elizabeth Farren als Hermione*, die Vorlage für den Stich, befindet sich heute in der National Gallery of Victoria in Melbourne.

Zoffany lebte nach seiner Ankunft in London 1762 im Haus des berühmten Schauspielers David Garrick. Dieser Nähe zum Theater entnahm der Künstler den Stoff für seine Konversationsstücke, die ihn bald berühmt machten. Auch dieses Bild stellt eine bekannte Schauspielerin dar, die in der Rolle der verstoßenen Ehefrau Hermione in Shakespeares *Wintermärchen* glänzte. Durch eine getreue Amme wird Hermione am Ende des Stückes als Statue wieder ihrem Ehemann zugeführt, der schließlich darüber beglückt ist, daß das »Standbild« lebendig wird.

In dieser Geschichte hat Shakespeare den alten Mythos vom Kunstwerk, das dem lebendigen Vorbild mindestens ebenbürtig ist, in eine Geschichte gefaßt, die Züge der Pygmalion-Geschichte enthält. In der Übersetzung von Schlegel / Tieck wird die »Statue« in der 2. Szene des 5. Akts vorgestellt als »ein Werk, woran schon seit vielen Jahren gearbeitet ward und das jetzt kürzlich erst vollendet ist, durch Julio Romano, den großen italienischen Meister, der, wenn er selbst Ewigkeit hätte und seinen Werken Odem einhauchen könnte, die Natur um ihre Kunden brächte, so vollkommen ist ihr Nachäffer: er hat die Hermione so der Hermione gleich gemacht, daß, wie man sagt, man mit ihr sprechen und Antwort erwarten möchte...«.

In dem Bild, das der Stich wiedergibt, hat man gerade den Vorhang beiseite gezogen, und alle sehen nun die als Statue posierende Schauspielerin, übrigens eine Szene, die dem im 18. Jahrhundert beliebten Gesellschaftsspiel der »Lebenden Bilder« entspricht.

69

Monogrammist BVML

Pygmalion, um 1614

Feder in Braun über Rötel, braun laviert, 21,6 : 19,1 cm
Braunschweig, Herzog Anton Ulrich-Museum
Inv. Nr. Z 840

Literatur: Christian von Heusinger, Die Handzeichnungssammlung. Geschichte und Bestand. Kat. Mus. Herzog Anton Ulrich-Museum Braunschweig 1997, Nr. 11, S. 242 und S. 239.

Die Zeichnung gehört zum alten Besitz des Museums und ist nach einer Variante datiert. Stilistisch entspricht diese Arbeit eines unbekannten Meisters, der für den Hof in Wolfenbüttel arbeitete, der frühbarocken Kunst am Wiener Hof Kaiser Rudolfs II.

Der antike Bildhauer Pygmalion arbeitet hier noch an seiner Statue. Das Erotische, das zum Wesen der Geschichte bei Ovid gehört, ist in eine Form der Argumentation zwischen dem knienden Bildhauer und der von ihm geschaffenen nackten Statue übersetzt. Man kann sich bei der nüchtern lehrhaften Geste der Statue eigentlich nur vorstellen, daß sie mit den geheimen Wünschen ihres Schöpfers nicht einverstanden ist, daß sie ihn von seinen falschen Begierden und seiner Selbstüberschätzung abbringen und auf den Pfad der Tugend zurückführen möchte. Oder ist es umgekehrt, und sie möchte ihn mit Argumenten verführen, wie dies Herkules am Scheideweg geschah, wo Tugend und Wollust den Heros auf diese Weise auf ihre jeweilige Seite zu ziehen trachteten, wobei Herkules sich aber für den mühevollen Weg der Tugend entschied? Pygmalion wäre dann das Gegenbeispiel, denn er entschied sich für die Wollust.

Matthäus Gundelach
Kassel oder Umgebung um 1566 – 1653/54 Augsburg

Venus in der Werkstatt des Pygmalion, 1639

Öl auf Leinwand, 118 : 176,8 cm
Bez. auf dem Sockel der Statue:
M / Gundelach / F. / 1639
Kassel, Staatliche Museen, Gemäldegalerie Alte Meister
Inv. Nr. GK 898

Literatur: Elisabeth Bender, Matthäus Gundelach – Leben und Werk. Diss. Frankfurt a. M. 1981, Kat. Nr. GA 8, S. 175–177. – Andreas Blühm, Pygmalion. Die Ikonographie eines Künstlermythos zwischen 1500 und 1900. = Europäische Hochschulschriften, Reihe XXVIII Kunstgeschichte. Frankfurt a. M. u. a. 1988, S. 67–68.

Über Gundelachs Jugend und Ausbildung weiß man nicht viel. Er ist jedoch seit 1593 in Prag nachweisbar und war von 1609 bis 1612 Kammermaler Rudolfs II., von dessen Hofmalern Bartholomäus Spranger, Hans von Aachen und Joseph Heintz er beeinflußt wurde. Ab 1617 lebte und arbeitete Gundelach nach einer zweijährigen Tätigkeit für den Herzog von Württemberg in Augsburg. Hier war er an der Ausstattung des Rathauses beteiligt und gehörte dem Großen Rat an.

Das Pygmalion-Bild ist sein letztes datiertes Werk, es ist in Augsburg entstanden, zeigt aber immer noch den Einfluß der Prager Hofmalerei, so etwa in der von links den Bildraum betretenden weiblichen Figur mit in die Seite gestütztem Arm oder in dem schmelzenden Glanz der Lichter, vor allem auf der Bronze der Pygmalion-Figur, aber auch in den Verschachtelungen verschieden weit entfernter Raumzonen.

In Blühms Untersuchung der Pygmalion-Darstellungen steht dieses Bild am Anfang der Entwicklung dieser Bildthematik in Deutschland. Hier ist nicht wie später der Moment des Lebendigwerdens der Statue die Hauptsache, sondern das Eingreifen von Venus und Cupido, dessen Pfeil Pygmalion trifft, während dieser mit erhobenem rechten Arm vor Venus tritt. In späteren Bildern ist die Statue gewöhnlich aus Marmor, bei Gundelach dagegen besteht sie aus Bronze. Weitere bronzene Werke wie Geschützrohre umgeben sie. Es wurde in diesem Zusammenhang schon 1968 auf die Augsburger Bronzekunst hingewiesen, die am Ende des 16. und Anfang des 17. Jahrhunderts den Ruhm der Stadt ausmachte und damit vermutlich der Grund ist, warum der Bildhauer hier in Bronze und nicht in Marmor arbeitet. Das Bild wurde damals schon *Allegorie der Bildhauerei und Gießkunst* genannt, was von Bender in ihrem Werkkatalog von 1981 übernommen wird. Sie geht sogar so weit, in diesem Bild ein Auftragswerk des in Augsburg neben Gundelach wohnenden Gießers Wolfgang Neidthardt d. J. zu vermuten und die Architektur mit Elias Holls Augsburger Gießhaus von 1601/02 in Verbindung zu bringen. Demgegenüber gibt Blühm zu bedenken, daß es in Ovids Erzählung über den Ort, an dem die Geschichte stattfindet, nämlich die Insel Zypern, eine Beziehung zur Metallkunst gibt. Denn Zypern galt nicht nur als Geburtsort der Aphrodite (Venus), sondern war auch wegen seiner Kupferfunde im Altertum berühmt.

Wie weit auch Anspielungen auf den gerade stattfindenden Dreißigjährigen Krieg (1618–48) in den Geschützrohren zu sehen sind, kann nur vermutet werden. Auffällig ist jedenfalls, daß Venus auf einem solchen Rohr sitzt und auf ein weiteres demonstrativ ihren Fuß gesetzt hat. In dem Bild wird offenbar die friedliche Seite der Bronzekunst – die Herstellung von Statuen, die zum Schmuck von Städten und Palästen gefertigt wurden – den Geschützrohren gegenübergestellt. Durch Venus wird ihnen ihr aggressiver Charakter genommen, sie dienen allenfalls dem Schutz des Gemeinwesens vor Angreifern. Die Künste werden gewöhnlich als Begleiter des Friedens dargestellt, während sie umgekehrt der Raserei des Krieges zum Opfer fallen.

66

Man Ray
Philadelphia 1890 – 1976 Paris

Venus, 1934

Assemblage, Gips und Netz, 33 : 25 cm
Rom, Galleria d'Arte moderna
Nicht in der Ausstellung

Als Maler und Fotograf ausgebildet, war Man Ray 1921 zusammen mit Marcel Duchamp in der New Yorker Dada-Bewegung aktiv. Noch im selben Jahr ging er nach Paris, wo er für zwanzig Jahre blieb und einer der tonangebenden Künstler des Dada- und später des Surrealistenkreises wurde. Während des Zweiten Weltkriegs ging er nach Amerika zurück und ließ sich in Los Angeles nieder. Ab 1951 lebte er wieder in Paris.

Man Ray, der von seinen Fotografien für Zeitschriften wie *Harper's Bazaar, Vue* und *Vogue* leben konnte, experimentierte in den zwanziger und dreißiger Jahren mit der kameralosen Fotografie (Rayogramm), aber auch mit Film, mit gefundenen Objekten, mit Malerei und Skulptur. Bei den Skulpturen, die in den dreißiger Jahren entstanden, verwendete er Abgüsse von Antiken, die er durch andere Materialien verfremdete und als Serienauflagen herausbrachte. Von der *Venus* wurden zehn Exemplare gefertigt.

Arturo Schwarz schreibt in seinem Buch über Man Ray, das in München 1980 erschien: »In der ersten Man Ray gewidmeten Monografie bemerkte Ribemont-Dessaignes: Man Ray hat immer davon geträumt, die Plastik zu töten... Ein Verbrechen aus Liebe. Aber um sein Vergnügen länger währen zu lassen, hat er nicht aufgehört, ihre Jungfräulichkeit immer wieder zu erneuern. Wenn man im Plunder der Dichter und den Gemeinplätzen gräbt, die der Färberei der Musen anvertraut sind, kann man von Tod und Liebe sprechen so wie vom Phönix, der aus seiner Asche steigt. Ohne Zweifel ist das eine Lösung der Krise der Wirklichkeit außerhalb jeder Tragik im Leben.« (S. 189)

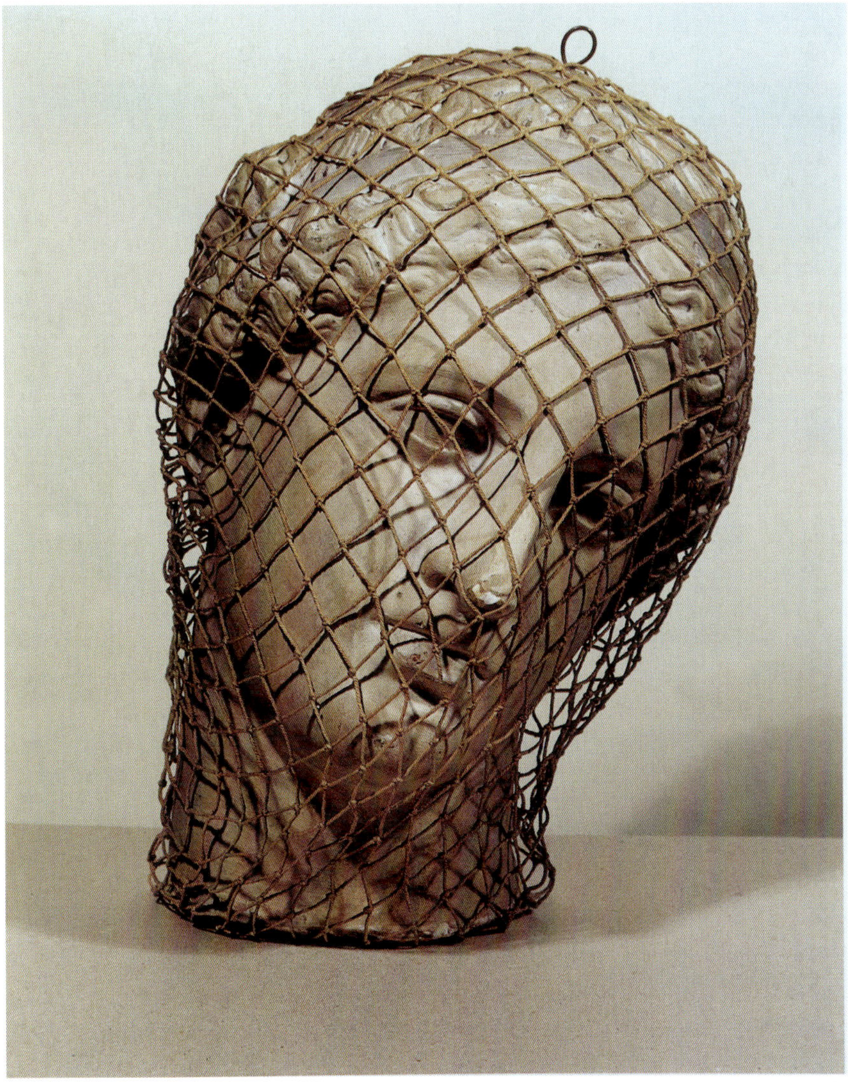

III Pygmalion

Der römische Dichter Ovid erzählt in seinen *Metamorphosen* die Geschichte von dem antiken Bildhauer Pygmalion, der sich in eine von ihm geschaffene Statue verliebte. Auf seine Bitte wird diese von der Liebesgöttin Venus zum Leben erweckt. Seit der Renaissance wurde diese Geschichte zur Parabel über die Fähigkeit der Bildhauer, Werke zu schaffen, die dem lebendigen Menschen gleichkamen. Jacopo Pontormo ist der erste italienische Maler, der im frühen 16. Jahrhundert ein Bild dieses Themas malte (Florenz, Palazzo Vecchio).

Doch war der mit der Pygmalion-Geschichte angesprochene Vergleich des Künstlers mit dem göttlichen Schöpfer in einer christlichen Welt nicht unangefochten. Im calvinistischen Holland des 17. Jahrhunderts, wo das Thema sehr beliebt war, mußte Pygmalion sich moralische Vorhaltungen machen lassen. Zwar galt er auch hier als Verkörperung des Bildhauers an sich, doch eines schlechten, überheblichen, der zudem zügelloser Leidenschaft erlegen sei.

Kern des Pygmalion-Mythos ist die Fähigkeit des Künstlers, das Lebendige so naturgetreu darzustellen, daß es von der Realität nicht mehr zu unterscheiden ist. Damit wird der aus der *Poetik* des antiken Philosophen Aristoteles abgeleitete Begriff der Natur-»Nachahmung« (Mimesis) aufgenommen, der die Grundvoraussetzung der nachmittelalterlichen Kunst bezeichnet. Die Problematik dieses Prinzips kommt jedoch darin zum Ausdruck, daß sich in der neuzeitlichen Kunst immer zwei Richtungen gegenüberstehen: der Naturalismus – als die naturgetreue Wiedergabe eines Gegenstandes – und der Idealismus – als die Überwindung der naturgegebenen Unvollkommenheiten. Die seit alters geübte Methode des Naturabgusses kommt den Zielen des Naturalismus am nächsten. Zwar haben sich die neuzeitlichen Künstler dieser Praktik bedient, doch unter Vorbehalt. Die Aufgabe des Kunstwerks bestand für sie eben nicht nur darin, die äußeren Formen des Körpers naturgetreu wiederzugeben, sondern in diesen Formen das unsichtbare innere Leben sichtbar zu machen, was dem Naturabguß nicht möglich ist, an dem gerade das fehlende Leben peinlich berührt.

Das Spiel mit der Illusion des Lebens im toten Material der Kunst – das durch den Pygmalion-Mythos angesprochen ist – wird im 20. Jahrhundert im Surrealismus erneut zum Thema. Hatten die alten Methoden der Verlebendigung aufgrund allzu großer Routine und jahrhundertelanger Wiederholung an Ausdruckskraft verloren, probierte man nun die Wirkung des Toten auf die Psyche des Betrachters. Dabei erhielt u. a. der Naturabguß neue Bedeutung. Denn bei der Darstellung menschlicher Figuren ging es – nun vor allem in der Malerei, etwa im Werk von René Magritte – nicht mehr um das Erschaffen beseelter Lebewesen, sondern um die Darstellung von Versteinerung oder seelenloser Erstarrung des Lebens. Mit dem psychischen Schock, der den Betrachter durch dieses Paradox treffen sollte, glaubte man ein Mittel gefunden zu haben, um die verlorene magische Kraft der Kunst zurückzugewinnen.

67

William Pether
Carlisle 1738 – 1821 Bristol
nach **Joseph Wright of Derby**
Derby 1734 – 1797 Derby

Eine Akademie bei künstlichem Licht, 1769

Schabkunstblatt, 57,8 : 55,8 cm
London, Victoria & Albert Museum
Inv. Nr. E 443-1889

Dieses Blatt stellt eine Zeichenstunde in einer Abgußsammlung dar, in deren Mitte die Marmorfigur der *Nymphe mit der Muschel* aus der Sammlung Borghese in Rom sitzt. Rechts am Rand erscheint der Borghesische Fechter. Beide Figuren kamen durch Napoleon nach Paris und befinden sich heute im Louvre.

Das Blatt ist in dem hier vorgestellten Zusammenhang in mehrfacher Hinsicht interessant. So wird der Unterschied zwischen den lebenden Personen und der Skulptur allein schon durch die künstliche Beleuchtung verwischt. Dieser Effekt kommt durch das gelbliche Licht auf dem Gemälde Wright of Derbys (New Haven, Yale Center of British Art), das der Stich seitenverkehrt abbildet, noch deutlicher zum Ausdruck. Verstärkt wird diese Verunklärung der Grenzen zwischen lebenden und unbelebten Personen durch die versunkene Haltung des jungen Mannes links am Rand, dem der Blick der gipsernen Nymphe zu antworten scheint. Durch seine Verehrung wird sie wie in Joseph von Eichendorffs Erzählung *Das Marmorbild* von 1819 »lebendig«.

Abgesehen von diesem Pygmalion-Effekt drückt sich hier generell ein neues, gefühlsbetontes Antikenverständnis aus, das man auch in den etwa gleichzeitigen Schriften Johann Joachim Winckelmanns wiederfindet.

68

Edward Fisher
Dublin 1722 – um 1785 London
nach **Johann Zoffany**
Frankfurt am Main 1733 – 1810 London

Elisabeth Farren als Hermione in Shakespeares »Wintermärchen«, 1781

Schabkunstblatt, 60,5 : 40,4 cm
London, Victoria & Albert Museum
Inv. Nr. E 366-1959

Literatur: Jane Clarc, The Great Eighteenth Century Exhibition. Kat. Ausst. National Gallery of Victoria Melbourne 1983, S. 118.

Wie William Pether war auch Edward Fisher Mitglied der »Society of Artists« in London. Zoffanys großformatiges Bild *Elizabeth Farren als Hermione*, die Vorlage für den Stich, befindet sich heute in der National Gallery of Victoria in Melbourne.

Zoffany lebte nach seiner Ankunft in London 1762 im Haus des berühmten Schauspielers David Garrick. Dieser Nähe zum Theater entnahm der Künstler den Stoff für seine Konversationsstücke, die ihn bald berühmt machten. Auch dieses Bild stellt eine bekannte Schauspielerin dar, die in der Rolle der verstoßenen Ehefrau Hermione in Shakespeares *Wintermärchen* glänzte. Durch eine getreue Amme wird Hermione am Ende des Stückes als Statue wieder ihrem Ehemann zugeführt, der schließlich darüber beglückt ist, daß das »Standbild« lebendig wird.

In dieser Geschichte hat Shakespeare den alten Mythos vom Kunstwerk, das dem lebendigen Vorbild mindestens ebenbürtig ist, in eine Geschichte gefaßt, die Züge der Pygmalion-Geschichte enthält. In der Übersetzung von Schlegel / Tieck wird die »Statue« in der 2. Szene des 5. Akts vorgestellt als »ein Werk, woran schon seit vielen Jahren gearbeitet ward und das jetzt kürzlich erst vollendet ist, durch Julio Romano, den großen italienischen Meister, der, wenn er selbst Ewigkeit hätte und seinen Werken Odem einhauchen könnte, die Natur um ihre Kunden brächte, so vollkommen ist ihr Nachäffer: er hat die Hermione so der Hermione gleich gemacht, daß, wie man sagt, man mit ihr sprechen und Antwort erwarten möchte …«.

In dem Bild, das der Stich wiedergibt, hat man gerade den Vorhang beiseite gezogen, und alle sehen nun die als Statue posierende Schauspielerin, übrigens eine Szene, die dem im 18. Jahrhundert beliebten Gesellschaftsspiel der »Lebenden Bilder« entspricht.

in the Character of

69

Monogrammist BVML

Pygmalion, um 1614

Feder in Braun über Rötel, braun laviert, 21,6 : 19,1 cm
Braunschweig, Herzog Anton Ulrich-Museum
Inv. Nr. Z 840

Literatur: Christian von Heusinger, Die Handzeichnungssammlung. Geschichte und Bestand. Kat. Mus. Herzog Anton Ulrich-Museum Braunschweig 1997, Nr. 11, S. 242 und S. 239.

Die Zeichnung gehört zum alten Besitz des Museums und ist nach einer Variante datiert. Stilistisch entspricht diese Arbeit eines unbekannten Meisters, der für den Hof in Wolfenbüttel arbeitete, der frühbarocken Kunst am Wiener Hof Kaiser Rudolfs II.

Der antike Bildhauer Pygmalion arbeitet hier noch an seiner Statue. Das Erotische, das zum Wesen der Geschichte bei Ovid gehört, ist in eine Form der Argumentation zwischen dem knienden Bildhauer und der von ihm geschaffenen nackten Statue übersetzt. Man kann sich bei der nüchtern lehrhaften Geste der Statue eigentlich nur vorstellen, daß sie mit den geheimen Wünschen ihres Schöpfers nicht einverstanden ist, daß sie ihn von seinen falschen Begierden und seiner Selbstüberschätzung abbringen und auf den Pfad der Tugend zurückführen möchte. Oder ist es umgekehrt, und sie möchte ihn mit Argumenten verführen, wie dies Herkules am Scheideweg geschah, wo Tugend und Wollust den Heros auf diese Weise auf ihre jeweilige Seite zu ziehen trachteten, wobei Herkules sich aber für den mühevollen Weg der Tugend entschied? Pygmalion wäre dann das Gegenbeispiel, denn er entschied sich für die Wollust.

70

Matthäus Gundelach

Kassel oder Umgebung um 1566 – 1653/54 Augsburg

Venus in der Werkstatt des Pygmalion, 1639

Öl auf Leinwand, 118 : 176,8 cm
Bez. auf dem Sockel der Statue:
M / Gundelach / F. / 1639
Kassel, Staatliche Museen, Gemäldegalerie Alte Meister
Inv. Nr. GK 898

Literatur: Elisabeth Bender, Matthäus Gundelach – Leben und Werk. Diss. Frankfurt a. M. 1981, Kat. Nr. GA 8, S. 175–177. – Andreas Blühm, Pygmalion. Die Ikonographie eines Künstlermythos zwischen 1500 und 1900. = Europäische Hochschulschriften, Reihe XXVIII Kunstgeschichte. Frankfurt a. M. u. a. 1988, S. 67–68.

Über Gundelachs Jugend und Ausbildung weiß man nicht viel. Er ist jedoch seit 1593 in Prag nachweisbar und war von 1609 bis 1612 Kammermaler Rudolfs II., von dessen Hofmalern Bartholomäus Spranger, Hans von Aachen und Joseph Heintz er beeinflußt wurde. Ab 1617 lebte und arbeitete Gundelach nach einer zweijährigen Tätigkeit für den Herzog von Württemberg in Augsburg. Hier war er an der Ausstattung des Rathauses beteiligt und gehörte dem Großen Rat an.

Das Pygmalion-Bild ist sein letztes datiertes Werk, es ist in Augsburg entstanden, zeigt aber immer noch den Einfluß der Prager Hofmalerei, so etwa in der von links den Bildraum betretenden weiblichen Figur mit in die Seite gestütztem Arm oder in dem schmelzenden Glanz der Lichter, vor allem auf der Bronze der Pygmalion-Figur, aber auch in den Verschachtelungen verschieden weit entfernter Raumzonen.

In Blühms Untersuchung der Pygmalion-Darstellungen steht dieses Bild am Anfang der Entwicklung dieser Bildthematik in Deutschland. Hier ist nicht wie später der Moment des Lebendigwerdens der Statue die Hauptsache, sondern das Eingreifen von Venus und Cupido, dessen Pfeil Pygmalion trifft, während dieser mit erhobenem rechten Arm vor Venus tritt. In späteren Bildern ist die Statue gewöhnlich aus Marmor, bei Gundelach dagegen besteht sie aus Bronze. Weitere bronzene Werke wie Geschützrohre umgeben sie. Es wurde in diesem Zusammenhang schon 1968 auf die Augsburger Bronzekunst hingewiesen, die am Ende des 16. und Anfang des 17. Jahrhunderts den Ruhm der Stadt ausmachte und damit vermutlich der Grund ist, warum der Bildhauer hier in Bronze und nicht in Marmor arbeitet. Das Bild wurde damals schon *Allegorie der Bildhauerei und Gießkunst* genannt, was von Bender in ihrem Werkkatalog von 1981 übernommen wird. Sie geht sogar so weit, in diesem Bild ein Auftragswerk des in Augsburg neben Gundelach wohnenden Gießers Wolfgang Neidthardt d. J. zu vermuten und die Architektur mit Elias Holls Augsburger Gießhaus von 1601/02 in Verbindung zu bringen. Demgegenüber gibt Blühm zu bedenken, daß es in Ovids Erzählung über den Ort, an dem die Geschichte stattfindet, nämlich die Insel Zypern, eine Beziehung zur Metallkunst gibt. Denn Zypern galt nicht nur als Geburtsort der Aphrodite (Venus), sondern war auch wegen seiner Kupferfunde im Altertum berühmt.

Wie weit auch Anspielungen auf den gerade stattfindenden Dreißigjährigen Krieg (1618–48) in den Geschützrohren zu sehen sind, kann nur vermutet werden. Auffällig ist jedenfalls, daß Venus auf einem solchen Rohr sitzt und auf ein weiteres demonstrativ ihren Fuß gesetzt hat. In dem Bild wird offenbar die friedliche Seite der Bronzekunst – die Herstellung von Statuen, die zum Schmuck von Städten und Palästen gefertigt wurden – den Geschützrohren gegenübergestellt. Durch Venus wird ihnen ihr aggressiver Charakter genommen, sie dienen allenfalls dem Schutz des Gemeinwesens vor Angreifern. Die Künste werden gewöhnlich als Begleiter des Friedens dargestellt, während sie umgekehrt der Raserei des Krieges zum Opfer fallen.

71

Rembrandt Harmensz. van Rijn
Leiden 1606 – 1669 Amsterdam

Der Zeichner nach dem Modell

Radierung, 23,4 : 18,5 cm
Wien, Albertina
Inv. Nr. 1926/328 (B 192 II)

Literatur: Christopher White, Rembrandt as an Etcher. A study of the artist at work. London 1969, S. 160ff. – Gregor J. M. Weber, Der Lobtopos des ›lebenden‹ Bildes. Jan Vos und sein »Zeege der Schilderkunst« von 1654. Hildesheim/Zürich/New York 1991, S. 222–225. – Martin Büchsel, Die Verselbständigung der ästhetischen Mittel in einigen Radierungen Rembrandts. In: Städel-Jahrbuch NF 17, 1999, S. 313–330, zum Bild: S. 323ff.

Dieses rätselhafte Blatt, das in zwei Zuständen existiert und gewöhnlich als unfertig gilt, wird schon seit 1756 als Pygmalion-Darstellung angesehen. Dem widerspricht allerdings, daß es sich bei dem Künstler vor der Statue mit dem Palmzweig in der Gestalt einer Venus pudica eindeutig um einen Zeichner und nicht um einen Bildhauer handelt. Vielleicht hat die im Hintergrund in feinen Strichlagen ausgeführte Büste zu dieser Deutung verführt, vielleicht auch der Charakter des Geheimnisvollen und Wunderbaren, der durch den extremen Gegensatz von hellem, nur in groben Strichen angelegtem Vordergrund und dem dunklen, bis ins Detail ausgeführten Hintergrund entsteht. Zudem sieht man in einer zeitgenössischen Pygmalion-Radierung den Ausgangspunkt von Rembrandts Erfindung (Pieter Feddes van Harlingen). Auch war in der niederländischen Dichtung des 17. Jahrhunderts die Übertragung des Pygmalion-Mythos auf die Kunst der Malerei nichts Ungewöhnliches.

Eine Vorzeichnung befindet sich im Britischen Museum in London. Die Datierungsversuche reichen von 1639 bis 1652. Das Blatt ist immer wieder Gegenstand intensiver Diskussion gewesen, in die hier nicht eingestiegen werden kann.

Zuletzt befaßte sich Martin Büchsel mit der Frage, inwieweit die nur angedeuteten Partien in Rembrandts Radierungen als unfertig zu bezeichnen sind. Dabei kommt er zu der Überzeugung, daß hier ein bewußtes Prinzip der Abstraktion vorliegt. Er sieht in der Gegenüberstellung skizzenhafter Partien im Licht und fein ausgeführter Bereiche im Dunkel eine sich als freie Zeichnung artikulierende Antwort auf die Ikonographie der barocken »Lichtoffenbarung«. Das Fazit seines Aufsatzes lautet: »Aus der Illusion des hereinbrechenden Lichts wird das Spiel der Striche. Rembrandt gibt der in ihrer Wirkung genau kalkulierten ›Übersteigerung‹ das Leben der freien Zeichnung. Die Hand des Zeichners, nicht aber die Phantasie des Künstlers, die ›neue Welten‹ erschafft, läßt die Illusion der Ikonographie hinter sich. Das ›Unbestimmte‹, das nicht ikonographisch distinkt zu benennen ist, ist das neue Vokabular, und damit ist es zugleich kein Vokabular [wie die Ikonographie dies war].«

72

Joachim von Sandrart
Frankfurt am Main 1606 – 1688 Nürnberg

Pygmalion, 1662

Pinselzeichnung, grau und schwarz laviert, weiß gehöht, 40,8 : 29,2 cm
New York, The Metropolitan Museum of Art, Geschenk der Karen B. Foundation und Sotheby's Inc., 1996
Inv. Nr. 1996.414

Literatur: Heinrich Dörrie, Pygmalion. Ein Impuls Ovids und seine Wirkungen bis zur Gegenwart. = Rheinisch-Westfälische Akademie der Wissenschaften, Vorträge G 195, Opladen 1971, S. 41–43. – Andreas Blühm, Pygmalion. Die Ikonographie eines Künstlermythos zwischen 1500 und 1900. Frankfurt a. M u. a. 1988, S. 70–71.

Sandrarts aus der Fürstlich-Oettingen-Wallersteinschen Kunstsammlung stammende, 1662 datierte Zeichnung stellt vermutlich die Opferszene dar, bei der Pygmalion Venus anfleht, ihm doch eine seiner Statue vergleichbare Frau zu schenken, da er es nicht wagt, um die Verlebendigung dieser selbst zu bitten. Es ist der Moment gegeben, in dem sein Gebet Wirklichkeit wird. Sandrart entwirft – anders als üblich – eine volkreiche Szene, bei der das Licht des Opferfeuers (?) auf die Statue fällt, die sich zu regen scheint, was sowohl aus der Reaktion Pygmalions wie der hinter ihm nach vorn laufenden jugendlichen Gestalt mit einem Kranz in der Hand, deren Arm Pygmalion umfaßt, zu schließen ist. Diese beiden Personen sind kunstvoll durch das Licht aufeinander bezogen, Pygmalion als Schattenfigur von hinten, die Läuferin als beleuchtete Figur von vorn. Die Statue ist in der Haltung der Venus Medici nachgebildet, zu der das Motiv des stützenden Delphins gehört, und die Sandrart zehn Jahre später auch in seiner *Teutschen Academie* abbildet. Zwischen Pygmalion und der Statue sieht man Amor mit eher grimmigem Gesicht hervorkommen. Römische schwere Gewölbe mit dorischen Säulen und eine antike, figurengeschmückte Vase bestimmen den geheimnisvoll vom Feuer erleuchteten Ort. Sandrart ist es offenbar vor allem auf die Darstellung des Wunders angekommen, wofür er einen Theaterzauber entfacht, zu dem der extreme Gegensatz von Licht und Dunkel sowie die emphatischen Reaktionen verschiedener aus einer Menge hervordringender Personen gehören.

Heinrich Dörrie verweist auf das allerdings erst 1689 in Wien uraufgeführtes Stück *Pygmalion in Cipro* von Niccolò Minato mit Musik von Antonio Draghi, das den Anstoß für eine Unzahl von nachfolgenden Theateraufführungen des Pygmalion-Stoffes gab. In diesem Stück wird Pygmalion von zwei Mädchen geliebt. Eine will ihm für sein gelungenes Kunstwerk den Lorbeerkranz aufsetzen, den er für den höheren Lohn der Verlebendigung seiner Statue zurückweist. Dörrie erkennt in der Begegnung zwischen Pygmalion und der Läuferin diese Szene.

Andreas Blühm betont in seinem Pygmalion-Buch den illusionären Charakter der geisterhaft beleuchteten Szene, in der auch Totes als lebendig erscheinen könne. Die künstliche Beleuchtung von Figuren mit flackerndem Licht war ein zumindest seit Benvenuto Cellinis Vorstellung seiner silbernen Jupiterstatuette am Hof Franz' I. von Frankreich ein bekanntes Verfahren. Er hatte der Figur eine Kerze in die über den Kopf erhobene Hand gegeben und sie gleichzeitig für den Betrachter unsichtbar langsam nach vorn bewegen lassen. Jedoch spricht Cellini auch davon, daß Skulpturen nicht von unten beleuchtet werden dürften wie auf Sandrarts Stich, sondern nur von oben. Es ist deshalb unwahrscheinlich, daß in Sandrarts Zeichnung die Argumente der Bildhauer für die beste Wirkung ihrer Werke im Sinne der Erzeugung von Lebensechtheit eine entscheidende Rolle spielten. Vielmehr bleibt Sandrarts Szene weiter geheimnisvoll. Man fragt sich, ob die Statue vielleicht deshalb lebendig werden konnte, weil die Liebesgöttin selbst mit ihr verschmolzen ist. Die Zeichnung stände dann eher im Zusammenhang mit einer Diskussion über die Liebe als über den Vorzug von Skulptur oder Malerei, die den Ausgangspunkt für die Aufnahme des Pygmalion-Mythos in die Kunst seit der Renaissance bildete.

73

Arnold Houbraken
Dordrecht 1660 – 1719 Amsterdam

Pygmalion

Schwarze Kreide, heller und dunkler Rötel, 24,4 : 18,6 cm
Bez. r. u.: A. Houbraken
München, Staatliche Graphische Sammlung
Inv. Nr. 2000.27

Literatur: J. A. Emmens, Rembrandt en de Regels van de Kunst. Rembrandt and the Rules of Art. Utrecht 1968, Abb. 41 (der Stich von 1723).

Houbrakens Darstellung ist voll von Anspielungen, die über die Darstellung der Geschichte bei Ovid, aber auch über diejenige eines Künstlerateliers hinausgehen. Offenbar ist ein Bildhaueratelier gezeigt, das neben dem Fenster auf der linken Seite wie üblich einige anatomische Fragmente vorweist. Auch das Äffchen ist ein gängiges Symbol für die Nachahmung als Grundlage der bildenden Kunst. Unüblich sind die beiden Masken, von denen das Äffchen eine durch ihre lange Nase und die langen Ohren dümmlich wirkende hochhält. Diese eher negative Tendenz wird weiter ausgeführt in der plastischen Gruppe, die hinter den Hauptfiguren auf einem trommelförmigen Sockel steht. Im Mittelpunkt dieser Gruppe befindet sich eine Faunsherme, die von einigen Figuren, darunter einem Affen und einer nackten jungen Frau, geschmückt wird. Davor steht Pygmalion mit seiner Statue und ist offenbar entzückt darüber, daß das Fleisch ihres Leibes dem Druck seiner Finger nachgibt. Es wird damit auf die im Barock, zum Beispiel bei Bernini, gängige Vorstellung angespielt, das »Fleisch« einer Statue müsse trotz der Härte des Materials so wiedergegeben werden, daß seine Weichheit deutlich würde. Doch im Zusammenhang mit der Zeichnung Houbrakens erhält diese Vorstellung einen eher negativen Unterton, was durch den Affen der Imitation mit der primitiven Maske unterstrichen wird. Auf der anderen Seite wird, symbolisiert durch die Faunsgruppe, Pygmalions Wunsch als Ausdruck niederer Instinkte dargestellt.

Ein vereinfachter Stich derselben Darstellung als Sinnbild der Eigenliebe wurde 1723 postum in Houbrakens in Amsterdam gedruckten *Stichtelyke zinnebeelden gepast op deugden en ondeugden in LVII tafereelen* (Erbauliche Sinnbilder von Tugenden und Untugenden in 57 Darstellungen) veröffentlicht. Die Unterschrift zu Pygmalion lautet: »Zo veel vermag de eige liefde« (So viel vermag die Eigenliebe). Gegenüber der Zeichnung fehlen der Affe mit der Maske und die Skulpturengruppe im Hintergrund. Sie konnten wegfallen, weil die Unterschrift die in ihnen ausgedrückte Moral eindeutig zum Ausdruck bringt.

74

Isaak Walraven
Amsterdam 1686 – 1765 Amsterdam

Pygmalion, 1714

Öl auf Leinwand, 45,8 : 52,3 cm
Bez. M. u.: Js...Walr... fec.t A...
München, Dr. Rolf Schenk, Kunstsalon Franke

Literatur: Andreas Blühm, Pygmalion. Die Ikonographie eines Künstlermythos zwischen 1500 und 1900. Frankfurt a. M./Bern/Paris 1988, Kat. Nr. 39 und S. 57–58.

Isaak Wallraven, der Sohn eines Juweliers, wurde bei dem Haager Bildhauer Jan Ebbelaer ausgebildet, der vorwiegend mythologische Figurengruppen schuf. Seit 1710 war Walraven auch für den Düsseldorfer Hof tätig. Über sein Werk ist wenig bekannt. Hauptquelle ist der Amsterdamer Versteigerungskatalog seines Nachlasses von 1770, in dem das Bild *Pygmalion* beschrieben wird. In der Übersetzung Rolf Schenks lautet der Text: »Die Statue ist in der Mitte des Bildes plaziert. Ihr zur Rechten, ein wenig vornübergebeugt, Pygmalion, der seine Augen voller Liebesflammen auf sie gerichtet hat. Die Statue selbst gibt sich mit niedergeschlagenen Augen sittsam und züchtig. Sie scheint sich bewegen zu wollen. Cupido steht zur Linken im Bilde und weist verspottend mit dem Finger auf Pygmalion, ob seiner törichten Liebe. Des weiteren einige fliegende Cupidos und anderes stimmungsvolles Beiwerk. Auf der dahinterliegenden Bildebene sehen wir auf der Treppe drei Kinder, die sich anschicken, Blumen zu offerieren. Das Ganze wird mit schöner Farbigkeit und in reicher künstlerischer Gestaltung ausführlich auf Leinwand geschildert.«

In dem Begriff »törichte Liebe« kommt eine Kritik an der mythologischen Figur des Pygmalion zum Ausdruck, die auch in einem von Andreas Blühm zitierten Gedicht von Cornelis Bruins in Johan van Gools *De Nieuwe Schouburgh der nederlandsche Kunstschilders en Schelderessen* (Den Haag 1751, S. 125f.) wohl im Hinblick auf dieses Bild Walravens angesprochen wird. Blühm faßt den moralisierenden Inhalt des Gedichts wie des Bildes so zusammen (S. 58): »Zu der schon bekannten Warnung vor der Überschätzung eigener Werke gesellt sich die Forderung, die Liebesenergie nicht unnütz auf unbelebte Bilder zu verschwenden. Demjenigen gebühre der Lorbeerkranz, der über das Herz der Jungfrauen triumphiere. Bruins schließt von dem schlechten Exemplum Pygmalions auf eine günstige Einschätzung des Malers Walraven: Sein Gemälde erwecke dieselben Gefühle beim Betrachter, die den Bildhauer im Mythos angesichts seiner Statue ergriffen hätten.« Das bedeutet, Walraven hat nicht wie Pygmalion aus Liebe zu seinen eigenen Werken vergessen, sich in der Kunst zu vervollkommnen. Deshalb gelingt es ihm, den Betrachter durch die Lebendigkeit der Darstellung und der Figuren zu überzeugen.

Übrigens wird die hier ausgedrückte schlechte Meinung über Pygmalion schon von Vasari zitiert, wenn er im Rangstreit zwischen Bildhauerei und Malerei die Malerei mit negativem Unterton sagen läßt: »Auf die Liebschaft des Pygmalion und jener anderen ruchlosen, die nicht würdig wären, Mensch zu sein [spielt wohl auf die antiken Geschichten von Liebschaften mit Venusbildern an], wüssten sie [die Bildhauer] nicht anders zu antworten als: ob man aus einer völligen Blindheit des Verstandes und einer über jedes Maß zügellosen Begierde ein Argument für die Vornehmheit machen könne.« (Giorgio Vasari, Leben der ausgezeichnetsten Maler, Bildhauer und Baumeister... Florenz 1568, übersetzt v. Ludwig Schorn und Ernst Förster, (neu herausgegeben) Worms 1988, S. 39).

75

C. A. Wagner
tätig um 1720 in Nürnberg und um 1730/50 in Hamburg

Pygmalion, um 1720

Pinsel, Feder, grau laviert über rötlicher Grundierung, leicht weiß gehöht, 21,6 : 26 cm
Bez. l. u.: Wagner: in:
Schwerin, Staatliches Museum, Kunstsammlung
Inv. Nr. 5849 Hz

Der Künstler ist nur als Zeichner für Stiche in Erscheinung getreten. Die nur skizzierte Szene enthält alle zum Mythos gehörigen Elemente: den in Arbeitskleidung knienden Künstler, die schüchtern erwachende Statue sowie Venus mit Amor, die in den Wolken das Geschehen lenken.

76

Ignaz Günther
Altmannstein / Oberpfalz 1725 – 1775 München

Pygmalion, 1765

Radierung, rotbraun gedruckt, 23,5 : 15,5 cm (Platte), 25,5 : 17,5 cm (Blatt)
Bez. u: Pigmalion Rex Tyro. Ovid. lib. 10;
l. u.: Ig. Günther Inv. et Sc. m. 1769; l. auf dem Untersatzblatt mit Tinte: Saeculum IV
München, Städtische Galerie im Lenbachhaus
Inv. Nr. G 18 035

Literatur: Gerhard P. Woeckel, Ignaz Günther. Die 180 Handzeichnungen des kurfürstlich bayerischen Hofbildhauers Ignaz Günther (1725–1775). Weißenhorn 1975, Nr. 106, S. 543/544.

Es handelt sich um die einzige eigenhändige Radierung des vorwiegend in Holz arbeitenden bayerischen Hofbildhauers Ignaz Günther. Woeckel hält sie für die Darstellung des Prospekts eines Bühnenbildes wegen der von der linken Seite in den Raum geschobenen kulissenartigen Architekturelemente. Er denkt an ein Pygmalion-Ballett, das zwischen 1760 und 1786 auf dem Thurn- und Taxisschen Hoftheater in Regensburg aufgeführt wurde.

Auf der Radierung Günthers arbeitet der »König« Pygmalion im Vordergrund an einer nackten weiblichen Statue, die in der Linken eine Frucht hält (einen Apfel wie Eva?). Im weiten Schloßhof hinter dem von einem türkisch gekleideten Wächter verstellten Gang zwischen zwei Kolossalsäulen, die halb von einem Vorhang verdeckt sind, ist Pygmalion in einer weiteren Darstellung auf die Knie gefallen. Er bittet Venus, die am Himmel mit ihrem von Schwänen gezogenen Wagen zu Hilfe eilt, die geliebte Statue lebendig zu machen. Jedoch ist hier weniger die Verwandlung vom steinernen Bild zum lebenden Menschen das Thema als vielmehr die Erhöhung des Bildhauers zum König, womit Günther seinen eigenen Beruf nobilitiert. Zwar nicht bei Ovid, doch nach anderen antiken Quellen war Pygmalion entweder König von Tyros oder von Kypros (Zypern).

Die rotbraune Farbe entspricht der Form, in der dieses Blatt im 2. Band von François Cuvilliés d. J. Publikation *École de l'architecture bavaroise* von 1773 veröffentlicht wurde. Daneben gibt es auch Drucke in Schwarz.

77

Etienne-Maurice Falconet
Paris 1716 – 1791 Paris

Pygmalion und Galatea, nach 1763

Biskuitporzellan, 44 : 17 : 21,5 cm
Paris, Musée des arts décoratifs
Inv. Nr. 16040

Literatur: Louis Réau, Étienne-Maurice Falconet. Bd. 1, Paris 1972, S. 198ff. und S. 210ff. (Original und Repliken). – George Levitine, The Sculpture of Falconet. Greenwich, Connecticut 1972, S. 34ff. und S. 40ff.(Biskuits). – Diderot, Salons. Texte établi et présenté par Jean Seznec et Jean Adhémar. Bd. 1: 1759, 1761, 1763. Oxford 1975 (1. Aufl. 1957), S. 246: Salon de 1763, Falconet. (Übersetzung: B. Eschenburg).

* Siehe dazu: J. L. Carr, Pygmalion and the Philosophs. The Animated Statue in the Eighteenth-Century France. In: Journal of the Warburg and Courtauld Institutes 23, 1960, S. 239–254.

Die in mehreren Fassungen ausgeführte Marmorskulptur *Pygmalion und Galatea* von 1761 wurde in verkleinerter Form auch in Biskuit wiederholt. Heute gilt die Marmorfassung in der Walters Art Gallery in Baltimore als das im Salon von 1763 ausgestellte Original. Diderot sah sie dort und schrieb eine bewundernde Kritik in seinen Salonberichten. Er nennt die Gruppe *Pygmalion aux pieds de sa statue qui s'anime* [Pygmalion zu Füßen seiner Statue, die sich belebt]. Er schreibt: »O, sein [Pygmalions] wunderschönes Gesicht! O Falconet! Wie hast du es angestellt, in ein Stück weißen Stein gleichzeitig die Überraschung, die Freude und die Liebe einzuprägen? Nachahmer der Götter! Wenn sie die Staue belebt haben, so hast du das Wunder erneuert, indem du den Bildhauer belebt hast... Die Machart der Gruppe als ganze ist bewunderungswürdig. Es handelt sich um eine einzige Materie, woraus der Bildhauer drei verschiedene Arten von Fleisch abgeleitet hat. Dasjenige der Statue ist anders als das des Puttos, und wieder anders ist das Fleisch von Pygmalion.«

Das Problem, dem sich Falconet hier stellt, ist die Verlebendigung einer Statue in einem Werk der Bildhauerei ohne Zuhilfenahme der Farbe. Er erreicht dies einerseits durch die Neigung der Statue zum Bildhauer, den Anflug von Bewegung in ihrem Gesicht sowie durch die leicht abgespreizten Hände, auf der anderen Seite aber auch durch die entzückte und staunende Haltung Pygmalions, die vor allem Diderots Bewunderung fand. Seit Poussin und Le Brun hatten die Künstler sich mit der systematischen Darstellung der Affekte beschäftigt, jedoch die gleichzeitige Vergegenwärtigung unterschiedlicher Gefühle war mehr, als die übliche akademische Theorie und Praxis bieten konnte.

Diderot hat ein weiteres Phänomen an diesem Werk angesprochen: die Verschiedenartigkeit der Materialwirkung, obgleich es sich doch in Wirklichkeit nur um ein einziges Material, den Marmor, handelt. Die Verwandlung der Materie war ein im Kreis um Diderot diskutiertes Thema und wurde von ihm selbst anhand einer Statue von Falconet – möglicherweise seines *Pygmalion* – im *Entretien entre d'Alembert et Diderot* (1769) abgehandelt. Darin wird diskutiert, wie weit Marmor zu Fleisch und Fleisch zu Marmor werden könne, womit die Frage nach dem Beginn des Lebens angesprochen wird.* In anderer Weise beantwortet Falconet dieselbe Frage mit seiner Statue. Ihn interessiert nicht der chemische Prozeß, sondern dessen Ergebnis, die Beseelung des toten Materials.

Die Biskuitfiguren nach Skulpturen Falconets entstanden zwischen 1757 und 1766, als Falconet Direktor der Skulpturenwerkstatt der Manufaktur von Sèvres war.

78

Johann Heinrich Wilhelm Tischbein
Haina 1751 – 1829 Eutin

Pygmalion, um 1800

Ölstudie auf Papier, 35,5 : 37,7 cm
Kassel, Staatliche Museen, Neue Galerie
Inv. Nr. 1875/1211

In dieser Studie ist die Statue, die offenbar gerade zum Leben erwacht, als Venus pudica wie die Venus Medici gegeben. Damit ist hier, ähnlich wie bei Sandrart (Kat. Nr. 72), die Liebesgöttin, die den Wunsch Pygmalions gewährt, die Statue lebendig zu machen, mit dieser identisch. In ihrer Gestalt verkörpert die Statue die vollendete Schönheit und Liebesmacht. Die Anwesenheit von Venus machen auch die drei Putten des Leuchters deutlich. Bei ihnen kann es sich nur um die drei Grazien handeln, die zu ihrem Gefolge gehören.

Tischbein entstammt einer aus Haina kommenden Familie, die im 18. und frühen 19. Jahrhundert viele Maler hervorgebracht hat. Nach Lehrjahren in Kassel, Italien und Amsterdam war er in verschiedenen deutschen Städten vorwiegend als Porträtmaler tätig. Im Jahr 1786 entstand nach der ersten persönlichen Begegnung mit Goethe in Rom das berühmte Bildnis des Dichters *Goethe in der Campagna* (Frankfurt a. M., Städelsches Kunstinsitut). 1787 trennte er sich von Goethe und wurde in Neapel Direktor der dortigen Kunstakademie. Nach der Eroberung Neapels durch die Franzosen kehrte Tischbein nach Deutschland zurück, zunächst nach Kassel, dann nach Eutin.

79

Jean-Léon Gérôme
Vesoul / Haute-Saône 1824 – 1904 Paris

Pygmalion und Galatea, 1890/92

Öl auf Leinwand, 88,9 : 68,6 cm
New York, The Metropolitan Museum of Art, Geschenk von Louis C. Raegner, 1927
Inv. Nr. 27.200

Literatur: Hélène Lafont-Couturier, Gérôme. Paris 1998, S. 87ff., S. 131.

* Wohl erstmals in dem Pygmalion-Bild von Jean Roux von 1717 im Musée Fabre in Montpellier.

Gérôme studierte bei dem Historienmaler Paul Delaroche, dem er 1843 nach Italien folgte. 1844 führte er das Studium in Paris bei Charles Gleyre weiter und wurde zum Anführer eines neogriechischen Klassizismus in der Malerei. Mit dem Preisgeld für sein Gemälde *Das Zeitalter des Augustus* von 1853 fuhr er nach Konstantinopel. Eine Reise nach Ägypten von 1856 war der Beginn einer Reihe von Bildern aus der arabischen Welt. 1859 kehrte er zu klassischen Themen zurück. 1878 stellte er erstmals auf der Weltausstellung eine Skulptur aus, einen Gladiator mit seinem besiegten Opfer. Seitdem spielten für ihn Skulptur und Malerei eine gleichwertige Rolle, in beiden erprobte er dieselben Themen.

So ist es kein Wunder, daß er sich der Pygmalion-Geschichte annahm, ging es in einem Gemälde dieses Themas doch gleichermaßen um Malerei wie um Skulptur. Gérôme hat die Szene, die wir vor uns sehen, nicht nur in einem, sondern in einer Reihe von Bildern gemalt, wobei der Standort des Betrachters jeweils ein verschiedener war, so daß sich die Skulptur in der Abfolge von allen Seiten zeigte. Die beiden Theatermasken sprechen dafür, daß der Ort Gérômes eigenes Atelier ist, da sie auch auf Bildern zu sehen sind, die das Atelier in seiner realen Form darstellen. Hier, in der poetisierten Version, ist Amor auf einer Wolke in das Atelier des antiken Bildhauers eingedrungen, der seine Statue gerade leidenschaftlich küßt, was sie zum Leben erweckt. Die Biegung des Leibes zur Seite ist eine Erfindung Gérômes. Dagegen gab es in der französischen Malerei des 18. Jahrhunderts mehrfach Versionen des Themas, in denen sich der Marmor der Statue sichtbar in menschliches Fleisch verwandelte.*

80

René Magritte
Lessines / Hainaut 1898 – 1967 Schaerbeck / Brüssel

Tentative de l'impossible, 1928

Versuch des Unmöglichen

Öl auf Leinwand, 116 : 81 cm
Bez. l. u.: Magritte; Rückseite Tentative de l'impossible
Toyota, Municipal Museum of Art
Inv. Nr. CR 284

Literatur: René Magritte. Catalogue Raisonné. Hrsg. v. David Sylvester. Bd. I.: David Sylvester & Sarah Whitfield, Oil Paintings 1916–1930. Houston / Antwerpen 1992–97, Nr. 284.

Dieses Bild entstand in der Zeit, als Magritte in Paris in unmittelbarem Kontakt mit den dortigen Surrealisten lebte. Es stellt das Pygmalion-Thema auf eine Weise dar, die das künstlerische Tun unmittelbar als Schöpfungsakt, als Erweckung des Nichts zum Leben, begreift. Zwar entspricht dies dem Künstlerselbstverständnis seit der Renaissance, wurde aber dennoch selten so eindeutig dargestellt. Als Vorgänger aus dem 17. Jahrhundert könnte man das Selbstporträt von 1650 des Florentiner Malers Simone Pignoni (1611–1698) in den Uffizien in Florenz bezeichnen. Auf diesem Bild zeigt sich der Künstler, wie er auf einer Leinwand an einem gemalten Skelett im oberen Teil sozusagen aus dem Nichts das Fleisch entstehen läßt, womit er einerseits das Schöpferdasein des Künstlers beschreibt, andererseits auf die Kenntnisse jenseits der Oberfläche verweist, die ihm als Maler zu Gebote standen.

Unmittelbarer Vorläufer für das Bild von Magritte ist Otto Dix' (1891–1969) Bild in der Galerie der Stadt Stuttgart *Künstler und Muse* von 1924, auf dem der Künstler mit dem Malstock in der Rechten die ihn mit erhobener Hand begrüßende Muse linkshändig mit feinem Pinsel zu malen scheint, wobei in diesem Fall das gemalte Modell schon vollendet und von größter Lebendigkeit ist.

Ganz anders als bei Dix steht vor dem Maler in Magrittes Bild eine erst halbfertige nackte junge Frau. Der Künstler, ein junger Mann mit weißem Hemd, Schlips und dunkelbraunem Anzug, in der Linken die Palette, ist gerade dabei, ihren Arm entstehen zu lassen. Beide stehen locker im Kontrapost und wirken doch mit ihren ernsten Gesichtern eher verkrampft. Der Leib des Modells ist vor allem in den Extremitäten wenig differenziert, Arm und Beine scheinen sich an einigen Stellen in ihren Schatten aufzulösen. Sie wirkt in ihrer starren Haltung wie eine Statue. Dazu paßt die Umgebung, ein flacher Kastenraum eines leeren Zimmers mit Dielenboden und Holzvertäfelung. Während bei Dix zwischen den beiden Halbfiguren vor offenem Himmel ein feuriger Blickkontakt stattfindet, herrscht in Magrittes Bild eine Stille, die beide Figuren in sich selbst einschließt. Bei dem Nietzsche-Kenner Dix ist nicht auszuschließen, daß er bei seiner Darstellung nicht nur an die Pygmalion-Geschichte als Verbildlichung des Künstler-Mythos, sondern auch an folgenden Ausspruch aus Nietzsches *Götzen-Dämmerung* von 1888 dachte: »Der Mann hat das Weib geschaffen – Woraus doch? Aus einer Rippe seines Gottes, – seines ›Ideals‹ ...« (Sprüche und Pfeile, Nr. 13). In dem Bild von Magritte könnte diese Dimension ebenfalls mitenthalten sein.

Übrigens sind die Modelle Magritte selbst und seine Frau Georgette. Als eine letzte Verwirrung haben die beiden nachträglich in derselben Stellung für eine Fotografie posiert.

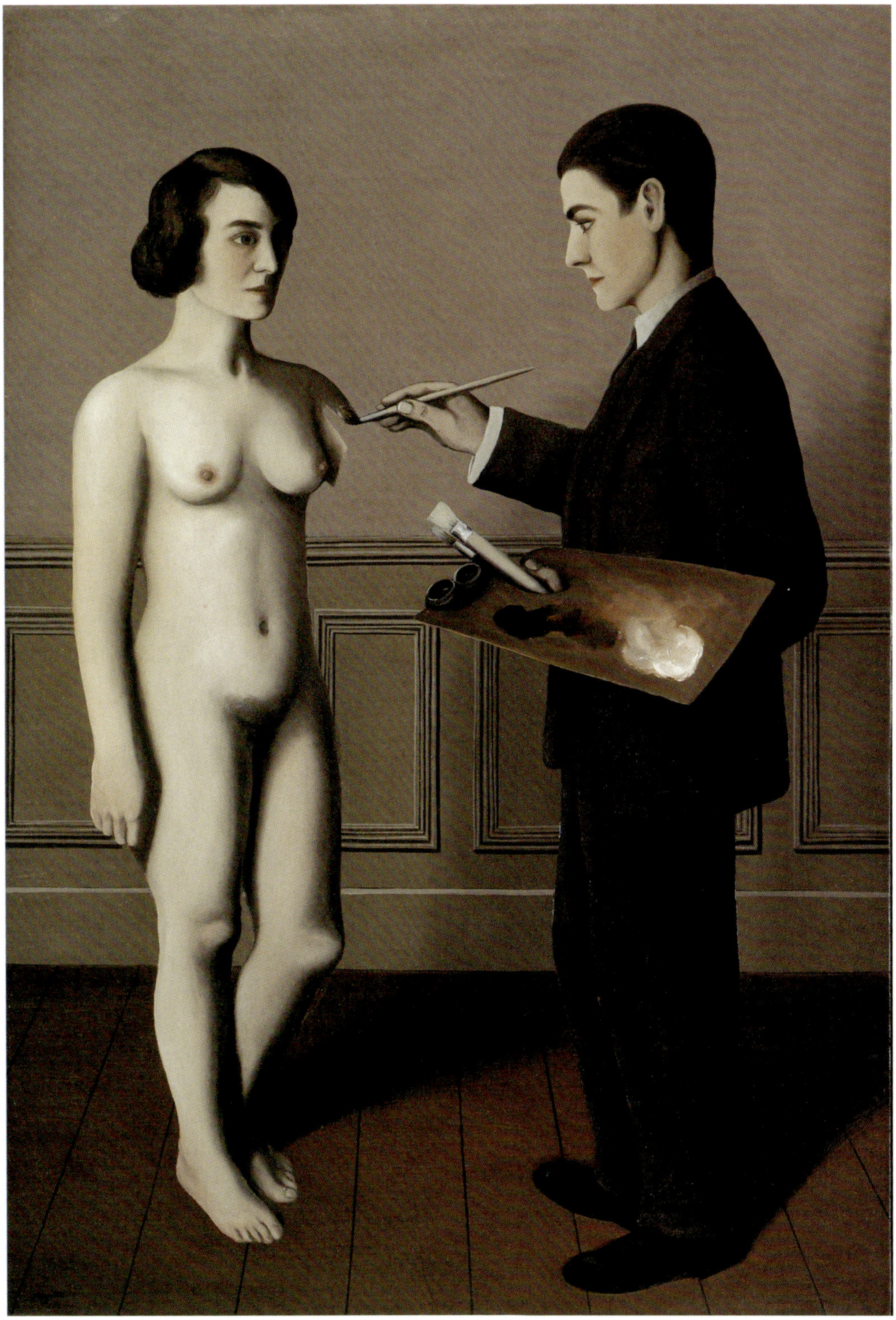

»Ja, das Äußere soll der Künstler darstellen! Aber was ist das Äußere einer organischen Natur anders als die ewig veränderte Erscheinung des Innern? Dieses Äußere, diese Oberfläche ist einem mannigfaltigen, verwickelten, zarten, innern Bau so genau angepaßt, daß sie dadurch selbst ein Inneres wird, indem beide Bestimmungen, die äußere und die innere, im ruhigsten Dasein, sowie in der stärksten Bewegung stets im unmittelbarsten Verhältnisse stehen.«

Johann Wolfgang von Goethe, Diderots Versuch über die Malerei, 1799

IV Der Muskelmann

Der Muskelmann ist wohl die eigentümlichste Figur in Akademien und Ateliers seit dem 16. Jahrhundert. Er ist nicht nur anatomisches Anschauungsobjekt, sondern auch Symbol für die anatomischen Kenntnisse und Interessen seines Besitzers. Die frühesten erhaltenen Beispiele, zunächst aus Wachs, dann aus Bronze gefertigt, stammen aus Italien aus dem 16. Jahrhundert, die spätesten bekannten Exemplare sind im 18. und frühen 19. Jahrhundert entstanden. Schöpfer berühmter Muskelmänner sind um 1600 Ludovico Cigoli, in der zweiten Hälfte des 18. Jahrhunderts Jean-Antoine Houdon, Andreas Weidenhaupt oder Johann Martin Fischer. Eine Reihe von Muskelmännern entstand unter dem an der Royal Academy in London lehrenden englischen Arzt und Anatomen Dr. William Hunter. Ihre Figuren wurden abgegossen und in gleich großen oder verkleinerten Versionen verschenkt und verkauft. Die Akademien in Paris, Wien, Kopenhagen und London besitzen noch Originale aus dem 18. oder frühen 19. Jahrhundert.

Die Verwendung des Muskelmannes bezeugt die Verwissenschaftlichung der Kunst seit der Renaissance. In dieser Zeit gibt es keinen Unterschied zwischen Künstler-Muskelmännern und medizinischen Anschauungsobjekten. Künstler wie Leonardo, Michelangelo oder Tizian und seine Schule waren sogar wesentlich für die Entwicklung des Figurentypus und der Anschauungsmethoden des Körperinneren auch in der Medizin verantwortlich.

Das künstlerische Interesse an der Anatomie wurde zunächst durch die antiken Skulpturen geweckt. Den Bildhauern des Hellenismus, deren Werke im Mittelpunkt des neuzeitlichen Interesses standen, war es gelungen, in der Körperhülle dessen Inneres zu veranschaulichen. Zudem erschienen am Ende des 15. Jahrhunderts die wichtigsten aus der Antike überlieferten medizinischen Schriften im Druck. Entscheidend aber wurde die seit dem 13. Jahrhundert verbreitete Lehre des Aristoteles über die Seele. Für ihn war die Seele nicht wie für Platon Gefangene des Körpers, sondern er erkannte in ihr *das* Lebensprinzip des Körpers. Die erste Äußerung der Seele ist nach Aristoteles die Bewegung. Damit konnte der Bewegungsapparat in der Kunst als Ausdruck der Seelenregungen zum zentralen Thema werden.

81

Antonio Pollaiuolo
Florenz 1432 – 1498 Rom

Der Kampf der zehn nackten Männer, um 1471/72

Kupferstich, 38,3 : 59,5 cm
Bez. auf einem Cartellino an dem Baum links:
OPVS ANTONII POLLAIOLI FIORENTINI
Hamburg, Hamburger Kunsthalle
Inv. Nr. 1471/72 46 F.B

Literatur: Giorgio Vasari, Lebensbeschreibungen der berühmtesten Architekten, Bildhauer und Maler. Bd. II, Die Florentiner Maler des 15. Jahrhunderts. Deutsch hrsg. v. E. Jaeschke. Straßburg 1904, v. a. S. 102. – Laurie S. Fusco, The Nude as Protagonist. Pollaiuolo's Figural Style Explicated by Leonardo's Study of Static Anatomy, Movement, and Functional Anatomy. Diss. Masch. Schr. New York University 1975, S. 145ff. – Leopold D. Ettlinger, Antonio and Piero Pollaiuolo. Complete Edition with a Critical Catalogue. Oxford 1978, Nr. 15, S. 146/147.

Pollaiuolo ist einer der vielseitigsten Künstler in der zweiten Hälfte des 15. Jahrhunderts, in dessen Werk überall die Forderungen der neuen Kunstauffassung zu erkennen sind. Er wurde als Goldschmied und Bronzegießer ausgebildet, war jedoch ebenso als Maler tätig. An seinem *Hl. Sebastian* von 1475 (London, National Gallery) rühmt Vasari in der Vita des Pollaiuolo dessen Fähigkeit, die verschiedenen Aktionen in allen körperlichen Reaktionen – das Anschwellen der Muskeln und Adern, das Anhalten des Atems beim Spannen des Bogens – zu verdeutlichen.

Das Blatt der Kämpfenden ist etwas früher entstanden, zeigt aber dieselben Interessen wie das Gemälde. Vasari schreibt: »Antonio bemühte sich nackte Gestalten mehr in neuer Manier darzustellen, als es die Meister vor ihm getan hatten. Er sezierte viele Leichen, um den inneren Bau kennenzulernen und war der erste, der den Weg zeigte, die Muskeln nach Form und Anordnung zu studieren. Eine Schlacht von nackten Gestalten, die von einer Kette eingeschlossen sind, stach er in Kupfer [...].« Aufgrund dieser Behauptung Vasaris ist immer wieder diskutiert worden, wie weit die in diesem Blatt vorliegende Demonstration der Muskeln auf Kenntnisse in der Anatomie, die schon von Alberti und Ghiberti gefordert worden waren, zurückzuführen sei. Überzeugend wurde dies von Laurie S. Fusco in ihrer Dissertation von 1975 verneint, da nach heutiger Kenntnis Leonardo im 15. Jahrhundert der einzige war, der Sektionen ausführen konnte, und dies auch erst in den achtziger Jahren.

Das Blatt ist der einzige Kupferstich des Künstlers. Er signierte es mit vollem Namen, was seine Bedeutung zeigt. Offenbar handelt es sich um eine Demonstration der Kenntnisse des menschlichen Körpers in Aktion. Diese konnten am Aktmodell, das es in den Werkstätten schon seit dem frühen 15. Jahrhundert gab – Vasari kann für die Figur des *Hl. Sebastian* von Pollaiuolo sogar den Namen des Modells nennen –, aber möglicherweise auch an antiken Figuren studiert werden. Auch hier legt der Künstler wie später bei seinem Sebastians-Altar seine Fähigkeit dar, dieselbe Bewegung in verschiedenen Ansichten vorzuführen.

OPVS
ANTONII·POLLA
IOLI·FLORENT
TINI

82

Domenico del Barbiere
Florenz um 1506 – 1565 oder 1575 Troyes
nach **Rosso Fiorentino**
Florenz 1494 – 1540 Fontainebleau

Anatomische Studien, um 1540/45

Kupferstich, 23,3 : 33,8 cm
Bez. r. u.: Domenico del Barbieri; l. u.: DOMENICO. FIORENTINO.
Hamburg, Hamburger Kunsthalle
Inv. Nr. 1120 F.1

Literatur: Giorgio Vasari, Die Lebensbeschreibungen der berühmtesten Architekten, Bildhauer und Maler. Bd. VI, Die florentinischen Maler des 16. Jahrhunderts. Deutsch hrsg. v. A. Gottschewski und G. Gronau. Straßburg 1906, S. 124 und 131. – Kurt Kusenberg, Rosso Fiorentino. Diss. Freiburg i. Br. 1931, S. 154ff. – H. Zerner, L'École de Fontainebleau. Gravures. Paris 1969, S. XXXVII–XXXVIII, Kat. Nr. DB 10. – The Illustrated Bartsch, Bd. 33, New York 1979, Nr. 8 (359), S. 264.

Rosso, der nach seiner Tätigkeit für Florenz, Volterra, Rom und Arezzo 1530 nach einem Streit mit einem Priester fluchtartig Italien verließ und nach Fontainebleau ging, wurde dort zum leitenden Architekten für die Innenausstattung des Schlosses von Franz I. Sein Hauptwerk ist die architektonische, dekorative und malerische Ausstattung der Großen Galerie. Einer seiner Mitarbeiter, nach Vasari der beste, war der Florentiner Domenico del Barbiere.

Bei dem Stich handelt es sich vermutlich um eine Zusammenstellung von verschiedenen anatomischen Studien von Rosso zu einem Blatt. Es stehen jeweils nebeneinander in derselben Stellung ein Skelett und ein Écorché, einmal von vorn und einmal von hinten gesehen, einmal vor hellem, dann vor dunklem Hintergrund. Auf der linken Seite unterstützt eine am Boden liegende Ansammlung von Kriegsgeräten und Vasen, zum Teil mit Münzen gefüllt, den Vanitas-Charakter des Blattes. Es gibt noch ein weiteres Blatt nach Rosso, 1518 von Agostino Veneziano, gen. Musi, gestochen, das eine ähnliche Thematik vorweist. Es trägt den Titel *Allegorie von Tod und Ruhm* und geht auf eine originale Zeichnung Rossos von 1517 (Florenz, Uffizien) zurück. Auch hier steht der Vanitas-Gedanke im Vordergrund bei der Darstellung von Écorchés und Skeletten, die sich um das Grab eines liegenden Skeletts versammelt haben.

Vasari berichtet in der Lebensbeschreibung Rossos, daß dessen Akte zeigten, wie gut er sich in der Anatomie ausgekannt habe. Darüber hinaus macht er die folgende Angabe: »Um dieselbe Zeit [kurz vor seiner Flucht nach Frankreich] ... grub er im Bischofssitz, wo er wohnte, Leichen aus und zeichnete eine ausgezeichnete Anatomie.« Barbieres Stich wird als Reflex dieser »Anatomie«, offenbar ein geplantes Anatomiebuch, gesehen.

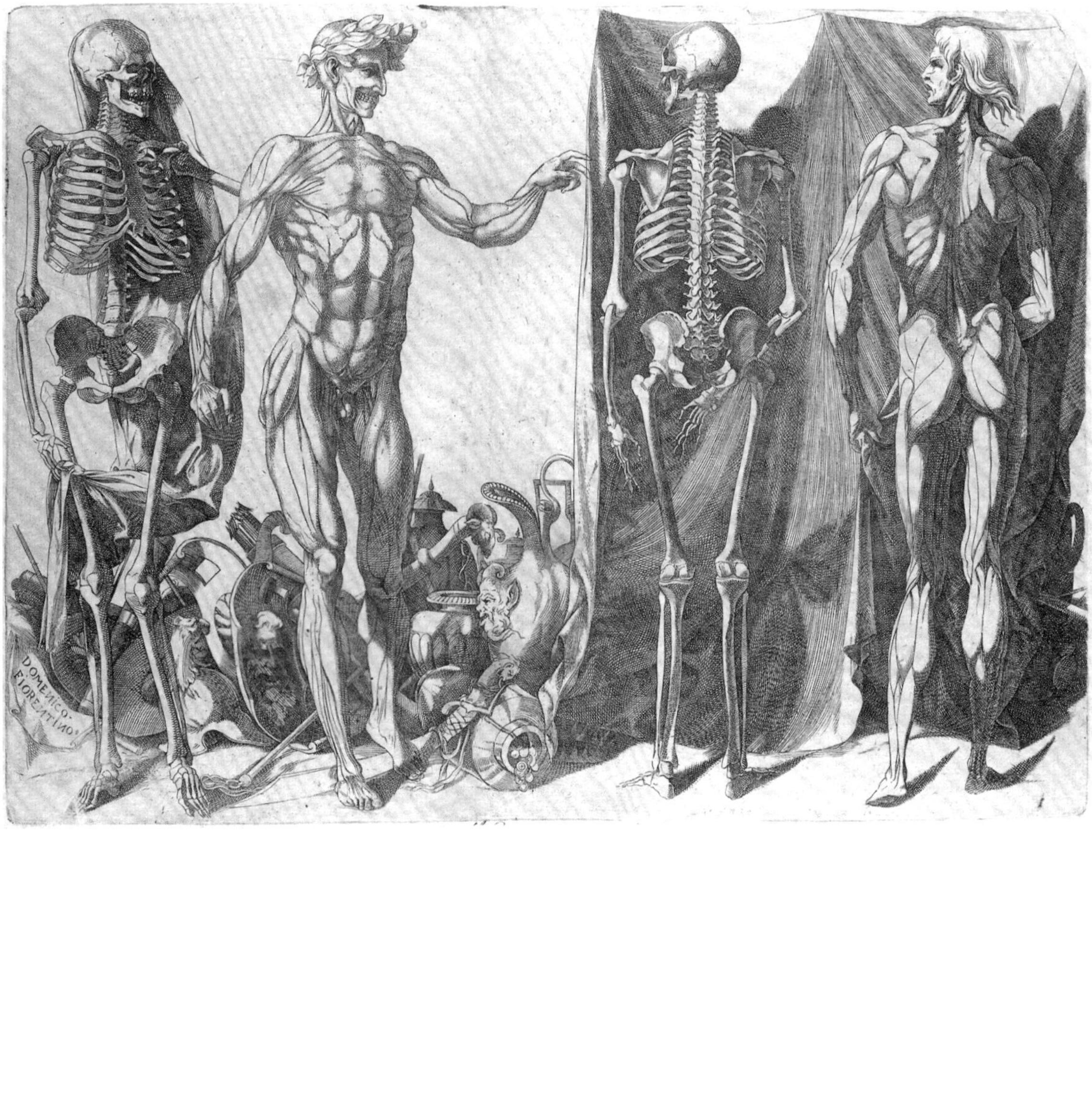
DOMENICO·
FIORENTINO·

83

Giorgio Ghisi
Mantua 1512 oder 1520 – 1582 Mantua
nach **Giovanni Battista Bertani**

Ezechiel-Vision, 1554

Kupferstich, 41,7:68 cm
Bez. auf zwei Täfelchen r. u.: GEORGIVS / DE GHISI / MANTVAN / .F. / M.D.LIIII; – l. u.: IO: BAPTISTA / BRITANO / MANTVAN / .IN.
Auf dem von Engeln getragenen Schriftband steht die folgende Stelle aus Hesekiel 37/6: [ET] DABO SUPER VOS NERVOS/[SUC]CRESCERE FACIA[M] SU(PER) V(OS) CARNE, das ist: »und ich will euch mit Sehnen umgeben, euch mit Fleisch überkleiden ...«.
Hamburg, Hamburger Kunsthalle
Inv. Nr. 739 F. D

Literatur: The Engravings of Giorgio Ghisi. Introduction and entries by Suzanne Boorsch, Catalogue raisonné by Michael and R. E. Lewis. Kat. Ausst. The Metropolitan Museum New York u. a. 1985, Nr. 15. – The Illustrated Bartsch, Bd. 31, New York 1986, Nr. 145–148. – Deanna Petherbridge und Ludmilla Jordanova, The Quick and the Dead. Artists and Anatomy. National Touring Exhibition. Kat. Ausst. London / Coventry / Leeds 1997/98, S. 19, Abb. 83. – Paolo Bellini, L'opera incisa di Giorgio Ghisi. Bassano del Grappa 1998, Nr. 24.

Dieser Stich bezieht sich auf eine Stelle bei dem Propheten Hesekiel / Ezechiel, wonach dieser auf einem Friedhof mit verstreut herumliegenden Gebeinen die Stimme Gottes hörte, die ihm befahl, über diese Gebeine zu weissagen. Die ihm von Gott in den Mund gelegten Worte, wonach sich die Gebeine mit Sehnen, Fleisch und Haut bekleiden und durch Gottes Odem lebendig werden sollten, erfüllten sich. Die Stelle ist eine Vision der Auferstehung des Fleisches vor dem Jüngsten Gericht.

Im vorliegenden Zusammenhang ist diese Prophetenstelle und die dazugehörige Darstellung interessant, weil die Künstler ihre Gestaltung von Menschen in Analogie zu der des Schöpfers sahen. Bei Alberti steht in Analogie zu der Ezechiel-Vision in den *Drei Büchern über die Malerei* (Quellenschriften für Kunstgeschichte, Bd. 11, 1877, S. 110): »So ist es also nothwendig, ein bestimmtes Maßverhältnis bei den Gliedern festzuhalten; dies einzuhalten wird es von grossem Vortheile sein, zuerst das Knochengerüst des Lebewesens zu zeichnen, jedem Knochen hernach die Muskeln zuzufügen und dann das Ganze mit Fleisch zu umkleiden.«

Darüber hinaus stellt das Blatt die verschiedenen Stadien der Verwesung oder der Sektion in umgekehrter Reihenfolge vom Gerippe über den Écorché bis zum vollständigen nackten und in den Sarkophagskulpturen sogar bekleideten Menschen dar, wie dies zum Beispiel auch im Anatomiebuch des Vesalius (Kat. Nr. 85) in systematisierter Form geschieht.

Giorgio Ghisi war in den dreißiger und vierziger Jahren zusammen mit seinem Mantuaner Landsmann Giovanni Battista Bertani in Rom. Es gibt zwei verschiedene Mantuaner Bertani, beide Bildhauer, der eine (1516–1576) war daneben Maler und vor allem Architekt und Nachfolger Giulio Romanos als Mantuaner Baumeister, der andere (1503–1575) betätigte sich auch als Stecher. Boorsch und Lewis bringen das Blatt Ghisis mit dem Architekten in Zusammenhang, während sich Bellini nicht festlegt. Der Stich ist erst in Antwerpen entstanden, wohin Ghisi sich 1550 wandte. Ab 1556 lebte er in Paris bis in die späten sechziger Jahre. Er war dort so geschätzt, daß er ein königliches Privileg für seine Einzelplatten erhielt. Zu seinem Repertoire gehören Stiche nach Michelangelo, Raffael, Giulio Romano und anderen. Eine eigene Erfindung ist die phantastische Darstellung *Raffaels Traum* von 1561.

DABO SVPER
VOS NER
OS ET

Walter Hermann Ryff

Anatomi & descriptio corporis humani. Straßburg, bey Balchassar Beck, 1541

München, Bayerische Staatsbibliothek
Signatur: Res 2 Anat. 60b

Literatur: Ludwig Choulant, Geschichte und Bibliographie der anatomischen Abbildung nach ihrer Beziehung auf anatomische Wissenschaft und bildende Kunst. Leipzig 1852 (Reprint 1971), S. 55 und S. 25–27. – Hans Baldung Grien. Gesamtredaktion Jan Lauts, Buchillustrationen: Ernst Brochhagen unter Mitarbeit von M. Consuelo Oldenbourg und Helmut Domizlaff. Kat. Ausst. Staatliche Kunsthalle Karlsruhe 1959, S. 397–399. – Matthias Mende, Hans Baldung Grien, das graphische Werk. Vollständiger Bildkatalog der Einzelholzschnitte, Buchillustrationen und Kupferstiche. Unterschneidheim 1978, Abb. 526–543 und 695.

*Auf vergleichbare Schwierigkeiten trifft man bei der Suche nach dem Autor der beiden anatomischen Tafeln (aufgeschnittener Leib eines Mannes in Dreiviertelfigur, umgeben von Schädelsektionen und Skelett von vorn, beide 1517 datiert) in Lorenz Fries(z) – auch Laurentius Phryesen genannt – *Spiegel der Artzney* (Straßburg 1518). Die Zuschreibung an Hans Baldung Grien wurde schon von Nagler (Monogrammisten, Bd. 2, 1860, Nr. 1581) insofern in Frage gestellt, als diese Darstellungen auch als fliegende Blätter mit einer Versunterschrift erschienen, die Hans Wächtlin als Autor nennt, dessen Monogramm auch im Titelblatt der Ausgabe von 1518 auftaucht. Jedoch gibt es offenbar zwei Varianten des Mannes (Abbildung bei Choulant 1852, S. 26, und sehr viel »gotischere« Illustration einer Ausgabe von 1519 in: Martin Kemp und Marina Wallace, Spectacular Bodies. Kat. Ausst. Hayward Gallery London 2000/2001, Abb. S. 30, Kat. Nr. 111), von denen nur die bei Choulant abgebildete von Baldung stammen kann. Übrigens tauchen die umgebenden Schädelsektionen wörtlich bei Dryander 1537 wieder auf. In dem Buch gibt es neben einer Reihe von Bildern, die eher spätgotische Züge tragen, eine unbestrittene Darstellung von Baldung, nämlich eine Wiederholung von fol. 48 »Du sollst nicht falsch Zeugnis reden« aus Marcus von Lindlaus *Die zehn Gebote*, Straßburg 1516 (Mende 1978, Nr. 428).

Das Buch steht hier als Beispiel für die Beschäftigung bedeutender Künstler der Renaissance auch in Deutschland mit der Anatomie, denn die Darstellungen werden heute allgemein Hans Baldung Grien (Schwäbisch Gmünd [?] 1484/85–1545 Straßburg) zugeschrieben. Doch muß diese Aussage eingeschränkt werden, denn die anatomischen Darstellungen gehen nicht auf Autopsie zurück, sondern sind Verarbeitungen älterer Vorbilder.

Choulant, der 1852 die Anatomie des Straßburger Arztes Walter Hermann Ryff nur kurz im Artikel über Vesalius abhandelte, bezweifelt dessen anatomische Kenntnisse. Er sei kein Anatom gewesen, weshalb sein Werk ein Kompendium aus anderen anatomischen Werken darstelle. Von Choulant werden – wohl aus anatomischer Sicht – die farbigen Holzschnitte als roh bezeichnet.

Die komplizierten Beziehungen dieser Abbildungen zu vorausgegangenen Werken können hier nur angedeutet werden. Im für die Baldung-Forschung bahnbrechenden Katalog der Karlsruher Ausstellung werden die einzelnen Abbildungen noch nach ihrer Herkunft befragt. Es wird darauf hingewiesen, daß die Schädelanatomien auf Johann Dryanders *De capitis humani* von 1536, erneut aufgenommen in seine *Anatomia hoc est corporis humani* von 1537, zurückgehen. Die Schädelsektionen erscheinen bei Ryff seitenverkehrt und leicht variiert: Der Kopf ist bärtig und hat meistens im Gegensatz zum Vorbild geöffnete Augen. Zwei Darstellungen, die bei Dryander von der Seite erscheinen, sind bei Ryff gedreht und von vorn gegeben: Mende 1978, Nr. 538, 539, 543. Einige der Tafeln (Nr. 534, 535, 536, 537, 542) sind jedoch wörtlich übernommen, davon tragen die bei Dryander entsprechenden Illustrationen zu Mende 1978, Nr. 535, 537, 542 und 543, das Monogramm »G.V.B. und G mit Zirkel« oder nur »G mit Zirkel« von Georg Thomas (Nagler 1860, Monogrammisten, Bd. 2, Nr. 2919, aufgeschlüsselt in Thieme-Becker 33, 1939, S. 62: F. Küch. Siehe dazu auch den Artikel über Dryander von Robert Herrlinger in: Neue Deutsche Biographie 4, 1959, S. 142/143). Die beiden Muskelmänner finden sich, jedoch weniger ausgeprägt, ebenfalls dort. Es ist wahrscheinlich, daß sie von Baldung neu bearbeitet wurden. Die drei Skelette dagegen stammen aus den *Sechs Tafeln* des Vesalius von 1538, von denen ein Jahr später in Augsburg eine deutsche Version herauskam unter dem Titel: *Ain gar künstlichs allen Leyb und Wundärzten und andrer künsten Lybhabern hochnutzlichs werck in sechs Figur gebracht.* Auch diese sind wörtlich seitenverkehrt bei Ryff aufgenommen.

Als eigenständige Werke von Baldung Grien bleiben die beiden sitzenden Figuren mit geöffneten Leibern, wobei die weibliche, allerdings in einer weniger vitalen Variante, schon bei Dryander 1537 vorgebildet ist. Auch bei diesen ist nicht die Anatomie neu, sondern die Figurendarstellung. Außerdem sind die beiden Schädelunterseiten in Ryffs Werk von besonderer Qualität. Es gibt nur sehr schematische Vorstufen in den genannten Werken, sie könnten Erfindungen von Baldung sein. Um sie zu zeichnen, brauchte er jedoch nicht an einer Sektion teilzunehmen. Demgegenüber gehen laut Herrlinger die Darstellungen bei Dryander, die Choulant die besten vor Vesalius nennt, auf drei reale Sektionen zurück. Erstaunlicherweise verurteilt er die sehr ähnlichen Darstellungen bei Ryff.

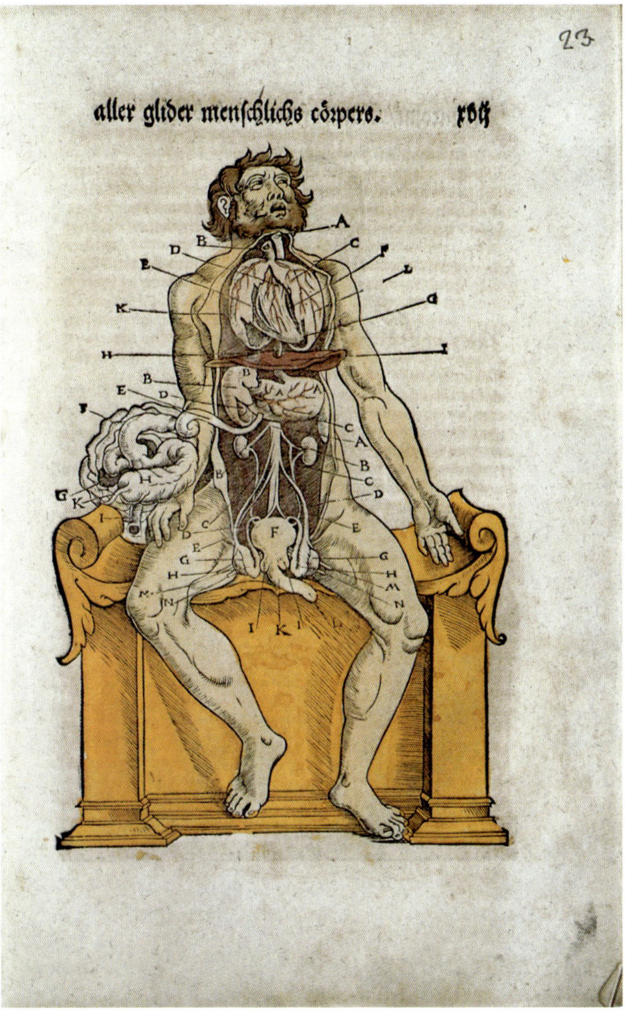

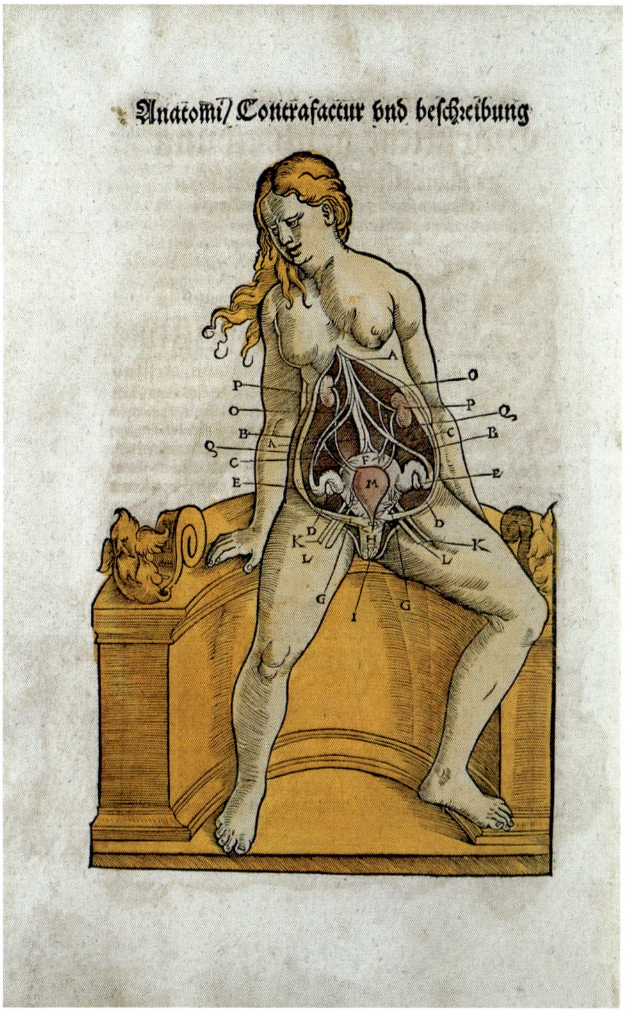

Illustrationen nach dem Exemplar in der Bibliothek des Germanischen Nationalmuseums Nürnberg

Die Leistung der Darstellungen bei Ryff liegt weder in ihrer Originalität noch in ihrer anatomischen Authentizität, sondern in der gegenüber den Quellen prägnanteren Darbietung der wissenschaftlichen Befunde. Die Figuren haben mehr Leben und die Kopfsektionen, bei denen in Dryanders Werk das Wichtigste, nämlich das Gehirn, in Verkürzung wiedergegeben war, wurden so gedreht, daß nun das Unwichtige, nämlich das Gesicht, verkürzt und das Gehirn in Aufsicht erscheint. Vesalius übernimmt in seiner *De humani corporis fabrica* von 1543 im 7. Buch, das Schädelsektionen zeigt, sowohl die Darstellungsweise bei Dryander wie bei Ryff und stellt sie jeweils nebeneinander. Bei ihm ist der anatomische Befund zwar wesentlich differenzierter, doch scheint er beide Bücher zu kennen.*

85 a

Andreas Vesalius

**De humani corporis fabrica libri septem.
Basel, per Joannem Oporinum, 1555**

Literatur: Ludwig Choulant, Geschichte und Bibliographie der anatomischen Abbildung nach ihrer Beziehung auf anatomische Wissenschaft und bildende Kunst. Leipzig 1852 (Reprint 1971), S. 43–55, v. a. S. 48. – J. B. de C. M. Saunders und Charles O'Malley, The Illustrations from the Works of Andreas Vesalius of Brussels. Cleveland / New York 1950. – Titian and the Venetian Woodcut. Introduction and catalogue by David Rosand and Michelangelo Muraro. Kat. Ausst. National Gallery of Art Washington, D. C., Dallas Museum of Fine Arts, The Detroit Institute of Arts 1976, Nr. 50–69, S. 211–235.

Das Werk ist Kaiser Karl V. gewidmet. Der in Brüssel geborene Arzt Andreas Vesalius (1514/15–1564) hatte an den verschiedensten Universitäten Europas studiert und lehrte in Löwen, Padua, Bologna und Pisa, war Leibarzt Karls V. und Philipps II., lebte in Brüssel und Madrid, um nur einige seiner Lebensstationen zu nennen. Er starb auf der Rückkehr von einer Pilgerreise nach Jerusalem.

Seit der ersten Veröffentlichung in Basel 1543 wurde *De humani corporis fabrica,* worin viele bis dahin gültige anatomische Vorstellungen aufgrund der Sektionen des Vesalius korrigiert sind, bis ins 19. Jahrhundert hinein zum Standardwerk über Anatomie. Die Autorschaft der Holzschnitt-Illustrationen ist umstritten. Vesalius selbst nennt als Künstler der drei Holzschnitte des menschlichen Skeletts in dem vorausgehenden Werk von 1538 *Tabulae anatomicae sex* Jan Steven Calcar (Kalkar [?] 1499–1546 Neapel [?]), der um 1536/37 Schüler Tizians in Venedig war. Gegenüber diesen etwas derben Darstellungen zeichnen sich die Skelette und Muskelmänner des Werkes von 1543 durch ihre größere Eleganz und ihren Erfindungsreichtum aus. An aufrecht stehenden oder hängenden männlichen Figuren werden die verschiedenen Phasen der anatomischen Sektion vom vollständigen Körper bis zum Skelett demonstriert, wobei die Figuren ihre beschädigte Leiblichkeit in Posen darbieten, die nur einem lebenden Menschen möglich sind. Daneben gibt es auch Sektionen von Einzelteilen des menschlichen Körpers, so etwa vom Gehirn. Für die Kunst am folgenreichsten wurden die Darstellungen des Skeletts und der Muskeln, die schon im 16. Jahrhundert von Juan de Valverde für seine Anatomie seitenverkehrt kopiert wurden.

Die Qualität der Darstellungen hat zu Zweifeln an der Autorschaft des eher unbekannten Tizianschülers geführt. Heute geht man davon aus, daß die Illustrationen von verschiedenen Schülern unter Tizians Oberaufsicht in Venedig hergestellt wurden. Unter den Künstlern wird neben Calcar auch Domenico Campagnola als Erfinder der Landschaften genannt, in denen man eine durchgehende Szenerie aus der Gegend von Abano Terme erkannt hat.

Wiederum sei Choulant zitiert: »Die Hauptaufgabe seines Lebens war die Herstellung der Anatomie des Menschen gegen die damals herrschenden Lehren Galen's, welcher blos nach Thieren gearbeitet hatte. So wurde Vesal Begründer der neueren Anatomie und wie in dieser überall wirkte er auch für die bildliche anatomische Darstellung reformatorisch. Er überwachte mit der größesten Sorgfalt die Künstler, welche nach seinen Präparaten arbeiteten und die er wahrscheinlich ebenso sorgfältig gewählt hatte; mehrfach klagt er über die Noth, die sie ihm gemacht haben.«

85b

Andreas Vesalius

Anatomia,/Deutsch,/Ein kurtzer Außzug, der beschreibung,/aller glider menschlichs Leybs aus den buchern des/Hochgelehrten Herrn D. Andree Vesalij von Brüssel/Rö. Key. May. Leyb artzts/samt den Figuren von derselben außlegung/allen diser löblichen kunst liebhabern/so das unaussprechliche wunderwerck Gottes in der natur zuerfaren lust haben und sonderlich wundärzten. Deutscher nation zu nutz ins deutsch gebracht.
Nürnberg, Julio Paulo Fabricio 1560

Bamberg, Staatsbibliothek
Signatur: Anat. f. 4
Ohne Abbildung

Im Gegensatz zur Originalausgabe handelt es sich hier um Kupferstiche. Die Figuren der Ausgabe von 1543 sind übernommen, aber ohne die Landschaften. Hinzugefügt wurde eine Tafel mit einem männlichen und einem weiblichen Akt sowie einem Totenkopf. Dafür fehlt die Anatomieszene am Anfang und das Porträt des Vesalius.

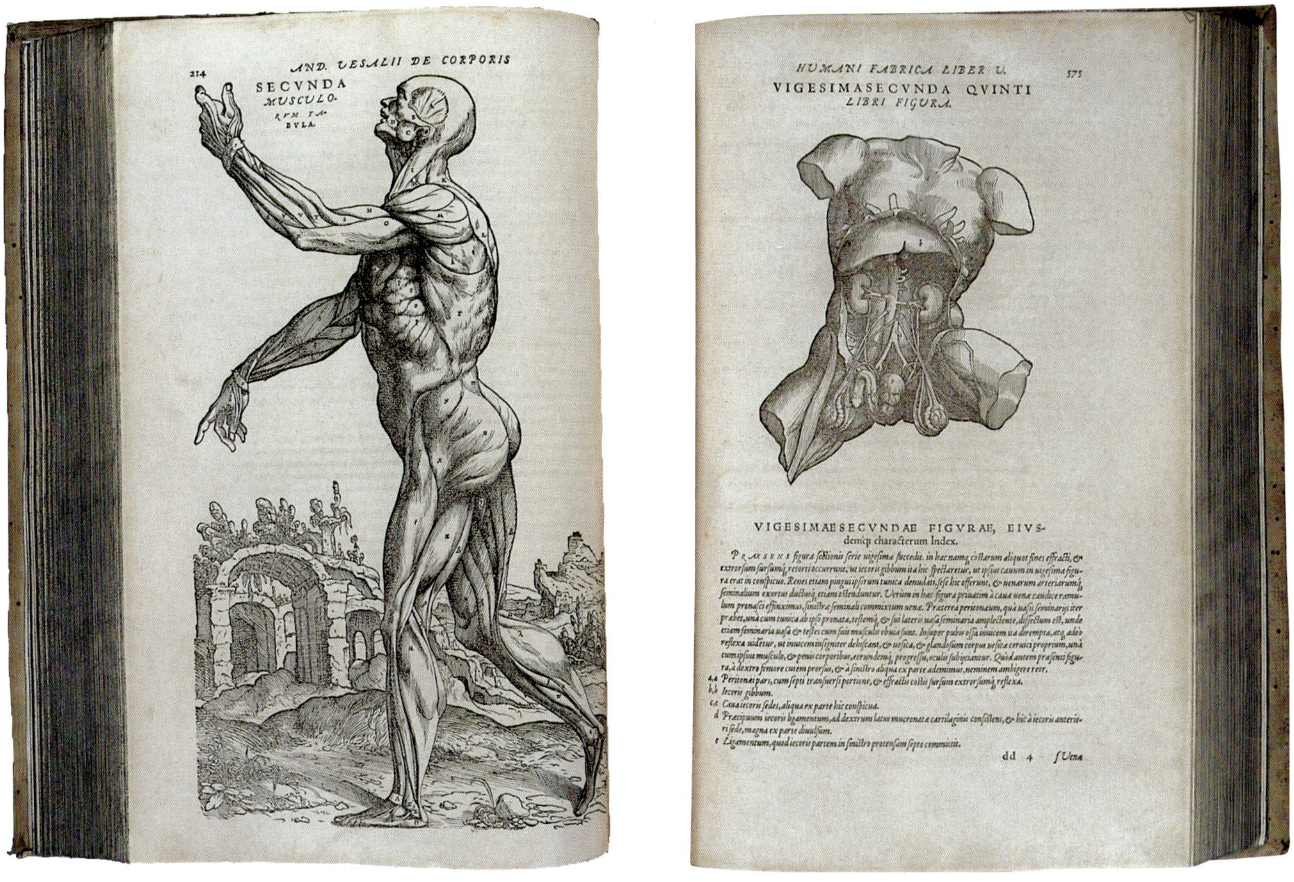

Domenico Bonavera
Bologna um 1640 – Sterbeort und -datum unbekannt

Notomie di Tiziano, um 1670

Achtzehn Kupferstiche, Blattgröße jeweils ca. 36:33 cm
München, Staatliche Graphische Sammlung
Inv. Nr. 295315

Literatur: J. B. de C. M. Saunders und Charles D. O'Malley, The Illustrations from the Works of Andreas Vesalius of Brussels. Cleveland / New York 1950, v. a. S. 26ff.

Seitenverkehrte Wiederholungen der Holzschnitte aus Vesalius' *De humani corporis fabrica* (1543) als Kupferstiche. Die ursprünglichen Illustrationen werden im Dedikationsblatt an Francesco Ghisilieri, Senator in Bologna, Tizian zugeschrieben, was in der Folge bis ins 18. Jahrhundert üblich war. Erst am Ende des 18. Jahrhunderts kamen Zweifel auf. Der durch Bonavera begründeten Tradition stand nämlich die Aussage Vasaris in der zweiten Ausgabe der *Vite* von 1568 entgegen, wonach die Holzschnitte Werke seines Freundes Jan van Calkar seien. Erica Tietze-Conrat fand 1943 eine Quelle aus den fünfzehnhundertvierziger Jahren, die *Dicerie* des Annibale Caro, der Tizian gekannt hat und die Illustrationen diesem zuweist. Damit war erneut die Diskussion eröffnet, und heute sieht man den Anteil Jan Steven van Calcars sehr eingeschränkt. Vielmehr geht man davon aus, daß die Darstellungen unter der Regie Tizians von mehreren seiner Schüler ausgeführt wurden.

Seitenverkehrte Wiederholungen der berühmten Darstellungen gibt es bis zur Mitte des 18. Jahrhunderts, so noch als Illustrationen zum Artikel »Anatomie« der *Encyclopédie* von Diderot und D'Alembert (Bd. 1, Paris 1751, und Bildband). Die Kupferstiche von Bonavera, der sich auch sonst als Stecher einen Namen machte, zeichnen sich dadurch aus, daß sie die Figuren in reicher landschaftlicher Umgebung zeigen, was den ursprünglichen Holzschnitten entspricht. Deren Formen sind im Prinzip übernommen, wenn sie auch durch die andere Technik und die spätere Entstehungszeit leichter und in der Vegetation lockerer erscheinen.

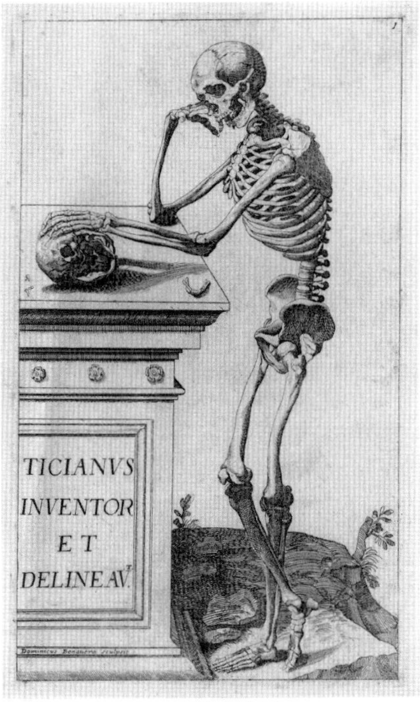
TICIANVS
INVENTOR
ET
DELINEAV.
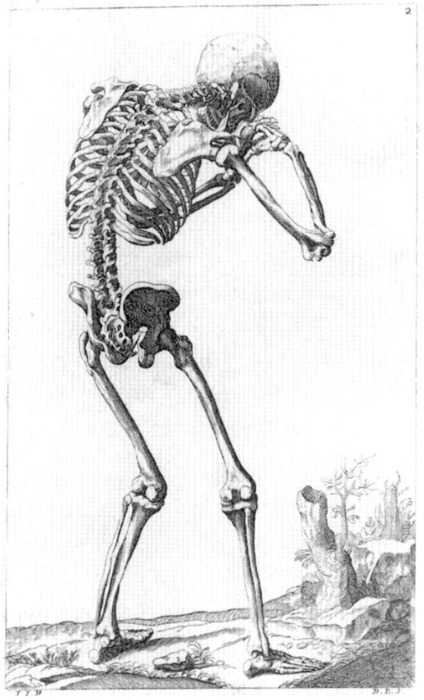
2
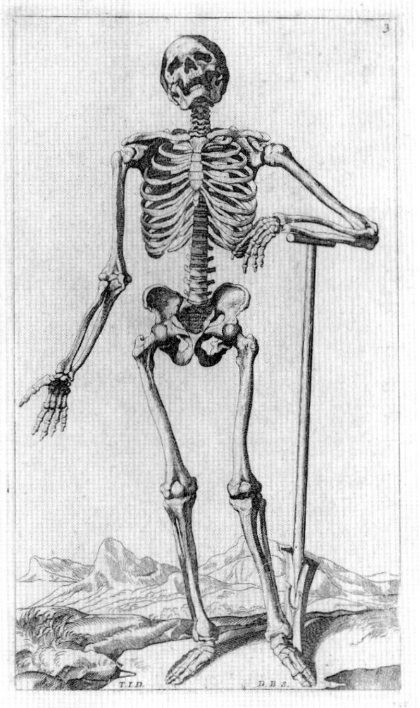
3
T.I.D.
D.B.S.

T.I.D
D.B.S.
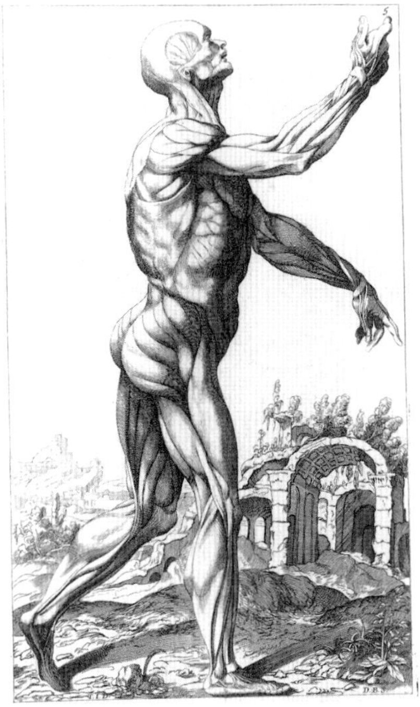
5
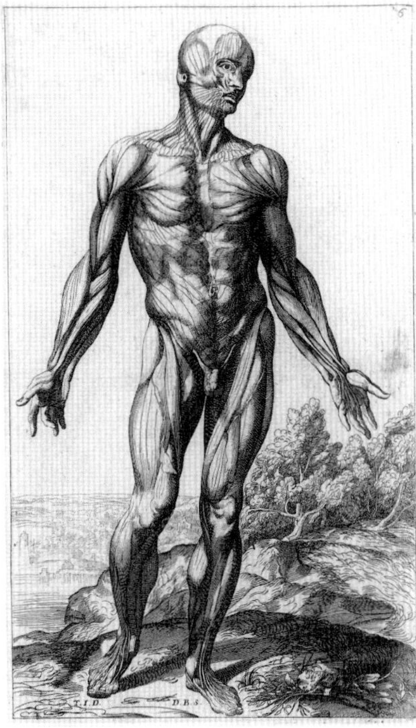
T.I.D.
D.B.S.

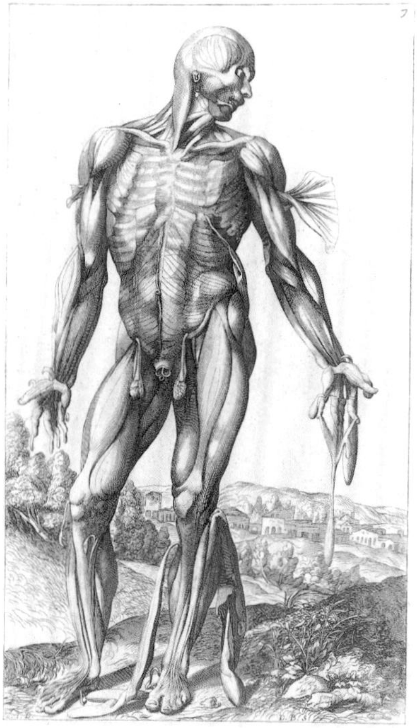
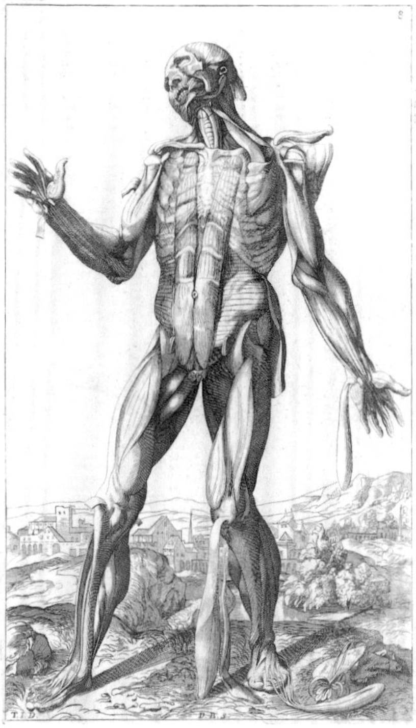
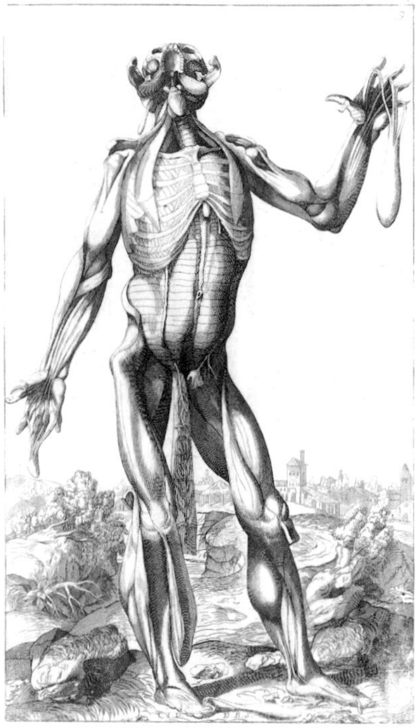
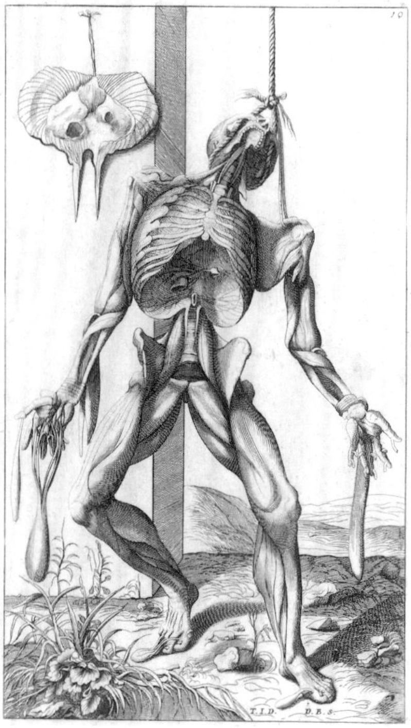
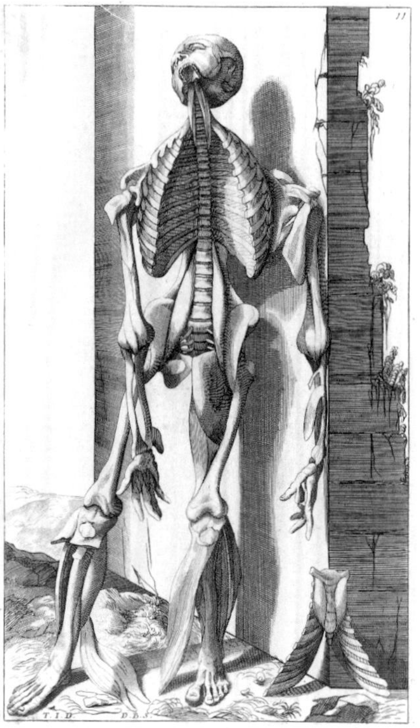
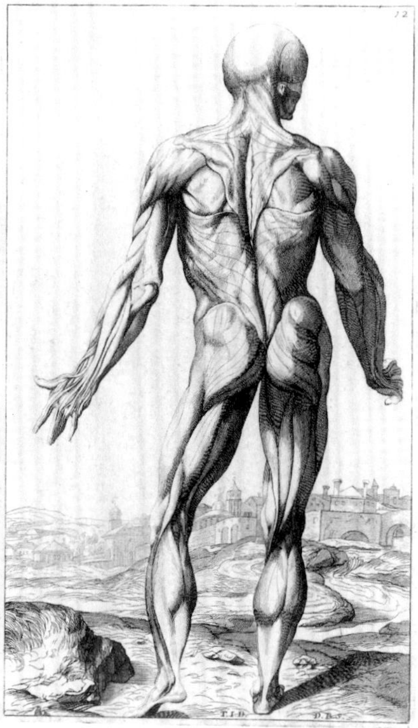

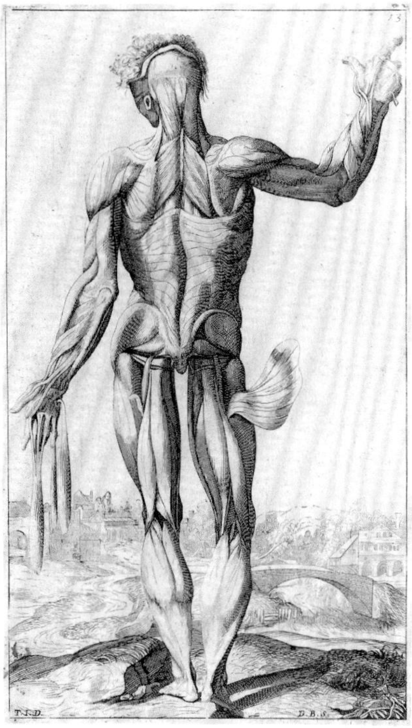
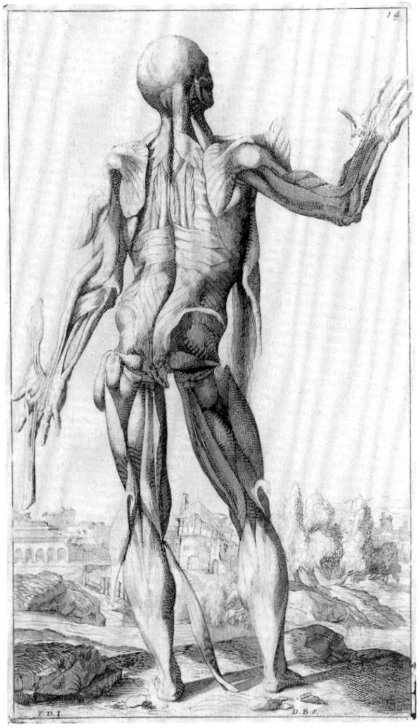
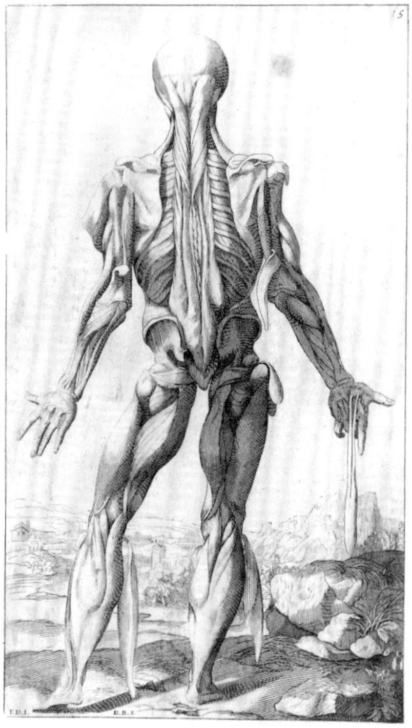
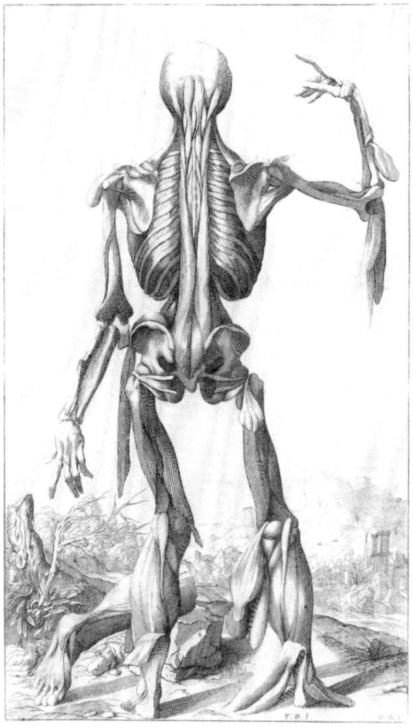
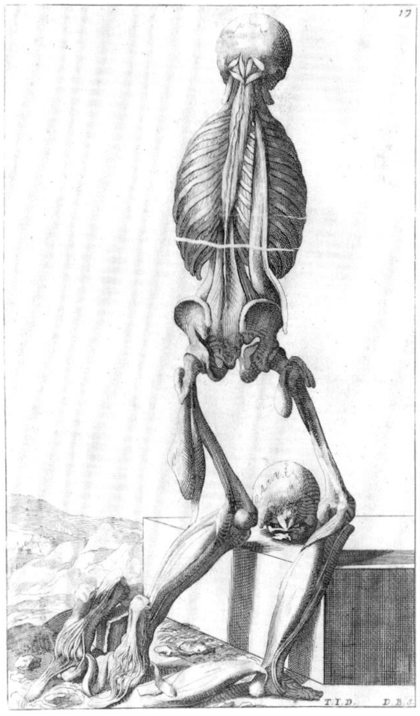

87 Juan de Valverde de Hamusco (Amusco)

Anatomia/del corpo humano composta/per. M. Giovanni Valverde di Hamusco,/& da luy con molte figure di rame,/et eruditi discorsi in luce/mandata.
Rom, Antio Salamanca und Antonio Lafreri, 1560

München, Bayerische Staatsbibliothek
Signatur: Res 2/Anat. 78

Literatur: Ludwig Choulant, Geschichte und Bibliographie der anatomischen Abbildung, nach ihrer Beziehung auf anatomische Wissenschaft und bildende Kunst. Leipzig 1852 (Reprint 1971), S. 63–65.

In der spanischen Erstausgabe von 1556 und wiederholt in dieser zweiten italienischen Ausgabe beruft sich der Autor auf Vesalius, von dem er die Tafeln übernommen habe. Unter den 42 Kupferstichen gibt es nur wenige, die sich nicht bei Vesalius finden, so der Muskelmann, der seine Haut über dem Arm trägt und ein Messer in der anderen Hand hält (Buch 2, Taf. 1) oder die Venus pudica mit geöffnetem Leib sowie der geöffnete weibliche Torso neben der Darstellung des Uterus (3. Buch, Taf. V und VI). Gegenüber Vesalius erscheinen alle Tafeln durch das Kopieren und erneute Drucken seitenverkehrt. Der Stecher, der NB monogrammiert, ist Niccolo Beatrizet, der zwischen 1540 und 1562 arbeitete.

Valverde widmet die Anatomie dem »Monsignore Fra Giovanni da Toleto«, dessen Arzt er war. Er studierte Anatomie unter Realdo Colombo (1516–1559) an der Universität von Padua und unter Bartolomeo Eustacchio (um 1524 – um 1574) an der Sapienza in Rom. Realdo Colombo war seit 1546 in Rom und unterstützte Michelangelo bei seinen anatomischen Studien. Eustacchio ist noch heute für seine Forschungen zum Aufbau des Ohres bekannt.

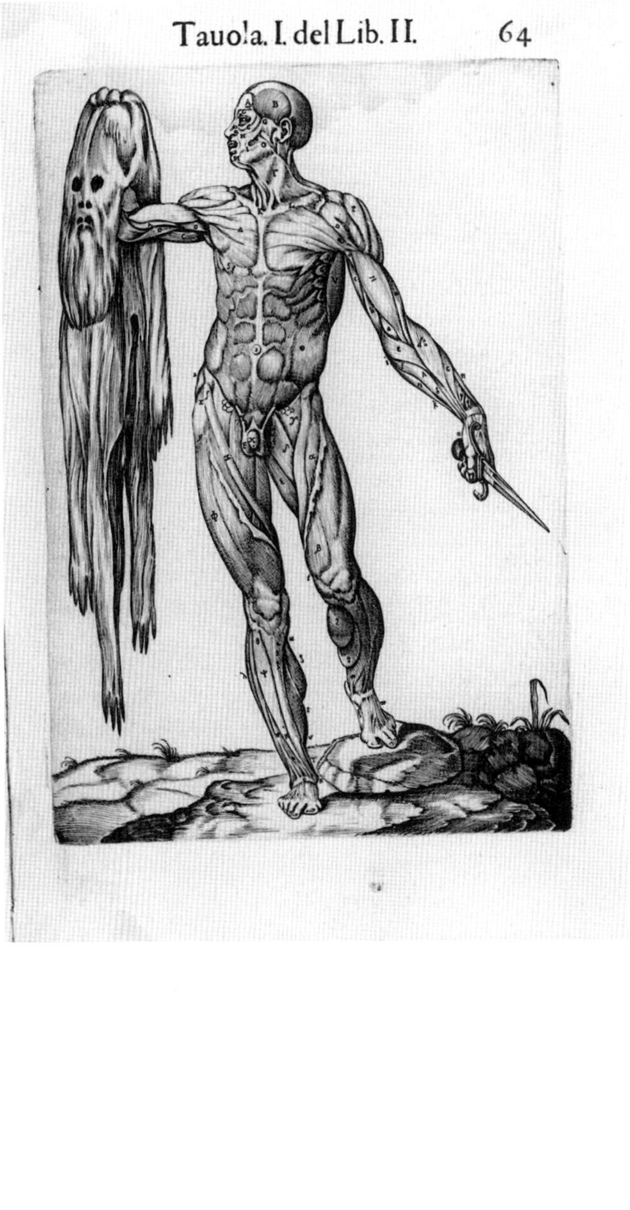
Tauo!a. I. del Lib. II. 64

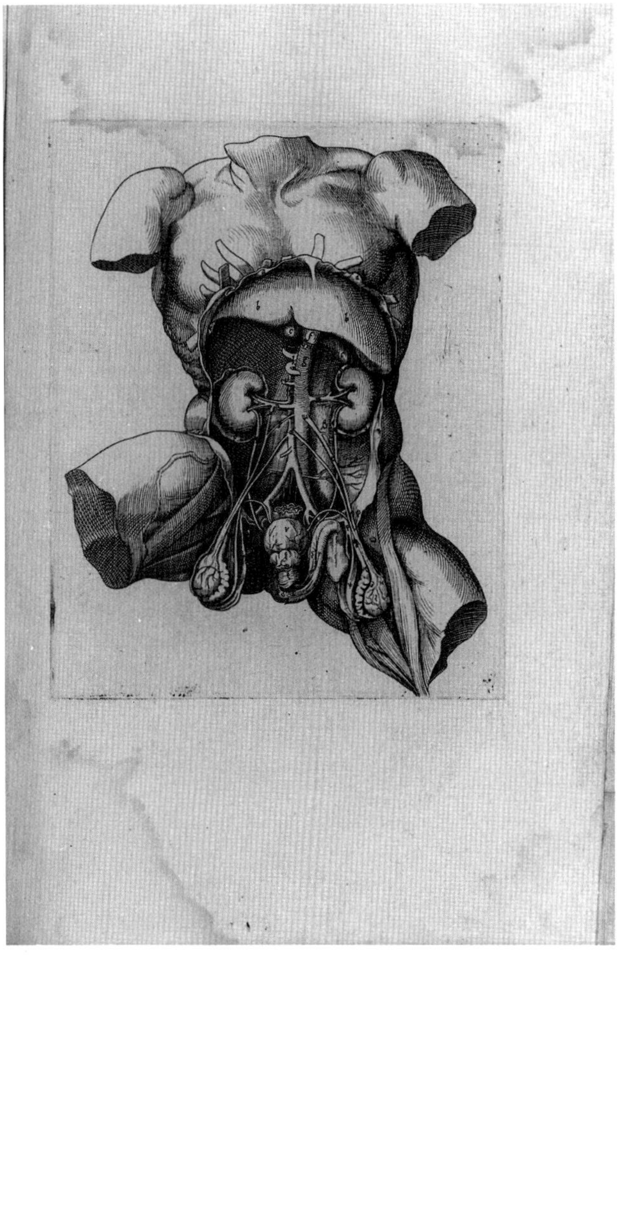

Johann Daniel Preißler
Nürnberg 1666 – 1737 Nürnberg

**Nachzeichnungen und handschriftliche Erklärungen nach:
Anatomia zum Nutzen der Mahler und Bild-Hauer
eingeführt von Herrn Jacobo Moro in Venedig, 1679.
Aus dem Italienischen in das Teutsche übersetzt von
Johann Daniel Preißler 1718**

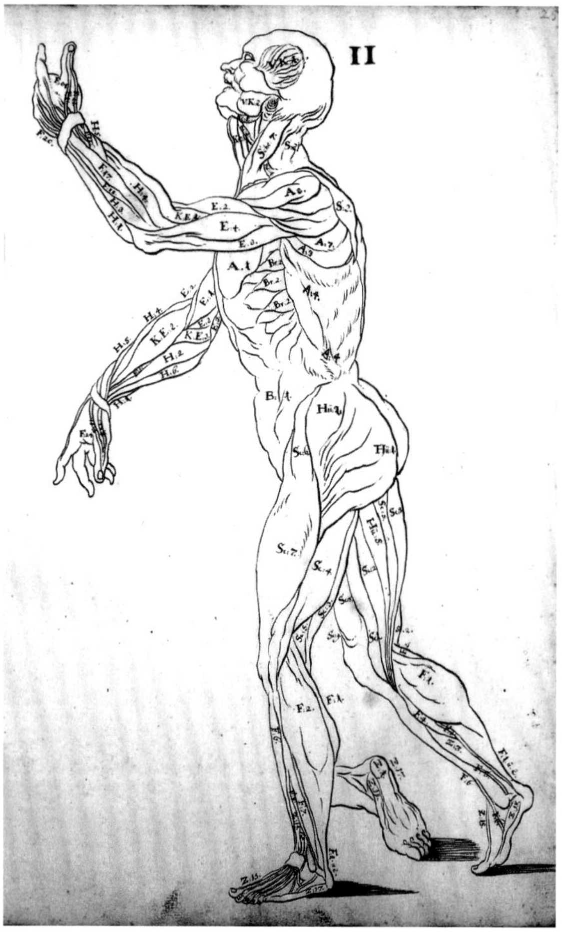

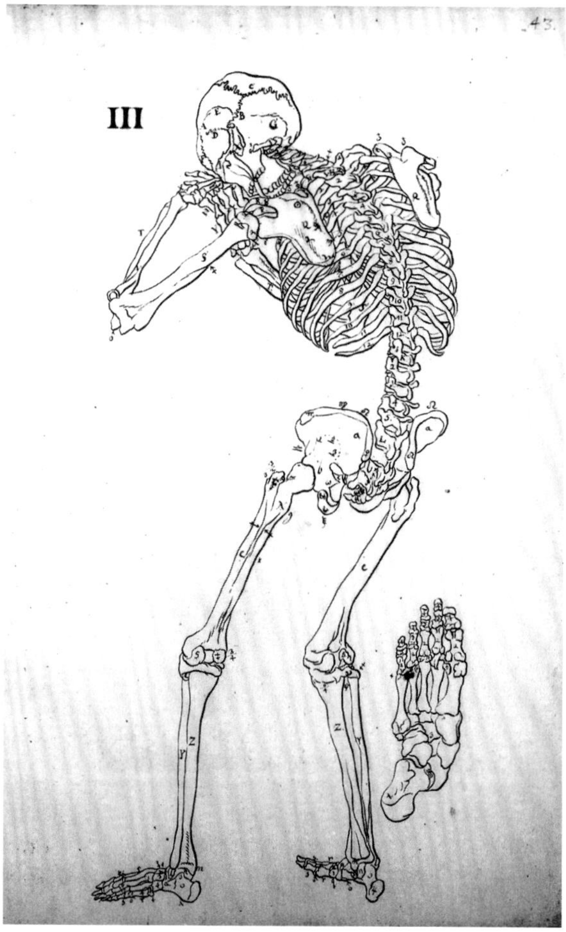

Bamberg, Staatsbibliothek
Signatur: J. H. Msc. Art. 7

Gewidmet ist diese Schrift »Johanni Andreae Raciborsko, Grafen von Morstein etc. und Gros Schaz-Meister des Koenigreichs Polen«. Die Einleitung »An die Studierenden der Mahl-Kunst« ist von Josephus Montanus. Es handelt sich bei den Muskelmännern auf Tafel I–XV und den nachfolgenden Skeletten auf Tafel I–III um Durchzeichnungen der Figuren aus Vesalius' *De humani corporis fabrica* in schwarzer Feder mit Erläuterungsziffern und Buchstaben in Rot und Schwarz.

Die Handschrift stammt aus der Kunstsammlung des 1798 geborenen Bamberger Kaufmanns Joseph Heller.

Johann Daniel Preißler, der von 1688 bis 1696 in Venedig und Rom lebte, war von 1704 bis 1737 Direktor der Nürnberger Akademie. Für den akademischen Unterricht verfaßte er mehrere illustrierte theoretische Werke (siehe auch Kat. Nr. 137).

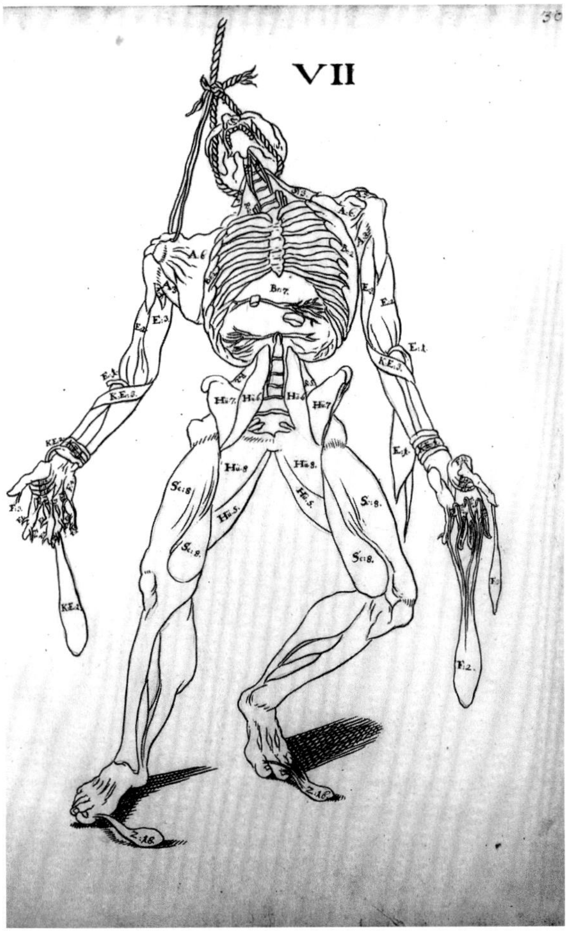
VII

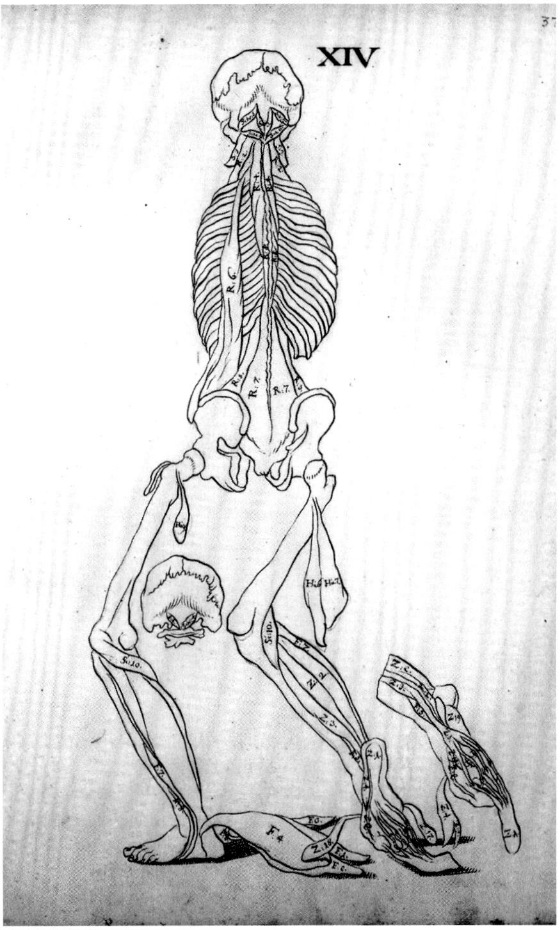
XIV

89

Bernhard Siegfried Albinus

Tabulae sceleti et musculorum corporis humani.
Leiden, Johannes & Hermann Verbeeck, 1747

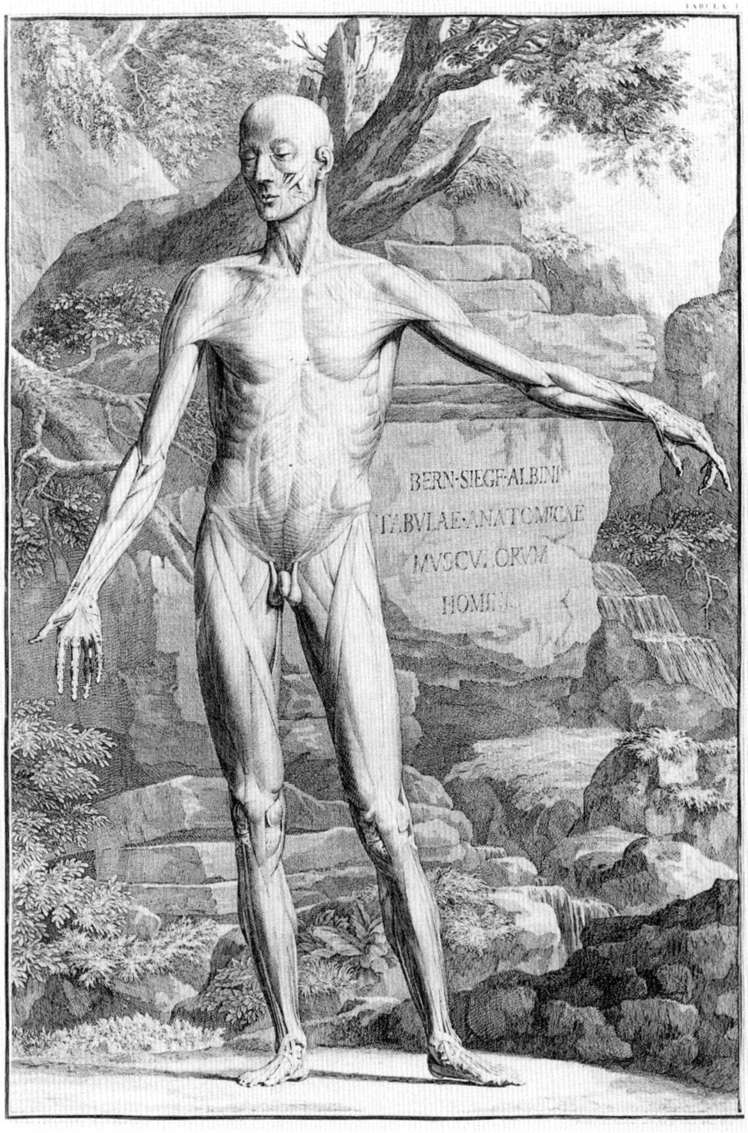

München, Bayerische Staatsbibliothek
Signatur: Res 2/Anat. 3

Literatur: Ludwig Choulant, Geschichte und Bibliographie der anatomischen Abbildung, nach ihrer Beziehung auf anatomische Wissenschaft und bildende Kunst. Leipzig 1852 (Reprint 1971), S. 113–117.

Das Buch enthält eine Widmung an den Fürsten von Nassau-Oranien. Es stammt aus der Bibliothek des Straßburger Arztes Philipp Heinrich Boeckler und hat einen Einband mit dem Pfälzer und dem Pfalz-Neuburger Wappen der Bibliothek Karl Theodors.

Bernhard Siegfried Albinus (Frankfurt / Oder 1697–1770 Leiden) wurde mit 21 Jahren Professor für Anatomie und Chirurgie in Leiden. Choulant schreibt: »Mit ihm beginnt eine neue Epoche der Anatomie des Menschen, die der vollendeten Strenge und Genauigkeit der Untersuchung mit allen damals gebotenen Hilfsmitteln, namentlich in der Lehre der Knochen und Muskeln. Aber auch die anatomische Darstellung tritt mit Albin in die Epoche ihrer Vollendung, in welcher man nicht mehr mit dem äußeren Schein und oberflächlicher Unterrichtung oder mit bloßem Abzeichnen des Gesehenen sich begnügte, sondern die durch vielfache Vergleichung ermittelte wahre Form und Verbindung der anatomischen Gebilde künstlerisch treu nachgebildet vorlegte.«

Das kostbare Tafelwerk *Tabulae sceleti et musculorum* von 1747, das Hauptwerk des Albinus, enthält Kupferstiche von Skeletten und Muskelmännern in barocken Landschaften sowie einen Anhang von nüchternen anatomischen Detailzeichnungen jeweils mit Erläuterungen. Die Skelette und Muskelmänner sind von den Darstellungen bei Vesalius vollkommen unabhängig. Sie stehen fast immer in ähnlicher Stellung mit ausgebreiteten Armen. Stecher ist Jan Wandelaar (Amsterdam 1690–1759 Leiden), der die Tafeln, wie auf diesen vermerkt, zwischen 1739 und 1747 ausführte. Wandelaar war 1741 an der Universität Leiden eingeschrieben und studierte unter anderen bei Albinus Anatomie. Er stach Illustrationen zu verschiedenen anatomischen und botanischen Werken.

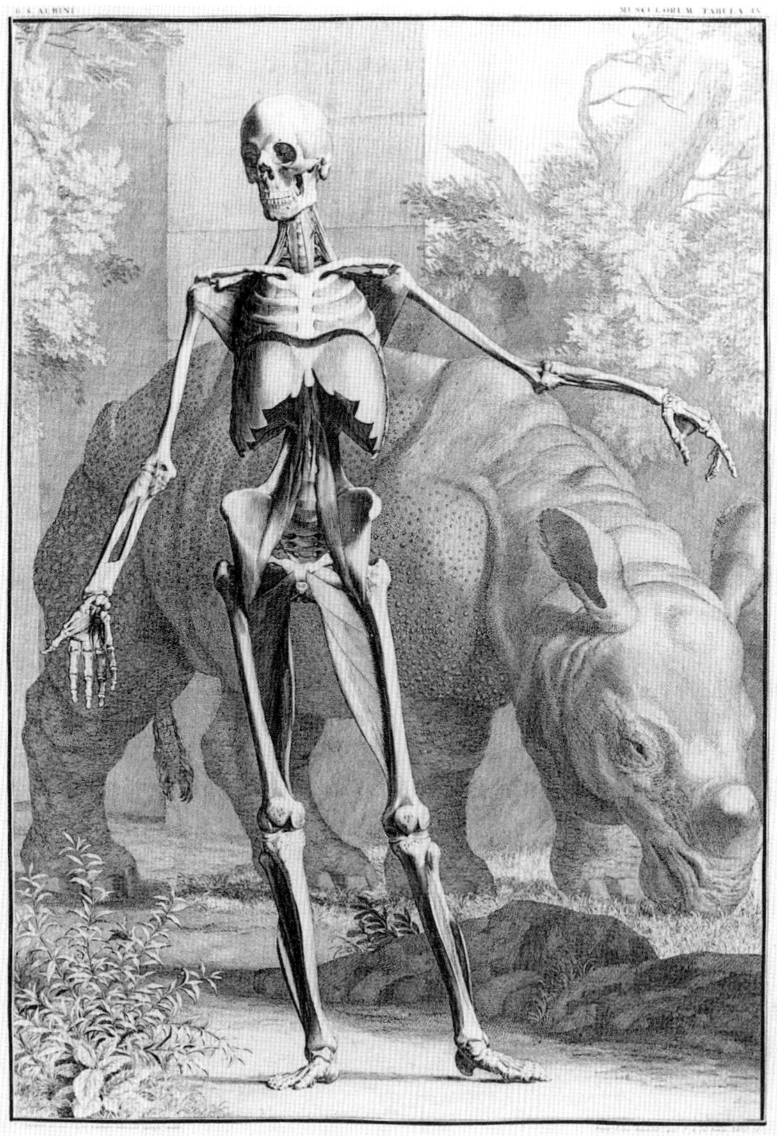

90 Jean-Galbert Salvage

Anatomie du Gladiateur combattant, applicable aux Beaux-Arts, ou Traité des os, des muscles, du mécanisme des mouvements, des proportions et des caractères du corps humain. Paris 1812

München, Akademie der bildenden Künste
Inv. Nr. 15474

Es handelt sich um das Werk eines Arztes aus Montpellier, der aus Begeisterung für die Skulptur des Borghesischen Fechters zeichnen und modellieren lernte. Sein Buch mit anatomischen Darstellungen dieser Figur hat er deren Schöpfer, dem antiken Bildhauer Agasias, gewidmet. Salvage sieht sich in der Einleitung als Fortsetzer der von Leonardo, Michelangelo, Dominichino, Jean Cousin, Jean Goujon, Germain Pilon, Nicolas Poussin und anderen begründeten künstlerischen Auseinandersetzung mit der Anatomie. Das Projekt entstand nach der Rückkehr der französischen Armeen im Jahr 1796 am Hôpital militaire in Paris, wo Salvage zu dieser Zeit tätig war. Er äußert sich in der Einleitung auch zu der Schwierigkeit, für sein Vorhaben passende Modelle zu finden, die nicht durch Krankheit oder Alter gezeichnet wären. Deshalb kamen vor allem im Duell Gestorbene in Frage.

Das Werk enthält 22 Kupferstiche in Schwarz, für Darstellungen der Knochen, und in Rotbraun, für Darstellungen der Muskeln. Die Bilder sind von Salvage selbst gezeichnet und von Bosq gestochen. Bei diesem handelt es sich offenbar um den in Paris bald nach 1800 tätigen Kupferstecher Jean Bosq. Als anatomische Sektionen dargestellte antike Bildwerke gehen bis zu Andreas Vesalius' *De humani corporis fabrica* von 1543 zurück, wo antike Torsen in der Art des Torso vom Belvedere ihre geöffneten Leiber vorstellen und dabei deutlich als steinerne Objekte zu erkennen sind. Offenbar geht diese Praxis auf die – zumindest für die hellenistische Kunst und danach – begründete Überzeugung zurück, daß die antiken Bildhauer mit der Anatomie vertraut waren.

Wenn Salvage, dessen Lebensdaten unbekannt sind, wirklich schon um 1796 den Entschluß zu diesem Werk faßte, dann hat er die Anregung vermutlich durch einen der vielen Abgüsse des Borghesischen Fechters, eine der beliebtesten antiken Figuren, die in allen Akademien und Ateliers vorhanden war, erhalten. Denn zu diesem Zeitpunkt befand sich die bei Anzio 1611 gefundene Marmorfigur noch im Besitz der Borghese in Rom. Erst 1807 wurde sie von Napoleon erworben und bald danach im Musée Napoléon aufgestellt. Sie befindet sich noch heute im Louvre in Paris. Ergänzend zur Anatomie des Fechters hat Salvage auch einige Abbildungen mit anatomischen Darstellungen des Kopfes des Apolls vom Belvedere hinzugefügt.

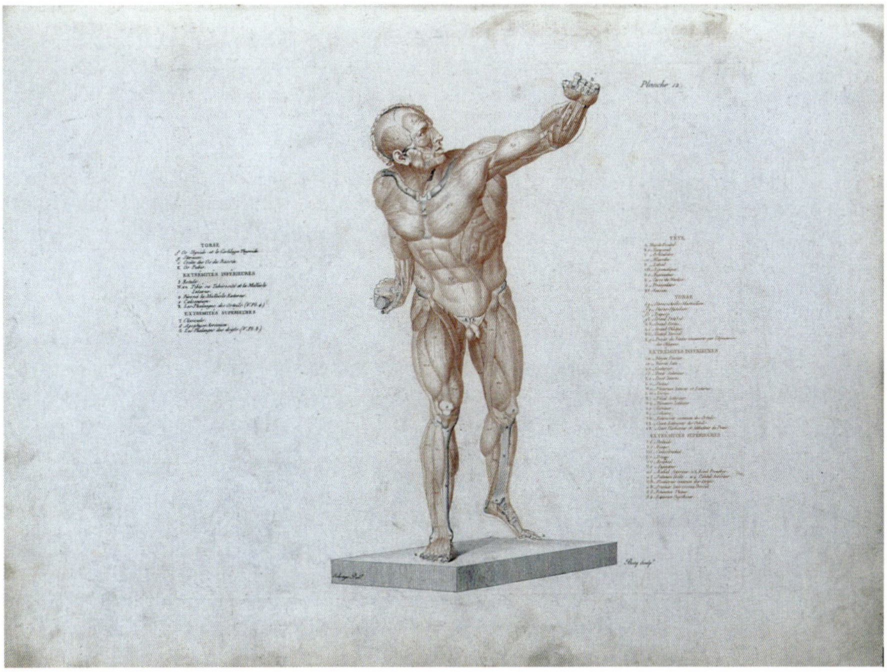

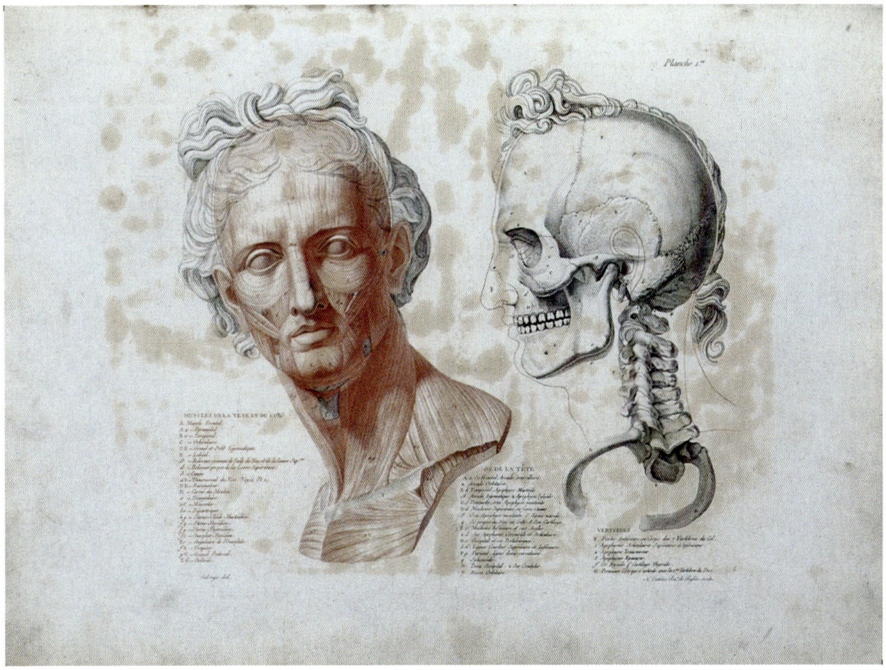

91

Nach Lodovico Cardi, gen. Cigoli
Castello di Cigoli bei San Miniato 1559 – 1613 Rom

Muskelmann

La bella notomia oder *Lo Scortico*

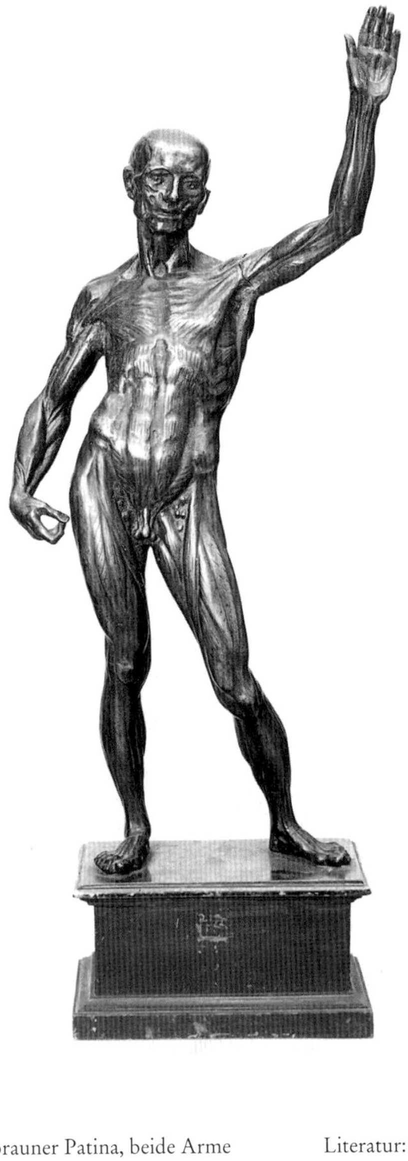

Cigoli ist einer der vielseitigsten Künstler um die Wende zum 17. Jahrhundert. Er war sowohl als Maler wie als Architekt tätig und mit Dichtern und Musikern befreundet. Er gehörte in Florenz zu den Künstlern, die den erstarrenden, an Michelangelo orientierten Manierismus erneut auf die Natur zurückführten, und wurde damit um 1600 zum ersten Künstler des Barock in Florenz.

Nicht nur künstlerisch, sondern auch wissenschaftlich interessiert, war Cigoli mit Galileo Galilei befreundet, zu dessen Verteidigern er gehörte. Bei dem niederländischen Anatomen Theodore Mayerne, der sich um 1600 in Florenz aufhielt, vertiefte er die Kenntnisse, die er schon in der Jugend bei seinem Lehrer Alessandro Allori bei Sektionen im Kloster San Lorenzo erworben hatte. Mayerne ermöglichte ihm Studien im Hospital von S. Maria Nuova. In diesem Zusammenhang muß der Muskelmann aus Wachs entstanden sein, der sich heute im Bargello in Florenz befindet und den man aufgrund von Filippo Baldinuccis *Notizie* (1681–1728, Bd. III. Florenz 1846. Hrsg. v. F. Ranalli, S. 255, 279) mit Cigoli in Verbindung bringt. Von dieser Figur, die im 17. Jahrhundert sehr beliebt war, gibt es mehrere Abgüsse in Bronze bis ins 18. Jahrhundert. So wird der Guß des Bargello Giovanni Battista Foggini (1652–1725) zugeschrieben. Eine weitere Version befindet sich im Victora & Albert Museum in London. Eine genaue Datierung des Kölner Exemplars ist nach Pope-Hennessy (Notiz im Kölner Museum von 1967) nicht möglich.

Cigolis Muskelmann ist in der Pose eines antiken Redners dargestellt, vermutlich nach dem sogenannten Arringatore, einer etruskischen Bronze aus dem zweiten vorchristlichen Jahrhundert, die 1566 gefunden und sogleich von Cosimo I. seiner Sammlung einverleibt wurde (heute Florenz, Museo Archeologico).

Bronze mit brauner Patina, beide Arme angesetzt, Höhe 65 cm
Köln, Museum für Angewandte Kunst
Inv. Nr. H 798

Literatur: Hans R. Weihrauch, Europäische Bronzestatuetten. 15. bis 18. Jahrhundert. Braunschweig 1967, Abb. 285, S. 235. – Anna Matteo, Lodovico Cardi-Cigoli. Pittore e architetto. Pisa 1980, Nr. 136, S. 313–314. – Wulfa-Maria Krahn in: Von allen Seiten schön. Bronzen der Renaissance und des Barock. Hrsg. v. Volker Krahn. Skulpturensammlung, Staatliche Museen zu Berlin, Preußischer Kulturbesitz 1995/96, S. 392.

92

Italienischer Künstler, 1. Hälfte 17. Jh.

Der Borghesische Fechter als Écorché

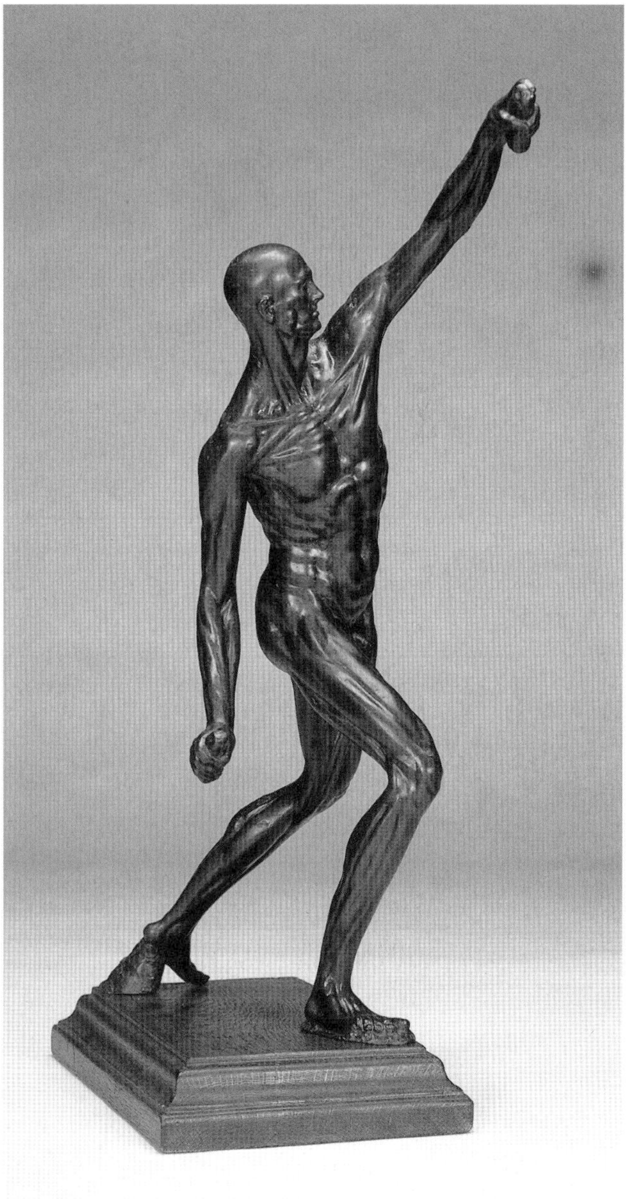

Die Figur wurde 1923 aus Schloß Nymphenburg in die Residenz gebracht. Über ihre Herkunft ist nichts bekannt. Doch spricht der Zustand der Bronze dafür, daß sie kein Kunstkammerstück gewesen sein kann. Es handelt sich vielmehr entweder um einen Fehlguß mit großen Rissen oder die Plastik hat ihre Blessuren bald nach dem Guß erhalten. Besonders auffällig ist ein Riß, der hinten schräg über Schulter- und Halspartie geht. Trotzdem war die Bronze wohl schon golden patiniert, es fehlte aber noch die Bronzeplinthe, die wegen der Beinansätze geplant gewesen sein muß. Erst im 19. Jahrhundert nahm man sich ihrer offenbar wieder an. Dabei erhielt sie ihren mit Schrauben befestigten Holzsockel. Nach dem Kaschieren der Risse wurde die Figur einheitlich schwarz patiniert und mit einem Wachsüberzug versehen.

Der Borghesische Fechter, eine Marmorkopie nach einen griechischen Bronzeoriginal des 3. Jahrhunderts v. Chr., gehört nicht zu den frühen Antikenfunden, er wurde vielmehr erst 1611 in der Nähe von Anzio entdeckt. Doch schon im selben Jahr hat Rubens eine Muskelstudie von ihm angefertigt. 1630 ließ König Charles I. einen Bronzeguß danach herstellen, der sich heute in Windsor befindet. Die Figur wurde von Anfang an zum Lehrstück für die Darstellung der Muskulatur und ist zumindest seit dem 18. Jahrhundert auf sehr vielen Atelierbildern zu sehen. Sie war bis 1807 im Besitz der Borghese in Rom, wurde in diesem Jahr an Napoleon verkauft und befindet sich heute im Louvre.

Die Datierung stammt von Weihrauch, doch hat damals möglicherweise keine genaue Untersuchung der Figur stattgefunden. Bei der eher mäßigen Qualität – zum Beispiel ist die Rückenmuskulatur sehr schematisch wiedergegeben – ist nicht anzunehmen, daß dieses Exemplar zu den ersten Werken gehört, in denen der Borghesische Fechter als Écorché erschien. Man möchte eher an die Wiederholung einer vorausgegangenen Skulptur dieses Typus denken, wie er auf dem Stich von Dorigny nach Maratta erscheint (siehe auch Kat. Nr. 10).

Bronze, Höhe 67 cm, Sockel 6 cm
München, Bayerische Verwaltung der staatlichen Schlösser, Gärten und Seen
Inv. Nr. Res. Mü. P. II. 5

Literatur: Kat. Mus. Bayerisches Nationalmuseum München, Bd. XIII, 5: Die Bildwerke in Bronze und in anderen Metallen. Mit einem Anhang: Die Bronzebildwerke des Residenzmuseums. Bearb. v. Hans R. Weihrauch. München 1956, S. 231, Nr. 293/14. – Haskell / Penny 1981, Nr. 43, S. 221–224.

93

Andreas Weidenhaupt
Kopenhagen 1738 – 1805 Kopenhagen

Muskelmann, 1772

Gips, Höhe 102 cm
Bez. auf der Urne: WEIDENHAUPT
Neuer Abguß des Originals in der Königlichen Kunstakademie Kopenhagen
Kopenhagen, Hirschsprung Sammlung
Inv. Nr. KS 453

Literatur: Annette Johansen, Emma Salling, Marianne Saabye, Den nøgne guldalder. Modelbilleder. C. W. Eckersberg og hans elever. Kat. Ausst. Hirschsprung Sammlung Kopenhagen 1994, Nr. 3, Abb. S. 53.

Der Bildhauer Andreas Weidenhaupt war in den sechziger Jahren zum Studium in Paris und Rom. 1771 wurde er Professor für Anatomie und seit 1773 zudem Lehrer an der Modellschule der Königlichen Akademie. 1772 fertigte er den Muskelmann, an dem im späten 18. und frühen 19. Jahrhundert die Kopenhagener Akademieschüler die menschliche Anatomie studieren konnten. Diese Figur erscheint auf vielen Künstlerporträts der Zeit und war ein festes Requisit im Modellsaal der Akademie, wie auf dem Bild von Ferdinand Richardt zu sehen ist (siehe Kat. Nr. 19). Das Original befindet sich noch heute im Besitz der Akademie.

94

William Pink
tätig zwischen 1828 und 1844
nach **Agostino Carlini**
Genua um 1718 – 1790 London

Smugglerius, 1834

Nach dem Originalguß von 1775
Gips, 76,5 : 161 : 70 cm
London, The Royal Academy of Arts

Literatur: Martin Kemp (Hrsg.), Dr. William Hunter at the Royal Academy of Arts. Glasgow 1975, S. 17. – Deanna Petherbridge and Ludmilla Jordanova, The Quick and the Dead. Artists and Anatomy. Kat. Ausst. Hayward Gallery London u. a. 1997/1998, Abb. S. 74. – Martin Kemp und Marina Wallace, Spectacular Bodies. The Art and Science of the Human Body from Leonardo to Now. Kat. Ausst. Hayward Gallery London 2000/2001, Nr. 247. – Allgemein zur Anatomie in England vom 16. bis zum 18. Jahrhundert: Jonathan Sawday, The Body Emblazoned. Dissection and the human body in Renaissance culture. London/New York 1995, S. 54ff.

Die Gipsfigur des sogenannten *Smugglerius* entstand unter dem an der Londoner Royal Academy of Arts seit 1768 tätigen Arzt und Anatomen Dr. William Hunter (1718–1783). Das Modell war ein gehängter Schmuggler, der gehäutet in der Stellung der antiken Figur des *Sterbenden Galliers* durch den in London tätigen italienischen Bildhauer Agostino Carlini abgegossen worden war. Allerdings ist der ausgestellte Gips eine Wiederholung durch den sonst nicht weiter bekannten Bildhauer William Pink.

Die Figur macht die mit der Anatomie verbundene Problematik deutlich. Denn die Beschaffung der Leichen für den zunehmenden Bedarf der Anatomen erfolgte auf drei Wegen: durch die Zusammenarbeit mit den Henkern wie im Falle des *Smugglerius*, dann durch die Zusammenarbeit mit den Hospitälern und schließlich durch das Ausgraben von Leichen, wovon schon Vasari immer wieder berichtet. Die Leidenschaft für die Wissenschaft führte im Artikel über Anatomie in der *Encyclopédie* von Diderot und D'Alembert um die Mitte des 18. Jahrhunderts sogar zu der Forderung, Kriminelle sollten für Vivisektionen zur Verfügung stehen, womit sie ihre Schuld bei der Gesellschaft abtragen könnten. Sollten sie diese Prozedur überleben, wurde dafür plädiert, ihnen dieses mit Schmerzen verbundene Leben zu lassen.

Philipp Jakob Becker
Pforzheim 1759 – 1829 Erlenbad / Baden

Torso eines Écorchés

a. Torso eines Écorchés, von vorn
41,2 : 25,4 cm
Bez. r. u.: A 22
Inv. Nr. VIII 1106–76
b. Torso eines Écorchés, von hinten
41,3 : 25,4 cm
Bez. r. u.: A 24
Inv. Nr. VIII 1106–77
Schwarze Kreide und Bleistift, weiß gehöht auf bläulich getöntem Papier
Karlsruhe, Staatliche Kunsthalle

Literatur: Eva-Maria Froitzheim, Körper und Kontur. Aktstudien des 18. bis 20. Jahrhunderts aus dem Kupferstichkabinett. Kat. Ausst. Staatliche Kunsthalle Karlsruhe 1994, S. 23 ff.

Becker war seit 1777 in Rom, wo er vor allem Studien nach antiken Skulpturen anfertigte. 1785 nach Karlsruhe zurückgekehrt, wurde er badischer Hofmaler und Direktor der Zeichenschule. Diese Zeichenschule hatte ihren Sitz zunächst in der im Schloß befindlichen Hofbibliothek, erhielt aber 1786/88 einen Neubau, der bis zum Zweiten Weltkrieg in der Verlängerung der Akademiestraße stand. Sicher wurden die Zeichnungen von Becker im Unterricht verwandt. Nach seinem Tod vermachte er sie der Karlsruher Kunsthalle. Zu diesem umfangreichen Konvolut von Zeichnungen gehört auch eine Reihe von anatomischen Studien, von denen im Katalog von 1994 angenommen wird, daß sie vielleicht für ein anatomisches Werk für Künstler gedacht waren, zumal eines der Blätter lithographiert wurde.

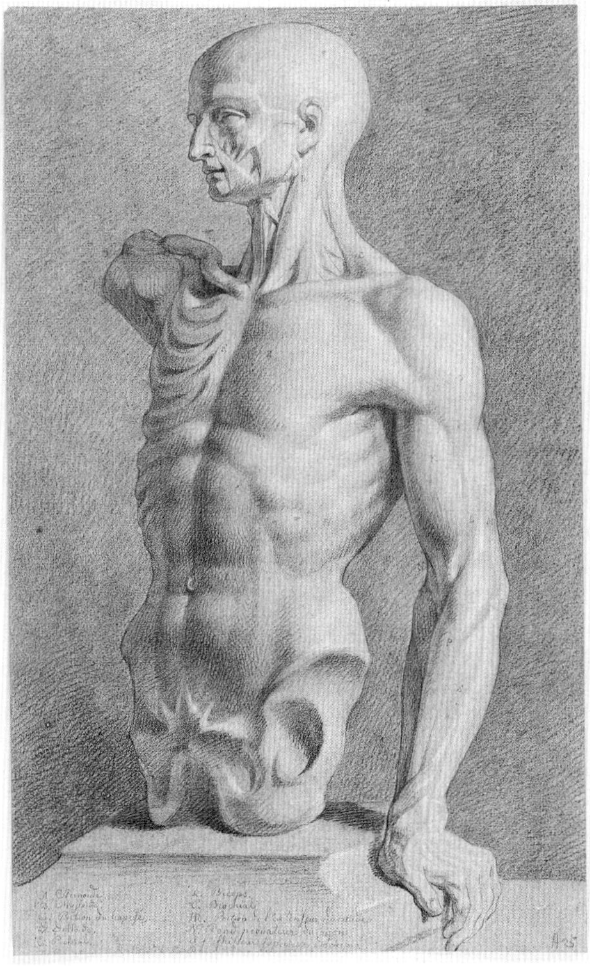

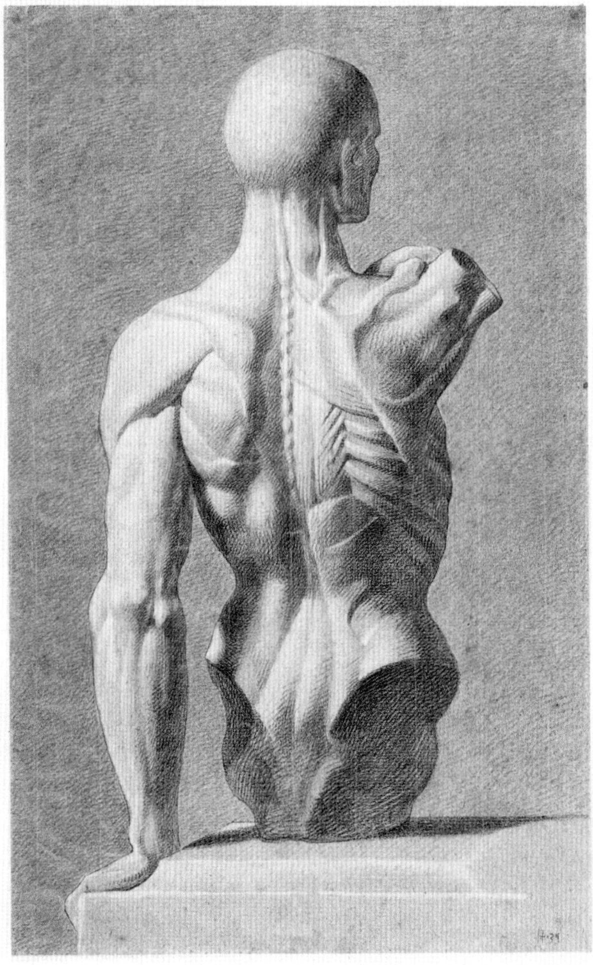

96/97

Philipp Jakob Becker
Pforzheim 1759 – 1829 Erlenbad / Baden

Anatomische Hand- und Armdarstellung
Gelenk- und Knochenstudie eines Beines

Schwarze Kreide, weiß gehöht, auf bräunlichem Papier, mit lindgrüner Kreide übergangen und gewischt, 42,5 : 53,6 cm
Bez. r. o.: A 60
Karlsruhe, Staatliche Kunsthalle
Inv. Nr. VIII 1106–107

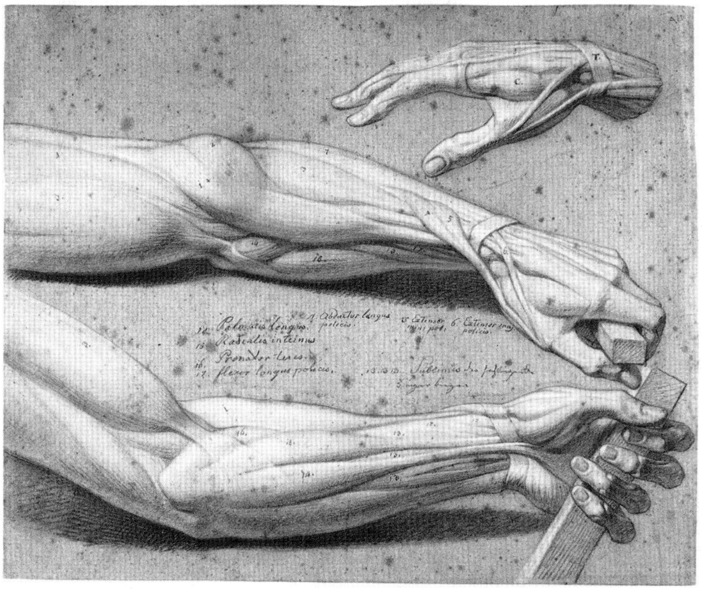

Schwarze Kreide, Rötel auf weißem Papier, 45 : 29,8 cm
Staatliche Kunsthalle Karlsruhe
Inv. Nr. VIII 1106–88

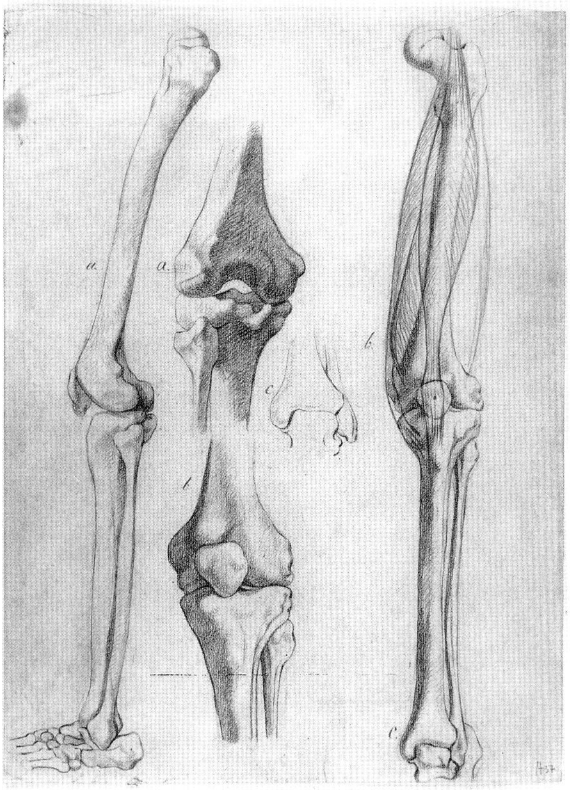

98

Vincent van Gogh
Groot-Zundert / Nordbrabant 1853 – 1890 Auvers-sur-Oise nördlich von Paris

Écorché, 1886

Öl auf Karton, 35 : 27 cm
Amsterdam, Van Gogh Museum
(Vincent van Gogh Foundation)
Inv. Nr. F 0216f

Literatur: Zofia Ameisenowa, The Problem of the Écorché and the Three Anatomical Models in the Jagiellonian Library. In: Monografie z Dziejów Nauki i Techniki XX, Wrocław / Warschau/Krakau 1963, S. 31. – L'Écorché. Exposition réalisée par l'École Régionale des Beaux-Arts de Rouen dans le cadre de l'expérience pédagogique 1975/76. Kat. Ausst. Musée des Beaux-Arts de Rouen 1977, Nr. 2: dort die genaue Rezeptionsgeschichte und die wichtigste Literatur. – Ronald de Leeuw, Van Gogh Museum. Zwolle 1997, S. 119ff. – Berthold Köster and Erik Tjebbes, Van Gogh's Plaster Models Examined and Restored. In: Van Gogh Museum Journal 1997/1998, S. 69–75.

Zusammen mit anderen Studien nach Gipsmodellen entstand diese im Jahr 1886 in Paris, wo sich van Gogh zur Weiterbildung drei Monate im Atelier von Fernand Cormon aufhielt und nach dem lebenden Modell sowie nach Gipsen zeichnete und malte. Viele dieser Gipsabgüsse, so auch der hier gemalte, befinden sich noch heute im Van Gogh Museum in Amsterdam.

Der dargestellte Écorché wurde zur Zeit van Goghs für eine Erfindung Michelangelos gehalten. Diese Zuschreibung geht zurück auf L. Crespis *Vite de pittori Bolognesi (*Rom 1769, S. 163). Als Original wird eine Wachsfigur in Berlin angesehen. Dieser sogenannte »leidende Écorché« existierte im 19. und 20. Jahrhundert in verschiedenen Ateliers. Auch Cézanne besaß einen Abguß, ebenso Matisse, wie man aus ihren Bildern schließen kann. Die ersten Zeichnungen dieses Muskelmannes von Cézanne stammen aus den späten siebziger Jahren des 19. Jahrhunderts (A. Chapuis, The Drawings of Paul Cézanne. London 1973, Kat. Nr. 565–574, 1086–1089, 1893–1896). Das Exemplar von Matisse erscheint auf dessen Gemälde *Großes Stilleben mit Auberginen* von 1912/13 im Musée des Beaux-Arts in Grenoble.

99

Wilhelm Gail
München 1804 – 1890 München

Anatomische Studie eines Fußes, um 1820/25

Blei auf gebläutem Papier, 36,4 : 44,4 cm
München, Städtische Galerie im Lenbachhaus
Inv. Nr. G 18 038

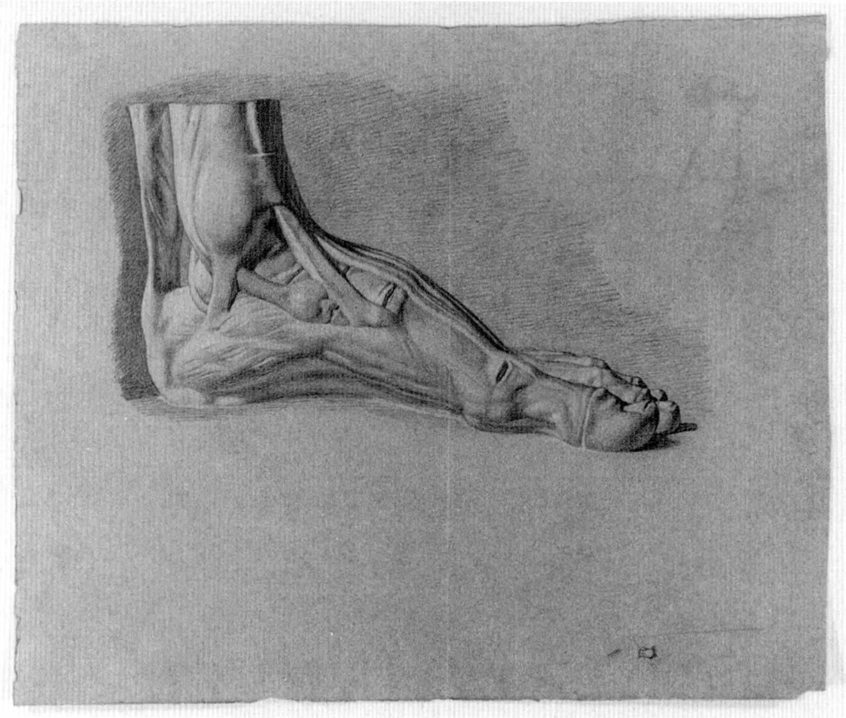

Diese Studie entstand vermutlich nach einem Gips während Gails Ausbildung an der Münchner Akademie zwischen 1820 und 1825.

100

Zwei Fotografien aus einem Laden für Anatomiebedarf Paris 1930

a. Augenmodelle
Silbergelatineabzug, 12,2 : 17,4 cm
Stempel mit Datum 1930
Sammlung Dietmar Siegert

b. Écorchés prêts à partir pour l'Amérique
(laut rückseitiger Beschriftung)
Silbergelatineabzug, 12,2 : 17,2 cm
Sammlung Dietmar Siegert

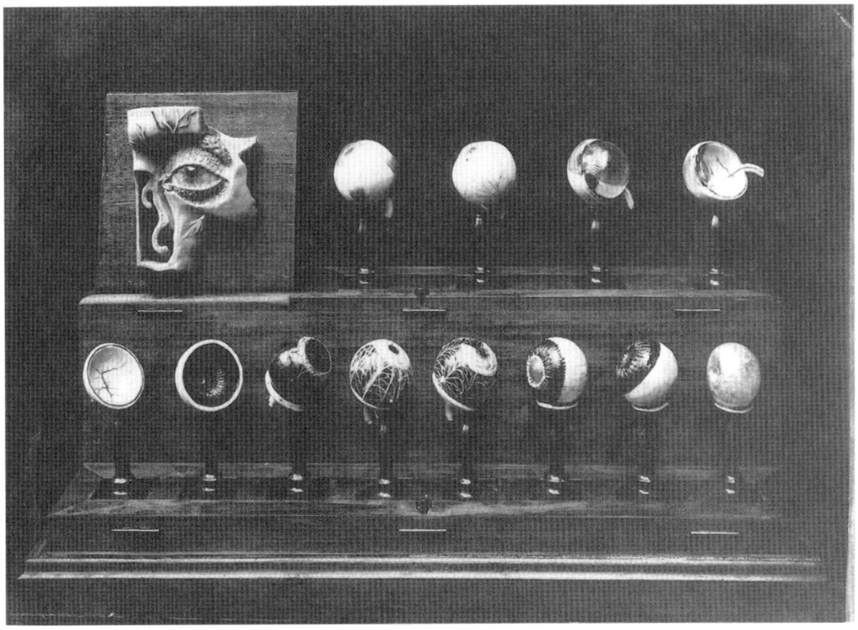

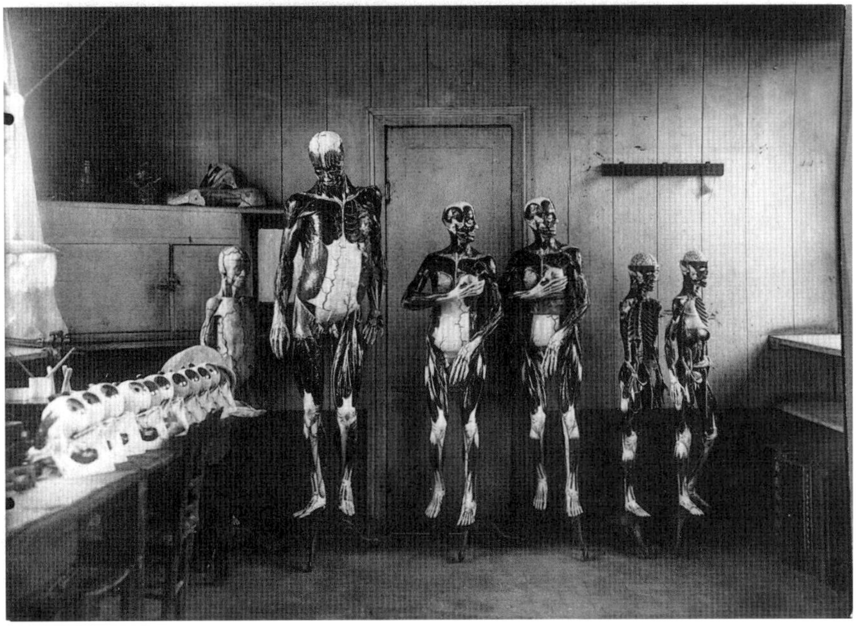

101

Max Ernst
Brühl bei Köln 1891 – 1976 Paris

Illustration zu »La Parole« (Das Wort)

In: Paul Éluard, Répétitions. Paris 1922
Köln, Buchhandlung Walther König

Literatur: Werner Spies, Max Ernst – Collagen. Inventar und Widerspruch. Köln 1974, S. 109ff.: Répétitions.

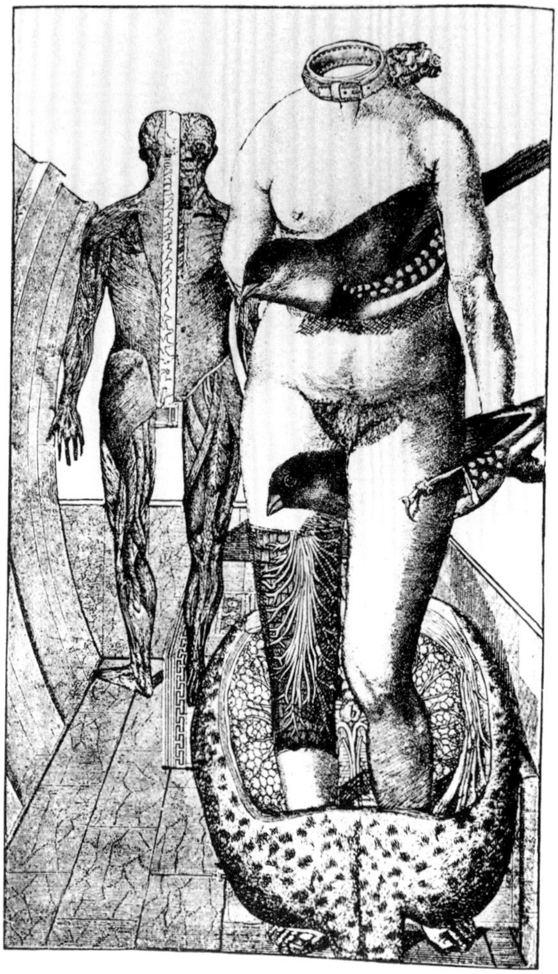

Die Collage ist ein Hauptmittel der Dada-Bewegung, deren Mitbegründer Max Ernst in Köln war. 1920 fertigte er erstmals eine Collage mit dem Titel *Leimbereitung aus Knochen* ganz aus vorgefundenen Holzstichillustrationen. In *Répétitions* stellte er eine Folge solcher Collagen zu den Gedichten von Paul Éluard zusammen. Die vorgefundenen Materialien sind nur durch wenige zeichnerische Eingriffe ergänzt. Ihre Wirkung kommt aus der Zusammenstellung von Bildern aus ganz unterschiedlichen Bereichen: in der abgebildeten Illustration aus zoologischen, medizinischen und kunsthistorischen Darstellungen, wobei an verschiedenen Stellen Äußeres und Inneres miteinander konfrontiert werden. André Breton hatte in diesen Collagen wegen ihrer verstörenden Wirkung eine der wesentlichen Richtungen der surrealistischen Kunst gesehen (Surrealistisches Manifest).

102

Max Ernst
Brühl bei Köln 1891 – 1976 Paris

Dritte Illustration in dem Kapitel: »Vendredi / La Vue« (Freitag / Das Gesicht)

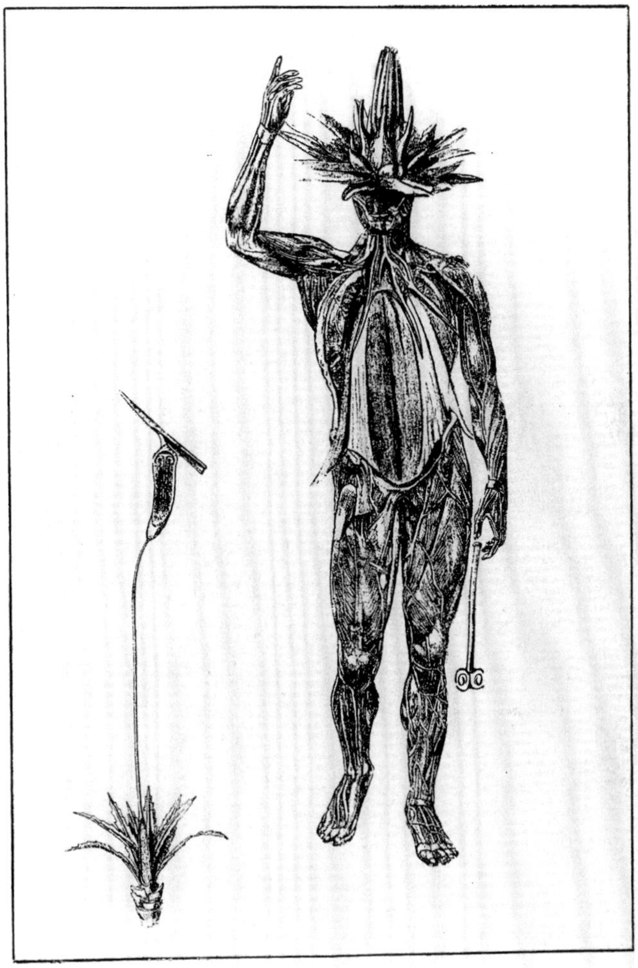

In: Max Ernst, Une semaine de bonté. Paris 1934
Köln, Buchhandlung Walther König

Literatur: Werner Spies, Max Ernst – Collagen. Inventar und Widerspruch. Köln 1974, S. 171ff.: Der Collageroman; S. 194ff.: Une semaine de bonté.

Der Collageroman *Une semaine de bonté* trägt den Untertitel *Les sept éléments capitaux,* übersetzt »Die vier Hauptelemente«, ein Titel, der an die »Sieben Todsünden« erinnert, was im Französischen »Les sept péchés capitaux« heißt. Die Kapitel sind nach Wochentagen und Elementen eingeteilt, letztere allerdings in sehr eigenwilliger Mischung: Schmutz, Wasser, Feuer, Blut, das Schwarze, das Gesicht, unbekanntes Element.

In den Collagen zu den einzelnen Kapiteln wird auf vieldeutige oder komische Weise von Katastrophen, Mord und anderen Grausamkeiten gehandelt, aber auch von Eheproblemen, sexuellen Phantasien und vielen seltsamen Ereignissen, in denen Menschen häufig mit Tiermenschen konfrontiert werden. Im Kapitel »Vendredi / La Vue« werden im ersten Gedicht, zu dem die Abbildung gehört, anatomische Darstellungen mit Meerestieren, Pflanzen, Insekten und einem weiblichen Torso zu merkwürdigen Konfigurationen an ungewöhnlichen Orten verbunden.

103

Gabriel Grupello
Gerardsbergen / Ostflandern 1644 – 1730 Schloß Ehrenstein / Kerkrade

Hl. Bartholomäus, 1710/16

Bronze mit bräunlicher Lackpatina, teilweise abgerieben, Höhe 53 cm
München, Bayerisches Nationalmuseum
Inv. Nr. R 3234

Literatur: Apoll schindet Marsyas. Über das Schreckliche in der Kunst. Adam Lenckhardts Elfenbeingruppe. Hrsg. v. Reinhold Baumstark und Peter Volk. Kat. Ausst. Bayerisches Nationalmuseum München 1995, Nr. 23 und S. 60/61. – Von allen Seiten schön. Bronzen der Renaissance und des Barock. Wilhelm von Bode zum 150. Geburtstag. Hrsg. v. Volker Krahn. Kat. Ausst. Skulpturensammlung, Staatliche Museen zu Berlin, Preußischer Kulturbesitz 1995/96, Nr. 210.

Grupello stammte aus altem Mailänder Adelsgeschlecht. Seine Bildhauerlehre machte er 1658/59 bei Artus Quellinus in Antwerpen. Nach einer weiteren Ausbildung in Frankreich wurde er 1673 als Meister in die Zunft der vier Gekrönten in Brüssel aufgenommen. Er wurde Hofbildhauer Karls II. von Spanien und Erster Bildhauer der Stadt Brüssel sowie ab 1695 Hofbildhauer in Düsseldorf bei Kurfürst Johann Wilhelm von der Pfalz. Seine letzten Lebensjahre ab 1725 verbrachte er auf Schloß Ehrenstein.

Die Bronzefigur des Hl. Bartholomäus stammt aus der Sammlung des Kurfürsten Johann Wilhelm von der Pfalz. Sie wird 1719 in der Standortliste der Kunstwerke der Galerie in der Düsseldorfer Residenz erwähnt. Bartholomäus ist einer der zwölf Jünger Jesu, welcher der Legende nach in Indien oder Parthien das Martyrium erlitten haben soll. Dieses bestand darin, daß ihm bei lebendigem Leib die Haut abgezogen wurde, weshalb er zum Patron der Fischer, Fleischer und Handschuhmacher wurde.

In dem Bildwerk Grupellos lehnt der Heilige an einen kärglich belaubten Baumstumpf und hält seine Haut in der rechten Hand, während der klagende Blick mit schmerzvoll geöffnetem Mund ebenso wie die erhobene Linke zum Himmel weisen. Obgleich ohne Haut und umgeben von Strömen von Blut, die an dem Erdstück, auf dem er sitzt, herunterlaufen, erscheint er doch lebendig und weist auf sein Leiden in der pathetischen Haltung und Gestik des Laokoon. Der Betrachter ist dazu aufgerufen, sein Martyrium am eigenen Leib nachzuempfinden.

Dieser Figur vorausgegangen war die berühmte lebensgroße Statue des Hl. Bartholomäus von 1562 im Chor des Mailänder Doms, an deren Plinthe der Künstler mit Majuskeln geschrieben hatte: »Non me Praxiteles sed Marcus finxit Agrates.« Die gehäutete Figur des Heiligen steht hier ohne alle Anzeichen von Emotion mit einem auf den Oberschenkel gestützten Buch in der Linken und wie ein Gewand um Schultern und Hüften geschlungener Haut. Die Inschrift verweist darauf, daß es sich hier nicht nur um eine religiöse Figur handelt, sondern vor allem um ein Meisterwerk der Kunst, worauf die Nennung des Künstlernamens Marco d'Agrate ebenso hinweist wie der Vergleich mit Praxiteles, also einem der berühmtesten Bildhauer des antiken Griechenland. Mit der Figur des Hl. Bartholomäus konnte der Künstler eine der wesentlichen Errungenschaften der Renaissancekunst demonstrieren: die Kenntnis der Anatomie des menschlichen Körpers als Voraussetzung für die Schaffung von Bildwerken, die in ihrer Naturähnlichkeit denen der Antike nahekommen.

Auch Grupellos Werk, das möglicherweise von Anfang an für die Kurfürstliche Galerie geschaffen wurde, ist in erster Linie ein Kunstwerk und erst an zweiter Stelle eine religiöse Figur. Es erinnert allerdings weniger an die berühmte Figur in der Vaterstadt des Künstlers als vielmehr an den gemalten Bartholomäus in Michelangelos *Jüngstem Gericht* (1533–1540), wo der Heilige ebenfalls sitzend abgebildet ist und seine Haut mit dem Gesicht daran über dem Arm trägt. Bei Michelangelo ist er jedoch nur ein muskulöser Akt und nicht ein gehäuteter Muskelmann wie bei Grupello. Allerdings ist auch bei diesem der Körper keineswegs realistisch in allen Details der Muskeln, Sehnen und Blutgefäße gegeben. Vielmehr wird die zerklüftete Oberfläche des Körpers einem Linienfluß von unten nach oben unterworfen, der den Leidensgestus ebenso unterstützt wie die starke Einziehung des Leibes unter dem vorgewölbten Brustkorb. Der Körper erscheint als ein einziger Klagelaut, und auf diesen Ausdruck kommt es dem barocken Künstler mehr an als auf die detailgetreue Zurschaustellung anatomischer Kenntnisse, auf die der Künstler der Spätrenaissance stolz war. Denn zu Beginn des 18. Jahrhunderts gehörten anatomische Kenntnisse zum allgemeinen Grundwissen der Künstler.

104

Giovanni Battista Foggini
Florenz 1652 – 1725 Florenz

Apoll schindet Marsyas, vor 1716

Bronze, Hohlguß in mehreren Teilen, mit dunkler, goldbrauner Lackpatina,
Höhe 59,5 cm
München, Bayerisches Nationalmuseum
Inv. Nr. R 3233

Literatur: Apoll schindet Marsyas. Über das Schreckliche in der Kunst. Adam Lenckhardts Elfenbeingruppe. Hrsg. v. Reinhold Baumstark und Peter Volk. Kat. Ausst. Bayerisches Nationalmuseum München 1995, Nr. 27. – Von allen Seiten schön. Bronzen der Renaissance und des Barock. Wilhelm von Bode zum 150. Geburtstag. Hrsg. v. Volker Krahn. Kat. Ausst. Skulpturensammlung, Staatliche Museen zu Berlin, Preußischer Kulturbesitz 1995/96, Nr. 240.

Foggini wurde von den Großherzögen von Toskana gefördert. Cosimo III. de' Medici schickte ihn 1673 nach Rom zum Studium an der neu gegründeten Accademia Fiorentina, wo er unter dem Bildhauer Ercole Ferrata und dem Maler Ciro Ferri arbeitete. In Rom kopierte Foggini für den Großherzog antike Skulpturen, von denen einige später in den Park von Versailles gelangten. Nach seiner Rückkehr nach Florenz 1676 erhielt er sofort Aufträge für Skulpturen vom Großherzoglichen Hof und wurde 1694 Hofarchitekt. Hauptwerke sind die Reliefs in der Cappella Corsini der Kirche S. Maria del Carmine und der Capella Feroni in SS. Annunziata, beide in Florenz.

Die Bronzegruppe *Apoll schindet Marsyas* stammt wie Grupellos *Hl. Bartholomäus* aus dem Besitz des Kurfürsten Johann Wilhelm von der Pfalz. 1751 hatte sie ein Besucher der Düsseldorfer Galerie zusammen mit ihrem verschollenen Gegenstück, das Herkules und Iole darstellte, gesehen. Da Johann Wilhelm mit einer Tochter des Großherzogs Cosimo III. de' Medici verheiratet war, handelt es sich möglicherweise um ein Geschenk seines Schwiegervaters.

Der Satyr Marsyas, der sich die von Athena weggeworfene Flöte angeeignet hatte, war so unbedacht gewesen, in seinem Künstlerstolz Apoll zu einem musikalischen Wettbewerb zwischen seiner Flöte und dessen Lyra herauszufordern. Die Strafe des Gottes war entsetzlich, und Ovid schreibt in den *Metamorphosen* VI, 388–391: »Dem Schreienden wurde die Haut von den Gliedern gerissen, und er war nur noch eine einzige Wunde. Von überall tropfte das Blut, die entblößten Sehnen liegen offen, und die zitternden Adern pulsieren ohne Haut. Man hätte die zuckenden Eingeweide und die leuchtenden Fasern in der Brust zählen können.« Marsyas ist damit neben dem Hl. Bartholomäus die zweite Figur, die den Écorché als Lebenden in religiösem oder mythologischem Zusammenhang zeigt. Sandrart schrieb in der *Teutschen Academie* (1675, 1. Teil, 3. Buch, S. 69) sogar, daß der Künstler für die Ausbildung seiner anatomischen Kenntnisse sich einer Marsyas-Figur bedienen könne.

Während die literarische Vorlage in Bildern seit Tizians *Schindung des Marsyas* (Kremsier, Erzbischöfliches Museum) durchaus entsprechend blutig dargestellt werden konnte, ist in Fogginis Plastik der Körper des Marsyas von Apoll erst unter dem rechten Arm leicht geritzt worden. Der bocksfüßige Satyr hat seine Syrinx an den Baum gehängt, an den Apoll ihn mit den Armen gefesselt hat, um sein grausames Werk zu beginnen. Beide Figuren spiegeln andere Kunstwerke wider: Apoll erinnert an den laufenden Gott in Lorenzo Berninis Marmorgruppe *Apoll und Daphne* in der Galleria Borghese in Rom; Marsyas zeigt die für den Barock typische Haltung des Leidenden, die auf diejenige des Priesters Laokoon der berühmten hellenistischen Gruppe zurückgeht. Die Figuren Fogginis, die für eine dekorative Aufstellung gedacht waren, sind dadurch in ihrem Ausdruck akademisch gemäßigt. Die Phantasie des Betrachters wird mehr auf die kunstvolle Verknüpfung der Zitate in dem erzählerischen Zusammenhang gelenkt als auf das Ergebnis der dargestellten Aktion.

Angelo Bronzino
Monticelli bei Florenz 1503 – 1572 Florenz

Hl. Bartholomäus, 1555

Tempera und Öl auf Holz, 155 : 94 cm
Rom, Accademia Nazionale di San Luca

Literatur: Andrea Emiliani, Il Bronzino, con un'antologia poetica, scelta e presentata da Giorgio Cerboni Baiardi. Arsizio 1960, S. 55, 81–83. – Martin Kemp und Marina Wallace, Spectacular Bodies. The Art and Science of the Human Body from Leonardo to Now. Kat. Ausst. Hayward Gallery London 2000/2001, Nr. 66.

Neben Jacopo Pontormo und Rosso Fiorentino war Bronzino einer der Hauptmeister des Florentiner Manierismus. Er war Hofmaler Cosimos I. in Florenz und ist vor allem durch seine kühlen Porträts bekannt geworden. Daneben entstanden religiöse und allegorische Gemälde. Außerdem ist er als Dichter hervorgetreten.

Das im oberen Teil beschädigte Fragment, das den gehäuteten Hl. Bartholomäus darstellt, gehörte ursprünglich zu einem Altar für den Dom in Pisa. Dieser zeigte in der Mitte Christus mit dem Kreuz, dazu sechs Heilige, darunter den Hl. Bartholomäus, der vermutlich als Schutzpatron des Auftraggebers, eines Bartolomeo da Forcoli, in das Programm aufgenommen wurde. Der Altar wurde wegen seines schlechten Erhaltungszustandes schon im 16. Jahrhundert verkauft und gilt seitdem als verschollen. In dem Hl. Bartholomäus der Accademia di San Luca erkannte als erster Venturi 1933 einen Teil dieses Altars.

In den zeitgenössischen Quellen, der Lebensbeschreibung Bronzinos durch Vasari und dem Tagebuch Pontormos, wird der Altar erwähnt, aber beide waren vor allem von dem gehäuteten Heiligen fasziniert. Seine Darstellung war zwar durch den religiösen Kontext begründet, doch die Form der Darstellung entsprach ganz dem neuen Bewußtsein des Künstlers, der sein Wissen um den Aufbau des menschlichen Körpers hier zur Schau stellt. Vergleichbar mit dieser Figur sind nur die Illustrationen in Vesalius' Anatomiewerk von 1543 und die Skulptur des Hl. Bartholomäus im Mailänder Dom, die Marco d'Agrate 1562 schuf.

Unbekannter Künstler

Bildnis des Anatomen Dr. Volker Coiter, 1575

Öl auf Leinwand, 101 : 87 cm
Auf dem alten Rahmen datiert: 1575
Nürnberg Museen der Stadt, Stadtmuseum Fembohaus
Inv. Nr. Gm 276

Literatur: Ludwig Choulant, Geschichte und Bibliographie der anatomischen Abbildung nach ihrer Beziehung auf anatomische Wissenschaft und bildende Kunst. Leipzig 1852 (Reprint 1971), S. 66. – Germanisches Nationalmuseum Nürnberg, 95. Jahresbericht 1950, Neuerwerbungen, S. 73 m. Abb. – Peter Strider, Zur Nürnberger Bildniskunst des 16. Jahrhunderts. In: Münchner Jahrbuch der bildenden Kunst, 3. Folge, 1956, Vol. VIII, S. 129, fig. 13, S. 130–132. – Zofia Ameisenowa, The Problem of the Écorché and the three anatomical Models in the Jagiellonian Library. = Polska Akademia nauk zaklad historii nauki i techniki. Monografie z dziejów nauki i techniki, Tom XX, Wrocław/ Warschau / Krakau 1963, S. 38/39.

Das Bild wurde von dem Nürnberger Arzt J. G. Volckamer im Jahr 1669 der Nürnberger Stadtbibliothek geschenkt. Früher wurde es dem von 1561 bis etwa 1600 in Nürnberg tätigen Maler Nikolaus Neufchatel zugeschrieben, doch hält man es heute für ein Werk aus dessen Umkreis. Es zeigt den Arzt Volker Coiter (Groningen/Holland 1534–1590 als Militärarzt des Pfalzgrafen Johann Casimir). Coiter, ein berühmter Anatom, wurde 1569 Stadtphysikus in Nürnberg. Er wurde vor allem wegen seiner Forschungen zur Entwicklungsgeschichte des menschlichen Fötus und des Kindes sowie wegen seiner Tieranatomie bekannt. Die von ihm zu diesen Themen veröffentlichten Werke sind mit von ihm selbst gezeichneten Illustrationen versehen.

Das Bildnis, von dem es mehrere Varianten gibt, zeigt Coiter als Gelehrten vor einem Bord mit Folianten, worunter sich neben der Bibel die Schriften der antiken Philosophen Platon und Aristoteles, der antiken Ärzte Hippokrates, Dioscorides und Galenus, des arabischen Arztes Avicenna und des berühmtesten zeitgenössischen Arztes und Anatomen Andreas Vesalius befinden. Vor ihm auf einem Tisch liegen ein Chirurgenbesteck sowie ein enthäuteter Arm, dahinter steht ein Muskelmann auf einem Holzsockel mit realistischer Färbung der Muskulatur.

Der von Coiter selbst gefertigte Muskelmann kam mit dem Bild zusammen in die Nürnberger Stadtbibliothek. Er verschwand, nachdem er 1742 an die dortige Anatomie abgegeben worden war. Differierende Meinungen gibt es darüber, ob der Arm ein echtes Präparat war oder ob es sich um ein Wachspräparat handelt. Die erste Ansicht hat Strider mit dem Hinweis auf das Porträt des Vesalius in dessen anatomischem Werk *De humani corporis fabrica* von 1543 vertreten. Dargestellt ist darin Vesalius, wie er gerade die Muskeln am Arm eines aufgerichteten Leichnams erklärt. Entsprechend nimmt Strider an, daß Coiter anhand des Muskelmanns die Muskelstränge an einem echten Arm erklärt. Dafür spricht sowohl die Anwesenheit des Chirurgenbestecks wie auch die in Totenstarre verkrampfte Hand. Ameisenowa dagegen vertritt die Ansicht, daß sowohl der Écorché wie der Arm nach Darstellungen bei Vesalius modelliert sind. Bei dem Muskelmann in seiner deklamatorischen Haltung ist das überzeugender als bei dem Arm. Jedoch gab es Wachspräparate von Armen in der Renaissance. Beispiele, die früher Michelangelo zugeschrieben wurden, befinden sich im Victoria & Albert Museum in London.

Plato.
Biblia sacra
Hippocra.
Theatrum
Galeni.

107

Johann Zoffany
Frankfurt am Main 1733 – 1810 London

William Hunter liest an der Royal Academy, um 1772

Öl auf Leinwand, 77,5 : 103,5 cm (oval)
Beschriftung auf dem Rahmen: William Hunter M.D. / Lecturing at the Royal Academy / Zoffany R.A. / Bequeathed by Dr. M. Baillie, 1823
London, Royal College of Physicians

Literatur: Martin Kemp (Hrsg.), Dr. William Hunter at the Royal Academy of Arts. Glasgow 1975.

Der in Regensburg ausgebildete Zoffany ging 1750 und erneut 1757 nach Rom. Im Anschluß daran war er für Fürstbischof Clemens August in Trier und in Schloß Ehrenbreitstein bei Koblenz tätig. Ab 1760 in London, fand er seinen Stil durch die Arbeit bei dem Porträt- und Theatermaler Benjamin Wilson. Sein erster englischer Auftraggeber war der Schauspieler und Theatermanager David Garrick. Durch die im Zusammenhang mit dem Theater entstandenen Konversationsstücke, die in Mezzotinto gestochen wurden, wurde er in England bekannt und als Maler von Gesellschaftsstücken bei der Mittelklasse und der englischen Aristokratie beliebt. 1763 am Hof eingeführt, wurde er 1769 von George III. zum Mitglied der Royal Academy ernannt. 1772 bis 1779 malte er in Florenz die Tribuna in den Uffizien, ein Auftrag der englischen Königin. Da nach seiner Rückkehr die Aufträge spärlicher wurden, reiste er 1783 nach Indien, wo er bei der englischen Gesellschaft in Kalkutta als Porträt- und Gesellschaftsmaler bald sehr gefragt war. Er kehrte 1789 als reicher Mann nach England zurück.

In der Gründungsurkunde der Royal Academy of Arts vom 10. Dezember 1768 wurde festgehalten, daß es einen Professor für Anatomie geben sollte, der jährlich sechs öffentliche Vorlesungen über Anatomie und ihren Bezug zu den Künsten halten müßte. Eine Woche später wurde der Anatom, Chirurg, Geburtshelfer und Leibarzt der Königin, Dr. William Hunter (1718–1783), für diese Professur ernannt. Hunter war bekannt für seinen engen Kontakt zu den bildenden Künstlern der Akademie, unter anderen zu dem Maler und Präsidenten der Akademie, Sir Joshua Reynolds. In seinen erhaltenen und von Martin Kemp herausgegebenen Vorlesungsunterlagen beschäftigte er sich immer wieder mit der Theorie der Kunst, wobei er von den Schriften Leonardos und Albertis ausging. Hunter war der erste, der die in Windsor aufbewahrten anatomischen Zeichnungen Leonardos veröffentlichen wollte. Außer von diesen Autoren besaß er die Werke von Plinius d. Ä. und Vasari. Er vertrat eine naturalistische Naturnachahmungslehre, in die er allerdings als Reaktion auf Reynolds *Third Discourse* vom 14. Dezember 1770 mäßigende idealistische Aspekte aufnahm, ohne doch seinen naturalistischen Standpunkt zu verlassen. Hunters sehr frequentierte Vorlesungen führten dazu, daß die Anatomie in England im 18. Jahrhundert eine besonders wichtige Rolle bei den Künstlern spielte und man sogar von einer britischen anatomischen Schule sprach. Zoffany selbst ist ein Beispiel dafür, wie sein Selbstbildnis zeigt (Kat. Nr. 108).

Das vorliegende Bild zeigt eine Vorlesung Hunters, bei der er den versammelten Schülern und Professoren, unter denen Reynolds mit dem Hörrohr in der ersten Reihe erkennbar ist, die Rückenmuskulatur an einem lebenden Modell erklärt, das er mit einem lebensgroßen Écorché und einem Skelett konfrontiert. Der Écorché wurde nach Hunters Angaben gefertigt. Eine Verkleinerung in Wachs befindet sich im Hunterian Museum in Glasgow, das seinen Nachlaß bewahrt. Davon wiederum existiert ein Bronzeguß (beide 24,8 cm hoch) im Victoria & Albert Museum in London. Auf diesen Écorché geht derjenige von Johann Martin Fischer zurück, während Jean Antoine Houdons Écorché zwar ähnlich ist, aber nach Kemp möglicherweise unabhängig von Hunter entstand.

108

Johann Zoffany
Frankfurt am Main 1733 – 1810 London

Selbstbildnis, 1776

Öl auf Holz, 87,5 : 77 cm
Florenz, Galleria degli Uffizi
Inv. Nr. 147154

Literatur: Gli Uffizi. Catalogo Generale. Florenz 1979, Bd. 2, Nr. A 1031. – Siehe auch: A. Blankert, Heraclitus en Democritus: in het Bijzonder in de nederlandse Kunst van de 17de eeuw. In: Nederlands Kunsthistorisch Jaarboek 18, 1967, S. 31–123.

Das Bild entstand während Zoffanys Florenz-Aufenthalts (1772–1777/78), als er im Auftrag der englischen Königin die Tribuna der Uffizien malte (Sammlung der englischen Königsfamilie, Windsor Castle). Das Porträt kam schon 1778 in die Uffizien.

Zoffany stellt sich darin lächelnd umgeben von Vanitas-Symbolen dar. Zu diesen gehört vor allem ein Écorché, der sicher im Zusammenhang mit den Vorlesungen William Hunters entstand. Er könnte sich in einer hölzernen Figur (43 cm hoch) erhalten haben, der heute der rechte Arm fehlt (The Board of Trustees of the Science Museum, Abb. S. 83, Nr. 11, in: Spectacular Bodies. Kat. Ausst. Hayward Gallery London 2000/2001).

Weitere Vanitas-Symbole sind der Totenkopf und das Stundenglas sowie die Aufschrift auf dem Folianten: ARS LONGA VITA BREVIS (die Kunst ist lang, das Leben ist kurz, ein Satz des Hippokrates), was heißen soll, daß die Kunst das Leben überdauert. Im Hintergrund sieht man auf einem Gemälde in einer Ruinenlandschaft den heiligen Antonius, der von drei jungen Frauen bedrängt wird. Wie der Heilige ist auch der Künstler, der sich hier darstellt, nicht mehr ganz jung.

Eigenartig ist nur das Lächeln des Künstlers zwischen diesen trostlosen Requisiten. Möglicherweise stellt er sich als »lachenden Philosophen« Demokrit dar, der häufig mit seinem Gegenteil, dem »weinenden Philosophen« Heraklit abgebildet wurde. Beide reagieren auf ihre Weise auf die Vergänglichkeit der Welt, die gewöhnlich als Weltkugel zwischen ihnen erscheint.

ARS LONGA. VITA BREVIS

109

Wilhelm Bendz
Odense / Fünen 1804 – 1832 Vicenza

Der Maler Niels Peter Holbech, um 1824

Öl auf Leinwand, 80,5 : 68,5 cm
Maribo / Dänemark, Storstrøms Kunstmuseum
Inv. Nr. 12

Literatur: Wilhelm Bendz 1804–1832. A Young Painter of the Danish Golden Age. Bearb. v. Ejner Johansson. Kat. Ausst. Hirschsprung Sammlung Kopenhagen 1996, Nr. 23.

Es wird angenommen, daß es sich um den Maler Holbech (1804–1889) handelt, der zusammen mit Bendz 1823 die Aktklasse der Akademie in Kopenhagen besuchte. Holbech ging von 1824 bis 1834 als Privatsekretär des englischen Gesandten Augustus John Forster nach England, Turin und Rom. Zurückgekehrt nach Kopenhagen, malte er nur noch Porträts, während er vorher auch Landschaften und Genrebilder sowie religiöse Bilder gemalt hatte.

Auf dem Porträt von Bendz sieht man ihn im Atelier mit dem Gipsabguß des Écorchés von Andreas Weidenhaupt, der sich seit 1772 in der Akademie in Schloß Charlottenborg befand (Kat. Nr. 93). Ob es sich um einen Raum in Charlottenborg handelt, wo zumindest die Lehrer wohnten, oder um einen Privatraum, ist schwer zu entscheiden. Es war in dieser Zeit durchaus üblich, daß Künstler privat Abgüsse solcher Écorchés besaßen. So schreibt etwa Johann Christian von Mannlich (1741–1822) in seinen Lebenserinnerungen, daß er von dem französischen Bildhauer Jean-Antoine Houdon einen der ersten Abgüsse von dessen berühmtem Écorché erhielt, da er mit Vorzeichnungen an der Entstehung dieser Figur beteiligt gewesen sei (Rokoko und Revolution. Lebenserinnerungen des Joh. Christian von Mannlich. Hrsg. v. Eugen Stollreither. Berlin 1913, S. 97/98).

Bendz' Bild zeichnet sich durch seine delikate, auf Schwarz und Weiß sowie Braun-, Grau- und Inkarnattöne begrenzte Farbigkeit aus.

110

Hans Heinrich Porth

Hamburg-Wilhelmsburg 1796 – 1882 Hamburg

Selbstbildnis im Atelier

Miniatur, Öl auf Papier, 9,8 : 15,8 cm
Hamburg, Hamburger Kunsthalle
Inv. Nr. 2291

Literatur: Thieme / Becker, Bd. 27, Leipzig 1933, S. 289. – Katalog der Meister des 19. Jahrhunderts in der Hamburger Kunsthalle. Bearb. v. Eva Maria Krafft und Carl-Wolfgang Schümann. Kat. Mus. Hamburger Kunsthalle 1969, S. 255.

Porth war von 1821 bis 1823 Schüler der Dresdner Akademie und aus dieser Zeit mit vielen Dresdner Künstlern befreundet. Von 1825 bis 1828 war er in Rom und dort eng mit dem Nazarenerkreis um Friedrich Overbeck, Philipp Veith und Julius Schnorr von Carolsfeld verbunden. Das Bildnis, das aus dem Besitz der Familie von der Hamburger Kunsthalle erworben wurde, kann in Rom oder bald danach entstanden sein. Es zeigt auf der Staffelei die Vorzeichnung einer Kreuzaufrichtung. Porth hatte sich im Umkreis der Nazarener mit christlichen Themen beschäftigt, dies später aber wieder aufgegeben.

In dem einfachen Raum mit Kachelofen lehnt ein leerer Rahmen an der Rückwand, während vorn auf einem Tisch Utensilien des offenbar musikliebenden Malers wie Bücher, Papierrollen, Pinsel, Palettmesser und Flöte sowie ein kleinformatiger gipserner Muskelmann, an den ein Notenblatt gelehnt ist, zu sehen sind. In dem aufgeschlagenen Skizzenbuch steht: »Wie gerne stell ich mich / guter Freund, für Dich!«

Diese Widmung kann man ebenso auf den links an der Wand lehnenden Säbel beziehen wie auf die Szene mit dem leeren Kreuz, auf die der Künstler weist. Er fixiert den Betrachter mit ernstem Blick in einer Weise, wie auch Overbeck und andere Nazarener sich in ihren Selbstbildnissen präsentierten. Der Zusammenhang ist für einen Uneingeweihten rätselhaft. Geht es um ein Duell, das der Künstler für einen Freund übernehmen will und das er als Nachfolge Christi versteht? Oder geht es in nazarenischer Weise ohne einen solchen konkreten Bezug um die Nachfolge Christi? Es sei daran erinnert, daß Porth sich nach dem Brand der Hamburger Nikolaikirche 1842 durch eine »Schillingsammlung« um deren Wiederaufbau verdient machte und damit sein christliches Leben unter Beweis stellte. Im religiösen Zusammenhang des Bildes wird man durch den Muskelmann auch an die Vergänglichkeit des Fleisches erinnert.

Das Bildchen gewinnt seinen Reiz aus der gedrängten Raumsituation, in der Vorder- und Hintergrund in einer flachen Bühne eng aneinander gerückt sind. Durch die kleine Figur des in seinem Standmotiv überschnittenen Muskelmannes und Unklarheiten in bezug auf die Größe und Stellung des Tisches im Raum wie sein Verhältnis zum Ofen entstehen Irritationen, die Maßstabsprünge suggerieren und das Bild merkwürdig verschachtelt erscheinen lassen. Großes und Kleines, Banales und Bedeutungsvolles ist hier mit gleicher Akribie in der bei den Nazarenern bekannten Ernsthaftigkeit und Detailtreue in perfekt geglätteter Oberfläche zusammengefügt.

111

Johannes Wimmel
Kassel 1823 – 1892 Kassel

Vanitas-Stilleben, 1842

Öl auf Leinwand, 54,5 : 65,5 cm
Bez. r. u.: i. Wim̄el 42
Kassel, Staatliche Museen, Neue Galerie
Inv. Nr. AZ 409

Literatur: Marianne Heinz, Bestandskatalog der Gemälde des 19. Jahrhunderts. Kat. Mus. Staatliche Kunstsammlungen Kassel, Neue Galerie 1991, S. 212–213.

Johannes Wimmel war Maler- und Weißbindermeister. Um 1842 war er Schüler der Kasseler Akademie. 1848 reiste er nach Wien. Zusammen mit seinem Bruder vermachte er sein Vermögen der Stadt Kassel zum Bau gesunder Mietwohnungen und zur Verschönerung der Stadt.

Der Künstler hat hier ein Thema aufgegriffen, das es vom 17. bis zum 20. Jahrhundert gibt: das Atelierstilleben mit Muskelmann. Totenkopf und gelöschte Kerze sind neben dem Toso eines Muskelmannes, wie er in Akademien und Ateliers existierte (siehe Kat. Nr. 95), Vanitas-Symbole, das heißt, in ihnen stellt sich die Vergänglichkeit der Welt dar.

Eines der eindrucksvollsten späten Atelierstilleben mit Muskelmann ist James Ensors *Stilleben im Atelier* von 1889 in der Neuen Pinakothek in München. Hier sind der Muskelmann und die Atelierutensilien von Masken umgeben. Während der Muskelmann eine Oberfläche hinter der gewöhnlich sichtbaren Realität zeigt, verstellen die Masken diese durch aufgesetzte Gesichter (siehe Abb. S. 27).

112

Lovis Corinth

Tapiau / Ostpreußen 1858 – 1925 Zandvoort / Holland

Selbstbildnis mit Skelett, 1896

Öl auf Leinwand, 66 : 86 cm
Bez. r. o.: Lovis Corinth 38 J. a. 1896
München, Städtische Galerie im Lenbachhaus
Inv. Nr. G 2075

Literatur: Charlotte Berend-Corinth, Lovis. München 1958, Nr. 135. – Zuletzt: Lovis Corinth. Hrsg. v. Peter-Klaus Schuster, Christoph Vitali und Barbara Butts. Kat. Ausst. Haus der Kunst München / Nationalgalerie Berlin 1996, Nr. 19, S. 116–117 (Andrea Bärnreuther).

Corinth ist neben Max Liebermann wohl der bedeutendste deutsche Maler des ausgehenden 19. und beginnenden 20. Jahrhunderts. Seine Entwicklung reicht von einer in München bei Ludwig von Löfftz und Franz von Defregger studierten, in Antwerpen und an der Académie Julian in Paris weiterentwickelten differenzierten Tonmalerei über einen kruden, helltonigen Naturalismus bis zu expressionistischen Formen im zweiten und dritten Jahrzehnt des 20. Jahrhunderts. Von 1891 bis 1900 lebte Corinth in München, anschließend in Berlin. Seit 1918 arbeitete er vorwiegend in Urfeld am Walchensee.

Prägende Eindrücke erfuhr der Künstler schon durch das Umfeld der väterlichen Gerberei in Königsberg. Das Fleisch als eine Erscheinungsform zwischen Leben und Tod hat ihn seitdem fasziniert und immer wieder beschäftigt. Die Erfahrung, daß das Gesicht und der menschliche Körper, gerade wenn sich darin die Fülle des Lebens ausdrückt, immer schon am zukünftigen Tod teilhaben, prägt seine vor Lebenskraft vibrierenden Bilder. Die sich überlagernden, heftigen Pinselstriche, in denen sich, zunehmend losgelöst von der Tonmalerei, alle Farben des Lebens begegnen, sind ein sprechendes Symbol dafür.

Mit dem *Selbstbildnis mit Skelett* aus dem Jahr 1896 hat Corinth möglicherweise die Reihe von Selbstbildnissen begonnen, die bis zu seinem Tod immer an seinem Geburtstag, dem 21. Juli, entstanden. In dem Bild von 1896 variiert er ein altes, von Arnold Böcklin (1872, Berlin, Nationalgalerie) und Hans Thoma (1877, Karlsruhe, Staatliche Kunsthalle) in den siebziger Jahren des 19. Jahrhunderts wiederaufgegriffenes Thema – Künstler und Tod – und deutet es naturalistisch um. Hinter dem vom Alkoholgenuß aufgedunsenen, zu Depressionen neigenden, erst 38jährigen Künstler sieht man durch das Fenster seines Ateliers in der Gieselastraße 7 in München auf die Dächer und Schornsteine der Umgebung. Neben ihm erscheint sowohl als reales Atelierrequisit wie als Memento mori ein menschliches Skelett. Dieses ist in dem Bild ausschließlich naturwissenschaftliches Objekt und nur als solches Hinweis auf den Tod, während Böcklin und Thoma im Skelett die alte allegorische Figur des personalisierten Todes wiedergegeben haben. Die Quelle, auf die die Künstler des 19. Jahrhunderts bei dieser Darstellung zurückgriffen, war das damals Hans Holbein d. J., heute seinem Umkreis zugeschriebene Bildnis des *Sir Bryan Tuke* in der Alten Pinakothek in München, das allerdings keinen Künstler, sondern den Hausschatzmeister der Könige von England darstellt (Kat. Mus. Nationalgalerie Berlin, Verzeichnis der Gemälde des 19. Jahrhunderts. Bearb. v. Barbara Dieterich, Peter Krieger, Elisabeth Krimmel-Decker. Berlin 1976, S. 67).

Das Fließende, Unfeste aller Erscheinungen prägt sowohl die frühzeitig gealterten Züge des Gesichts wie auch die durch das bildfüllende Atelierfenster wahrgenommene Vorstadtansicht mit den rauchenden Schloten, die sich mit der Luft verbinden. Anders als bei den reinen Impressionisten haben die Gegenstände auf Corinths Bild eine jeweils unterschiedliche Struktur und Festigkeit. Während das Gesicht noch mit feinen Strichen gebaut ist, wie dies Corinths Schulung entspricht, prägen die Aussicht viel größere und ganz anders gelagerte Pinselstriche.

Das Skelett ist fast noch traditionell aufgefaßt, erhält aber durch die Silhouettenwirkung vor hellem, großzügig hingestrichenem Grund eine ganz andere, zum Flächigen tendierende Wirkung. In ihm wird die greifbare Plastizität zugleich zur optischen Folie, ohne doch verlorenzugehen. Die flache Bildbühne, innerhalb derer die Halbfiguren zwischen dem bildparallelen Fenster und der vordersten Bildebene eingeklemmt sind, schafft die Voraussetzung für das Umschlagen von haptischen in optische Qualitäten.

113

Richard Müller
Tschirnitz 1874 – 1954 Dresden

Zeichenklasse der Akademie, 1920

Öl auf Leinwand,
120 : 90,5 cm
Bez. M. o.: R. M. 1920
Dresden, Staatliche
Kunstsammlungen,
Gemäldegalerie
Neue Meister
Inv. Nr. 1139 (3141)

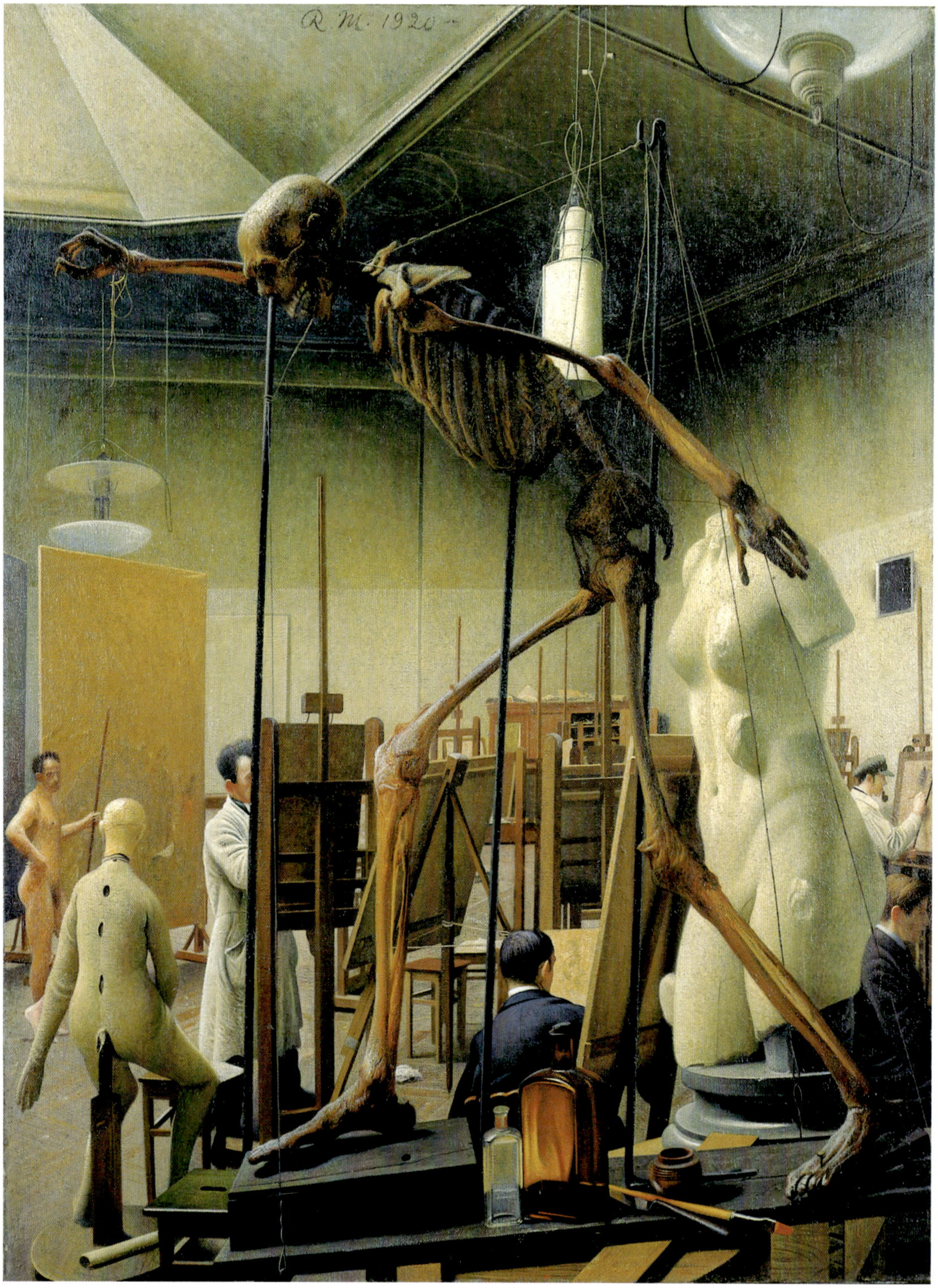

Richard Müller war von 1900 bis 1935 Lehrer, zuletzt auch Rektor an der Dresdner Akademie. Das Bild *Zeichenklasse*, das die Dresdner Kunstsammlungen aus dem Nachlaß erwarben, stellt den Betrieb in einer Akademieklasse, allerdings mit sehr eigenwilliger Akzentuierung dar. Auf den ersten Blick wirkt der Raum mit seinen kahlen Wänden, der nüchternen Lampe, die ihn in ein grünliches Licht taucht, und den als Gestängewald sich von der Rückseite präsentierenden Staffeleien eher wie eine Ingenieurswerkstatt oder ein naturwissenschaftliches Labor. Abgesehen von einem Écorché enthält er alle üblichen Akademierequisiten: Skelett, Antikentorso, Gliederpuppe und Aktmodell. Durch die extreme perspektivische Verkürzung bei hochgelegtem Blickpunkt werden diese Requisiten in eigentümlicher Weise hierarchisiert. Wie in einem Naturkundemuseum beherrscht das rötlich-braune menschliche Skelett in vorderster Ebene den Raum, so daß es im Maßstab eher einem Dinosaurier als einem Menschen gleicht. Es ist mit Hilfe eines von der Decke hängenden Gegengewichts in seiner weitausgreifenden schreitenden Position gehalten. Auch der kalkig-weiße antike weibliche Torso, vermutlich der einer Venus, erscheint stark vergrößert gegenüber den realen, im Raum befindlichen Menschen. Die Schüler, zum Teil in weißen Kitteln – auch dies erinnert eher an Techniker als an Künstler – versinken hinter oder unter dem Wald von Staffeleien. Nur die merkwürdige Gliederpuppe links, die in sitzender Stellung an einer Stange befestigt ist, befindet sich auf der Ebene der Maler und ist ihnen damit im Maßstab angenähert. Ganz links im Hintergrund steht sehr klein neben einem ockerfarbenen Wandschirm unter der Hängelampe das nackte männliche Modell, das sich durch einen langen Stab in der vorgeschriebenen Stellung hält. Merkwürdigerweise wird es aber von keinem der auf dem Bild sichtbaren Zeichner beachtet.

Die in den vier Atelierfiguren vorgestellte Hierarchie der Mittel entspricht durchaus dem seit der Renaissance üblichen Aufbau einer Figur vom Inneren zum Äußeren sowie dem akademischen Lehrstoff, der vom Toten ausging, um zum Lebendigen zu kommen. Doch hat das Tote auf Müllers Bild mehr Gewicht, es »belebt« den Raum mehr als die merkwürdig abgeschnittenen Menschen zwischen den Gerätschaften. Dazu trägt auch bei, daß die farbigste Stelle dort ist, wo die dunkelblaue Jacke der halbversunkenen Rückenfigur dem rötlichen Bernsteinton der im Licht aufleuchtenden Flüssigkeit in der rechten Flasche vorn begegnet. Durch die Farbe werden in dem Bild Akzente gesetzt, die die Menschen noch mehr in den Hintergrund rücken.

Einerseits erscheint die akademische Lehre mit Hilfe all dieser toten Materialien ziemlich grotesk, andererseits wird aber gerade der surreale Reiz ausgekostet, der in der Zusammenstellung ihrer Hilfsmittel liegt. Der zunächst den Eindruck beherrschende Charakter eines naturwissenschaftlichen Laboratoriums entwickelt sich bei näherer Betrachtung zu einem Ort fataler Träume, in dem menschenähnliche Mißgeburten aus der Retorte zu entstehen scheinen. Ein solches, auf halbem Wege der Schöpfung fallengelassenes Wesen meint man in der Gliederpuppe zu erkennen, und man denkt eher an die Werkstatt des Dr. Mabuse als an ein Atelier der alten Art. Dennoch war auch hier das Thema die Erschaffung scheinlebendiger Wesen, indem die Künstler das am Toten studierte Innere zur Grundlage der lebendigen Oberflächengestaltung machten. In Müllers Interpretation ist der Glaube an die Möglichkeit einer Verlebendigung der toten Materialien durch den Künstler allerdings einer Skepsis gewichen, die eher auch im Lebendigen das Mechanische, Tote wiedererkennt, als daß sie dem Künstler zutraute, auf diesem Wege wie die Natur oder Gott ein organisches Lebendiges zu erschaffen.

114

Max Ernst
Brühl bei Köln 1891 – 1976 Paris

Himmlische und irdische Liebe, um 1923/24

Öl auf Malkarton, 48,3 : 63,5 cm
Bez. r. v. unter der Schlange: max ernst
Köln, Privatsammlung

Literatur: Max Ernst, Werke 1906–1925. Bearb. v. Werner Spies, Sigrid und Günter Metken. Houston / Köln 1975, Bd. 2, Nr. 635. – William A. Camfield, Max Ernst. Dada and the Dawn of Surrealism. With an introductory essay by Werner Spies and a preface by Walter Hopps. Kat. Ausst. Museum of Modern Art New York / The Menil Foundation Houston / The Art Institute of Chicago 1993, Nr. 169, Farbabb. 158. – Wahre Wunder. Sammler & Sammlungen im Rheinland. Hrsg. v. Siegfried Gohr. Kat. Ausst. Josef-Haubrich-Kunsthalle und Museum Ludwig Köln 2000/2001, Nr. G 12, Abb. 165.

Die hier übernommene Datierung des Œuvrekatalogs von Spies und Metken von 1975 steht im Widerspruch dazu, daß ein Bild *Himmlische und irdische Liebe* schon 1921 in einer von André Breton veranstalteten Ausstellung in Paris zu sehen war (Kat. Ausst. Max Ernst. Hrsg. v. Werner Spies. London / Stuttgart / Düsseldorf 1991/1992, S. 295). Demzufolge wäre das Bild nicht in Paris entstanden, wohin sich Max Ernst 1922 nach einem Besuch Paul Éluards in Köln ohne Paß begab, sondern schon in Köln. Mit Unterstützung Éluards verbrachte er die folgenden Jahre im Kreis um Breton in Paris. Das Bild gehört in die Zeit, in der sich der Surrealismus aus dem Dadaismus herauskristallisierte und aus dem anarchistischen Protest eine Bewegung wurde, die eine neue Bildpoesie durch Aktivierung des Unbewußten suchte.

Nach Spies / Metken steht das Bild in Zusammenhang mit einer nicht ausgeführten Ballettdekoration. Die Vorstellungen, die hier zusammenkommen, entstammen weniger einer privaten als einer kollektiven Traummythologie, insofern als in den dominanten Figuren Erinnerungen an Künstlermythen und Atelierbetrieb aufscheinen. So sieht man im Vordergrund einen Mann in Arbeitskleidung, der den Kopf einer Figur ziemlich kräftig anpackt. Hier stand offenbar der Prometheus-Mythos Pate, nach dem der Titan Prometheus aus Lehm Menschen schuf und damit zum Symbol des Bildhauers wurde. Der ungeformte Lehm erscheint in einem Haufen rechts am Rand der Bodenfläche. Prometheus gelang das, wonach die Bildhauer strebten, dem toten Material Leben zu geben. Doch wurde diese Handlung von der neuen Göttergeneration um Zeus als Verbrechen angesehen, das zur qualvollen Folter des Prometheus am Felsen führte, wo ihm ein Geier die ständig nachwachsende Leber aushackte.

Hinter dieser Gruppe sieht man einen merkwürdigen trapezförmigen Block, auf dem eine Leiche liegt, die von einer jungen Frau seziert, wenn nicht ausgeweidet wird. Man fühlt sich an den Stich von Alberti aus dem beginnenden 17. Jahrhunderts erinnert (Kat. Nr. 7), wo ebenfalls kräftig in den Leib eines Toten gegriffen wird. Dort wurde der Brustkorb geöffnet, hier geht der Schnitt tiefer und das herausgeholte rotbraune Organ (die Leber wie bei Prometheus?) liegt neben den Beinen. Allerdings beruht diese Darstellung auf einer Umkehrung, denn gewöhnlich war der Anatom ein Mann und die Leiche seit dem 19. Jahrhundert üblicherweise eine Frau. Erst das Weiterdenken des Prometheus-Mythos kann zu assoziativen Parallelen zwischen den beiden Gruppen führen.

Weitere Figuren sind ein hinter dem Horizont verschwindender dunkler Mann, der die Mütze tief ins Gesicht gezogen hat und ein weißes Tuch hält wie die Hl. Veronika das Schweißtuch Christi. Auf dem in warmem Ocker leuchtenden Boden verkörpert eine riesige Schlange sowohl das Element der Erde wie auch den Sündenfall. Die finstere männliche Gestalt und die Szene am Seziertisch vermitteln das unbestimmte Gefühl von Verbrechen. Vorstellungen aus der alten Kunstwelt, die schon im Titel nach Tizians berühmten Bild *Himmlische und irdische Liebe* (Rom, Galleria Borghese) in Erinnerung gerufen werden, verbinden sich hier mit einer finsteren Gestalt der Nachkriegsjahre, wie sie gleichzeitig in Bildern von

George Grosz, Otto Dix oder Rudolf Schlichter ihr Unwesen treibt. Die im Titel angesprochenen beiden Formen der Liebe sind auch auf die Verschiedenartigkeit von unterem und oberem Bereich zu beziehen: die irdische Liebe auf Prometheus, den Menschenschöpfer, die himmlische dagegen auf die Anatomie, zu der von Anfang an die Vorstellung gehörte, daß man mit ihrer Hilfe auf die Spur der Seele kommen könnte.

Die Erde wie die Gegenstände sind scharf abgesetzte, von oben beleuchtete Flächen vor einem undefinierten dunklen grünlichen Raum. Schreckliche Handlungen finden in vollkommener Stille in einem irrealen Licht statt. Die Rätselhaftigkeit des Zusammenseins dieser Ereignisse macht die Faszination des Bildes aus, das den Betrachter immer wieder zu einem Versuch der Auflösung drängt. Ohne die Erfahrung der hermetischen Welten de Chiricos, die Max Ernst erstmals 1919 in der Zeitschrift *Valori plastici* sah, ist dieses Bild nicht denkbar.

Christian Schad
Miesbach / Oberbayern 1894 – 1982 Stuttgart

Selbstbildnis mit Modell, 1927

Öl auf Leinwand, 76 : 61 cm
Privatsammlung

Literatur: Bernhard Schulz in: Ich und die Stadt. Kat. Ausst. Berlin 1987, S. 278. – Zuletzt: Christian Schad 1894–1982. Kat. Ausst. Kunsthaus Zürich / Lenbachhaus München / Kunsthalle Emden 1997/1998, Nr. 21 und S. 194/195.

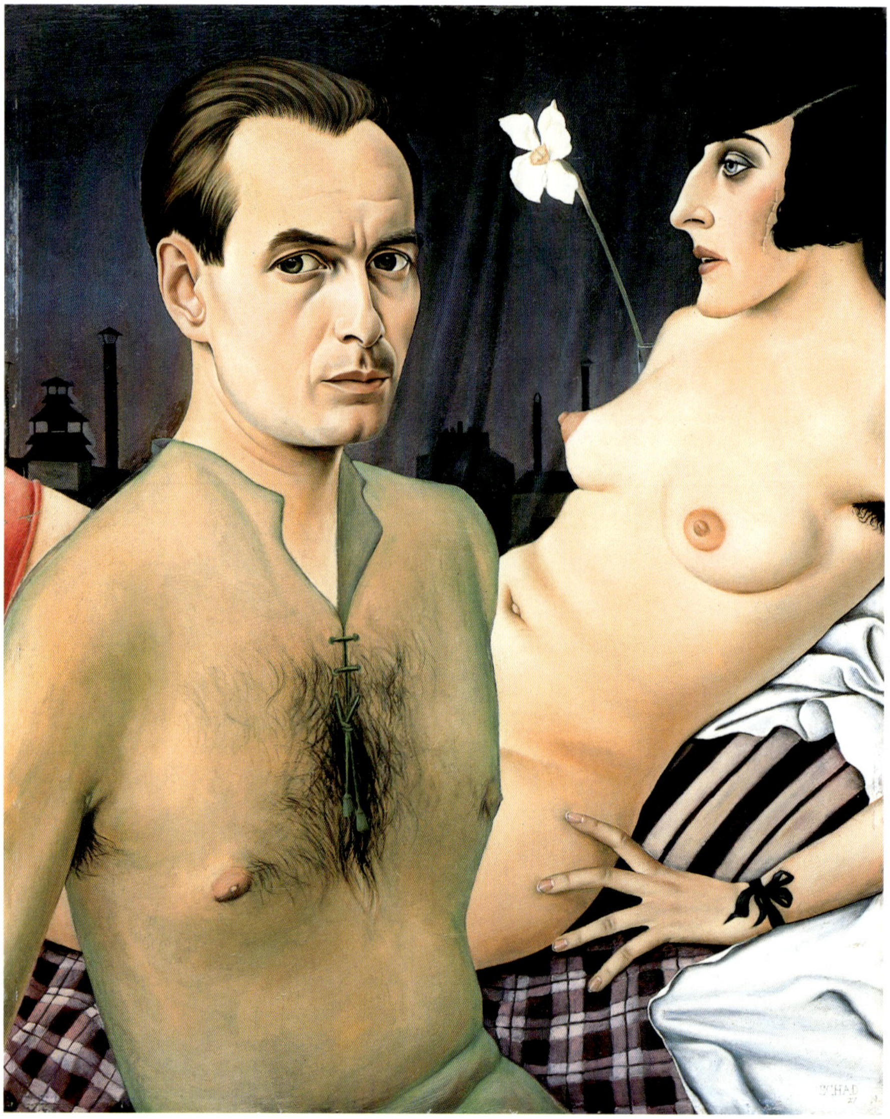

Christian Schads berühmtes Selbstbildnis entstand in Wien im Jahr 1927. Es zeigt den Künstler in halber Figur in Dreiviertelansicht neben einem auf einem Bett liegenden Modell, dessen Unterkörper durch den Maler verdeckt ist. Während der Künstler grüblerisch zum Betrachter blickt, richtet sich der Blick des Modells in eine unbestimmte Ferne. In diesem Bild mischt sich der Bildtypus Maler und Modell mit der Darstellung des unbefriedigenden Endes einer Liebesbeziehung, in der beide Partner nicht ihre Nähe, die in fast bedrängender Enge zum Ausdruck kommt, sondern vielmehr ihre Fremdheit zueinander feststellen.

Der aus wohlhabendem Hause stammende Christian Schad hatte sich nach einem kurzen Intermezzo an der Münchner Akademie zu Beginn des Ersten Weltkriegs nach Zürich und Genf begeben, wo er zum dortigen Dadaistenkreis gehörte. In dieser Zeit entstanden seine »Schadographien« (Photogramme) sowie kubistisch gebrochene Bilder. Eine Neuorientierung an der alten Malerei – vor allem an Raffael – brachte Schads Aufenthalt in Italien, wo er von 1922 bis 1925 blieb. Bis 1928 lebte er in Wien und anschließend bis in die Kriegsjahre hinein in Berlin. Seine letzte Lebensphase verbrachte er in Aschaffenburg.

Die Beschäftigung mit der Malerei der italienischen Renaissance führte ihn zurück zur Lasurtechnik. Besonders im Malen der Haut entwickelte er eine virtuose Fertigkeit. Wie für die Künstler vor dem Expressionismus war für ihn die Haut eine Membran, die darunterliegende Schichten verhüllte und zugleich offenbarte. Auch in dem *Selbstbildnis mit Modell* wird die Äderung unter der Haut des Modells spürbar. Das Eigenartigste an dem Bild ist das durchsichtige grüne Hemd, das der Künstler trägt. Solche Unterwäsche gab es keineswegs in den zwanziger Jahren, wohl aber erinnert diese »zweite Haut« an Bilder des Manierismus, so vor allem an Pontormos Grablegung in Florenz in S. Felicità, worauf Ulrich Wilmes mich aufmerksam machte. Es handelt sich also um eine Paraphrase von Bildgestaltungen des Manierismus unter modernen Vorzeichen. Zu diesem Eindruck trägt auch das diagonale Auseinanderstreben der Figuren bei. Die manieristischen Maler der Renaissance hatten sich die muskulösen, nackten Figuren Michelangelos zum Vorbild genommen, dessen »maniera« sie bestrebt waren nachzuahmen oder gar zu übertreffen. War schon in den Figuren Michelangelos die unter der Haut liegende Muskulatur immer sichtbar, so gingen die Manieristen sogar so weit, diese auch bei bekleideten Figuren offenzulegen, was am besten mit durchsichtigen Gewändern gelang. Auch bei Schad erinnert das durchsichtige Hemd an Haut und »Häutung«. Es verweist auf ein Inneres, das auch an anderer Stelle, nämlich im Gesicht des Modells angesprochen wird. Dieses Modell hat auf der Wange eine große Schnittwunde, deren sichtbare Naht durchaus mit dem Bandverschluß des grünen Hemdes vergleichbar ist. In vielfältiger Weise wird in dem Bild Malerei als ein Prozeß der Schichtung, des Übereinanderlegens von Lasuren anschaulich gemacht. Der Vorgang des Lasierens war immer bei der Darstellung der Haut am kompliziertesten und am meisten diskutiert. In Schads Bild ist der Hinweis auf die Anatomie, deren erster und wichtigster Schritt immer die Häutung war, unverkennbar. Fast könnte man es als eine Variation über dieses Thema bezeichnen. Jedoch ist der ehemals fraglose Verweis vom Äußeren auf eine innere seelische Qualität in der modernen Brechung dieses Bildes nicht mehr auffindbar.

116

Herbert Ploberger
Wels / Oberösterreich 1902 – 1977 München

Selbstbildnis mit ophthalmologischen Lehrmodellen, 1928/1930

Öl auf Holz, 50:40 cm
Bez. r. u.: ploberger
München, Städtische Galerie im Lenbachhaus
Inv. Nr. G 17 335

Literatur: Klaus Schröder, Neue Sachlichkeit. Österreich 1918–1933. Kat. Ausst. Kunstforum Wien 1995, S. 68–79, Nr. 1.

Seit seiner Ausstellung in der Galerie Würthle in Wien 1927 galt Ploberger als der bedeutendste neusachliche Maler Österreichs. Seit 1934 war der Künstler vor allem als Filmausstatter unter anderem für die Ufa tätig. Nach dem Krieg arbeitete er für die Theater in Linz, Wien und Salzburg. Seit 1950 lebte er in München.

Das *Selbstbildnis mit ophthalmologischen Lehrmodellen* wird im Wiener Katalog *Neue Sachlichkeit* von 1995 als *Der Optiker* bezeichnet. Im Vergleich mit einem dort abgebildeten Foto des Künstlers erscheint jedoch die Bezeichnung als Selbstbildnis richtig. Ploberger trägt bei der Arbeit auch auf dem Foto über weißem Hemd mit dunkler Krawatte einen weißen Kittel, er hat die gleichen glatten dunklen Haare mit tiefen Geheimratsecken. Wenn er in seinem weißen Kittel und seiner perfekten Frisur eher wie ein Optiker oder Arzt wirkt, so entspricht das durchaus dem Künstlerselbstverständnis in der Zeit der Weimarer Republik. Hatte der Expressionismus noch das genialische Bild vom Künstler kultiviert, so verglich man seine Tätigkeit nach dem Ersten Weltkrieg mit derjenigen eines Ingenieurs oder Konstrukteurs, so etwa Raoul Hausmann oder George Grosz.

Darüber hinaus waren anatomische Modelle als Arbeitsmaterialien des Künstlers üblich und gehörten zur gängigen Atelier- und Akademieausstattung. Indem der Künstler hier das Sehen thematisiert und die ins Riesenhafte vergrößerten Augenmodelle in einem nicht sichtbaren Spiegel mit Beobachtungen am eigenen Auge vergleicht, beschäftigt er sich auf fast wissenschaftliche Weise mit der zentralen Voraussetzung der bildenden Kunst. Er nähert sich auf seine Art einem Problem, das schon die Künstler der Renaissance beschäftigte. Leonardo da Vinci untersuchte als erster Künstler in seinen anatomischen Zeichnungen auch die Gestalt und die Funktionsweise des Auges. Allerdings hat Leonardo bei seinen Darstellungen nie die eigene Person ins Spiel gebracht, wie es der Künstler auf diesem Bild am Ende der zwanziger Jahre tut. Das Auge als Mittler zur Wirklichkeit ist für Ploberger das zentrale Objekt einer Selbstbefragung und einer Problematisierung der eigenen künstlerischen Tätigkeit. Daß diese Selbstbefragung mit Hilfe eines im Bild nicht sichtbaren Spiegels durchgeführt wird, auf dessen Vorhandensein nur aus der Haltung des Malers zu schließen ist, bringt ein weiteres Element der alten Ikonographie ins Spiel. In der Verdoppelung des Realen durch das Spiegelbild konnte die Hauptforderung der Malerei, die Nachahmung, philosophisch reflektiert werden. Im Falle von Plobergers Selbstbildnis könnte man auf den Gedanken kommen, der Betrachter habe überhaupt nur ein Spiegelbild vor sich, was sich bei genauerer Betrachtung als falsch erweist. Denn in diesem Falle müßte den Betrachter der Blick des Künstlers aus dem Auge treffen, das dieser gerade unter dem hochgehobenen »zweiten Auge« der Brille einer genaueren Untersuchung unterzieht.

ploberger.

V Die Gliederpuppe

Gliederpuppen gibt es seit der Renaissance. Pollaiuolo, Fra Bartolomeo oder Dürer sind unter den ersten zu nennen, die Gliederpuppen konstruierten und benutzten. Es gab von Anfang an sowohl armlange als auch lebensgroße Exemplare. Galten sie zunächst als Anschauungsobjekte für die aus den Schriften des antiken Architekten Vitruv abgeleiteten Maßverhältnisse, so wurden sie schon im 17. Jahrhundert für die Simulation des Gewandfalls und Faltenwurfs verwendet und ersparten auf diese Weise das lebende Modell.

Seit dem Ende des 18. Jahrhunderts wurden die lebensgroßen Puppen immer naturalistischer. Damit zeigen sie ihre Verwandtschaft mit den zu dieser Zeit beliebten Automaten. Zwar nahm ihr Nutzen für Maler und Bildhauer im 19. Jahrhundert nicht ab, wohl aber ihre Wertschätzung. Denn seit der zweiten Hälfte des 18. Jahrhunderts waren sie zum Symbol für falsch verstandene Naturnachahmung geworden.

Künstler des 20. Jahrhunderts waren sich mit Psychologen wie Freud und Philosophen wie Nietzsche einig, daß die alte theologisch geprägte Seelenvorstellung ihre Gültigkeit verloren hätte. Seelenlosigkeit konnte nun sowohl positiv als Reinigung von falschen Gefühlen und Vorstellungen wie negativ als Kritik an der Gegenwart gesehen werden. Die Gliederpuppe wurde zum Symbol für beide Auffassungen.

Seit de Chirico werden neben der Künstlergliederpuppe auch Schneiderpuppen zu Akteuren der Bilder. Sie bevölkern die Gemälde von Carlo Carrà, George Grosz, Max Ernst, Otto Dix oder Rudolf Schlichter. Reale Gliederpuppen wurden zwischen den beiden Weltkriegen von Oskar Kokoschka und Hans Bellmer noch einmal zu geisterhaft seelenlosem Leben erweckt.

117

Johann Georg Platzer
St. Paul in Eppan bei Meran 1704 – 1761 St. Michael in Eppan

Im Maleratelier

Öl auf Kupfer, 44 : 59 cm
Wien, Historisches Museum der Stadt Wien
Inv. Nr. 117.215

Literatur (zu Platzer allgemein): Gotthard Agath, Johann Georg Platzer. Ein Gesellschaftsmaler des Wiener Rokoko (1704–1761). Dresden 1955.

Das Bild und sein hier nicht gezeigtes Gegenstück *Im Bildhaueratelier* sind Beispiele eines Rokoko-Historismus, denn die Hauptfiguren tragen Kostüme des 17. Jahrhunderts. Der vornehm gekleidete Maler, der an einer Szene arbeitet, in der Chronos eine nackte junge Frau in den Himmel entführt, wendet sich zu einem älteren Mann, der mit ihm wohl darüber diskutiert, was er in einem auf seinen Knien liegenden aufgeschlagenen Buch gerade gelesen hat. Weitere vornehme Figuren sind dazugekommen, eine Lautenspielerin unterhält die Gesellschaft, während rechts ein älterer Gehilfe die Farben reibt.

Für unseren Zusammenhang wichtig ist die lebensgroße Gliederpuppe, die deutlich sichtbar vor dem Pfeiler rechts steht. Die Darstellung selbst ist eine komplizierte, anspielungsreiche Erzählung möglicherweise einer historischen oder legendären Begebenheit, die die Vornehmheit der Malerei rühmt und noch der Entschlüsselung harrt.

118

Gliedermann und Gliederfrau, um 1525

Lindenholz, Höhe je 23 cm
Innsbruck, Tiroler Landesmuseum Ferdinandeum
Inv. Nr. P 415 und P 416

Literatur: Arpad Weixlgärtner, Von der Gliederpuppe. In: Göteborgs Konstmuseum Årstryck 1954, S. 37–71, S. 41/42, 51, 54. – Traumwelt der Puppen. Bearb. v. Barbara Krafft. Kat. Ausst. Kunsthalle der Hypo-Kulturstiftung München 1991/1992, Nr. 63.

Die beiden Innsbrucker Figuren sind äußerst fein gearbeitet. Sie sind bis in die Fingerspitzen hinein zu bewegen. Der Zugang zum Mechanismus aus Darmsaiten und Kugelgelenken ist bei dem Mann eine runde, verschließbare Öffnung am linken Schulterblatt, die bei der Frau trapezförmige im Muster der Haube versteckt ist. Zehen und Fingerglieder sind durch verstiftete winzige Zapfengelenke einzeln zu bewegen. Von allen weiteren hier gezeigten Figuren zeichnen sich diese durch äußerste Feinheit in der Bearbeitung der Oberflächen, in der Ausarbeitung der Gesichter, Hände und Füße sowie der Frisuren und Genitalien aus. Die Feigenblätter sind spätere Hinzufügungen. Nur wenige solcher Gliederpuppen sind erhalten, so ein weiteres Paar von jeweils 19 cm Höhe in der Berliner Skulpturensammlung, das aus der Berliner Akademie der bildenden Künste stammt.

Die Herkunft des Innsbrucker Paares ist unbekannt, sie sind alter Besitz des Tiroler Landesmuseums, stammen nach Weixlgärtner aber wahrscheinlich nicht aus der Ambraser Sammlung. Weixlgärtner bespricht im ganzen neun heute zum Teil nicht mehr auffindbare Figuren. Er lokalisiert sie alle im salzburgisch-regensburgischen Gebiet. Ihre genaue Funktion ist nicht klar, doch hält er sie wegen der Feinheit der Ausarbeitung für »Kabinettstücke« oder »galantes Spielzeug«.

Diese Gliederpuppen entstehen um die gleiche Zeit, in der Dürer nach seiner niederländischen Reise von 1521 bis 1528, als er die *Vier Bücher von der menschlichen Proportion* abschloß, ebenfalls Gliederpuppen männlichen und weiblichen Geschlechts konstruierte und benutzte, die nach Weixlgärtner aber größer gewesen sein müssen. Zeichnungen dazu befinden sich im Britischen Museum in London und im Dresdner Skizzenbuch in der Sächsischen Landesbibliothek in Dresden. Sie waren nicht so sehr als Modelle für die Gewanddraperien gedacht wie spätere Puppen, sondern zur Konkretisierung der idealen Maßverhältnisse.

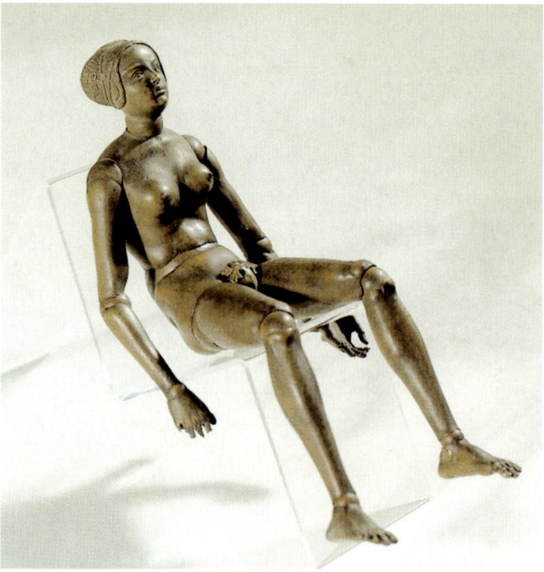

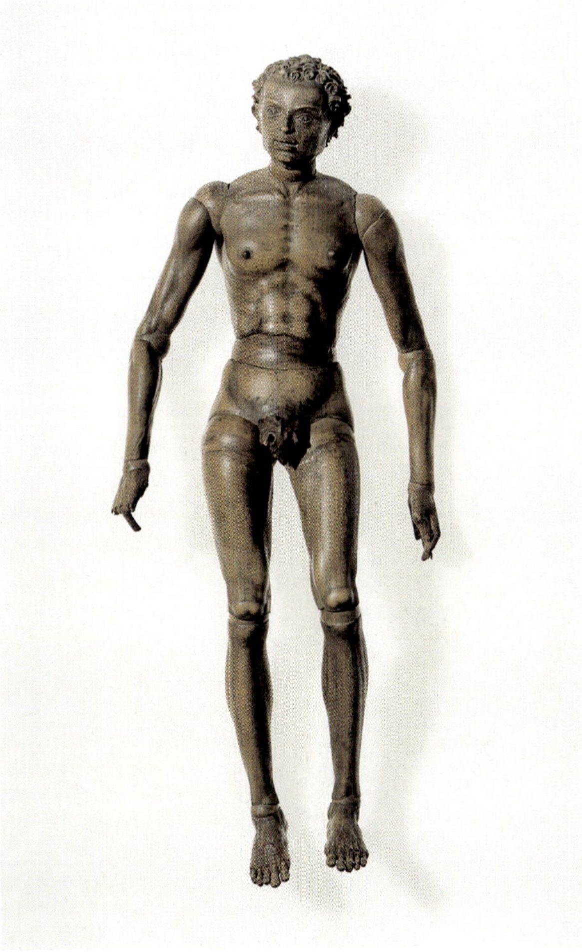

Gliedermann, 2. Hälfte 16. Jh.

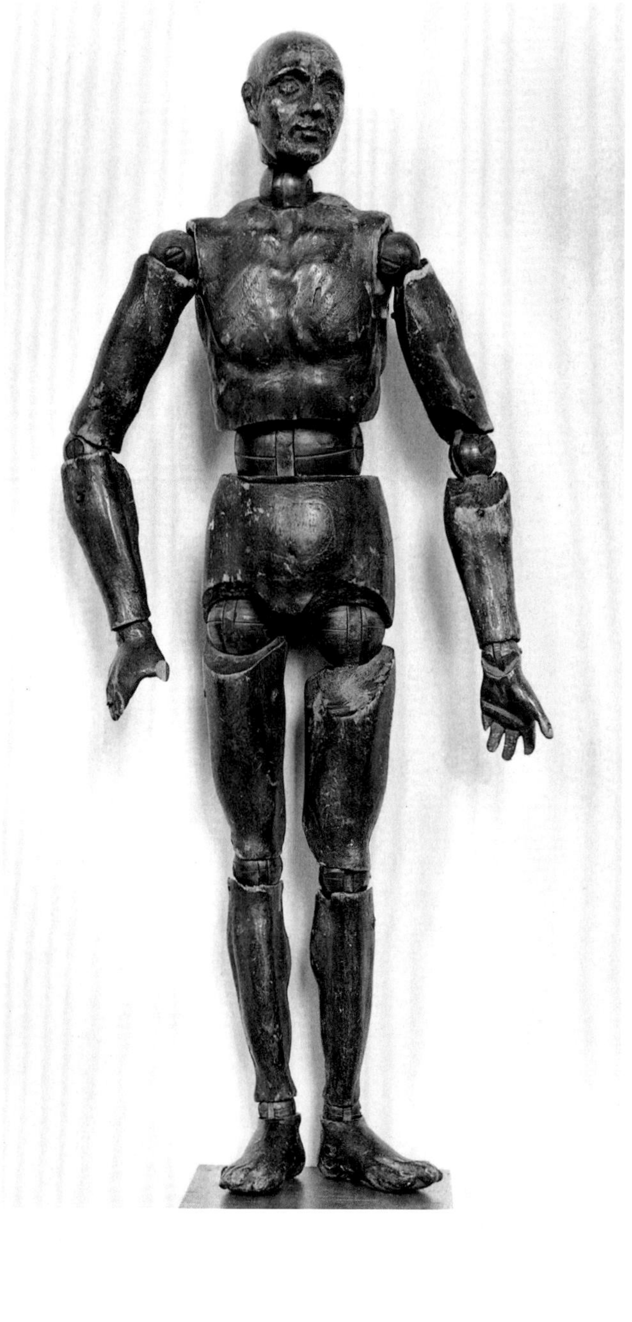

Dieser Gliedermann wurde 1928 vom Museum erworben. Sein Körper besteht aus einer nicht in Schweden vorkommenden Eschenart, seine Gelenke sind aus einem Hartholz, das schon 1508 durch die Spanier aus Westindien nach Europa importiert wurde. Es handelt sich um eine der frühesten erhaltenen Künstlergliederpuppen. Viele Spuren verweisen auf einen intensiven Gebrauch im Atelier. Gerade die rohe Form im Gegensatz zu der feinen Ausarbeitung des Paares aus Innsbruck spricht für einen Gebrauchsgegenstand. Die Figur ist am Hals, in der Leibmitte, am Ansatz der Arme und Beine, an Knien und Schultern sowie in den Fuß- und Handgelenken durch Kugelgelenke zu bewegen. Dieselbe Mechanik der Gelenke findet sich auch an den aus der ersten Jahrhunderthälfte stammenden Innsbrucker Figuren. Jedoch sind dort die Gelenke so gearbeitet, daß die körperliche Oberfläche immer eine Einheit bleibt und sich die Gelenkkugeln in sie bruchlos einfügen. Bei der einfacheren Figur aus Göteborg wurde auf solche Details kein Wert gelegt, war sie doch vermutlich vor allem dazu bestimmt, an ihr die Gewänder zu drapieren, um sich so ein teures Modell sparen zu können.

Eschenholz, Kugelgelenke: Pockholz / Guajacanholz, alle Finger abgebrochen, Höhe 61 cm
Göteborg, Göteborgs Konstmuseum
Inv. Nr. GKM sk 323

Literatur: Arpad Weixlgärtner, Von der Gliederpuppe. In: Göteborgs Konstmuseum Årstryck 1954, S. 58–65.

120 Gliedermann, teilweise als Muskelmann gebildet, wohl 19. Jh.

Lindenholz, Eisen, Gesamthöhe mit Schraube 37,8 cm
München, Bayerisches Nationalmuseum
Inv. Nr. 1069

Literatur: Arpad Weixlgärtner, Von der Gliederpuppe. In: Göteborgs Konstmuseum Årstryck 1954, S. 61/62. – Traumwelt der Puppen. Bearb. v. Barbara Krafft. Kat. Ausst. Kunsthalle der Hypo-Kulturstiftung München 1991/1992, Nr. 61.

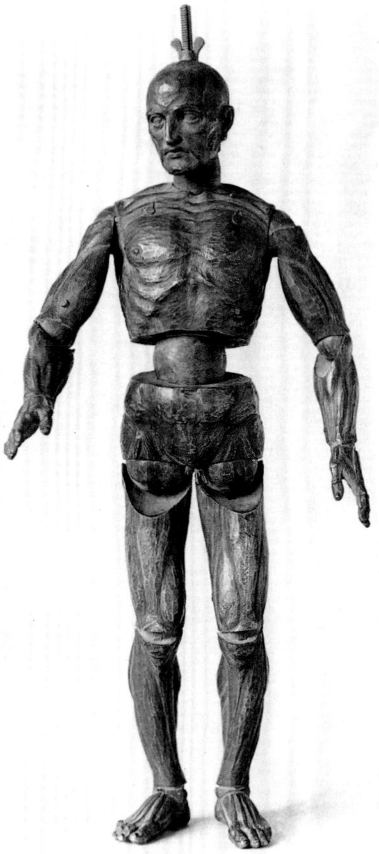

Die Herkunft dieser Figur ist unbekannt, dennoch spricht alles dafür, daß es sich um eine Künstlergliederpuppe handelt. Kugelgelenke am Hals und in der Mitte des Leibes, sowie jeweils drei an jedem Arm und Bein werden durch gedrehte Darmsaiten bewegt und können durch eine Schraube am Kopf in der gewünschten Stellung festgehalten werden. Diese industriell gefertigte Schraube scheint zur originalen Ausstattung zu gehören. Ihre Machart legt eine Datierung ins spätere 19. Jahrhundert nahe. Weixlgärtner dagegen hatte die Figur, die er selbst jedoch nicht gesehen hat, im Zusammenhang mit dem Göteborger Gliedermann behandelt, das heißt, sie wohl ins 16. Jahrhundert datiert.

Kunstdrechsler Huot

Gliederpuppe, 1817

Bewegliches Holzskelett mit Metallgelenken und Metallbügeln als Rippen, gepolstert und mit Seidentrikot bezogen, Kopf aus Papiermaché mit Ölfarbe bemalt, Höhe 163 cm, Tiefe des Fußgestells 71 cm
Bez. am Hals mit Tinte: Huot
Kassel, Staatliche Museen, Leihgabe aus Privatbesitz

Literatur: Hans Vogel, Der Meister des Kasseler Mannequins. In: Zeitschrift des Vereins für Hessische Geschichte und Landeskunde 75/76, 1964/65, S. 611–614. – Traumwelt der Puppen. Bearb. v. Barbara Krafft. Kat. Ausst. Kunsthalle der Hypo-Kulturstiftung München 1991/1992, Nr. 62, S. 88/89.

Die lebensgroße Gliederpuppe ist eines von zwei bekannten Exemplaren des frühen 19. Jahrhunderts. Eine weitere aus dem späten 18. Jahrhundert hat sich im Londoner Stadtmuseum aus dem Besitz des Bildhauers François Roubillac erhalten.

Diese Puppe stammt aus dem Besitz des Kasseler Bildnis- und Genremalers August von der Embde (1780–1862), der sie sich aus Paris hatte kommen lassen. Für die Puppe und deren Transport quittierte ein gewisser Huot aus Paris 1000 Francs. Außerdem hat sich zu der Puppe eine Gebrauchsanweisung des Kasseler Kunstdrechslers Heinrich Betzold (1772–1847) erhalten, der zwar nicht der Verfertiger, möglicherweise aber der Vermittler der Puppe ist. Er hatte 1830 auch dem Bildhauer Martin von Wagner eine vergleichbare Gliederpuppe vermittelt.

Die Kasseler Puppe hat nichts mehr mit den rohen Formen etwa des Göteborger Gliedermanns zu tun. In ihr ist Naturähnlichkeit und Lebensnähe angestrebt, und man fühlt sich bei ihrer Betrachtung an E. T. A. Hoffmanns Automate Olimpia erinnert, die einem jungen Dichter den Kopf zu verdrehen vermochte. Auch Degas' Bild *L'Homme et le pantin* von 1878/79 zeigt eine ähnliche Figur, die in unmittelbaren Vergleich mit dem lebenden Menschen tritt. (Abb. S. 43)

122

Carl Reindl
München 1812 – 1881 München

Gliederpferd

Buchsbaum; es fehlen die Ohren, 50:60 cm, Sockel: 39:14:3,8 cm
Oben auf der Plinthe Messingschild mit der Firmenbezeichnung: Carl Reindl in München
München, Münchner Stadtmuseum
Adam Archiv

Literatur zur Familie Adam: Albrecht Adam und seine Familie. Zur Geschichte einer Münchner Künstlerdynastie des 19. und 20. Jahrhunderts. Hrsg. v. Ulrike von Hase-Schmundt. Kat. Ausst. Münchner Stadtmuseum 1981/82.

Carl Reindl taucht im Münchner Adreßbuch ab 1857 als »Modelleur und Werkzeugmacher« in der Herzogspitalstraße 22 auf. 1867 hat er seine Werkstatt Am Graben 10 und ab 1870 in der Sonnenstraße 1. Ab 1877 wird er dort als »Modelleur und Fertiger künstlicher Ersatzglieder« geführt. 1882 übernimmt seine Witwe Walburga das Geschäft, das bis 1906 existierte, aber schon 1897 an den Sendlingertorplatz 6a umgezogen war. Es ist anzunehmen, daß das Gliederpferd im Zusammenhang mit Reindls Tätigkeit als Fertiger künstlicher Ersatzglieder entstand, die er erst ab 1877 offiziell zum Geschäftszweig erhob.

Das Modell stammt aus dem Besitz der seit dem Beginn des 19. Jahrhunderts bis ins 20. Jahrhundert in München tätigen Künstlerfamilie Adam, deren künstlerisches Werk über mehrere Generationen 1978 als Schenkung der Familie an das Münchner Stadtmuseum kam. Schon der in Nördlingen geborene Stammvater Albrecht Adam (1786–1862) war Pferde- und Schlachtenmaler. Seine Söhne und Enkel folgten ihm in diesen Beruf. Der letzte von ihnen, Luitpold Adam d. J., dokumentierte noch die Ereignisse des Zweiten Weltkriegs.

123

Gliederpuppe aus dem Besitz von Oskar Schlemmer, 20. Jh. (?)

Nadelholz, Höhe 60 cm
Stuttgart, Privatsammlung

Literatur: Traumwelt der Puppen. Bearb. v. Barbara Krafft. Kat. Ausst. Kunsthalle der Hypo-Kulturstiftung München 1991/1992, Nr. 59 (Vergleichsbeispiel). – Puppen, Körper, Automaten. Phantasmen der Moderne. Hrsg. v. Pia Müller-Tamm und Katharina Sykora. Kat. Ausst. Kunstsammlung Nordrhein-Westfalen Düsseldorf 1999, Abb. S. 366.

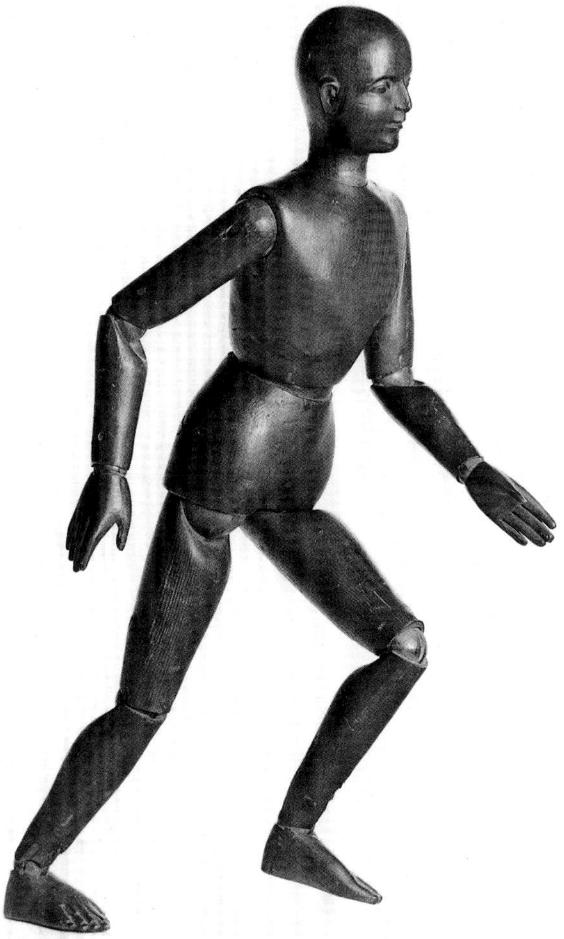

Oskar Schlemmer (Stuttgart 1888–1943 Baden-Baden), aus dessen Besitz diese Puppe stammt, beschäftigte sich während seiner Zeit am Bauhaus mit der Mechanik der Bewegung und schuf 1922/24 für sein *Triadisches Ballett* Kostüme, die die Tänzer in Gliederpuppen verwandelten.

Die Puppe aus seinem Besitz erinnert in Größe und Machart ganz an eine im Katalog *Traumwelt der Puppen* ausgestellte Puppe aus dem Musée Roybet-Fould in Courbevoie, die dort als französisch bezeichnet und ins 18. Jahrhundert datiert wird. Der Abbildung nach besteht sie ebenfalls aus Nadelholz. Möglicherweise handelt es sich um ein serielles Modell, das über einen längeren Zeitraum hinweg produziert wurde.

Die Mechanik der Puppe ist insofern anders als bei derjenigen des Bayerischen Nationalmuseums, als die Gelenke, die die Oberarme bewegen, nicht mit Kugeln versehen sind wie alle anderen Gelenke (Hals, Leibmitte, Ellenbogen, Hand, Oberschenkel, Knie, Fuß). Die hier benutzte Form der Anbringung der Arme wie auch der Verbindung der Kugeln mit den Gliedmaßen durch ein Zwischenstück war schon im 17. Jahrhundert, zum Beispiel bei bekleideten Heiligenfiguren, gebräuchlich (Traumwelt der Puppen, Kat. Nr. 98–100).

124a

Herbert List
Hamburg 1903 – 1975 München

Felice Casorati im Studio I, Turin 1949

Fotografie, Neuabzug
Hamburg, Herbert List Nachlaß

Literatur: Herbert List. Die Monographie. Mit einem Geleitwort von Bruce Weber und Texten von Herbert List, Günter Metken, Ulrich Pohlmann, Edmund White und Wilfried Wiegand. Hrsg. v. Max Scheler. München 2000, Abb. S. 93 (Variante zu a) und Abb. S. 92 (b).

Felice Casorati (Novara 1887–1963 Turin) hatte seine Gliederpuppe in einem Bild von 1931 *Il manichino rosa* (Privatbesitz) dargestellt. Auf dem Foto sieht man außer dem Künstler und der Puppe einen Abguß von Benedetto da Majanos Büste des Filippo Strozzi (Original im Louvre, Paris).

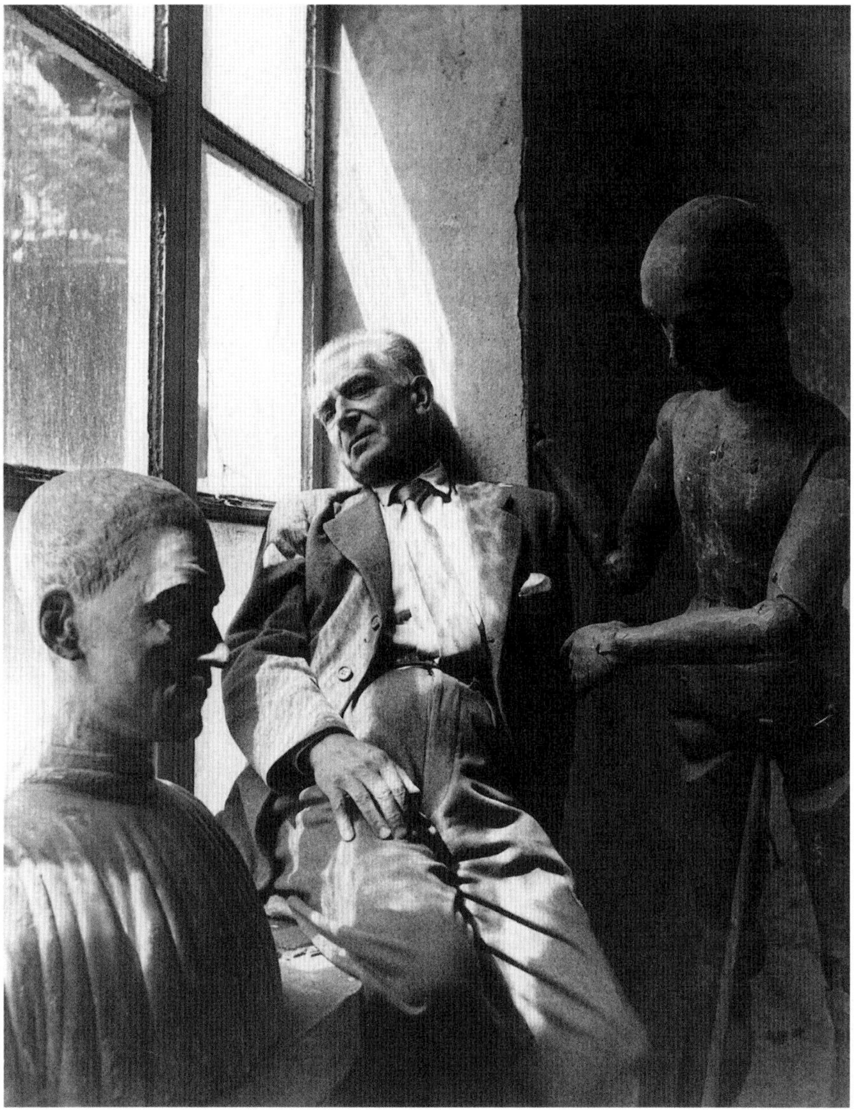

124b Stilleben im Studio von Giorgio de Chirico, Rom 1951

Fotografie, Neuabzug
Hamburg, Herbert List Nachlaß

In der Malerei Giorgio de Chiricos (Volos / Griechenland 1888–1978 Rom) gehören Gliederpuppen zu den Hauptakteuren. Doch sind es nicht Künstlergliederpuppen wie die hier fotografierte, sondern gewöhnliche Schneiderpuppen.

Herbert List, der zunächst im Kaffee-Importgeschäft seiner Familie tätig war, verließ Deutschland 1936. Er ging zuerst nach London, dann nach Paris, wo er als Fotograf für Zeitschriften wie *Vogue*, *Life Magazine*, *Harper's Bazaar*, *Arts et Métiers graphiques* und *The Studio* arbeitete. In seinen Fotos findet er eine Bildsprache, die der magischen Kraft der Pittura metafisica oder des Surrealismus verwandt ist. Die beiden hier gezeigten Fotos sind Zeugnisse auch der persönlichen Verbindung zu Künstlern dieser Richtung der Moderne. Ab 1945 lebte List in München.

125

Rudolf Belling
Berlin 1886 – 1972 Krailling bei München

Organische Formen (Schreitender), 1921

Bronze, versilbert, Höhe 53,5 cm
Bez. auf dem Sockel vorn rechts: Rudolf Belling 21
München, Städtische Galerie im Lenbachhaus
Inv. Nr. 17 393

Literatur: Winfried Nerdinger, Rudolf Belling und die Kunstströmungen in Berlin 1918–1923 mit einem Katalog der plastischen Werke. Berlin 1981, Nr. 38, S. 128ff. – Figürliche Plastik im Lenbachhaus 1830–1980. Bearb. v. Barbara Eschenburg. Kat. Ausst. Städtische Galerie im Lenbachhaus München 1997, Nr. 3/1.

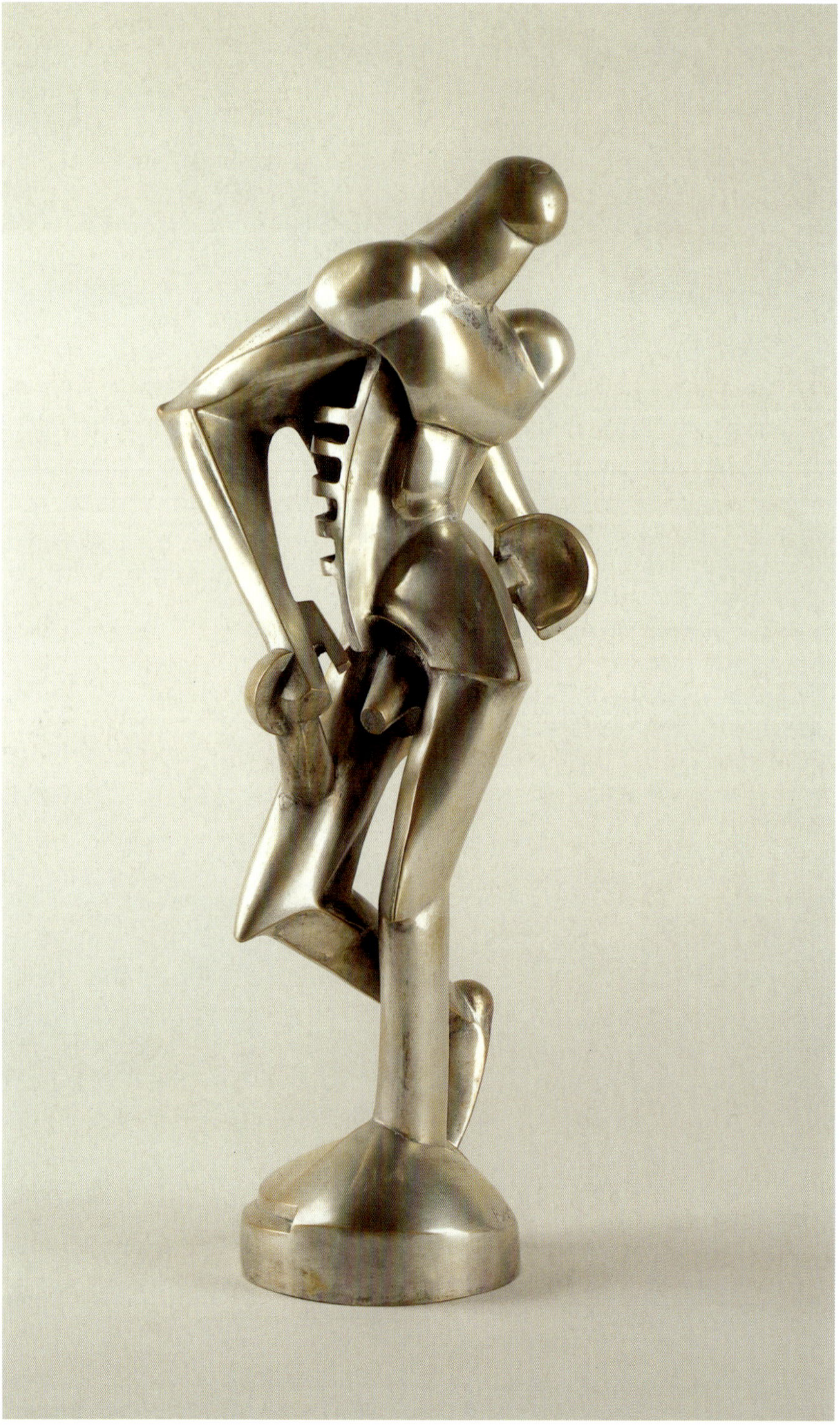

Bei dieser Bronze handelt es sich um das Handexemplar des Künstlers. Vorauszusetzen ist die Kenntnis der futuristischen Skulpturen von Umberto Boccioni, vor allem seiner *Forme uniche della continuità nello spazio* von 1913. Im *Manifesto tecnico della scultura futuristica* von 1912 hatte Boccioni geschrieben: »Reißen wir die Figur auf und schließen wir die Umwelt in sie ein«, eine Formulierung, die auch auf Bellings Werk zutrifft.

Das Aufreißen der Figur erfolgt so, daß die alte anatomische Figur hier mit Formen verbunden wird, die an eine Panzerung erinnern. Das Weiche, Lebendige zwischen diesem harten Inneren und Äußeren ist verschwunden. Nur der Bewegungsmechanismus als räumliche Struktur interessiert den Künstler. Neben Boccionis Skulpturen sind Duchamps Treppenbilder, in denen der Künstler die Maréessche Phasenfotografie in die Malerei übersetzte, als Vorbild anzusehen.

126

Herbert Bayer
Haag am Hausruck / Österreich 1900 – 1985 Santa Barbara / Kalifornien

Selbstporträt, 1932

Silbergelatineabzug, Nr. 24/40,
38,5 : 29,4 cm
Bez. l. u.: bayer 32
Sammlung Dietmar Siegert

Literatur: Herbert Bayer, Visuelle Kommunikation, Architektur, Malerei. Das Werk des Künstlers in Europa und USA. Ravensburg 1967 (zunächst in den USA erschienen). – Herbert Bayer, Das künstlerische Werk 1918–1938. Kat. Ausst. Bauhaus-Archiv Berlin / Gewerbemuseum Basel 1982.

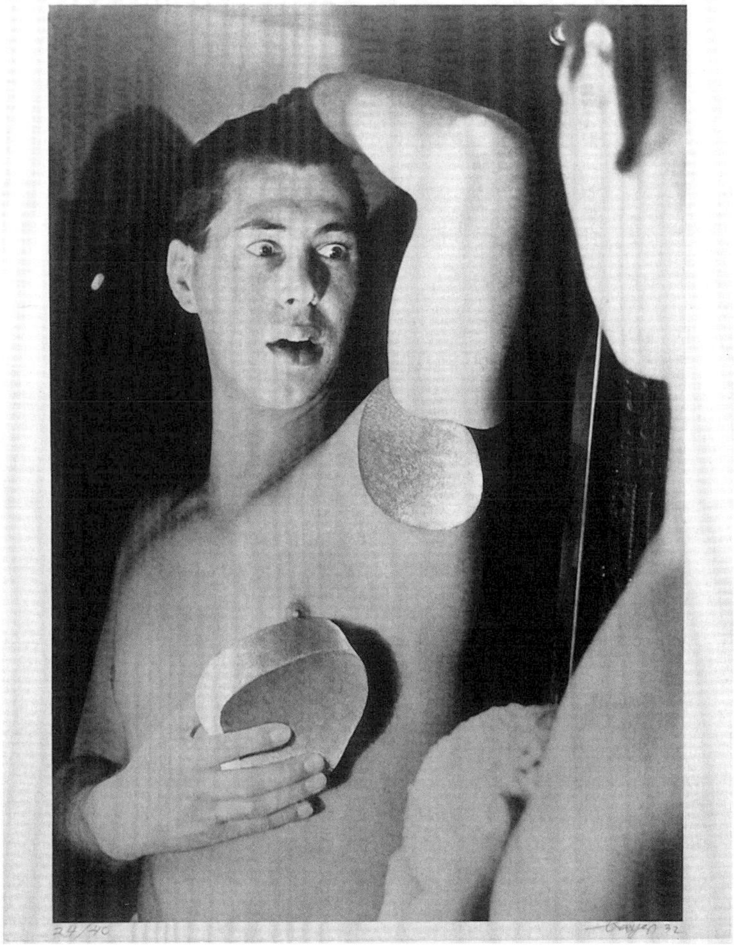

Im Anschluß an seine erste Ausbildung in Linz bei dem Architekten Georg Schmidthammer erhielt Bayer seine entscheidende Prägung am Bauhaus in Weimar, wo er zwischen 1921 und 1923 Wandmalerei bei Kandinsky sowie Typographie studierte.

Magdalena Droste schreibt: »Innerhalb dieser Jahre erfuhr Bayer eine Ausbildung, deren Grundprinzipien für sein weiteres künstlerisches Selbstverständnis entscheidend bleiben sollten. Ausgehend von der Gleichrangigkeit der Künste und der Technik, versuchte man am Bauhaus gestalterische Grundfragen zu klären, um dann zu Lösungen zu gelangen, die den Bedürfnissen breiter Bevölkerungsschichten gerecht werden konnten« (Kat. Ausst. 1982, S. 18).

Von 1925 bis 1928 war Bayer selbst Lehrer für Typographie am inzwischen in Dessau angesiedelten Bauhaus, wo er die Werkstatt für Druck und Reklame leitete. Jedoch beschäftigte er sich gleichzeitig auch mit Fotografie und Malerei.

Von 1929 bis 1930 war er in Berlin als Manager für die Zeitschrift *Vogue* und Direktor der Dorland Werbeagentur tätig. 1938 emigrierte er in die USA.

Das ironische *Selbstbildnis* gehört zu seinen bekanntesten Werken. Hier wird eine eigenhändige, signierte Fotografie nach dem Original, einer Fotocollage, gezeigt.

127

Hans Bellmer
Kattowitz 1902 – 1975 Paris

La Poupée, 1935/37

3 Fotografien, Silbergelatineabzüge
a. 15,9 : 29,4 cm (ohne Abbildung)
b. 17,8 : 15,9 cm
c. 17,4 : 15,9 cm
Sammlung Dietmar Siegert

Literatur: Hans Bellmer, Photographien. Hrsg. v. Carl Haenlein. Kat. Ausst. Kestner-Gesellschaft Hannover 1984. – Peter Webb und Robert Short, Hans Bellmer. London 1985. – Puppen, Körper, Automaten. Phantasmen der Moderne. Hrsg. v. Pia Müller-Tamm und Katharina Sykora. Kat. Ausst. Kunstsammlung Nordrhein-Westfalen Düsseldorf 1999. – Céline Masson, La fabrication de la poupée chez Hans Bellmer. Le « faire-œuvre perversif », une étude clinique de l'objet. Préface de Paul-Laurent Assoun. Paris / Montreal 2000. – Sue Taylor, Hans Bellmer. The Anatomy of Anxiety. Cambridge, Massachusetts / London 2000, Kap. 3: Incanny Automata; Kap. 4: Doll Games.

Hans Bellmer, Sohn eines autoritären Vaters, flüchtete sich in seiner Kindheit in die sexuellen Liebesspiele mit einem jungen Mädchen, die in einem versteckten Garten, dekoriert mit Puppen, stattfanden. Diese Erinnerung spielte später bei der Erfindung und Fabrikation seiner »Puppe« – 1934, in verbesserter Form 1935, heute Paris, Centre Georges Pompidou – eine entscheidende Rolle. Aus Protest gegen die politischen Verhältnisse Anfang der 30er Jahre in Berlin und seinen Vater, der das nationalsozialistische Regime unterstützte, beschäftigte sich Bellmer nur noch mit dieser Puppe. Die Fotografien, die er von ihr herstellte, gab er in verschiedenen Editionen und als Einzelfotos heraus.

Die Puppe selbst ist wie die alten Gliederpuppen mit Kugelgelenken konstruiert, was Bellmer möglicherweise an den Berliner Gliederpuppen von 1500 studierte. Allerdings sind die Teile willkürlich zusammensetzbar. So gibt es vier Beine, auf vielen Fotos fehlt der Kopf, was deren Charakter von Zeugnissen eines Sexualdelikts von unerklärlicher Schaurigkeit verstärkt.

128

Otto Dix

Untermhaus bei Gera 1891 – 1969 Singen

Stilleben im Atelier, 1924

Öl und Tempera auf Leinwand, 146 : 100 cm
Bez. r. u.: OD 1924
Stuttgart, Galerie der Stadt Stuttgart
Inv. Nr. 0–990

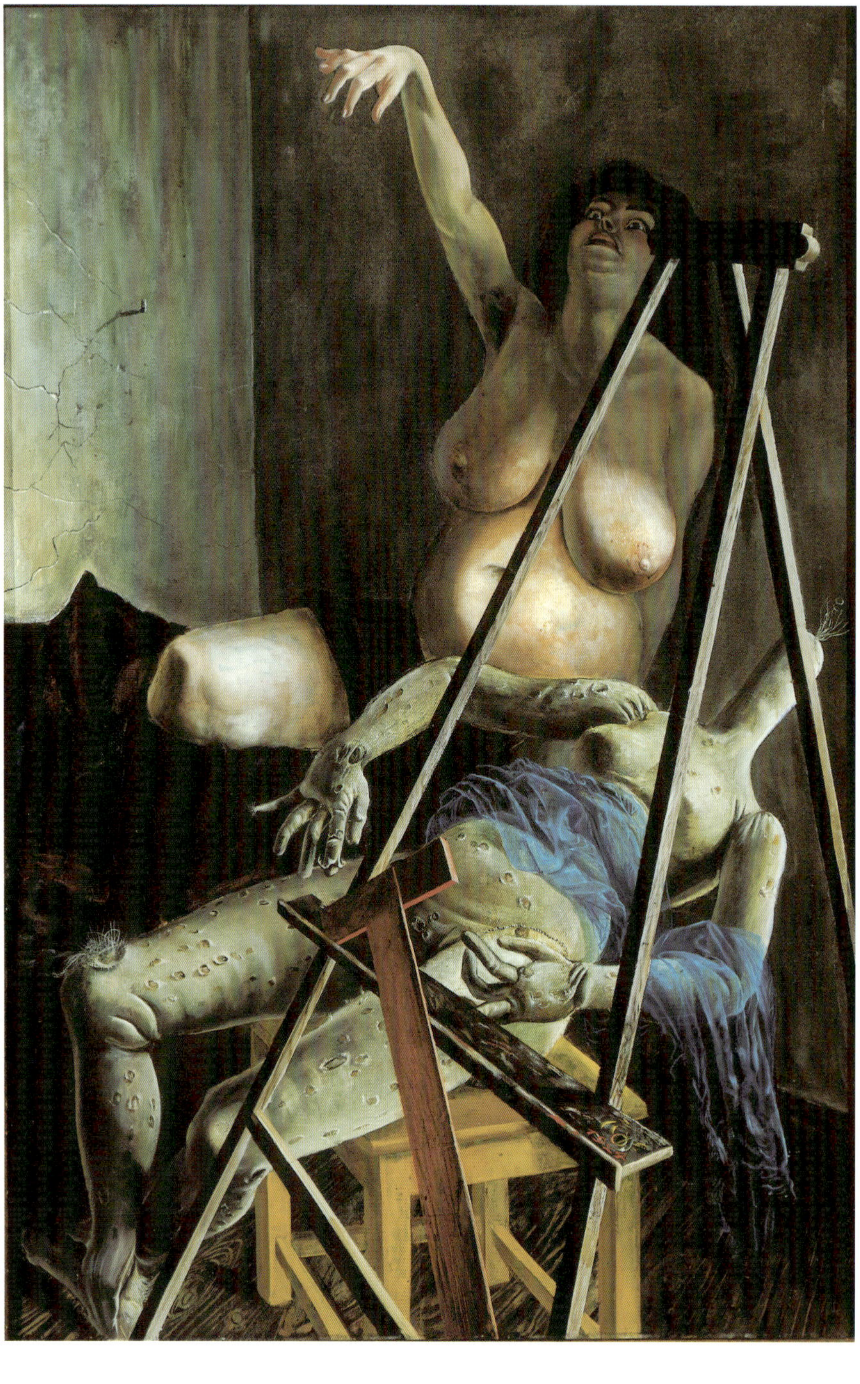

Otto Dix, der Sohn eines Eisenarbeiters, bildete sich autodidaktisch u.a. an der Dresdner Akademie zum Maler aus und studierte an der dortigen Kunstgewerbeschule. Als er das *Stilleben im Atelier* malte, hatte er entscheidende Phasen seines Lebens und seiner künstlerischen Entwicklung schon hinter sich: vor allem die Teilnahme am Ersten Weltkrieg und die anschließende Dada-Periode.

Im Jahr 1924, in dem auch eine erste hymnische Kritik seines Werkes von Willi Wolfradt in Leipzig erschien, entstanden zwei Bilder, die sich mit dem Beruf des Künstlers auseinandersetzen: *Selbstbildnis mit Muse* und *Stilleben im Atelier*, beide in der Galerie der Stadt Stuttgart. Während das *Selbstbildnis mit Muse* den Pygmalion-Mythos zur Grundlage hat – das Modell ist wie in dem vier Jahre später entstanden Bild *Tentative de l'impossible* von Magritte (Kat. Nr. 80) mit dem Kunstwerk identisch –, geht es in dem ausgestellten Stilleben um die Ateliergestalten Aktmodell und Gliederpuppe.

Während die Gerätschaften – Hocker, Staffelei und Lineal – durch scharfe Kanten und perfekte Oberflächen charakterisiert sind, erscheinen die Puppe und das Modell in einem merkwürdig zersetzten Zustand. Die kopflose Puppe, deren in den Raum greifende Arme ihre Ungelenkheit vorführen, wird immer als von Motten zerfressen beschrieben. Doch fragt man sich, ob die regelmäßige Reihung der Löcher wirklich auf Mottenfraß zurückgehen kann oder ob nicht vielmehr eine Art »Ritualmord« an ihr begangen wurde, wie dies noch bis 1968 immer wieder mit alten Akademieausstattungen geschah, die von rebellischen Akademieschülern bewußt zerstört wurden. Dazu paßt, daß die Puppe an mittelalterliche oder frühneuzeitliche Darstellungen des gegeißelten Christus erinnert, dessen Haut von ähnlich vielen kleinen Wunden übersäht sein kann. Auch das vermeintlich intakte, lebende Modell erscheint wie amputiert, dadurch daß der untere Teil des sichtbaren Beines in einem dunklen Strumpf verschwindet und der linke Arm vom Oberkörper verdeckt wird. Der nach oben ausgestreckte rechte Arm ist in der Modellpose erstarrt, obwohl die stützende Aktschlinge gar nicht mehr vorhanden ist. Auch der angestrengte Gesichtsausdruck mit schreckhaft aufgerissenen Augen und hochroten Backen erscheint wie eingefroren und demonstriert für alle Zeiten, wie sehr Modellstehen oder -sitzen einer »Vergewaltigung« der natürlichen Bewegungen des Körpers gleicht, an die man auch bei Betrachtung des Zustands der Puppe denken kann. Trotz des üppigen Fleisches, »altdeutsch« in Tempera und Öl lasierend gemalt, erscheint das Modell kaum noch lebendig.

In diesem überaus suggestiven Bild, in dem die beiden merkwürdigen Körper dem Betrachter auf den Leib rücken, ist die alte Diskussion, die schon von Diderot und das ganze 19. Jahrhundert hindurch geführt wurde, nämlich ob die Modellposen denn irgendeiner Realität entsprächen, zu grotesker Anschaulichkeit gebracht. Das scharfe Atelierlicht in dem schäbigen Raum verleiht diesen leiblich (Puppe) und seelisch (Modell) verstümmelten Figuren fast greifbare Plastizität und Gegenwärtigkeit.

Dix hat in der Zeit nach dem Ersten Weltkrieg wie George Grosz oder Rudolf Schlichter die kriegsbedingten Amputationen der Menschen zum Ausgangspunkt für auf dem Collageprinzip beruhende schneidende Zustandsschilderungen der Gesellschaft gemacht. In dem *Stilleben im Atelier* wird die menschlichen Figur auf subtilere Weise ebenfalls amputiert. Auch hier scheinen sich die einzelnen Glieder selbständig gemacht zu haben. Allein durch die alte Methode des In-Pose-Setzens des Modells wird deren Sinn ad absurdum geführt. Es fehlt gerade das, was die Körper in der alten Kunst innerlich zusammenhielt und belebte, die Seele. Aber aus dem vorgeführten Schrecken der Leere hinter der Fassade – eine Erfahrung, die Dix mit dem von ihm verehrten Nietzsche verbindet – bezieht das Werk seine suggestive Kraft. Indem sie unbewußte psychische Räume im Betrachter öffnet, erhält die Kunst erneut eine Macht, die sie nur in Zeiten magischer Praktiken hatte.

»Es ist aber am bästen und nutzlichsten / wenn man an nakenden / so wol Manns= als Weibspersonen / auch Kindern / im zeichnen / wie vorgemeldt / sich geübt und erfahren machet / und solche ihm fest in das Gedächtnis drucket / auch die Musculen / Adern und Rippen / den Ruckgrad / die Füße / Arme und Kniescheiben wol in acht nimmet / damit er solche auch ohne Idea und Exempler / natürlich zu gestalten wisse. / Hierzu wird auch verhülflich seyn / dass man ausgearbeitete zerlegte oder anatomirte Leiber sehe oder gesehen habe.«

Joachim von Sandrart,
Teutsche Academie der edlen Bau= Bild= und Mahlerey=Künste.
Bd. 1, Nürnberg, 1675, S. 61.

VI Das Aktmodell

Aktmodelle gab es in den Künstlerwerkstätten schon seit dem 15. Jahrhundert. In den Akademien ist ihre Verwendung erst am Ende des 16. Jahrhunderts in Bologna und Rom belegt. Die 1648 gegründete Pariser Akademie monopolisierte das Aktstudium. Bis zum 19. Jahrhundert gab es in den Akademien gewöhnlich keine weiblichen Modelle, wohl aber in den privaten Künstlerwerkstätten.

Das Zeichnen nach dem lebenden Modell war an den Akademien die letzte Phase des Grundstudiums im Anschluß an das Zeichnen nach vorbildlichen Kunstwerken und Antikenabgüssen. Es diente dazu, das Gedächtnis mit inneren Bildern zu füllen. Das Ziel war, menschliche Figuren in allen Stellungen auswendig zeichnen zu können und so die Fähigkeit zu erlangen, eigene Kompositionen zu erfinden. Gelehrt wurden der Aufbau und die Funktion der Muskeln, die Darstellung von Verkürzungen, das Helldunkel sowie die klassischen Posen nach antiken oder vorbildlichen Meistern wie Michelangelo oder Raffael.

Bis heute sind die unendlich vielen akademischen Aktstudien nur teilweise gesichtet und nie systematisch geordnet worden. Deshalb ist in vielen Fällen kaum zu entscheiden, ob es sich um Meister- oder Schülerzeichnungen handelt, um Vorlagen für den Druck von Zeichenschulen oder um Nachzeichnungen nach solchen Anleitungen für die Praxis. Auch die Unterscheidung zwischen Vorstudien für Gemälde oder Fresken und akademischen Zeichnungen ist nicht immer eindeutig zu treffen.

Die akademische Ausbildung garantierte gerade im Hinblick auf das Aktstudium trotz aller stilistischen Unterschiede die Einheit der Kunst von der Renaissance bis ins 19. Jahrhundert. Aber schon im 18. Jahrhundert setzte Kritik ein, die bis ins 20. Jahrhundert anhielt. Besonders die traditionellen Aktposen galten von nun an als »unnatürlich« und »unwahr«.

129

Johann Heinrich Schönfeld

Biberach an der Riß 1609 – 1684 Augsburg

Akademieklasse, um 1633

Öl auf Leinwand, 132,2 : 96,5 cm
Bez. an der vorderen Wange der Sitzbank längs der rechten Wand: HS
Graz, Alte Galerie des Steiermärkischen Landesmuseums Joanneum
Inv. Nr. 110

Literatur: Herbert Pée, Johann Heinrich Schönfeld. Die Gemälde. Berlin 1971, Kat. Nr. 2, Farbabb. I. – Bildwerke Renaissance – Manierismus – Barock. Gemälde und Skulpturen aus der Alten Galerie des Steiermärkischen Landesmuseums Joanneum in Graz. Bearb. v. Gottfried Biedermann, Gabriele Gmeiner-Hübel, Christine Rabensteiner. Graz 1995, S. 207.

Das Bild erscheint erstmals im handschriftlichen Inventar *Imagines Galeriae* von 1669 der Prager Sammlung von Jan Humprecht Graf Čzernín von Chudenitz. Daraus ist auch zu entnehmen, daß ein Gegenstück *Malstunde* existierte, welches, belegt durch eine Nachzeichnung beider Bilder in dem Inventar, das Abzeichnen von Skulpturen in einer ähnlichen gewölbten Halle zeigte, wie sie auf dem Grazer Akademiebild erscheint. Nach Herbert Pée gehört das Bild zu den frühesten Werken Schönfelds und ist etwa um 1633 entstanden. Schönfeld hatte sich nach der Lehre bei dem Memminger Maler Johann Sichelbein von 1633 bis 1651 in Italien aufgehalten, zunächst in Rom und dann für mehrere Jahre in Neapel. Pée nimmt an, daß er das Bild aus Italien mitbrachte. Die öfter ausgesprochene Vermutung, daß es sich um eine Darstellung der 1670 von Joachim von Sandrart gegründeten Augsburger Akademie handeln könnte, wird von Pée wegen der stilistischen Eigenheiten des Frühwerks abgelehnt. Seiner Ansicht nach verbergen sich in dem Bild Erinnerungen an Schönfelds eigene Lehrzeit.

In einer spätgotischen Halle mit einem hohen Fenster auf der linken Seite posiert ein nacktes männliches Modell in gestreckter Haltung, die dadurch erzeugt wird, daß das Modell sich mit beiden Armen an einem Strick festhält, der von der Decke hängt. Es steht im Hintergrund erhöht auf einer auf einfachen Böcken liegenden Holzplatte. Um das Modell sitzen Schüler, die es abzeichnen, abmalen und abmodellieren. An der Wand hängen Bilder und Malutensilien – Paletten und Gipsabgüsse sowie ein Flügel –, in einer Nische erkennt man eine stehende weibliche Plastik. Am Eingang rechts begrüßt ein vornehm gekleideter Herr einen anderen, der sich durch seine Verbeugung als Lehrer oder Leiter der Zeichenschule zu erkennen gibt.

Die gestreckte Haltung des Aktmodells dient dazu, möglichst viel vom Muskelaufbau sichtbar zu machen. Der Vergleich zu den aufgehängten Leichen (siehe Kat. Nr. 5) ist durchaus nicht von der Hand zu weisen, denn es handelt sich um eine Haltung, die das Innere des Körpers so deutlich wie irgend möglich nach außen treten läßt, und die nur sehr schwer mit einer bestimmten Handlung zu verbinden ist. Man erkennt darin noch das mit Bezug auf Michelangelo entwickelte manieristische Körperideal des späteren 16. Jahrhunderts. Jedoch ist bei Schönfeld dieser nackte Körper sehr klein in den Hintergrund gerückt.

Das Bild ist vor allem ein koloristisches Meisterstück, und hierauf legt der Künstler offenbar größeres Gewicht als auf die Demonstration seines anatomischen Wissens bei der Darstellung nackter menschlicher Figuren. Das Licht ist der Hauptakteur in dem Bild, es bringt die Farben zum Leuchten, aber auch zum Verschwinden. Delikate Grau-, Beige- und Brauntöne mit einigen im Licht aufleuchtenden Farbinseln von starkem Rot und Blau in der rechten vom Rücken gesehenen sitzenden Figur und bei dem Eintretenden beleben das Helldunkel. Damit ist ein Übergang vom Manierismus zum Barock bezeichnet, der für Schönfeld auch später charakteristisch bleiben wird.

130

Johann Heiß
Memmingen 1640 – 1704 Augsburg

Aktsaal mit fünf weiblichen Modellen, 1687

Öl auf Leinwand, 112 : 139,5 cm
Bez. rechts auf dem Hocker: JHeiß./1687
Stuttgart, Staatsgalerie
Inv. Nr. 3055

Literatur: Kat. Ausst. Baden-Baden 1969, Nr. 32. – Corinna Höper, Deutsche Malerei des 17. und 18. Jahrhunderts. Kat. Mus. Staatsgalerie Stuttgart 1987, S. 46–47. – Peter Königfeld, Der Maler Johann Heiß, Memmingen und Augsburg 1640–1704. Diss. Tübingen 1982, S. 65. – Költzsch 2000, S. 218–219.

Das Bild stammt aus der Sammlung des Grafen Schönborn in Pommersfelden. Es ist eines der wenigen datierten Akademiebilder von Johann Heiß. Es zeigt im Prinzip, wenn auch in besonders reicher Form, die übliche Komposition der Akademiebilder dieses Künstlers: bildparallele Anordnung des Raumes mit Beleuchtung von links oben, Abschluß der Szene nach vorn durch einen gerafften Vorhang, erhöht stehende und sitzende weibliche Aktmodelle mit einer älteren bekleideten Frau zum Schutz ihrer Ehre, in vorderster Ebene tiefer sitzende Künstler und Auftraggeber. Im Gegensatz zum Münsteraner Bild, aber wie bei dem Augsburger sind an der Rückwand nicht Gemälde, sondern Abgüsse von Reduktionen antiker Figuren zu sehen. Deutlich erkennbar ist der Torso vom Belvedere, daneben ein Apoll mit der Leier in sehr freier Variation antiker Vorbilder, dessen Körper fast wie von Fleisch und Blut erscheint. Die Gewandung der beiden Männer im Vordergrund links, denen von einem älteren Mann ein wohl aus Wachs bestehendes Venus-Modell vorgestellt wird, ist antikisierend. Der links auf einem thronartigen Stuhl Sitzende in reicher Kleidung ist offenbar kein Künstler wie der vom Rücken sich darbietende Zeichner, sondern der Auftraggeber. Das Bild ist durch die Anzahl der nackten Modelle ausgezeichnet: Es sind diesmal fünf, denen außer einer älteren Frau rechts ein verliebt wirkender Lehrling links zugeordnet ist, der einer der jungen Frauen, die sich etwas ziert, beim Einnehmen der gewünschten Stellung hilft.

Schon 1969 hat Georg W. Költzsch darauf hingewiesen, daß mit der Fünferzahl auf eine der bekannten von Plinius d. Ä. in der *Naturgeschichte* (Buch XXXV) erzählten Künstlerlegenden angespielt wird: nämlich auf die Geschichte über den Maler Zeuxis, der, um ein Bild der Helena, der schönsten Frau der antiken Welt, schaffen zu können, sich von fünf Modellen die schönsten Körperteile zusammensuchte und daraus das Idealbild der Helena schuf.

Johann Heiß, der nach dem Bericht Sandrarts in der *Teutschen Academie* unter anderem Schüler von Johann Heinrich Schönfeld war, hat dennoch in seinen Bildern wenig von dessen Malweise übernommen. Vielmehr konzentriert er sich ganz auf eine sehr präzise Figurenmalerei in klar umrissenen räumlichen Situationen, die nichts von der traumhaften Atmosphäre und koloristischen Freiheit der Bilder Schönfelds hat. Vermutlich sind für Heiß' Figurenstil seine Aufenthalte in Italien (Venedig) und Frankreich (Sebastien Bourdon) von entscheidendem Einfluß, vielleicht aber auch die Kunst des Augsburger Malers Hans Rottenhammer (1564/5–1625). Was die Komposition des Stuttgarter Bildes anbetrifft, so hat man den Eindruck, daß Heiß Vasaris Fresko der Zeuxis-Geschichte in dessen Haus in Florenz gekannt haben muß. Dort findet sich sowohl die antikisierende Kleidung wie die dominante Stellung der Figuren in einer eher flachen Raumbühne. Besonders das rechts neben der alten Frau sitzende Modell erinnert in der Drehung des Oberkörpers an ein ähnlich im Vordergrund sitzendes Modell bei Vasari, das sich gerade den Strumpf auszieht.

131

Johann Heiß
Memmingen 1640 – 1704 Augsburg

Bildhauerakademie mit zwei weiblichen Modellen

Öl auf Leinwand, 115,5 : 84,5 cm
Rückseitig alte Galerienummer
Augsburg, Städtische Kunstsammlungen
Inv. Nr. 11867

Literatur: Plinius d. Ä., Historia Naturalis. Übers. v. Roderich König., Buch XXXV, München 1978, S. 95, 109–111. – Quintilian, Lehrbuch der schönen Wissenschaften in Prosa. Aus dem Lateinischen übersetzt von Heinr. Phil. Conrad Henke. Helmstedt 1825, 12. Buch, S. 759–760. – Peter Königfeld, Der Maler Johann Heiß. Memmingen und Augsburg 1640–1704. Diss. Tübingen 1982, S. 68, Nr. 14, S. 108 und Anm. 111, S. 175. –Költzsch 2000, S. 220–221. – Für freundliche Hinweise danken wir Gode Krämer, Augsburg.

Von Peter Königfeld wird das Bild um 1680 oder in die frühen achtziger Jahre datiert. Während das Bild von 1687 (Kat. Nr. 130) nach einer bekannten, von Plinius d. Ä. erzählten Geschichte gedeutet werden konnte, wurde für die *Bildhauerakademie* in Augsburg bislang keine literarische Vorlage gefunden. Der Künstler und der hinter ihm stehende vornehme Herr sind fast Wiederholungen des vorigen Bildes. Auch die Kombination von nackt posierendem weiblichen Modell und sitzendem, halb ausgezogen wartendem Modell, das sich einer alten Frau zuwendet, findet sich hier wie dort. Sogar manche Requisiten des Raumes sind vergleichbar, etwa der Vorhang und das Bord mit antiken Fragmenten. In solchen Wiederholungen wird ein akademisches Prinzip erkennbar, wonach die vom Künstler einmal gefundenen, als verbindlich erkannten Formulierungen vor allem von Körpern in immer neuen Varianten wiederaufgenommen werden. Dennoch kann man davon ausgehen, daß es sich nicht einfach um eine formale Variante des Stuttgarter Bildes handelt, sondern daß damit eine bestimmte Aussage gemacht werden soll. Deren Inhalt kann sich nur – wie dies bei den meisten Akademie- und Atelierbildern der Fall ist – auf die Vorzüglichkeit und Vornehmheit der dargestellten Kunstsparte beziehen.

In einem hohen Raum mit einem hochgelegenen Thermenfenster arbeitet ein Bildhauer an dem Modell einer weiblichen Statue. Für diese Figur posiert eine junge Frau, die ein über den linken Arm, der in der Aktschlinge hängt, geworfenes Tuch hinter dem Rücken hält. Die Arbeit des Bildhauers wird von einem vornehmen Herrn betrachtet. Sowohl der Raum wie auch die Kleidung der Figuren deuten auf die Antike. Die kleine Statue erinnert an einen Venus-Torso. Ihr ist ein Säulenstumpf, vielleicht als Verkörperung des Maßes zugeordnet, wie Königfeld vermutet. Auf einer nach Gode Krämer nicht eigenhändigen zeitgenössischen Variante des Bildes ist die Säule durch ein weiteres Aktmodell ersetzt, das bei der Reinigung des Augsburger Bildes in Umrissen auch hier unter der Säule gefunden wurde. Dennoch ist die Dreizahl der Modelle, die vom Künstler offenbar zu einer Zweizahl verändert wurde, mit keiner der bekannten Künstlerlegenden in Einklang zu bringen. Ihre Posen lassen auch nicht an die drei Grazien denken.

Die Lösung kann eigentlich nur in der kleinen Figur liegen, die gerade entsteht. Sie hat eine betont rötliche Farbe und besteht entweder aus Wachs oder aus Ton. Daß sie ohne Arme modelliert wird, ist ein übliches Verfahren, welches noch bei einer kleinen Holzfigur von Ignaz Günther nach der Venus Medici (Bayerisches Nationalmuseum München, Inv. Nr. 58/8) zu beobachten ist. Die Arme wurden extra modelliert oder geschnitzt. Doch zurück zu dem Material. Bei Marcus Fabius Quintilian heißt es im 12. Buch seines Lehrbuches der schönen Wissenschaften, das von den verschiedenen Gattungen des Stils in der Malerei und Bildhauerei handelt, über den Maler und Bildhauer Euphranor: »Den Euphranor (auch bildete er aus Erz und Marmor) macht Das bewundernswürdig, daß er in verschiedenen Fächern der Gelehrsamkeit vortrefflich bewandert, und zugleich ein großer Meister im Malen und Poussieren in Wachs und in Thon war.«

Bei Plinius d. Ä. in der *Historia Naturalis*, Buch XXXV, wird Euphranor, der während der 104. Olympiade (364–361 v. Chr.) tätig war, als Künstler erwähnt, der sich besonders um die richtigen Maßverhältnisse bemüht habe, auch wenn seine Körper immer etwas zu schwach gewesen seien. Etwas später wird hier auf den Töpfer Butades eingegangen, der Bilder aus Ton geformt und die Masse dadurch rot gefärbt habe, daß er Rötel oder rote Kreide hinzugemischt habe. Es heißt dort: »Seinetwegen wurden [die Bildner] Plastiker [plastae] genannt.« Es könnte sich bei dem Bild von Heiß demnach um einen dieser beiden Künstler handeln, womit die Antike auch hier ein Vorbild für die eigene Zeit wäre, in der die bildenden Künstler immer noch um höhere Anerkennung bemüht waren.

Daß diese Aussagen der antiken Autoren durchaus im Gespräch waren, geht aus der mehrfachen Erwähnung der Ableitung des Begriffes »Plastiker« von dem griechischen Wort für das Modellieren in Ton oder Wachs hervor. Diesen Hinweis findet man schon in Albertis Schrift *De Statua* (Quellenschriften für Kunstgeschichte, Bd. 11, 1877, S. 168–170). Vasari nimmt dieselbe Erklärung in der Einleitung zu den *Lebensbeschreibungen* wieder auf. Für beide bezeichnet das Wort eine Kunst, die sich durch Wegnehmen und Hinzufügen auszeichnet. Diese Tätigkeit wird in dem Bild an der Statuette vorgeführt, so daß es hier vielleicht allgemeiner um die schon durch die Antike bezeugte Vornehmheit des Plastikers geht.

132

Edouard Dantan

Paris 1848 – 1897 Villerville / Calvados

Naturabguß, 1887

Öl auf Leinwand, 165 : 131,5 cm
Bez. an der Treppe links: E. DANTAN/1887
Göteborg, Göteborgs Kunstmuseum
Inv. Nr. GKM F21

Literatur: Julius von Schlosser, Geschichte der Porträtbildnerei in Wachs. Ein Versuch. In: Jahrbuch der kunsthistorischen Sammlungen des Allerhöchsten Kaiserhauses 29, 1910/11, S. 171–258. – Reallexikon zur deutschen Kunstgeschichte, Bd. 1, Stuttgart 1937, Abguß: S. 70–78. – Norberto Gramaccini, Das genaue Abbild der Natur – Riccios Tiere und die Theorie des Naturabgusses seit Cennino Cennini. In: Natur und Antike in der Renaissance. Kat. Ausst. Liebieghaus – Museum alter Plastik Frankfurt a. M. 1985/86, S. 198–225.

Edouard Dantan, Sohn des Bildhauers Jean-Pierre Dantan (1800–1869), malte zunächst Historienbilder, die ab 1869 im Salon in Paris ausgestellt waren. Ab 1880 tauchen in seinem Werk immer wieder Atelierbilder auf, wobei das erste, angekauft vom Musée du Luxembourg, seinen Vater bei der Arbeit an einem Relief darstellt. An der Arbeit des Bildhauers, die der Künstler von frühester Jugend an kannte, interessierte ihn besonders das Abgußverfahren. Mit dem koloristisch sehr subtilen Bild *Naturabguß* von 1887 hatte Dantan großen Erfolg. Es war 1887 im Salon ausgestellt (Nr. 655, *Un moulage sur nature*) und 1890 auf der Jahresausstellung im Münchner Glaspalast (Nr. 279).

Der Abguß nach der Natur ist ein seit der Antike bekanntes Verfahren. Zwar nennt Plinius d. Ä. den Griechen Lysostratos als Erfinder des Menschenabgusses, doch war der Gipsabguß von Gesichtern schon bei den Ägyptern zumindest seit Amenophis IV. (Neues Reich, seit 1360 v. Chr.) in Gebrauch.

Am Übergang zur Neuzeit wurde der Naturabguß wiederbelebt. Erstes Dokument ist der *Trattato della Pittura* des Cennino Cennini von 1390. An erster Stelle steht bei ihm der Menschenabguß, dann der Abguß von jeder Art von Tieren. Doch schon Julius von Schlosser weist darauf hin, daß der Abguß des ganzen Menschen wohl über die Fähigkeiten der damaligen Künstler hinausging. Man beschränkte sich auf Abgüsse von Teilen wie Arme oder Beine. Den Abguß von kleinen Tieren findet man von Ghiberti bis zu Wenzel Jamnitzer oder Bernard Palissy. Der menschliche Abguß blieb ein legitimes Verfahren der Bildhauer, und man erkennt seine Spuren an den Atelierausrüstungen, zu denen neben Gesichts- und Totenmasken immer auch Gipsabgüsse von Armen, Beinen, Füßen oder Händen gehörten. Noch Rodin hatte ein ganzes Sortiment davon (Kat. Ausst. Rodin. Bremen / Heilbronn 2000, S. 46, 62, 63). Menzel malte diese Materialien in seinen verschiedenen Darstellungen von Atelierwänden (Hamburger Kunsthalle, Nationalgalerie Berlin).

Norberto Gramaccini verweist darauf, daß der auf dem Naturabguß gegründete Naturalismus von Künstlern wie Cennini auf dem Glauben beruhte, daß die Lebensnähe der antiken Bildwerke sich ebenfalls dem Abgußverfahren verdankte. Mit Alberti beginnt die Gegenbewegung: Der Naturalismus soll nun in den Dienst der Schönheit gestellt und damit relativiert werden. Beide Richtungen zielen jedoch auf Verlebendigung des Stoffes im Bildwerk. Und von Anfang an gibt es dafür zwei Wege, den der Nachahmung und den des Übertreffens der Natur, wobei sich beide häufig durchdringen. Gramaccini zitiert mit dem Brief des Paduaners Giovanni Dandi über dessen Romreise von 1375 eine Position, die im 14. Jahrhundert schon derjenigen Albertis nahe kommt. Darin wird von den Ansichten eines anonymen Bildhauers berichtet: »Wenn er [der Bildhauer] ausgiebig über die Vortrefflichkeit dieser [antiken] Statue gesprochen und ihre Schöpfer und deren Genie über alle Maß gerühmt hatte, schloß er gewöhnlich [...] mit der Bemerkung, daß diese Bilder, fehlte ihnen nicht der Lebensatem, lebendigen Wesen überlegen wären – als wollte er sagen, daß der Genius dieser großen Künstler [der Antike] die Natur weniger nachgeahmt, als bezwungen hätte.«

133

Max Ernst
Brühl bei Köln 1891 – 1976 Paris

Es lebe die Liebe oder Pays charmant, 1923

Öl auf Leinwand, 131,5 : 98 cm
Bez. l. u.: max ernst 23; M. u.: Es lebe die Liebe od. Pays charmant
Saint Louis, Museum of Art, Nachlaß Morton D. May

Literatur: Max Ernst, Œuvre-Katalog. Hrsg. v. Werner Spies. Bd. 2, Max Ernst. Werke 1906–1925. Bearb. v. Werner Spies, Sigrid und Günter Metken. Köln 1975, Nr. 616.

Das Bild stammt aus dem Besitz von Johanna Ey in Düsseldorf. Wie das Stuttgarter Bild *Die heilige Cäcilie* aus demselben Jahr handelt es von Außen- und Innenform, von Hülle und Kern.

Vergleichbar mit Dantans *Naturabguß* (Kat. Nr. 132) sieht man eine aufgebrochene Schale oder Gußhülle, in der lebendige Körper erscheinen. Dabei wird mit verschiedenen Vorstellungen der alten Malerei gespielt. So erinnert das Bild einerseits an den Mythos von der Skulptur, die lebt. Man kann die Gruppe aber auch wie im Bild Dantans lesen, nämlich als Darstellung lebendiger Menschen während eines Naturabgusses. Gleichzeitig wird der traditionelle Gegensatz zwischen der Darstellung von männlichen und weiblichen Körpern aufgenommen. Die männlichen Körper werden gewöhnlich mit dunklem Hautton, die weiblichen mit hellem dargestellt. Man könnte sich bei der blauen Farbe des Männerkörpers aber auch an einen Metallton erinnert fühlen. Ein geläufiges Thema der älteren Kunst, zum Beispiel bei Rubens oder noch bei Corinth, ist die Gegenüberstellung von weiblicher heller Haut mit einem in einer glänzenden Rüstung steckenden Männerkörper. Auch die Verhüllung des männlichen und die Enthüllung des weiblichen Körpers gehören zum geläufigen Repertoire und werden hier durch die Anbringung von zwei unterschiedlichen »Schleifen«, Lendentuch und Strumpfband, ironisiert.

Dem schweifenden Blick und der Phantasie sind in diesem Bild keine Grenzen gesetzt. Denn ähnliche Hülsen, die nach oben offen sind und das Atmen von inwendigem Leben ermöglichen, stehen überall in dieser Landschaft. Sie erscheint zwar äußerlich als tot, ist aber in Wirklichkeit von Leben, Wachstum und Liebe erfüllt.

max ernst 23

134 a

Jean-Baptiste Marie Pierre
Paris 1713 – 1789 Paris

Sitzender männlicher Akt als Bacchus, vor 1760

Öl auf Leinwand, 146 : 101 cm
Bez. l. o.: Pierre
Karlsruhe, Staatliche Kunsthalle
Inv. Nr. 481

Literatur: Zu diesem Thema siehe: Jonathan Miller, On Reflection. Kat. Ausst. National Gallery London 1998, S. 114/115.

Die beiden Bilder sind Gegenstücke, die zunächst für die Sammlung des Comte de Vence gemalt wurden. Da sie nicht bezahlt worden waren, wurden sie jedoch vor der Versteigerung dieser Sammlung vom Künstler zurückgenommen, so daß sie aus dessen Besitz in die Markgräfliche Sammlung gelangten.

Als Gegenstücke eines in Rücken- und eines in Vorderansicht gemalten männlichen Aktes spielen die Bilder auf den alten Paragone-Streit an, den Vergleich der Maler mit den Bildhauern, in dem es darum ging, wer die Wirklichkeit naturnaher wiedergeben könne. Die Bildhauer verwiesen darauf, daß sich ihre Figuren von allen Seiten zeigten wie die Gegenstände in der Natur selbst, worauf die Maler erwiderten, daß sie dies in einem Gemälde ebenso könnten, allerdings verteilt auf mehrere Figuren oder durch Spiegelungen ein und derselben Figur.

134 b Sitzender männlicher Akt als Prometheus, vor 1760

Öl auf Leinwand, 151 : 105 cm
Bez. r. o.: Pierre
Karlsruhe, Staatliche Kunsthalle
Inv. Nr. 482

Vasari beschreibt ein solches Werk von Giorgione, das dieser als Antwort auf die Herausforderung durch die Bildhauer gemalt habe. Dieses Bild ist zwar verloren, es hat aber Spuren in späteren Werken hinterlassen. Zu diesen gehören ein Herrenbildnis von Savoldo im Louvre oder zwei Darstellungen von David und Goliath, die Daniele da Volterra, zeitweise auch Michelangelo, zugeschrieben wurden, ebenfalls im Louvre, und schließlich auch die beiden Akte von Pierre. Giorgione soll eine nackte Figur dadurch von allen vier Seiten auf seinem Bild gezeigt haben, daß die Vorderansicht der Rückenfigur sich in einem Gewässer spiegelte und die Seiten durch einen Spiegel und einen polierten Brustpanzer reflektiert wurden. Die späteren Darstellungen haben die verschiedenen Ansichten häufig auf mehrere Bilder verteilt, wie dies bei den Gegenstücken von Daniele da Volterra und von Pierre der Fall ist. Zwar erscheinen letztere zunächst nur als virtuos gemalte Akte, doch enthalten sie Hinweise auf eine bis in die Renaissance zurückreichende bildliche und literarische Tradition.

135

Wilhelm Bendz
Odense / Fühnen 1804 – 1832 Vicenza

Junger Pan in einer Grotte, 1825

Öl auf Leinwand, 73 : 65 cm
Bez.: WBendz 18 12/6 25
Kopenhagen, Statens Museum for Kunst
Inv. Nr. KHS 3492

Literatur: Wilhelm Bendz 1804–1832. A Young Painter of the Danish Golden Age. Bearb. v. Ejner Johansson. Kat. Ausst. Hirschsprung Sammlung Kopenhagen 1996, Nr. 12, S. 73.

Das Bild entstand im Anschluß an einen Wettbewerb der Kopenhagener Akademie von 1823. Die Aufgabe war, einen Akt in passender Umgebung darzustellen. Für den Gewinner war ein Geldpreis ausgesetzt. Bendz gewann den Preis mit dem heute verlorenen Bild eines Diskuswerfers, das 1825 ausgestellt war.

Offenbar nahm der Künstler mit dem *Jungen Pan in einer Grotte* diese Themenstellung noch einmal auf. Die Grotte, die rechts hinter dem jungen Mann und in der Zone des Betrachters zu ergänzen ist, gab den Anlaß für eine scharfe Helldunkel-Schattierung des Körpers, der das Licht scheinbar aus der Landschaft im Hintergrund erhält. Offenbar soll es sich um kräftiges Sonnenlicht handeln, da auch die Panflöte, die der gehörnte, mit Efeu bekränzte, auf einem Pantherfell sitzende Jüngling in der Hand hält, einen kräftig konturierten Schatten auf die beleuchtete Seite der Brust wirft. Betrachtet man das Bild genauer, so fällt auf, daß das milde Licht in der Landschaft kaum ein so kräftiges Helldunkel auf einer Figur hervorrufen kann. Vielmehr ist es wahrscheinlich, daß der Akt wie üblich im Innenraum, vielleicht sogar bei Lampenlicht, gemalt und anschließend in die Landschaft versetzt wurde. Bendz stellt eine solche Ateliersituation in seinem Bild *Aktklasse in der Akademie der bildenden Künste* von 1828 (Kopenhagen, Statens Museum for Kunst, Inv. Nr. 54) dar. Von diesem Bild ist in der Ausstellung die Vorzeichnung zu sehen (Kat. Nr. 18). Erst in den dreißiger Jahren malt Christen Købke Akte, die in gleichmäßiger Tageslichtbeleuchtung erscheinen, sogar wenn sie im Innenraum dargestellt sind.

136

Gustav Adolf Hennig
Dresden 1797 – 1869 Leipzig

Liegender weiblicher Akt, 1834

Öl auf Pappe, 47 : 65 cm
Dresden, Staatliche Kunstsammlungen,
Gemäldegalerie Neue Meister
Dauerleihgabe aus Privatbesitz

Henning studierte seit 1810 an der Dresdner Akademie. 1822 brach er mit dem Stipendium seines Leipziger Mäzens Heinrich Taeschner nach Italien auf, wo er in Rom mit Joseph Anton Koch die Wohnung teilte. Seit 1826 in Leipzig, wurde er 1840 Lehrer an der dortigen Akademie. Das Bild entstand 1834 im Jahr der Eheschließung mit der Nichte und Pflegetochter seines Gönners.

Das Modell ist in antiker Liegeposition gegeben mit ins Profil gewandtem Kopf. Möglicherweise hat sich Henning für diese Darstellung von Antonio Canovas berühmter Marmorfigur der *Paolina Borghese als Venus Victrix* (1804/08) anregen lassen, die er vielleicht während seines Romaufenthalts im Palazzo Borghese sehen konnte. Doch ist in seinem Bild nichts von der »göttlichen« Haltung der Schwester Napoleons geblieben. Vielmehr liegt hier ein biedermeierliches Mädchen, das seinen Körper etwas krampfhaft in der ungewohnten, von etruskischen Grabmälern und aus der antiken Malerei bekannten Stellung hält, wobei die Schwere des Körpers sichtbar wird. Die Darstellung ist auf der Grenze zwischen Idealismus und Naturalismus angesiedelt.

Zwar waren weibliche Modelle in Ateliers, nicht aber an den Akademien üblich. Als C. W. Eckersberg 1833 an der Kopenhagener Akademie weibliche Modelle einführte, war dies noch eine Besonderheit. Seine gemalten Studien nach weiblichen Modellen sind in dieser Zeit von unübertroffener Präsenz. Henning dagegen versucht, dem Körper, den er durchaus in seiner Besonderheit wahrnimmt, durch das antike Ideal das Bedrängende zu nehmen.

137

August Holmberg
München 1851 – 1911 München

Im Atelier über München, um 1877

Öl auf Pappe, auf Leinwand, 59:49,5 cm
Bez. r.: Nachlaßstempel
München, Münchner Stadtmuseum
Inv. Nr. 61/801

Literatur: Friedrich von Boetticher, Malerwerke des neunzehnten Jahrhunderts. Bd. I, 2, Dresden 1898, Nr. 6.

Holmberg studierte seit 1868 Malerei an der Münchner Akademie. Ab 1870 war er Schüler von Wilhelm von Diez, der ihn entscheidend beeinflußte. Studien in Italien im Jahr 1875, in Paris 1878 sowie die Beschäftigung mit den alten Niederländern verschafften ihm die nötigen Kenntnisse für die historisierenden Kostümbilder, die seine Spezialität wurden. Seit 1897 war er Konservator an der Schleißheimer Galerie, seit 1900 Direktor der Neuen Pinakothek in München.

Das Atelierbild ist vermutlich mit der bei Boetticher erwähnten *Atelierstudie* identisch, die 1877 auf der Wiener Jahresausstellung zu sehen war. Das Bild zeigt einen Künstler während er aus einem akademischen Rückenakt ein Gemälde mit der Darstellung eines Fauns komponiert. Die Gegenstände rechts sind nur angedeutet, und so ist nicht ganz klar, ob vor dem Gobelin eine drapierte Gliederpuppe sitzt. Die Skulptur links stellt vielleicht noch ein Ergebnis von Holmbergs zweijähriger Ausbildung als Bildhauer dar, die er vor seiner eigentlichen Akademieausbildung absolvierte. Falls es sich nicht um ein Selbstbildnis handeln sollte, kann man doch davon ausgehen, daß autobiographische Züge mit verarbeitet sind.

138

René Magritte
Lessines / Hainaut 1898 – 1967 Schaerbeek / Brüssel

Les marches de l'été, 1938/39

Die Stufen des Sommers

Öl auf Leinwand, 60 : 73 cm
Paris, Musée National d'Art Moderne,
Centre Georges Pompidou
Inv. Nr. AM 1991–138. CR 466

Der weibliche Torso gehört zu den zentralen Themen im Werk von Magritte, ebenso das Zerschneiden des menschlichen Körpers. Da seit den frühen dreißiger Jahren in den Bildern immer wieder dieselbe Figur auftaucht, ist anzunehmen, daß Magritte von einem realen Objekt in seinem Atelier ausging, wobei es sich offensichtlich nicht um einen antiken Torso, sondern eher um einen Naturabguß handelte. In dem Pariser Bild spielt er mit dem Begriff der »Versteinerung«. Im ersten Moment erscheint der untere Teil des Torsos aus Gips, der obere dagegen aufgrund der Annäherung an den Fleischton wie der Ausschnitt eines lebendigen Körpers. Doch bei näherem Betrachten wird auch dieser Teil zunehmend gipsern, vor allem wegen der aufdringlichen Schnittstelle am linken Armansatz. Erinnerungen an die Pygmalion-Geschichte werden wachgerufen.

Die im Torso anschaulich gemachten »Versteinerungen« werden auch auf den Himmel übertragen, der wie aus stereometrischen Körpern aufgebaut erscheint, was der absolute Gegensatz zu der unendlichen Gestaltlosigkeit ist, als die der Himmel von uns erfahren wird. Seine Ferne wird nicht durch die Luftperspektive, wie seit der Renaissance üblich, sondern wie der irdische Raum durch perspektivische Körper definiert. Aus dem malerischen Material werden Möglichkeiten entwickelt, die das gängige Weltbild auf den Kopf stellen. Man fühlt sich an den Ausspruch Paul Klees erinnert, daß diese Welt nicht die einzig mögliche sei.

Magritte

139

Jean Cousin d. Ä.
Souci oder Sens 1500 – um 1560 Paris

L'art du dessin, démontré d'une manière claire et précise.
Ausgabe Ende 18. Jahrhundert

München, Privatsammlung

Literatur: Martin Kemp, The Science of Art. Optical Themes in Western Art from Brunelleschi to Seurat. New Haven / London 1990, S. 68. – Henri Zerner in: The Dictionary of Art. Hrsg. v. Jane Turner, Bd. 8, New York 1996, S. 68 (dort ist nur eine spätere Ausgabe von 1595 erwähnt, die dem Sohn, Jean Cousin d. J., zugeschrieben wird).

Das Buch entspricht dem zweiten Band *La Vraie science de la portraicture* (Paris 1571) zu Jean Cousins d. Ä. *Livre de perspective* von 1560. Der zweite Band wurde von ihm selbst noch angekündigt, aber möglicherweise vom Sohn ausgeführt. Dieses Buch, auf dessen Autor die Titelillustration der vorliegenden Ausgabe hinweist, behandelte die perspektivische Konstruktion von verkürzten menschlichen Figuren. In der vorliegenden, von dem Maler P. T. Le Clere laut Titelunterschrift korrigierten und vermehrten Auflage sind die Stiche in Crayonmanier übertragen. Kopien von Cousins Darstellungen finden sich auch im zweiten Teil von Crispijn de Passes *La luce del dipingere et designare* von 1643/44 (Kat. Nr. 140). Den Konstruktionen von Cousin sind in der Ausgabe von Le Clere die Antikenvermessungen aus Girard Audrans *Les proportions du corps humain* von 1683 (Kat. Nr. 23) angefügt.

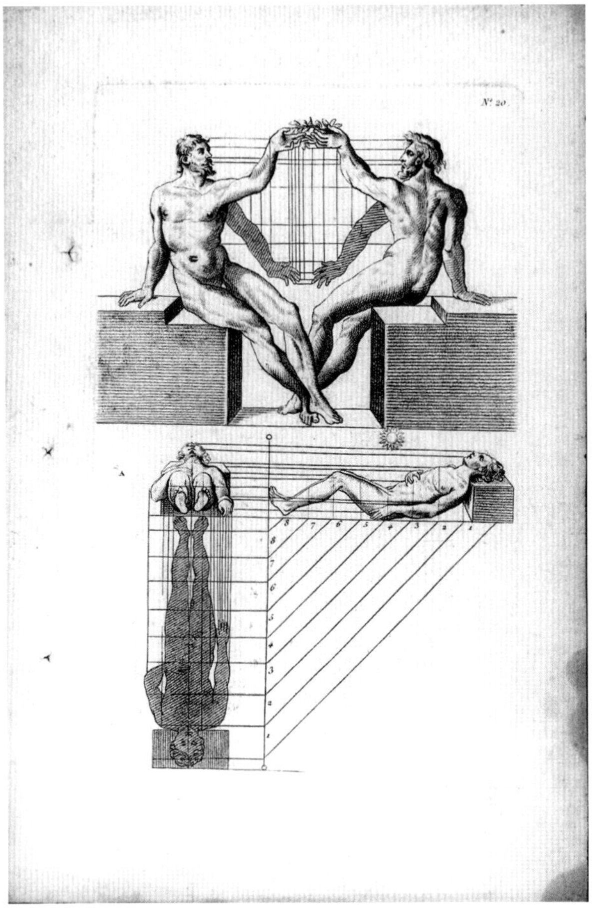

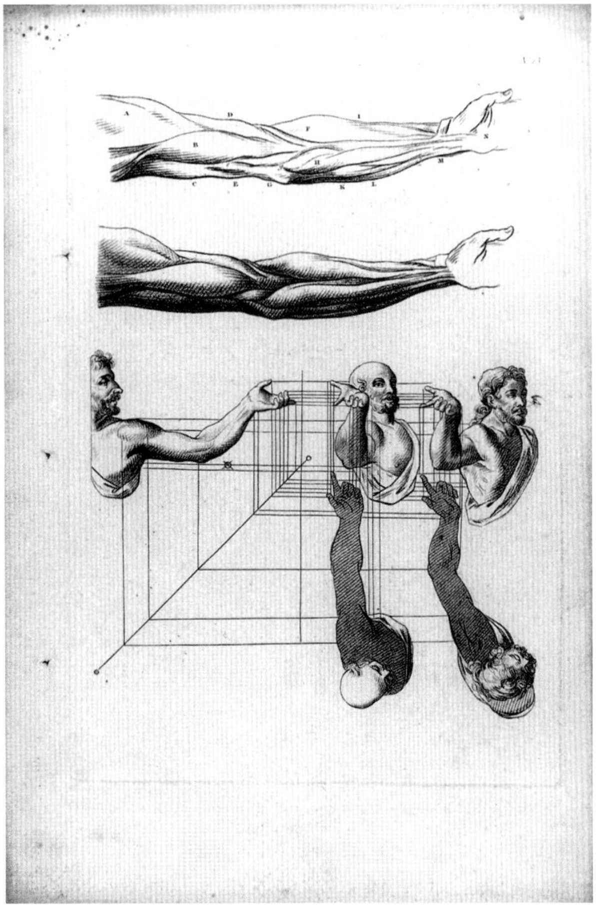

140

Crispijn van de Passe

Köln 1597 – 1670 Amsterdam

La luce del dipingere et disegnare/ Van't Light der Teken en Schilderkonst. Fünf Teile, Amsterdam 1643/1644

München, Bayerische Staatsbibliothek
Signatur: Res. 4 Art. 257 z (1–5

Literatur: Crispijn van de Passe, 't Light der Teken en Schilderkonst. Mit einer Einleitung von J. Bolten. Soest 1973 (Reprint).

Diese umfangreiche Zeichenschule ist in vier Sprachen abgefaßt: italienisch, holländisch, französisch und deutsch. Teil I enthält, ausgehend von geometrischen Figuren, Zeichnungen von Köpfen, Händen, Füßen, Beinen, Armen, Torsen und Kindern.

Teil II zeigt zunächst Proportionsfiguren eines kräftigen untersetzten Mannes, der durch eine Keule an den Herkules Farnese erinnert, und diejenigen eines schlanken Mannes, Studien, die letztlich auf Dürers *Vier Bücher von menschlicher Proportion*, Nürnberg 1528, zurückgehen. Es folgt eine Reihe von Muskelmännern in verschiedenen Stellungen, die sich auf einen Spaten stützen, womit de Passe auf Vesalius zurückgreift, in dessen Buch *De humani corporis fabrica* von 1543 (Kat. Nr. 85) ein Skelett mit einem Spaten zu finden ist. Der Teil mit den Muskelmännern fehlt allerdings in der vorliegenden Ausgabe. Vorhanden ist der folgende Teil mit männlichen Akten in verschiedenen Verkürzungen (siehe Kat. Nr. 139).

Teil III: »Inhaltende unterschiedliche gestalten von Nackenden Weibsbildern, so wohl feisten alß mittelmässige oder schwanke, alles nach dem leben gerissen. In gleichen ihr maß und proportion.« (siehe Kat. Nr. 141)

Teil IV handelt von der Draperie der Gewänder und beginnt mit der Gliederpuppe: »Worinnen Bericht getahn wird, wie man auff die aller künstligste Weise allerley Bilder mit allerhand gewandte bekleiden und zugleich auch den Lehmann [die Gliederpuppe] gebrauchen solle.«

Teil V enthält Darstellungen von Tieren, angefangen mit dem Pferd. Dafür war de Passe prädestiniert, da er von 1617 bis 1630 in Paris an Antoine de Pluvinels (Crest 1555–1620 Paris) Königlicher Manege zeichnen lehrte. Pluvinel war ein großer Reiter und bekleidete unter Heinrich IV. viele Regierungsämter. Die von ihm 1623 herausgegebene *Reitkunst* wurde von de Passe illustriert.

141

Johann Justin Preißler
Nürnberg 1698 – 1771 Nürnberg

Zehn Rötelzeichnungen

München, Staatliche Graphische Sammlung

a. Liegende Frau nach rechts
18,2 : 31,8 cm
Inv. Nr. 19006
Kopie nach de Passe, Teil III, Taf. VI. Dort fehlt allerdings der begrünte Baumstumpf.

b. Weiblicher Rückenakt stehend, auf Stange gestützt
28,5 : 18,5 cm
Inv. Nr. 19005
Kopie nach de Passe, Teil III, Taf. XIII. Hier ist das Mädchen jedoch durch das Pantherfell und den mit einer Weinrebe umschlungenen Stock als Mänade gekennzeichnet.

c. Weiblicher Akt nach links gehend mit Last auf dem Kopf
29,4 : 14,5 cm
Inv. Nr. 19014
Kopie nach de Passe, Teil III, Taf. IV: Dort liegen links vor der Figur noch die ausgezogenen Pantoffel.

d. Frau sitzend nach rechts
25,6 : 19,7 cm
Inv. Nr. 19008
Kopie nach de Passe, Teil III, Taf. XV. Bei de Passe war diese Figur deutlich als Susanna im Bade, wohl nach Rembrandt, durch eine Schale mit Wasser und Schwamm neben den Füßen links vorn gekennzeichnet. Dafür fehlte der Tritt unter den Füßen.

Johann Justin Preißler ist der Sohn des Nürnberger Akademiedirektors Johann Daniel Preißler, bei dem er auch seine zeichnerische Ausbildung erhielt. Ab 1724 in Italien, zunächst in Venedig, kam er 1727 in Rom in Kontakt mit Baron Philipp von Stosch, für dessen Publikationen er Zeichnungen nach antiken Statuen und Gemmen anfertigte. 1731 kehrte er nach Nürnberg zurück.

Die in der Münchner Staatlichen Graphischen Sammlung aufbewahrten Zeichnungen sind bis auf f.) und k.) Nachzeichnungen nach Vorbildern in Crispijn van de Passes viersprachiger, fünfteiliger Zeichenschule *Van't Light der Teken en Schilderkonst* (Kat. Nr. 140). Bis auf eine Zeichnung stammen alle aus Teil III: »Inhaltende unterschiedliche gestalten von Nackenden Weibsbildern, so wohl feiste alß mittelmässige oder schwanke, alles nach dem Leben gerissen.« Letzteres stimmt nur bedingt, da oft unmittelbar das Vorbild ins Auge fällt, so etwa Rembrandts *Susanna* im Louvre oder Elsheimers *Apollo und Coronis* (allerdings seitenverkehrt durch den Druckvorgang). Vielleicht ist das »nach dem Leben gerissen« so zu verstehen, daß die Modelle nach Gemäldevorlagen zu posieren hatten.

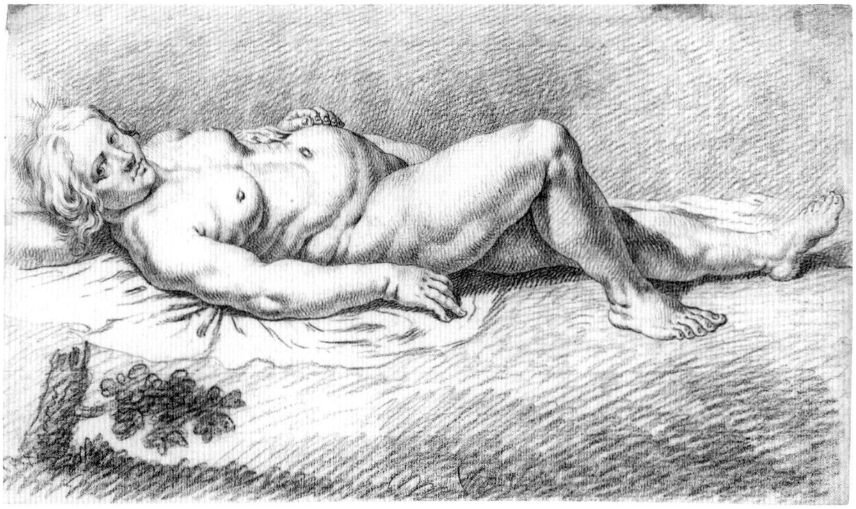

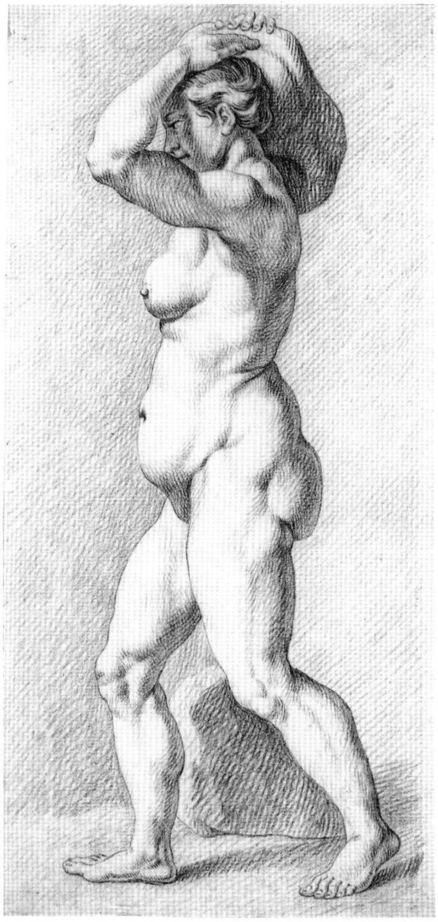

e. Frau kniend nach links, Vorhang aufziehend
19,5 : 25 cm
Inv. Nr. 19017
Kopie nach de Passe, Teil III, Taf. XI. Von Preißler wurde die Quaste ergänzt, bei de Passe verschwindet der rechte Arm hinter dem Vorhang.

f. Liegende Frau, Arme hinter dem Kopf verschränkt
21,4 : 28,3, gerandet
Inv. Nr. 19010
Ein Vorbild bei de Passe konnte nicht gefunden werden. Doch erinnert die Stellung der Frau an eine Komposition Elsheimers von etwa 1608 *Apollo und Coronis*, von der es mehrere Versionen gibt.

g. Frau auf Ruhebett nach rechts, Kopf auf den rechten Arm gestützt
20 : 26 cm
Inv. Nr. 19009
Kopie nach de Passe, Teil III, Taf. XXII. Hier als wartende Frau gekennzeichnet, die sich entkleidet hat. Es liegen auf einem Möbel links vorn eine Kette und ein Kleidungsstück, am Boden liegt ein Pantoffel.

h. Liegender weiblicher Akt, schräg im Raum nach hinten
20 : 21,4 cm
Inv. Nr. 19022
Kopie nach de Passe, Teil III, Taf. XVI. Bei de Passe ist die Figur als tote Amazone charakterisiert: In der linken Brust steckt ein Pfeil, vorn liegt ihre Lanze und in der rechten Bildecke der mit Blitzen dekorierte rechteckige Schild.

i. Zwei weibliche Torsi von vorn und von der Seite
15,6 : 20,7 cm
Inv. Nr. 19021
Kopie nach de Passe, Teil I, Taf. XXVIII.

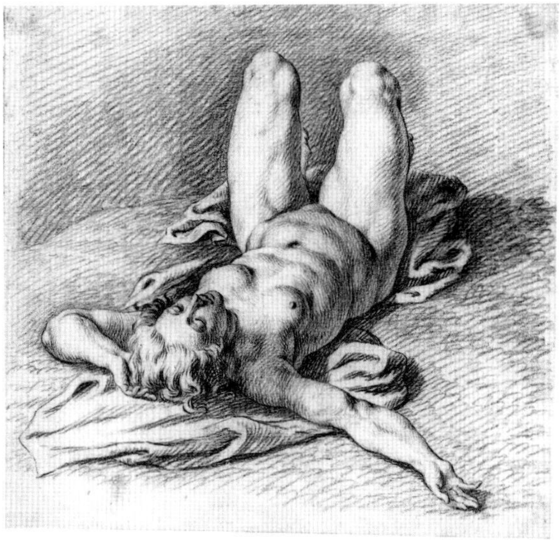

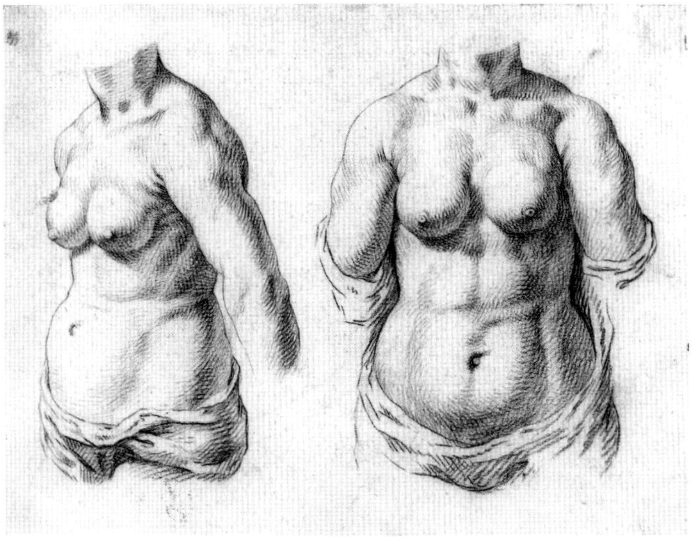

k. Liegender Mann nach links
26,7 : 38 cm
Inv. Nr. 25134
Ein Vorbild bei de Passe konnte nicht gefunden werden.

142a

Johann Daniel Preißler
Nürnberg 1666 – 1727 Nürnberg

Die durch Theorie erfundene Practic, oder gründlich-verfasste Reguln deren man sich als einer Anleitung zu berühmter Künstlere Zeichen-Wercken bestens bedienen kann. Teil I und II, Nürnberg 1721, 1722, Teil III, Nürnberg 1781, Teil IV, Nürnberg 1789

München, Zentralinstitut für Kunstgeschichte
Signatur: R 4° CA 150/366

Literatur: Franz Friedrich Leitschuh, Die Familie Preißler und Markus Tuscher. Ein Beitrag zur Geschichte der Kunst im 17. und 18. Jahrhundert. Leipzig 1886.

Das Werk, mit kaiserlichem Privileg versehen, ist Christoph Gottlieb Volkamer von und zu Kirchensittenbach, Mitglied des Inneren und Geheimen Rats der Stadt Nürnberg und dortigem Baumeister, gewidmet.

Teil I enthält Einzelteile des menschlichen Körpers wie Augen, Ohren, Köpfe, Füße, Hände, Arme, Beine und Torsi.

Teil II zeigt Proportionszeichnungen eines Mannes in Vorder- und Rückenansicht sowie Kompositionen, wobei immer oben auf der Seite die Konstruktion über die ausgeführte Umrißzeichnung gestellt ist.

Teil III enthält Gewandstudien an weiblichen und männlichen Figuren und einzelne Akte.

Teil IV zeigt Proportionsstudien zum Teil nach Dürer sowie thematisch bestimmte Figurenstudien.

Preißler verfaßte dieses Werk während seiner Zeit als Direktor der Nürnberger Akademie (1704–1737). Es diente den dortigen Schülern als Vorlage. Den letzten Band hat sein Sohn Johann Justin Preißler hinzugefügt.

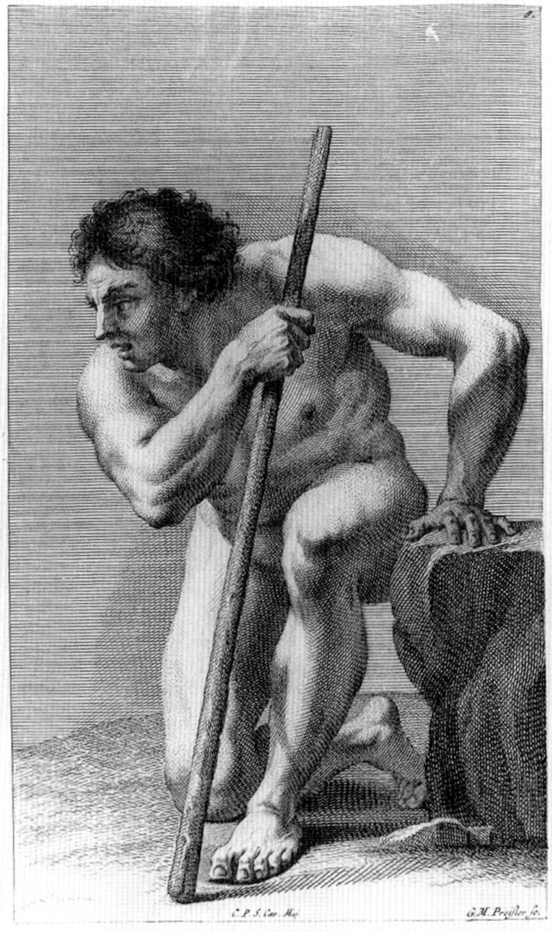

142b

Johann Georg Spanner

Skizzenbuch mit Rötelzeichnungen, um 1800

Nürnberg, Germanisches Nationalmuseum, Bibliothek
Signatur: K 266 y/Hs. 125850
Ohne Abbildung

In diesem Skizzenbuch hat der als Künstler offenbar mit Recht vergessene Zeichner in lustloser Weise alle Abbildungen aus Teil I und II von Preißlers *Die durch Theorie erfundene Practic* von 1722 mit Rötel kopiert.

Leitschuh berichtet, daß der erste, der sich gegen das obligatorische Kopieren der Zeichenschule von Preißler wehrte, der Idyllenmaler Salomon Gessner (1730–1788) war. Er zitiert Gessner nach Johann Caspar Fuesslis *Geschichte der besten Künstler in der Schweiz*: »Man martert in Deutschland ›die Anfänger fast allgemein nach Preißler, und doch sind seine Umrisse sehr oft falsch, und seine Köpfe besonders von einem gemeinen Charakter.‹« (2. Aufl., Bd. III, Zürich 1770, Vorrede)

143

a. Hand-Risse. Welche zu allhiesiger Nürnbergischen Kunst-Accademia der Mahlere in den Winter bey der Nacht nach den Leben gezeichnet worden, von Herrn Johann Daniel Preißlern verordneten Directore. A. 1712.

b. Hand-Risse. Welche in allhiesiger Nürnbergischer Kunst-Accademia der Mahlere in den Sommer zu früh, nach den Leben sind gezeichnet worden, von Herrn Johann Daniel Preißlern, verordneten Directore. A. 1712.

Nürnberg, Germanisches Nationalmuseum, Bibliothek
Signatur: St. N. 221

Beide Teile enthalten Schülerzeichnungen von 1712 und sind in einem Band zusammengebunden.

Der erste Teil enthält in Blei ausgeführte männliche Akte in der Art von Johann Daniel Preißlers *Die durch Theorie erfundene Practic* (Kat. Nr. 142a).

Der zweite Teil enthält jeweils einen männlichen Akt und auf dem folgenden Blatt in derselben Stellung eine mit einem Gewand drapierte, in den meisten Fällen weibliche Figur. Die Figur ist mit Blei gezeichnet, ebenso das Untergewand, das Übergewand dagegen mit Rötel.

144 Oberitalienischer Zeichner

Männlicher Akt, den rechten Arm ausgestreckt, den linken im Rücken, vielleicht Venedig, Mitte 18. Jh.

Schwarze und weiße Kreide auf blaugrünem Papier, 60:47 cm
München, Städtische Galerie im Lenbachhaus, Dauerleihgabe des Historischen Vereins von Oberbayern
Dillis-Nachlaß, Inv. Nr. 2894

Literatur: Johann Georg von Dillis 1759–1841. Landschaft und Menschenbild. Hrsg. v. Christoph Heilmann. Kat.-Ausst. Bayerische Staatsgemäldesammlungen München / Staatliche Kunstsammlungen Dresden, Albertinum 1991/1992, Abb. S. 61.

Dieses Blatt wurde im Katalog der Dillis-Ausstellung von 1991/92 noch als Studie von Georg von Dillis angesehen, aus dessen Nachlaß sie stammt. Diese Zuschreibung wird unseres Erachtens zu Recht von Barbara Hardtwig, die zur Zeit den Nachlaß bearbeitet, abgelehnt. Es handelt sich offenbar um die Zeichnung eines Italieners, die in der Mitte des 18. Jahrhunderts oder bald danach entstand. Dillis erwarb sie vielleicht schon 1794/95 während seiner Italienreise.

Das Standmotiv mit durchgedrückten Beinen sowie die schweren Füße findet man in ähnlicher Weise in Giovanni Battista Piazzettas von Marco Pitteri 1760 in Venedig herausgegebener Zeichenschule *Studij di pittura gia dissegnati da Giambatista Piazzetta ed ora con l'intaglio di Marco Pitteri publicati a spese di Giambatista Albrizzi* ... (Blatt 11). Dennoch dürfte eine Zuschreibung an Piazzetta nicht möglich sein.

145

Louis Dorigny
Paris 1654 – 1742 Verona

Männerakt, vornüber gebeugt

Rötel, mit Feder gerahmt, braun laviert auf beigem Papier, 57,1 : 43 cm
Bez. u.: Dorigni
Verona, Museo di Castelvecchio
Sammlung Andrea Monga
Inv. Nr. 13090 2B 558

Literatur: Sergio Marinelli und Giorgio Martini, Museo di Castelvecchio, Disegni. Kat. Mus. Museo di Castelvecchio Verona 1999, Nr. 33, sowie S. 26ff.

Die Studie kommt aus einem Konvolut von Akademiezeichnungen, die Andrea Monga (1794–1861), der zeitweise Präsident der Veroneser Akademie war, gesammelt hat. Eine Zeichenschule auf privater Basis muß in Verona schon im 17. Jahrhundert existiert haben. In den zwanziger Jahren des 18. Jahrhunderts gab es eine Modellschule, die unter anderem zwischen 1720 und 1721 im Palast des Marchese Scipione Maffei untergebracht war. Die Neugründung als offizielle Akademie betrieb ab 1764 Giambettino Cignaroli. In deren Fundus haben sich als Studienmaterial die drei hier gezeigten Zeichnungen, die vielleicht schon aus dem Vorgängerinstitut stammen, erhalten (siehe Kat. Nr. 146 und 147).

Louis Dorigny kam 1671 als ausgebildeter Meister nach Italien. Unterbrochen durch Aufenthalte in Paris und Wien lebte er ab 1678 in Venedig, war aber von hier aus als Freskomaler in Rom und vor allem in Verona tätig. Die Beurteilung der Zeichnung aus dem Besitz der Akademie in Verona ist schwierig. Sie erinnert an Akademiezeichnungen, wie sie etwa Peter Anton Verschaffelt nachweislich während seiner Ausbildung anfertigte (Kat. Nr. 148). Dann müßte sie vor Dorignys Ankunft in Italien enstanden sein. Andererseits sehen Preißlers Illustrationen seiner Zeichenschule ebenfalls ähnlich aus (Kat. Nr. 142a), so daß man auch annehmen könnte, Dorigny habe sie erst in Italien bewußt für den Unterricht angefertigt.

146

Giambettino Cignaroli
Verona 1706 – 1770 Verona

Männlicher Akt
Rückenansicht eines Stürzenden

Kohle und weiße Kreide, Farbspuren später,
43,1 : 34,7 cm
Bez. l. u.: Originale di Gio Bettino/Cignaroli
Verona, Museo di Castelvecchio
Sammlung Andrea Monga
Inv. Nr. 12643 2B 105

Literatur: Sergio Marinelli und Giorgio Martini, Museo di Castelvecchio, Disegni. Kat. Mus. Verona, Museo di Castelvecchio 1999, Nr. 63.

Diese Zeichnung zeigt eine Darstellung, die besonders für die barocke Deckenmalerei charakteristisch ist, wo zum Beispiel der Sturz der Giganten eines der Standardthemen war. Vermutlich ist sie nicht die Zeichnung eines Schülers, sondern eines fertigen Malers und sollte offenbar den Schülern als Studienmaterial dienen.

Der Veroneser Cignaroli war Tafel- und Freskomaler, arbeitete in Venedig, Vicenza und Turin und war Mitglied der Akademien in Parma und Bologna. In den sechziger Jahren engagierte er sich für die Anerkennung der Veroneser Zeichenschule als offizielle Akademie des Staates Venedig. Von 1764 bis 1770 war er der erste Direktor dieses Instituts.

147

Giambattista Tiepolo
Venedig 1696 – 1770 Madrid

Männlicher Akt, sitzend mit angewinkeltem Bein

Blei und weiße Kreide auf blaugrauem Papier, 45,8 : 32,5 cm
Verona, Museo di Castelvecchio
Sammlung Andrea Monga
Inv. Nr. 13113 2B 581

Literatur: Sergio Marinelli und Giorgio Martini, Museo di Castelvecchio, Disegni. Kat. Mus. Museo di Castelvecchio Verona 1999, Nr. 41.

Die Zeichnung kommt aus demselben Bestand der Veroneser Akademie wie die Blätter von Dorigny und Cignaroli. Tiepolo wurde 1724 von dem Marchese Scipione Maffei, in dessen Palast für kurze Zeit die Veroneser Zeichenschule untergebracht war, nach Verona berufen, um einige römische Skulpturen in den Veroneser Sammlungen für seine Publikation *Verona Illustrata* zu zeichnen. Im Katalog von 1999 wird angenommen, daß die Akademiestudie Tiepolos in diesem Zusammenhang entstand. In jedem Fall erscheint sie als die Arbeit eines Meisters und nicht die eines Schülers. Stilistisch wird sie jedoch noch in die Nähe der Arbeiten von Giambattista Piazzetta gestellt.

Bei dieser Zeichnung Tiepolos ist nicht eindeutig zu klären, ob es sich wirklich um eine »Akademie« handelt oder nicht vielmehr um eine Studie im Zusammenhang mit einer seiner eigenen Kompositionen. Denn sie geht in der Freiheit der Haltung, des Ausdrucks und der Lichtführung weit über das hinaus, was man üblicherweise als Akademiestudie kennt.

148

Peter Anton Verschaffelt
Gent 1710 – 1793 Mannheim

Sieben Aktzeichnungen

Mannheim, Reiss-Museum, Kunst- und Stadtgeschichtliche Sammlungen

a. Gelagerter Männerakt, linke Hand umfaßt das Kinn
Schwarze Kreide auf festem, stark gebräunten Papier mit Wasserzeichen, ca. 43,5 : 58,5 cm
Bez. l. o. die alte Nr.: n'71 (?)
Inv. Nr. LBW 1974/2/80
Ohne Abbildung

b. Sitzender Männerakt mit Seil
Rötel auf leichtem, gebräunten Papier mit Wasserzeichen, ca. 45,5 : 59,5 cm
Bez. l. o. die alte Nr.: n'7 (?); auf der Rückseite in schwarzer Tusche: fait par moy à la Cademie (der Académie Royale in Paris)
Inv. Nr. LBW 1974/2/81

c. Sitzender männlicher Rückenakt, rechtes Bein auf der Mauer ausgestreckt
Rotbraune Kreide auf kräftigem, gebräunten Papier mit Wasserzeichen, ca. 43 : 57,5 cm
Bez. l. o. die alte Nr.: no 83
Inv. Nr. 1974/2/85

Bei diesen Blättern handelt es sich um eine Auswahl aus einem Konvolut von 95 großformatigen Zeichnungen des Bildhauers und Architekten Verschaffelt, die 1974 vom Reiss-Museum erworben wurden. Unter ihnen befinden sich Kopien nach Zeichnungen seines Lehrers, des französischen Bildhauers Edmé Bouchardon, sowie nach in Rom befindlichen Gemälden und Skulpturen. Offenbar wurden sie von Verschaffelt als Vorbilder in der von ihm 1756 gegründeten und 1769 zu einer öffentlichen Institution avancierten Mannheimer Zeichenschule verwandt.

Von 1732 bis 1736 war Verschaffelt Schüler der Pariser Académie Royale. Gleichzeitig arbeitete er in der Werkstatt von Edmé Bouchardon, dessen Zeichenstil dem seiner Akademiestudien sehr nahesteht, zumal er auch vorwiegend Rötel benutzte. Von 1737 bis 1752 war er in Rom, wo er unter anderem Aufträge vom päpstlichen Hof erhielt, darunter eine Figur des Erzengels Michael für die Engelsburg. Nach einem kurzen Aufenthalt in London wurde Verschaffelt 1752 Hofbildhauer des Kurfürsten Carl Theodor von der Pfalz in Mannheim. Er arbeitete jedoch nicht nur als Bildhauer, sondern auch als Architekt. Sein architektonisches Hauptwerk ist das Palais Bretzenheim in Mannheim (1782–1788). Die von ihm gegründete Mannheimer Zeichenschule war unter anderem wegen ihres Antikensaales berühmt, der seit 1769 die kurfürstliche Abgußsammlung enthielt, bis sie 1803 nach München überführt wurde.

d. Stehender männlicher Akt
Rötel auf leicht gebräuntem Papier mit Wasserzeichen, ca. 59,5 : 45 cm
Bez. l. o.: no 46; auf der Rückseite mit Rötel die Aufschrift: Copie aprez mos. Boucherdon
Inv. Nr. LBW 1974/2/68

e. Männlicher Rückenakt, das linke Bein angewinkelt auf einem Steinblock
Rötel auf festem, leicht gebräunten Papier mit Wasserzeichen, ca. 59,5 : 45 cm
Bez. l. o. die alte Nr.: n'95 (?); Rückseite mit Rötel die Aufschrift: fait par moij a la Cademij
Inv. Nr. LBW 1974/2/94

f. Sitzender Jüngling, die Arme vor der Brust verschränkt
Rötel auf festem, gebräunten Papier mit Wasserzeichen, ca. 57,5 : 43 cm
Inv. Nr. LBW 1974/2/90
Seitenverkehrte Kopie eines der Ignudi von Annibale Carracci in den Deckenfresken der Galleria im Palazzo Farnese in Rom links neben dem Tondo *Bestrafung des Marsyas*.

g. Sitzender Jüngling auf Steinblock nach rechts
Rötel auf festem, etwas gebräunten Papier mit Wasserzeichen, ca. 52 : 43,5 cm
Inv. Nr. LBW 1974/2/150
Seitenverkehrte Kopie eines der Ignudi von Annibale Carracci in den Deckenfresken der Galleria im Palazzo Farnese in Rom rechts vom Tondo der *Bestrafung des Marsyas.*

Literatur: Peter Anton Verschaffelt. Zeichnungen im Reiss-Museum. Bearb. v. Inga Gesche. Kat. Ausst. Reiss-Museum Mannheim 1976, Kat. Nr. 6, 7, 8, 11, 13, 21, 22. – Eva Hofmann, Peter Anton Verschaffelt. Bildhauer des Kurfürsten Carl Theodor in Mannheim. Diss. Masch. Schr. Mannheim 1982. – Antikensaal und Zeichnungsakademie. In: Lebenslust und Frömmigkeit. Kurfürst Carl Theodor (1724–1799) zwischen Barock und Aufklärung. Hrsg. v. Alfred Wieczorek, Hansjörg Probst und Wieland König. Kat. Ausst. Reiss-Museum Mannheim / Stadtmuseum Düsseldorf 1999, Bd. II, S. 317ff.

149

Januarius Zick
München 1730 – 1797 Schloß Ehrenbreitstein

Fünf Akademiezeichnungen

Koblenz, Mittelrhein-Museum

a. Christus an der Geißelsäule
Rötel, 38,6 : 23,4 cm
Inv. Nr. G 1433

b. Polyphem, 1758
Rötel, 41 : 25 cm
Inv. Nr. G 1429
Nach Annibale Carraccis Fresko in der Galleria des Palazzo Farnese in Rom

c. Männlicher Rückenakt auf Steinbank kniend, 1756/58
Rötel, Rückseite Bleigriffelskizze: Madonna mit Kind in Halbfigur en face
36,1 : 22 cm
Inv. Nr. G 1431

d. Stehender Männerakt mit Stab, 1756/58
Rötel, 36,3 : 22 cm
Inv. Nr. G 1430

e. Sitzender Männerakt,
Rötel, 29,5 : 23,7 cm
Bez. r. u. von fremder Hand: Zi(k?)
Inv. Nr. G 1437
Kopie nach einem der Ignudi von Annibale Carracci im Deckenfresko der Galleria des Palazzo Farnese in Rom links neben dem Tondo der *Bestrafung des Marsyas.*

Literatur: Josef Straßer, Januarius Zick 1730–1797. Gemälde, Graphik, Fresken. Weißenhorn 1994, Kat. Nr. 125, 166, 177, 178, 34.

Sämtliche Studien werden von Straßer in Zicks Ausbildungszeit datiert, die nach Aufenthalten in Paris und Rom zwischen 1757 und 1758 abgeschlossen war.

Es handelt sich bei Blatt a nicht eigentlich um eine Akademiezeichnung, sondern um eine figürliche Vorstudie mit veränderter Kopfhaltung zu dem Ölbild *Geißelung Christi* in den Städtischen Kunstsammlungen Augsburg von 1767. Der kräftige und weiche Männerkörper erinnert an Bilder von Peter Paul Rubens, so etwa an seinen *Sebastian* in Berlin.

150

Anton Raphael Mengs
Aussig / Böhmen 1728 – 1779 Rom

Drei Aktzeichnungen

Karlsruhe, Staatliche Kunsthalle

a. Rückenakt
Schwarze Kreide, weiß gehöht, auf blau getöntem Papier, 53,7 : 40,7 cm
Inv. Nr. VIII 1981–6

b. Sitzender Akt mit hochgezogenem linken Bein
Schwarze Kreide, weiß gehöht, auf grau getöntem Papier, 53,9 : 41,2 cm
Inv. Nr. VIII 1981–5

c. Sitzender Akt mit Stab in der Rechten
Schwarze Kreide, weiß gehöht, auf grau getöntem Papier, 53,1 : 40,4 cm
Inv. Nr. VIII 1981–3

Literatur: Steffi Roettgen, Anton Raphael Mengs 1728–1779. Das malerische und zeichnerische Werk. Bd. 1, München 1999, S. 439–441.

Diese drei von acht *Akademien* aus dem Nachlaß des Malers und späteren Direktors der Karlsruher Zeichenschule Philipp Jakob Becker (siehe Kat. Nr. 35) galten offenbar als vorbildlich, da sie nicht nur von Becker, sondern auch von anderen Malern kopiert wurden. Becker hatte sie vermutlich bei seinem Aufenthalt in Rom zwischen 1777 und etwa 1785 von Mengs selbst erhalten, in dessen Atelier er in Rom verkehrte.

Im Gegensatz zu den hochbarocken »Akademien« ist in diesen zum Klassizismus tendierenden Zeichnungen die flache Raumbühne mit dem Block, auf dem das Modell posiert und der mit der Ecke in die vorderste Ebene vorstößt, genau definiert. Die Figuren sind mit einer überaus feinen Schraffur in ihrem Relief plastisch von der Grundfläche, auf die sie Schatten werfen, abgehoben.

Mengs Auftraggeber waren die Höfe in Dresden, Madrid und Neapel sowie der römische Adel. Unter dem Einfluß der Antikenauffassung von Johann Joachim Winckelmann entstand um 1760/61 in der Villa Albani in Rom sein gefeiertes Deckenfresko des *Parnaß*, mit dem er zum tonangebenden Künstler der neuen klassizistischen Richtung wurde. Daneben war Mengs ein bedeutender Porträtist.

151

Johann Jakob Ignaz Verflassen
Koblenz 1797 – 1868 Vallendar

Männlicher Rückenakt, um 1820/22

Öl auf Leinwand, auf Holz aufgezogen, 68 : 46 cm
Koblenz, Mittelrhein-Museum
Inv. Nr. M 476

Literatur: Die Gemälde, Aquarelle und Zeichnungen des 19. Jahrhunderts. Gemälde bearb. v. Irene Haberland. Kat. Mus. Mittelrhein-Museum Koblenz 1999, Bd. VI, S. 83–84.

Das Gemälde entstand vermutlich in der Zeit des Studiums an der Wiener Akademie, also vor den Jahren 1823/24, die der Künstler in Rom verbrachte. Nach der Rückkehr im Jahr 1825 war Verflassen Hauslehrer der Familie d'Ester in Vallendar.

152

Hermann Groeber
Wartenberg i. Obb. 1865 – 1935 Gstadt am Chiemsee

Männlicher Rückenakt, 80er Jahre des 19. Jh.

Öl auf Leinwand, 80:65,5 cm
Bez. r. u.: G.; auf der Rückseite o.: G. H.
München, Städtische Galerie im Lenbachhaus
Inv. Nr. G 17 977

Hermann Groeber studierte von 1883 bis 1886 an der Münchner Akademie bei Nikolaus Gysis, Wilhelm von Lindenschmit und Ludwig von Löfftz. Ab 1907 war er selbst dort Lehrer für Aktzeichnen, ab 1914 Professor. Reisen nach Holland und Frankreich brachten ihn in Kontakt mit den neuesten Strömungen der Malerei. Er war Mitglied der Münchner Secession.

153

Franz von Lenbach
Schrobenhausen 1836 – 1904 München

Fünf Aktdarstellungen, 1854/57

München, Städtische Galerie im Lenbachhaus

a. Männliches Modell mit über die Schulter erhobener Keule
rechts daneben männlicher Porträtkopf mit Büstenansatz in verlorenem Profil
Blei und Kohle auf Zeichenpapier, 50,5 : 31,1 cm
Inv. Nr. L 646

b. Weibliches Modell
Blei mit Weißhöhung auf ockerfarbenem Tonpapier, 38 : 25,5 cm
Inv. Nr. L 648

Im Gegensatz zu einigen der gezeigten Zeichnungen des 18. Jahrhunderts handelt es sich in diesem Fall eindeutig um Studien, die Lenbach nach einer vorausgehenden Ausbildung am Augsburger Polytechnikum an der Akademie der bildenden Künste in München machte, wo er am 7. Januar 1854 im Fach Malerei aufgenommen wurde. Am 8. November 1857 wird er in die Mal- und Komponierklasse von Karl von Piloty aufgenommen, hat also das Grundstudium schon hinter sich. In den ersten Jahren wurde abends Akt gezeichnet. Lehrer waren Johann Georg Hiltensperger, Hermann Anschütz und Alexander Strähuber. Die Zeichnungen und die Ölstudie aus der Ausbildungszeit des Künstlers kamen mit dem gesamten künstlerischen Nachlaß Lenbachs als Schenkung der Witwe des Künstlers 1924/25 in den Besitz der Stadt München.

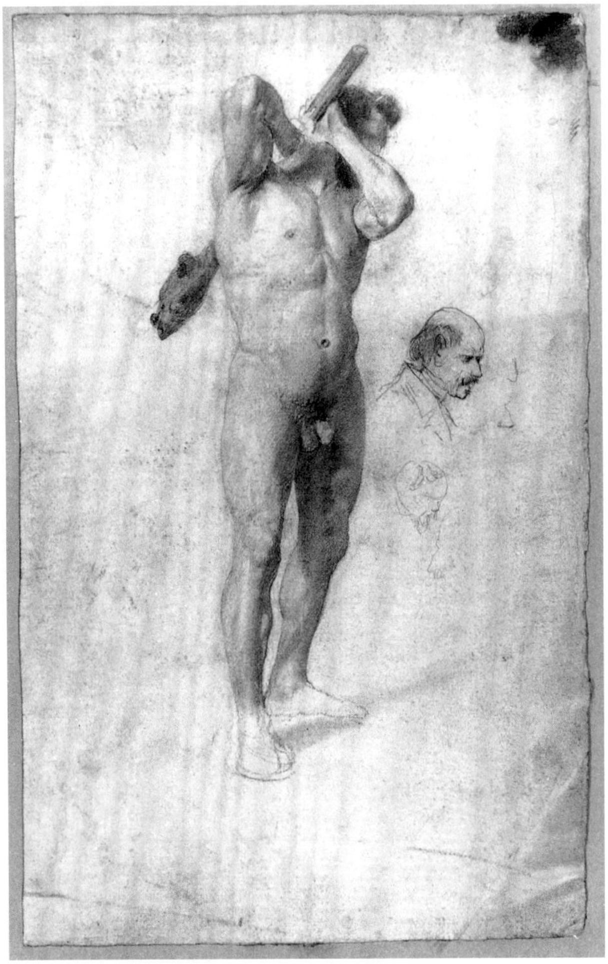

c. Knabenakt, sitzend nach links mit Stab in der Rechten
Öl auf Papier, auf festen Karton oder Preßholz aufgezogen, 62 : 45,5 cm
Bez. r. o. in die Farbe eingeritzt: FLenbach
Inv. Nr. L 161

d. Männliches Modell, stehend, an eine Mauer gelehnt
Kohle und Blei, weiß gehöht auf gelblichem Tonpapier, 51 : 34,8 cm
Inv. Nr. L 644
Ohne Abbildung

e. Männliches Modell, sitzend, auf rechten Unterarm gestützt, die Linke hält einen Stock
Kohle auf Papier, 46,4 : 37 cm
Inv. Nr. L 647
Ohne Abbildung

Literatur: Sonja Mehl, Franz von Lenbach in der Städtischen Galerie im Lenbachhaus München. Mit einem Beitrag von Christine Hoh-Slodczyk. Kat. Mus. Lenbachhaus München 1980, S. 13–15, 53–56, Nr. 1, 2, 4, 6, 7.

154

Wilhelm Leibl
Köln 1844 – 1900 Würzburg

Männlicher Akt, 1864

Öl auf Karton, 68,5 : 56 cm
Bez. r. o.: W. Leibl 1864
München, Städtische Galerie im Lenbachhaus
Inv. Nr. G 17 700

Literatur: Wilhelm Leibl zum 150. Geburtstag. Hrsg. v. Götz Czymmek und Christian Lenz. Kat. Ausst. Neue Pinakothek München/Wallraf-Richartz-Museum Köln 1994, S. 14.

1863 zog Leibl nach München, um an der dortigen Akademie der bildenden Künste zu studieren. Götz Czymmek zitiert im Katalog von 1994 einen Brief an die Eltern aus dieser Zeit, in dem der Künstler schreibt: »... meine Beschäftigung [...] besteht darin, daß ich jeden Tag um 8 Uhr in der Früh auf die Akademie gehe und dort u. im Antiksaal Köpfe u. Figuren nach Gyps zeichne; in der Mal-Classe zugleich ist nicht erlaubt zu arbeiten u. ich glaube, daß mir das Zeichnen für jetzt noch nützlicher ist [...]. Wir hören des Abends Vorlesungen über Kunstgeschichte, Perspective u. Anatomie. Von 5 bis 7 Uhr ist jeden Abend Aktzeichnen. Mein erster Akt wurde von dem Professor Strähuber ungemein günstig aufgenommen. Er besah ihn recht lange u. äußerte dann, beinahe nichts daran aussetzen zu können, u. er wäre voller Leben u. ganz malerisch aufgefaßt«.

Doch handelte es sich bei dem beschriebenen Akt offenbar noch um eine Zeichnung. Der hier gezeigte gemalte Akt ist schon im zweiten Studienjahr entstanden. Er zeichnet sich sowohl durch die malerische Behandlung wie durch die Präsenz der Figur aus, die darauf beruht, daß sie in extremer Verkürzung des Oberschenkels ganz nahe an den vorderen Bildrand gerückt ist.

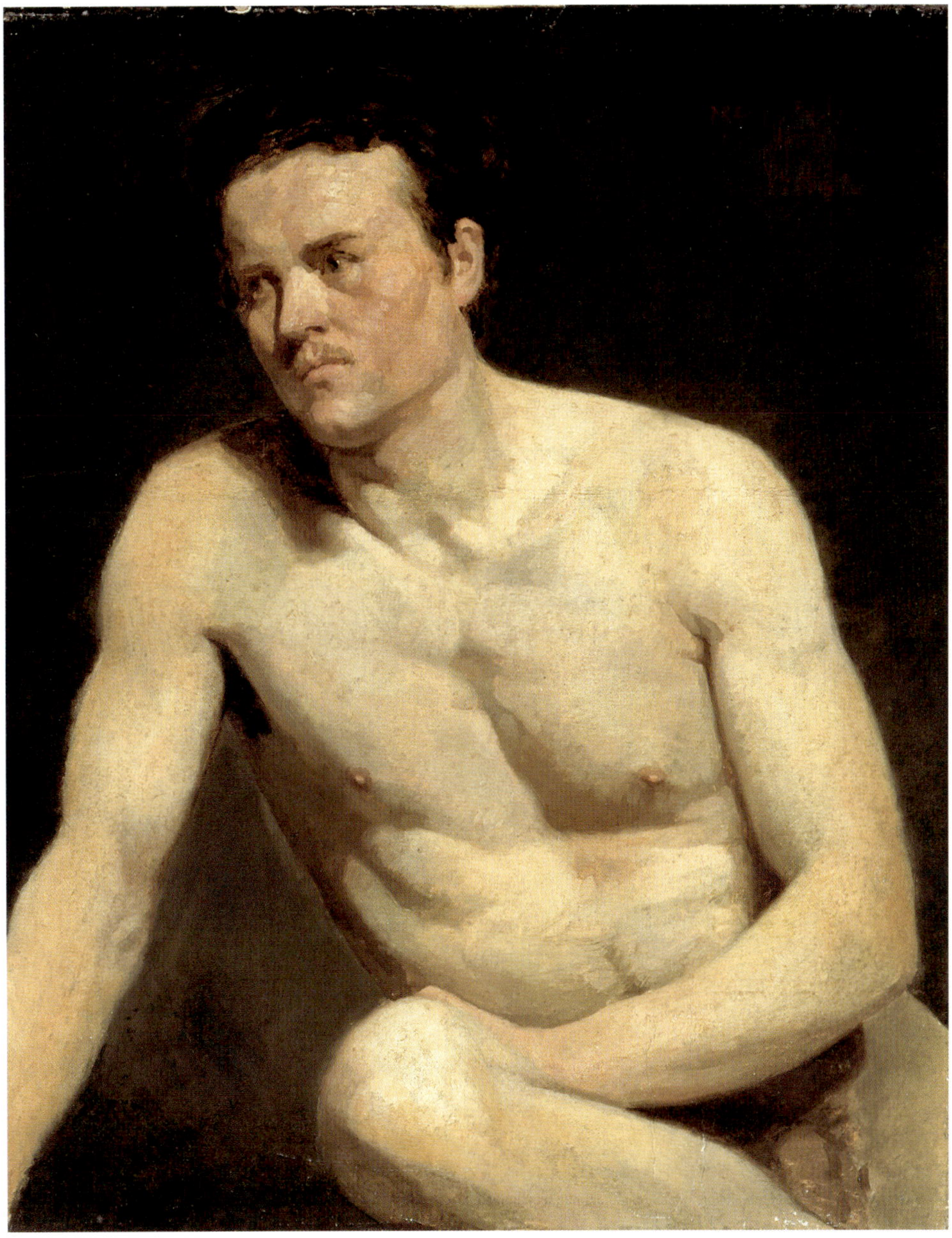

155

Otto Greiner
Leipzig 1869 – 1916 München

Akt einer Sirene, 1897

Blei, Rötel und farbige Kreiden auf ockerfarbenem Tonpapier, 60 : 33,5 cm
Bez. l. u.: O. Gr. Rom 97.
München, Städtische Galerie im Lenbachhaus
Inv. Nr. G 4 435

Literatur: Hans W. Singer, Zeichnungen von Otto Greiner. Leipzig 1912, Abb. S. 25. – Siehe auch: Dorothee Zanker von Meyer, Viehweide und Glaspalast. Aquarelle und Zeichnungen im Lenbachhaus 1850–1900. Kat. Ausst. Städtische Galerie im Lenbachhaus München 1998/1999, Nr. 19 (eine weitere Studie zu dem Bild *Odysseus und die Sirenen* aus der Sammlung Langheinrich).

Greiner, der zunächst eine Lithographenausbildung in Leipzig absolvierte, studierte ab 1888 Malerei bei Alexander Liezen-Mayer an der Münchner Akademie. 1891/92 lernte er auf einer Reise nach Florenz und Rom seinen Landsmann Max Klinger kennen, der Greiners Malerei, vor allem aber seine graphischen Arbeiten, entscheidend beeinflußte. Zunächst wieder in Leipzig und München, ging Greiner 1898 endgültig nach Rom, wo er Klingers Atelier mit Dachterrasse übernahm. Hier entstanden die für ihn typischen Aktstudien in greller Sonnenbeleuchtung.

Sein Hauptwerk ist das ab 1896 geplante monumentale Bild *Odysseus und die Sirenen*, das sich im Leipziger Museum der bildenden Künste befand, seit dem Krieg aber verschollen ist. Die Bayerischen Staatsgemäldesammlungen besitzen eine Studie der Gesamtkomposition. Darüber hinaus machte Greiner eine Reihe von Einzelstudien, zu denen auch diejenige des Lenbachhauses aus der Sammlung Langheinrich gehört. Da sie 1897 datiert ist, entstand sie offenbar, bevor Greiner nach Rom ging, wo er die meisten anderen Studien zu diesem Bild zeichnete. Der krude Realismus der ausgeführten monumentalen Fassung ist in den Studien durch die Fragmentierung der Figuren und die nur angedeutete Farbgebung gemildert. Ungewöhnliche Blickpunkte und eine unkonventionelle Farbigkeit verleihen den im Grunde konventionellen Körpern einen eigenwilligen Reiz, zu dem auch die Größe der Blätter beiträgt. Durch die Betonung der graphischen Mittel entsteht ein abstraktes Gegengewicht zu der körperlichen Präsenz der Akte.

156 a — A. Vignola
L'Étude académique.
Paris nach 1903

156 b — Bruno Hessling
Akte. Kunststudien über den nackten menschlichen Körper.
Berlin / New York o. J. (um 1900)

Fotografische Vorlagen für das Aktstudium

156 a

München, Fotomuseum
im Münchner Stadtmuseum

L'ÉTUDE ACADÉMIQUE

173

E. A., phot.

Modèles : 21, 17 et 28 ans.

Sur deux de ces modèles, on peut constater un exemple frappant de la contracture des mâchoires, due à l'action du *massêter* et du *temporal*.

156 a

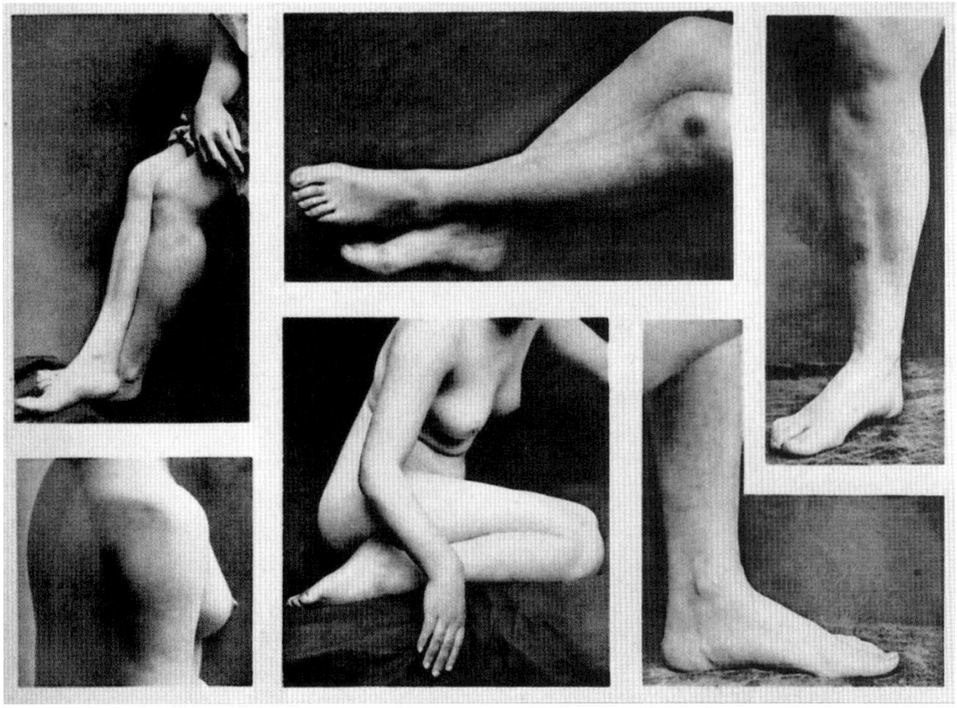

156 b

»Im ganzen ist aber überhaupt zu sagen, daß bei bloßer Nachahmung die Kunst im Wettstreit mit der Natur nicht wird bestehen können und das Ansehen eines Wurms erhält, der es unternimmt, einem Elefanten nachzukriechen.«

Hegel, Vorlesungen über die Ästhetik (1835), Einleitung 3.a.

VII Das Trompe-l'œil

Naturnachahmung, die Grundvoraussetzung der bildenden Kunst seit der Renaissance, beinhaltete das Streben nach Ähnlichkeit von Vorbild und Abbild. Deshalb konnte die »Augentäuschung« oder das »Trompe-l'œil« zu einer Gattung der Malerei werden. Eine seiner Sonderformen ist das »Quodlibet« (was beliebt), die Darstellung einer hölzernen Pinn- oder Atelierwand, auf der verschiedene Gemälde, Zeichnungen und Stiche sowie andere Utensilien hängen oder stecken, die zuweilen einen verschlüsselten Lebenslauf versinnbildlichen können. Schon in antiken Geschichten zeugen gemalte Augentäuschungen, die Tiere oder Menschen in die Irre führen sollten, für höchstes Können eines Künstlers.

Da die abendländische Malerei seit der Renaissance immer zwischen der Forderung nach Naturnachahmung und ihrer Überwindung durch das Ideal schwankt, schwankte auch die Wertschätzung des »Trompe-l'œils«. Es konnte ebenso als höchste Form der Kunstfertigkeit wie als Ausdruck eines kruden Naturalismus gelten. Die Maler reagierten auch mit dieser Gattung auf die mit dem Postulat der Naturnachahmung verbundene Problematik, indem sie selbst in den täuschendsten Bildern immer ein Spiel mit der Illusion vorführten.

157

William Schubert van Ehrenburg
Antwerpen 1630 oder Deutschland 1637 – 1676 Antwerpen
und andere Maler der Antwerpener Malergilde

»eine fingierte galerie, allwo jedes Stück von einem anderen Authore gemahlet«, 1666

Öl auf Leinwand, 141 : 236 cm
Das Bild war ursprünglich kleiner: links 20 cm, oben 22 cm , unten 44 cm angestückt
Bez. M. u. auf einem an einem Architekturstück angebrachten Zettel: W. S. van Ehrenburg 1666.
München, Bayerische Staatsgemäldesammlungen, Alte Pinakothek
Inv. Nr. 896

Literatur: Matthias Winner, Die Quellen der Pictura-Allegorie in gemalten Bildergalerien des 17. Jahrhunderts zu Antwerpen. Diss. Köln 1957, S. 88 ff.. – Zuletzt: Eva Langenstein, Spurensuche. Bilder der Alten Pinakothek in neuem Licht. Kat. Ausst. Bayerische Staatsgemäldesammlungen auf der 42. Kunst- und Antiquitätenmesse München 1997, Nr. 1.

Der Titel entstammt dem Katalog der Düsseldorfer Galerie von 1719, aus der das Bild nach München kam. Es zeigt einen Bildersaal mit einem Altarbild in der Mitte der Rückwand über dem Kamin, das in der Attikazone von dem Wappen mit den drei Schilden der Lukas-, also der Malergilden, bekrönt wird. Matthias Winner konnte nachweisen, daß das Bild im Zusammenhang mit der 1663 unternommenen Vereinigung der Antwerpener Lukasgilde mit der neugegründeten Kunstakademie entstand. Schöpfer der auf diesem Bild dargestellten Werke sind alle Antwerpener Freimeister. Als einziger ist Rubens nicht dabei, jedoch erscheinen seine seit 1718 verlorenen Deckenbilder der Antwerpener Jesuitenkirche als Kopien an der Decke des Bildersaals. Winner schrieb das Bild noch Charles Emanuel Biset zu. Heute sieht man in diesem Maler den Schöpfer der zeitgenössischen Figuren, die sich in dem Raum bewegen.

Der Typus des »Bildersaals« entstand in Antwerpen im 17. Jahrhundert. Sein ausschließliches Thema ist der Ruhm der Malerei. Deren spezifische Fähigkeit zur Illusion wird in diesen Darstellungen durch Verdoppelung, ja Verdreifachung auf die Spitze getrieben. Jan Brueghel d. Ä. und David Teniers d. J. sind die Hauptmeister dieser Gattung. Doch in dem Bild der Antwerpener Gilde und Akademie von 1666 wird noch ein zusätzliches Spiel mit der Illusion getrieben. Denn Jacob Jordaens (Antwerpen 1593–1678) – zumindest nimmt man an, daß er es ist – hat sich noch einen besonderen Scherz erlaubt. Seine Erfindung wird nicht in einem Bild an der Wand dieses Saales präsentiert, sondern die Figuren sind aus dem Rahmen herausgetreten und bewegen sich nun auf demselben Fliesenboden wie die Antwerpener Meister. Dabei sind es keineswegs deren Zeitgenossen, sondern antike Götter und Allegorien, die sich da wie selbstverständlich in der rechten Ecke eingefunden haben. Herausgehoben ist Apoll, der lorbeerbekrönte Musenführer mit der Leier, der hier von einem Putto geschoben wird, während er mit großartiger Geste auf ein Bild weist, das ebenfalls von Jordaens gemalt wurde. Es stellt die Geschichte von Gyges und Kandaules dar, wonach Gyges aus Stolz auf seine schöne Gemahlin diese nackt, während sie gerade ihr Bett besteigt, dem letzten Lyderkönig Kandaules zeigt. Die sich entehrt fühlende Frau zwingt ihren Mann, den König umzubringen, und übernimmt selbst die Herrschaft. Apoll zeigt auf diese Dame, und der Betrachter im Bild ist verwirrt und fragt sich, ob sie sich auf der »realen« Ebene des Gottes befindet oder vielmehr eine gemalte Schönheit ist. Das heißt, es geht hier um die Überzeugung des Beschauers zum Glauben an die Realität der dargestellten Figuren. In dieser Hinsicht wird Apollon von der Verkörperung der Malerei und der Poesie unterstützt, und der Götterbote Merkur, Schutzgott aller Akademien, hat bei diesem Spiel auch ein Wort mitzureden. Die alte rhetorische Forderung der Überredung wird hier in gleicher Weise der Malerei wie der Poesie zugeschrieben. Darin konnte man sich auf den antiken Dichter Horaz berufen, dessen Forderung »ut pictura poesis« zum Wahlspruch für die angestrebte und in diesem Bild als erreicht dargestellte Gleichrangigkeit der Malerei mit der Poesie wurde. Was die Fähigkeit zur Überredung oder auch zur Täuschung betrifft, so steht die Malerei, wie dieses Bild belegt, der Poesie in keiner Weise nach.

158

Jean-François de Le Motte
tätig in Tournai in der zweiten Hälfte des 17. Jahrhunderts

Trompe-l'œil

Öl auf Leinwand, 78: 53 cm
Auf dem Brief steht die Adresse:
A.M.J.F.D Lemotte demeurant sur la paroisse Saint-Piat à Tournay
Dijon, Musée des Beaux-Arts
Inv. Nr. 4347

Literatur: Catalogue des peintures françaises. Kat. Mus. Musée des Beaux-Arts de Dijon 1968, Nr. 83, dort weitere Literatur.

Die Zuschreibung an den Künstler, von dem nur wenige Trompe-l'œils bekannt sind, erfolgte aufgrund der Briefadresse auf dem Bild. Daher weiß man, daß er in Tournai tätig war.

Zu dem vorliegenden Werk existiert ein Gegenstück in Privatbesitz, das zum Teil dieselben Utensilien zeigt. Meist enthalten Le Mottes Stilleben versteckte oder offene Hinweise auf die Vergänglichkeit der irdischen Dinge: hier vor allem durch das Schiff im Seesturm auf dem an der Wand hängenden Gemälde im Stil der holländischen Marinemalerei des 17. Jahrhunderts. Man nimmt an, daß der Künstler den holländischen Trompe-l'œil-Maler Cornelis Norbertus Gijsbrechts kannte und von ihm beeinflußt wurde. Gijsbrechts war in Delft um 1630 tätig, ist in Antwerpen um 1659 nachweisbar, ging in den sechziger Jahren nach Deutschland und später nach Kopenhagen.

159

Hieronymus Hastner, gen. Corazza
Florenz um 1665 – 1729 Florenz

Atelierwand, um 1695/96

Öl auf Leinwand, 87:65 cm
Bez. l. u.: Corazza
Stuttgart, Staatsgalerie
Leihgabe des Galerievereins
Inv. Nr. GVL 119

Literatur: Vom Manierismus zum Barock. Italienische Gemälde des sechzehnten und des siebzehnten Jahrhunderts aus dem Besitz der Staatsgalerie Stuttgart. Kat. Mus. und Kat. Ausst. Staatsgalerie Stuttgart 1982/83, S. 67–69.

Corazza, Sohn eines deutschen Soldaten aus Königsberg, der der Leibgarde Großherzog Ferdinands II. von Toskana angehörte, wurde selbst 1688 Kürassier unter Cosimo III. de' Medici. Seine künstlerische Ausbildung erhielt er bei dem in Italien ebenfalls für die Medici tätigen Niederländer Lieven Mehus (1630–1691).

Darstellungen von Atelierwänden wie die vorliegende haben häufig autobiographischen Charakter. Manchmal handelt es sich zusätzlich um Vanitas-Stilleben. In jedem Fall geben sie eine Probe vom illusionistischen Können ihres Herstellers. Dafür sprechen hier nicht nur die Standardmotive der hölzernen Rückwand und der welligen Zeichnungen mit umgebogenen Ecken, sondern vor allem die kleine Glaskugel, die auf der Rückwand wie ein Brennglas einen Lichtkreis hinterläßt. Wenn der Künstler, als er das Bild malte, etwa 30 Jahre alt war, kann das Miniaturbildnis kaum ihn selbst darstellen. Doch gibt die Brille möglicherweise ebenso wie die Palette einen persönlichen Hinweis.

Die gemalte Landschaft entspricht dem Stil um 1600 und kann deshalb nicht von Hastner selbst sein. Die Zeichnungen sind in ganz unterschiedlichen Stilen und Malweisen gehalten, wobei die beiden Rötel-Zeichnungen vom Künstler besonders ins Blickfeld gerückt sind. Es handelt sich vermutlich um Kopien nach älteren Werken. Sie erinnern an Motive Correggios, jedoch konnte kein genaues Vorbild gefunden werden. Wegen der exakten Ausführung ist es unwahrscheinlich, daß das jeweilige Vorbild eine Zeichnung ist. Man fühlt sich eher an die zeichnerische Umsetzung eines Gemäldes erinnert, die, in der Art der Zeichenschulen, das Vorbild so umwandelt, daß man auch an eine Skulptur denken könnte. Gerade die Zwitterhaftigkeit der Darstellungen zwischen Stein und Leben ist ein häufig angewandtes Stilmittel in den Zeichenschulen.

160

Franz de Hamilton
tätig an deutschen Fürstenhöfen zwischen 1660 und 1702

Atelierwand

Öl auf Leinwand, 67,5 : 59,5 cm
Hannover, Niedersächsisches Landesmuseum
Inv. Nr. KM 242

Literatur: Die deutschen, französischen und englischen Gemälde des 17. und 18. Jahrhunderts. Bearbeitet von Angelika Dülberg. Kat. Mus. Niedersächsisches Landesmuseum Hannover 1990, S. 34.

Dieses Quodlibet (»was beliebt«) zeigt in Trompe-l'œil-Manier einen mit Wachs an einer Holzwand befestigten Kupferstich, hinter den eine Rose gesteckt ist. Der Kupferstich stellt eines der antiken Themen dar, die immer wieder zum Beweis für die Vornehmheit der Malerei herangezogen wurden, nämlich die von Plinius d. Ä. in der *Naturgeschichte* (Buch XXXV, 86ff.) erzählte Anekdote über den antiken Maler Apelles, der die Geliebte Alexanders des Großen, Campaspe, malen sollte, sich dabei in sie verliebte, woraufhin Alexander sie ihm großherzig schenkte. Schon Plinius wollte mit dieser Geschichte das Ansehen, das die Malerei bei den Griechen hatte, verdeutlichen.

Hamilton war Tier- und Stillebenmaler im Dienst des Kurfürsten von Brandenburg, von 1672 bis 1674 am Hannoveraner Hof und von 1683 bis 1689 am bayerischen Hof. Nach 1695 ist er in Augsburg und möglicherweise auch in Wien tätig gewesen.

161

Johann Esaias Nilson
Augsburg 1721 – 1788 Augsburg

Freundschaftsblatt für Monsieur Rauffer, 1745

Tuschfeder, grau, blau und gelb laviert, weiß gehöht, 15,7:21,3 cm
Bez. u.: Dedié à Monsieur Rauffer; auf dem Untersatzpapier: E. Nilson fecit; Wasserzeichen: Pro Patria
Augsburg, Städtische Kunstsammlungen
Inv. Nr. G 12 348

Auf dem Blatt, das in Trompe-l'œil-Manier zwei sich überlagernde Zeichenblätter abbildet, gibt es weitere Beschriftungen:
Auf dem unteren Blatt links: »Il n'y a d'amitié meilleure au/monde, que si la Sincerité est/accompagné de la Prévoiance«.
Auf dem oberen Blatt am oberen Rand: »Boni vivant mores!/Sed Vitium pereat tief«.
Auf dem Buch am unteren Rand ist zu lesen: »LEGES / D.M.C. / n.o. / A 1745«.

Literatur: Marianne Schuster, Johann Esaias Nilson. Ein Kupferstecher des Süddeutschen Rokoko 1721–1788. München 1936, Nr. CCXV, S. 230.

Nilson war Miniaturmaler, Zeichner und Kupferstecher. 1769 wurde er evangelischer Direktor der Reichsstädtischen Kunstakademie in Augsburg. Er hatte einen Kunstverlag geerbt, in dem seine häufig aus der Rocaille entwickelten graphischen Erfindungen gedruckt wurden, in denen er virtuos mit den verschiedenen Ebenen der Darstellung und des Ornaments spielt.

Das Aquarell für Monsieur Rauffer ist als Quodlibet gestaltet, eine Sonderform des Trompe-l'œils, zu der die täuschende Wiedergabe verschiedener graphischer Blätter gehört. Jedes der abgebildeten Blätter stellt eine illusionistische räumliche Einheit dar, die aber mehrfach ironisch gebrochen ist: Das untere Blatt spielt mit der Palette unter einer Herme auf die Malerei und damit wohl auf Nilson selbst an, während das obere Blatt der Literatur und damit offenbar Herrn Rauffer gewidmet ist. Das Buch sowie Schreibfeder und Papier in Händen des Kavaliers, dessen Kopf von einer umgebogenen Ecke des Zeichenblattes ironischerweise abgeschnitten ist, gehören zum literarischen Bereich des Adressaten.

Boni vivant mores!
Sed Vitium pereat tief.
Il n'y a d'amitié meilleure au
monde, que si la Sincerité est
acompagné de la Prevoiance
Dedié à Monsieur Rauffer

Domenico Rempo

Trompe-l'œil, 1767

Öl auf Leinwand, 73 : 65 cm
Bez. auf der Papierrolle über dem Notenblatt: 176(?). Ein ursprünglich zugehöriges Pendant ist bezeichnet: Do. Rempo p 1767
Freising, Diözesanmuseum
Inv. Nr. D 9334

Literatur: Stefan Nadler, in: Von Cranach bis Jawlensky. Kunst und Religion im Wandel. 77 Neuerwerbungen aus fünf Jahrhunderten. Kat. Mus. Diözesanmuseum Freising 1994, S. 44–46.

Dieses Trompe-l'œil stellt eine hölzerne Pinnwand dar, in deren Zentrum ein Gemälde hängt: vermutlich eine verkleinerte Kopie von Johann Heinrich Schönfelds *Demokrit in Meditation*. Links davon ist mit Wachs ein Kupferstich mit dem Hl. Hieronymus und rechts eine in Brauntönen gehaltene Landschaft auf Papier befestigt. Hinter einem roten Band stecken einige Briefe mit einer nur noch teilweise zu lesenden Adresse in Venedig. Auf einem Wandbord liegen Bücher, ein offener Geldbeutel und Notenblätter, außerdem stehen dort ein Globus und ein Zirkel sowie in einem Gefäß eine Feder. Eine Libelle schwirrt links an der Wand hoch. Dieses Insekt verweist auf eine antike Tradition: In den *Imagines* des Philostrat wird das Gemälde eines Narziß beschrieben, und darin besonders eine auf einer Blume wie lebend sitzende Fliege erwähnt. Seit dem 15. Jahrhundert zeugt ein solches Insekt erneut für die Fähigkeit der Maler, mit der Wirklichkeit konkurrieren zu können. Doch nicht nur das Tierchen, sondern die gesamte Trompe-l'œil-Malerei steht im Dienste dieser Argumentation.

Im Freisinger Katalog wird Rempo oder Remps mit einem für die Medici in Florenz um die Mitte des 18. Jahrhunderts tätigen Maler, der für seine Trompe-l'œil-Gemälde berühmt war, in Zusammenhang gebracht.

163

Johann Georg Hiltensperger
Haldenwang bei Kempten 1806 – 1890 München

Der Maler Parrhasios führt sein Kentaurenbild vor, nach 1840

Aquarell, Blei, Deckfarben, rot gerandet, 34 : 22,8 cm (Blattgröße)
München, Städtische Galerie im Lenbachhaus
Inv. Nr. G 12 372

Literatur: Dorothee Zanker von Meyer, Ideal und Natur. Aquarelle und Zeichnungen im Lenbachhaus 1780–1850. Kat. Ausst. und Kat. Mus. Städtische Galerie im Lenbachhaus München 1993/94, Nr. 6.

Das Aquarell gehört zu einem Zyklus von Szenen aus dem Leben der Maler des Altertums, die Hiltensperger im Auftrag Leo von Klenzes für dessen 1851 eingeweihten Museumsbau der Eremitage in St. Petersburg entwarf. Sie wurden dort in enkaustischer Technik in den Loggien des Malereiflügels ausgeführt.

Das Bild ist eine der häufig wiederholten Erzählungen, die unter anderem in der *Naturgeschichte* (Buch XXXV, 65 ff.) Plinius' d. Ä. vorkommen. Sie handelt von den berühmtesten antiken Malern Zeuxis und Parrhasios und ihrem Streit darüber, wer von beiden die Natur am täuschendsten nachahmen könne. Parrhasios siegte, weil selbst Zeuxis nicht merkte, daß der Vorhang vor dessen Kentaurenbild nur gemalt war. Seitdem tauchen immer wieder gemalte Vorhänge in Bildern, vor allem bei den Niederländern des 17. Jahrhunderts auf, die häufig eine Anspielung auf diese Geschichte enthalten und darauf verweisen, daß der Maler eines solchen Bildes sich mit dem antiken Meister messen kann.

164

Josef Danhauser
Wien 1805 – 1845 Wien

Das Scholarenzimmer, 1828

Öl auf Leinwand, 43,5 : 51,5 cm
Bez. u. l.: unleserliche Reste einer Signatur
Wien, Österreichische Galerie im Belvedere
Inv. Nr. 2109

Literatur: Kunst des 19. Jahrhunderts. Bestandskatalog der Österreichischen Galerie des 19. Jahrhunderts. Bearb. v. Elisabeth Hülmbauer. Wien 1992, Bd. 1, S. 175. – Werner Schnell, Die Historie als Spiegel der Gegenwart im Spiegel der Historie, oder: Vom Nutzen des Historienbildes in Josef Danhausers *Atelier mit Mäusen I* und anderen Atelierbildern. In: Kunst und Geschichte. Festschrift für Karl Arndt zum siebzigsten Geburtstag. = Niederdeutsche Beiträge 28, 1999, S. 283–302, v. a. S. 292–294. – Zu Johann Martin Fischer: Margarethe Poch-Kalous, Johann Martin Fischer. Wiens bildhauerischer Repräsentant des Josephinismus. Wien 1948. = Österreichische Forschungen zur Kunstgeschichte, Bd. 3, S. 47, 84, Abb. 47. – Georg Raphael Donner 1693–1741. Konzeption und Organisation: Michael Krapf. Kat. Ausst. Österreichische Galerie Unteres Belvedere Wien 1993, Nr. 167.

Danhauser, der von 1824 bis 1826 an der Wiener Akademie bei Johann Peter Krafft (1780–1856) Malerei studierte, war nach einem Venedigaufenthalt bis 1830 für den Dichter und Patriarchen von Venedig, Ladislaus Pyrker in Erlau (Eger), tätig. Anschließend übernahm er nach dem Tod des Vaters die Danhausersche Möbelfabrik, deren Produkte entscheidend den Wiener Möbelstil des Vormärz prägten.

Die Themen seiner Bilder kreisen immer wieder um Arbeit und Leben des Künstlers. *Das Scholarenzimmer* ist eines der frühesten nachweisbaren Atelierbilder Danhausers. Es wurde auf der Wiener Akademieausstellung von 1828 sofort für die Kaiserliche Gemäldegalerie erworben. Eine zweite Fassung befindet sich im Landesmuseum Joanneum in Graz.

Das Bild ist eine Karikatur auf den Akademiebetrieb. Es nimmt das Ideal der Täuschung, der lebensähnlichen Nachahmung der Wirklichkeit durch die Kunst aufs Korn. Dargestellt ist ein Raum der Akademie, in dem die Malschüler sich im Kopieren von alten Gemälden üben. Zu dem uninspirierten Kopieren gehören auch die traditionellen akademischen Hilfsmittel, denen hier wenig Respekt entgegengebracht wird. Man sieht links hinter allerlei Gerätschaften und Textilien den 1803 entstandenen Écorché des Johann Martin Fischer (1741–1820), der sich noch heute als monumentaler Bleiguß von zwei Metern Höhe in der Wiener Akademie befindet. Der Entwurf zu dieser Monumentalstatue ist jedoch älter. Es handelte sich um das Aufnahmestück Fischers für die Wiener Akademie im Jahr 1784/85.

Die Hauptszene gruppiert sich um die Staffelei mit einer Kopie nach einem Porträt des 17. Jahrhunderts. Ein Malschüler sitzt vor der Staffelei mit einem Hund auf dem Schoß, der das Männerbildnis anbellt, weil er es offensichtlich für lebendig hält. Grund dafür ist der Finger, den der Malschüler rechts neben der Staffelei von hinten durch den Mund des Porträts sozusagen als Zunge gesteckt hat. Diese Szene, in der die Schüler sich über die heiligsten Prinzipien des akademischen Unterrichts lustig machen, wird gerahmt von dem Maler des Porträts links, der mit Schrecken die Zerstörung seines Werkes wahrnimmt, und dem von rechts eintretenden Professor, vor dem sich ein weiterer Malschüler übertrieben untertänig verbeugt. Der Professor, mit Malstock und Palette in der Hand, erscheint in seiner bunten Hauskleidung fast als Karikatur seiner selbst.

Es ist die Zeit der zunehmenden Respektlosigkeit gegenüber dem akademischen Lehrbetrieb. Die ersten, die sich gegen die Lehren der Akademie wandten, waren die Lukasbrüder, die nach einer kriegsbedingten Schließung der Wiener Akademie 1809 nicht mehr aufgenommen wurden und in Rom die deutsche Kunst mit Rückbezug auf die alte religiöse Kunst revolutionierten. Es folgten die Landschaftsmaler um Ferdinand Georg Waldmüller, die erstmals die Natur nicht mehr nach akademischen Rezepten komponierten, sondern sich dem Tageslicht und der durch Tradition nicht belasteten Natur selbst stellten. Auf dem Gemälde Danhausers dagegen sieht man an der Rückwand des Raumes noch eine nach Atelierrezepten entworfene Landschaft hängen, die von einem der Schüler kopiert wird.

Abgekürzte Literatur

Goldstein 1996
Carl Goldstein, Teaching Art. Academies and Schools from Vasari to Albers. Cambridge/New York 1996

Haskell/Penny 1981
Francis Haskell und Nicholas Penny, Taste and the Antique. The Lure of Classical Sculpture 1500–1900. New Haven/London 1981

Helbig 1963–1972
Wolfgang Helbig, Führer durch die öffentlichen Sammlungen der klassischen Altertümer in Rom. 4 Aufl., Tübingen 1963–1972

Kat. Ausst. Baden-Baden 1969
Maler und Modell. Bearb. v. Georg W. Költzsch. Kat. Ausst. Staatliche Kunsthalle Baden-Baden 1969

Költzsch 2000
Georg. W. Költzsch, Maler Modell. Der Maler und sein Modell. Geschichte und Bedeutung eines Bildthemas. Köln 2000

Müller 1978
Dorothee Müller, Die bildlichen Darstellungen der Kunstakademien im 17. und 18. Jahrhundert als Zeugnisse ihrer geschichtlichen Entwicklung, ihrer Theorie und Praxis. Diss. Masch. Schr. München 1978

Pevsner 1940
Nicolaus Pevsner, Academies of Art. Past and Present. Cambridge 1940

Die folgenden Lexika wurden benutzt, sind aber nur in Ausnahmefällen im Katalogteil zitiert:
Thieme/Becker, Allgemeines Künstlerlexikon. Leipzig 1907–1950
Vollmer, Künstlerlexikon des 20. Jh. Leipzig 1953–1962
Turner, The Dictionary of Art. New York 1956-1996
Saur, Allgemeines Künstlerlexikon. München/Leipzig 1992ff
Bruckmann's Lexikon der Münchner Maler des 19./20. Jahrhundert. München 1981–1994

Copyright- und Fotonachweis

Bamberg, Historisches Museum
Barthel
Basel, Öffentliche Kunstsammlung
Martin Bühler
Braunschweig, Herzog Anton Ulrich-Museum
Michael Lindner
Brüssel, Musée d'Ixelles
Didier Vaneesbeck
Dresden, Staatliche Kunstsammlungen, Skulpturensammlung
Hans-Peter Klut
Florenz, Galleria degli Uffizi
Paolo Giusti, Paolo Tosi
Frankfurt am Main, Städelsches Kunstinstitut und Städtische Galerie
Ursula Edelmann, Artothek
Göteborg, Göteborgs Konstmuseum
Ebbe Carlsson
Graz, Alte Galerie des Steiermärkischen Landesmuseum Joanneum
Bild- und Tonarchiv, Joanneum
Hamburg, Hamburger Kunsthalle
Elke Walford
Hamburg, Herbert List Nachlaß
Max Scheler
Kassel, Staatliche Museen
Hensmanns, Brunzel
Köln, Museum für Angewandte Kunst
Rheinisches Bildarchiv
Kopenhagen, Statens Museum for Kunst
DOWIC Fotografi
Kopenhagen, Thorvaldsens Museum
Weiss & Wichmann
Leipzig, Museum der bildenden Künste
Gerstenberger
Mannheim, Reiss-Museum
Jean Christen
München, Staatliche Graphische Sammlung
Stella Berger, Engelbert Seehuber
München, Münchner Stadtmuseum
K. Schuhbaum
München, Privatsammlung
Benjamin Hasenclever
Münster, Westfälisches Landesmuseum
Rudolf Wakonigg
Paris, Musée d'art moderne, Centre Pompidou
RMN, Philippe Migeat
Paris, Musée du Louvre, Département des Arts Graphiques
RMN, Gérard Blot
Stockholm, Königliche Akademie der bildenden Künste
Magnus Persson
Toyota, Municipal Museum of Art
Tasuo Hayashi
Verona, Museo di Castelvecchio, Gabinetto Disegni e Stampe
Umberto Tomba
Wrocław, Nationalmuseum
Edmund Witecki

Hier nicht nachgewiesene Abbildungen wurden uns freundlicherweise von den privaten und institutionellen Leihgebern und Museen zur Verfügung gestellt.